영어 어휘력 사전

Instant Word Power

어휘력으로 영어 수준 높이기

중앙대학교 영어영문학과 **정정호** 교수 편저

- 토익 · 토플 · 텝스 · 공무원 · 편입 완벽대비
- 풍부한 내용과 정확하고 체계적인 이해와 암기
- 각 핵심어별 연습문제 수록
- 필수단어목록과 어휘력 종합평가 문제 수록

신아사

머리말

영어 공부에서 영어어휘력(Word Power)의 중요성은 아무리 강조해도 지나치지 않을 것이다. 단시일 내에 어휘력을 해결하는 뾰족한 방법은 없고 꾸준히 조직적인 방법으로 해결할 수밖에 없다. 어휘력을 증진시키는 가장 기본적인 방법은 영영사전(English-English dictionary)을 항상 곁에 두고 광범위하게 사용하면서 폭넓고 꾸준한 독서를 통해 문맥(context) 속에서 이해하고 암기하는 것이다. 이것은 그리 쉽지 않은 필생의 작업이다. 그러나 영국인이나 미국인 자신들이 이용하고 있는 어근, 접두어, 접미어를 핵심어(Key)로 분석하고 종합하는 체계적인 어원학적 연구방법(Break a word up and conquer it!)으로 어느 정도 단시일 내에 영어의 어휘력 증진문제를 해결할 수 있을 것이다. 편저자가 1980년대초 위스컨신주에서 공부하고 있을 때 미국의 "위스컨신주 고등학생의 철자대회"(Spelling Bee)에 직접 참석하여 보았는데 미국인들도 어려서부터 위와 같은 방법을 사용하는 것을 알 수 있었다.

이 책은 영어어휘의 정확하고도 체계적인 이해와 암기를 위해서 쓰여졌다. 요즈음 서점에는 단어 암기 책들이 범람하고 있다. 그러나 대부분이 체계적이지 못하고 무조건 암기식이거나 내용이 빈약하여 특히 외국인에 의해 쓰여진 것은 외국어로서의 영어를 배우는 우리가 원하는 바에 미치지 못한 것이 많아 이른바 풍요 속의 빈곤이라는 현상에 허덕여 왔음이 사실이다. 본서는 이러한 상황에서 아주 단순하고 쉽고 새로운 구성방식을 택하여 모든 표제어를 간단한 영영사전식으로 영어로 해설하였으며, 그 뜻도 한글로 달아놓고 연습문제 등 알찬 내용으로 상급반 고등학생 뿐 아니라 대학생과 일반인의 요구에 부응하고자 하였다.

본서의 최대의 장점은 핵심적인 어근(root), 접두어(prefix), 접미어(suffix)에 대한 이해를 통한 영어단어의 이해이다. 이에 대한 구체적인 방법을 위해 독자들은 "본서의 구성과 이용방법"을 반드시 일독하기 바란다. 특히 본서에는 영어어휘구성에 대해서 더 깊이 알고자 하는 독자들을 위해서 "영어어휘의 구성"에 대하여도 아주 간단히 설명하였다.

여기에서 한 가지 밝혀두어야 할 점은 본서가 학문적으로 엄밀성을 요구하는 책은 아니어서 간혹 어휘자료를 취급함에 있어서 편의에 따르되 오류는 범하지 않는 선에서 취급하였으니 독자들께서는 이 점을 양해하시길 바란다.

본서를 꾸미는데 영어 어휘에 관한 많은 서적들이 사용되었는데 그 중 가장 중요한 것은 Reader's Digest판으로 Stuart B. Flexner가 편찬한 *How to Increase Your Word Power*(1975)와 Ida Ehrlich의 *Instant Vocabulary*(1977)이다. 그밖에도 다양한 어휘학습관계 책들을 두루 참고하였다.

이 책은 독습 및 자습용으로 편찬되었다. 그러나 정규 영어강의 중에 보조자료 또는 부교재로도 사용될 수 있을 것이다. 아무쪼록 영어단어로 고민하시는 독자들이 사전식으로 구성된 본서를 통하여 놀라운 어휘력 증진이 있기를 기원한다.

2010. 5. 1.

편저자 씀

Ⅰ. 본서의 구성과 이용방법

1. 핵심어(Key)와 해설

본서는 대부분 차용어휘를 다루기 때문에 이 핵심어를 통하여 주로 라틴어의 어근(root)을 밝히고 해설을 통하여 그 핵심어에 대한 이해와 수용방식을 설명하였다. 핵심어의 배열은 어근(root), 접두어(prefix), 접미어(suffix)의 순서로 하고 그것들을 또 알파벳 순으로 나열하여 찾아보기 쉽게 하였다.

2. 본서 핵심단어

영어에서 매우 자주 쓰이는 단어에 대해서는 이 난을 통해 그 단어의 구성을 일일이 밝혔으며 영어로 주해와 예문을 들었다.

3. 기본단어와 보충단어

이 난은 핵심어의 운용을 직접 열거한 것인데 핵심어를 쉽게 익히도록 그 핵심어로 구성된 쉬운 단어를 몇 개 수록하였으며, 독자는 이 핵심어를 중심으로 하여 본란에 나열된 단어들의 구성과 그 의미양상을 이해하도록 노력하기 바란다. 특히 영어로 해설을 달았으며 한글로도 간단하게 뜻을 달았고, 품사도 표시해 두었다. 본서는 특히 여백을 넓게 잡았으므로 부족한 것은 직접 사전을 찾아 적어 넣어 가면서 공부하기 바란다.

4. 연습문제

이와 유사한 서적들의 약점은 복합어는 잘 말해줄 수 있는데 반해 영어 고유의 어휘나 단일어에 소홀하고 단어에만 집착하여 문장을 놓치기가 쉽기 때문에 이점에 유의하여 연습문제를 꾸몄다. 특히 연습문제 1과 2는 고정 배치하여 단어를 분석하게 함으로써 스스로 확인하는 공부가 되게 하였고, 문장 속에서의 활용을 익히게 하였다. 그 외의 문제들은 각종 시험 경향에 대비하여 다양하게 엮어 두었다.

5. 본서의 이용단계

제1단계 : 우선 핵심어(Key)를 보고 어휘란에서 그 핵심어가 들어있는 이미 아는 단어를 통하여 핵심어를 눈에 익히고 해설을 읽고 이해한다.

제2단계 : 기본 핵심단어를 해설과 더불어 예문까지도 자세히 살핀다.

제3단계 : 기본 · 보충단어를 공부한다. 각 단어를 발음해 보고 영어로 된 뜻을 읽는다. 그리고 부족하다고 느끼는 부분에 대해 영영사전 또는 영한사전을 찾아 보충한다.

제4단계 : 연습 문제의 첫 부분에 나오는 단어분석(Word Analysis) 부분을 실제로 분석해 그 과의 핵심어를 포함한 단어를 분해함으로써 단어 구성에 대한 이해를 더 깊이 한다.

제5단계 : 나머지 연습문제를 풀어본다(이 책을 처음 보거나 이곳의 연습문제가 좀 어렵다고 느껴지는 경우에는 2회독이나 3회독 할 때 문제를 풀어 보아도 좋을 것이다).

제6단계 : 핵심어와 그 해설을 복습정리하고 기본단어와 보충단어를 다시 한번 일별한다.

6. 기 타

본서의 최대의 특징은 암기가 아닌 이해라고 하였다. 여기에 핵심어를 통한 단어의 이해를 효율적으로 도모하기 위해 다음 장에서 희랍어와 라틴어의 차용양상과 영어 어휘의 구성에 대해 설명하였으니 참고하기 바란다.

Ⅱ. 영어어휘의 구성

1. 영어와 라틴어

영어와 라틴어는 다른 어떤 언어들보다 밀접한 관계에 있다. 왜냐하면 이들은 아래에서 구별한 바와 같이 언어에 있어서 두 가지 유형의 "유사성"을 모두 지니기 때문이다.

먼저 "친연적 유사성"에 대해서 살펴보자.

지구상의 여러 언어들 중에는 그 유사함이 같은 기원에서 유래하였다고 보지 않고서는 도저히 설명되지 않는 언어군이 있다. 이것을 어족(language family)이라고 부르는데, 지구상의 언어들은 10개 미만의 어족들로 분류될 수 있으며, 그 중의 하나가 인도유럽어족으로 여기에 라틴어와 영어가 함께 속한다. 그러면 이 둘의 관계를 어족 내에서 더 자세히 살펴보자. 이 언어의 하위 언어군에는 대체로 슬라브어계(러시아어, 폴란드어 등), 게르만어계(화란어, 독일어, 영어 등), 라틴어계(불어, 이탈리아어, 스페인어 등), 희랍어계, 산스크릿어계 등이 있다.

이에 의하면 현재의 각 언어들 간에도 그 친연 관계로 보면 영어와 독일어가 가장 가까우며 영어와 불어는 먼 관계에 있음을 알 수 있다. 라틴어는 불어, 이탈리아어 등의 상위언어로서 지금은 더 이상 말해지지 않는 문어인데 이것과 영어의 관계는 일반적으로 말해지는 친연 관계가 있을 뿐이다. 대개의 경우 연대가 오랠수록 상호 유사도는 희박해진다. 그 일례로 라틴어의 mori, mort와 영어의 murder는 동계어인데 그 뜻은 전자가 '죽다'이고 후자가 '살인하다'라는 뜻으로 그 의미가 상당히 달라졌음을 알 수 있다.

다음에는 단어의 이해에 가장 중요한 "차용적 유사성"에 관해서 알아보자. 흔히들 영어 단어의 약 반수 이상이 라틴어계라고 한다. 이는 라틴어, 불어 등을 포함한 라틴어계 단어들이 얼마나 많이 차용되었는지 단적으로 말해주는 것이다. 라틴어의 차용은 르네상스 이후에 그리스어의 차용과 함께 이루어진 것으로, 이들 언어의 무한한 조어능력(造語能力)으로 인하여 대규모로 영어에 유입되었다.

그러나 과반수가 라틴어계라 하여서 이것과 본래의 영어만으로 오늘의 영어가 이루어진 것만은 아니어서 그 내용이 매우 다채롭다. 라틴어의 차용 양상을 살펴보기에 앞서 오늘의 영어가 있게 된 영어발달의 역사를 우선 아주 간단하게나마 살펴보자.

2. 영어어휘 소사(小史)

5세기(A.D.) 이전의 영국에는 켈트족이 살고 있었는데 5세기 중엽부터 Jutes, Saxons, Angles로 불리는 게르만족이 이주하게 된다. 현재의 England란 국명도 이 Angles에서 유래되었다. 그래서 이들의 언어가 현재 영어의 바탕이 되었고, 그 이전에 사용되던 켈트어는 지명에만 흔적을 남긴 채 사라졌다. 이후 6세기 말엽에 성 오거스틴으로 인하여 라틴어의 차입이 있었으나 대단한 것은 못되었으며, 8세기 말엽에 유럽북부에 살았던 바이킹족에 의하여 정복을 당하여 11세기 중엽까지는 이들의 언어인 스칸디나비어계 언어의 영향을 받게 되었다. 이들 영향 중의 하나는 take up, down, in, out, off, form … 등에서 보는 바와 같이 그 풍부한 동사구의 사용에서 볼 수 있다. 이 언어의 또 다른 영향은 영어를 더 직접적이고, 더 명확하고, 더 강하게 해주었다는 점이다.

그후 1066년에 유명한 Norman Conquest가 일어나서 영어에 영향을 미치는 언어는 불어로 바뀌게 되었다. 이들은 그 민족에 있어 바이킹족과 같으나 프랑스를 거치면서 언어는 라틴화가 되어 불어를 사용하게 된 것이다. 이 언어는 앞서의 스칸디나비아어와는 달리 사회 상류층의 언어가 되어 당시 영국에서는 "Unless a man knows French, one counts of him little"이라는 말이 있을 정도였다.

이후 3세기간은 영어, 라틴어, 불어 세 언어가 문어로 사용되었다. 이들 언어들은 충분히 혼용되어 사용되었는데 거주지를 예로 들어보면, town, hamlet, hall, house, home은 영어였고 city, village, palace, mansion, residence, domicile은 불어였다. 재미있는 것은 산 동물인 ox, swine, calf는 영어인 반면에, 이것의 요리는 beef, pork, veal로 불어였다.

영어에 있어서 스칸디나비아어가 영어에 강건함과 명확성을 부여했다면 불어의 차용은 화려한 색깔을 부여했다고 할 수 있다. 이와 관련하여 다음 단어들을 비교해 보라(freedom-liberty, happiness-felicity, depth-profundity, kingship-royalty 등 각각 전자는 영어계, 후자는 불어계이다).

15세기 동로마제국의 멸망과 함께 라틴세계에 머물러 있던 희랍어 문명권이 르네상스기를 맞아 영국 쪽으로 오게 되어 이제는 희랍어가 라틴어와 함께 차용되기 시작하였다. 희랍어는 앞에서도 언급하였듯이 어휘를 만들어내는 그 조어(造語) 능력이 뛰어날 뿐만 아니라, 과학, 철학, 예술에 관한 학문 용어가 특히 풍부하여 문예부흥기의 지식 확장에 따른 새로운 어휘의 필요성에 부응하기가 아주 좋았기 때문에 다수 차용되었다.

당시의 필수 7과목명(grammar, logic, rhetoric, arithmetic, geometry, astronomy, music)이 모두 희랍계 파생어임은 당시의 분위기를 잘 말해 주고 있다. 희랍어의 차용 양상은 라틴어를 거친 불어를 통한 차용, 라틴어 내의 희랍어의 차용, 그리고 직접 차용한 것으로 나눌 수 있다.

라틴어의 차용은 16세기 고전 르네상스에 이르러 그 절정에 달하였다. 그 때는 모든 라틴어 단어가 곧 영어단어였다("The whole Latin vocabulary became potentially English."). 라틴어 역시 직접 차용되기도 하고 불어를 통해 간접적으로 차용되기도 하였다. 당시의 라틴어에 대한 열정은 대단하여서 이미 들어온 라틴계 차용어를 순 라틴식 철자로 고치기도 하고, 불어를 통해 차용한 같은 의미의 단어를 또 다시 직접 차용하기도 하였다.

전자의 예로는 descryve, parfit, verdit, aventure 등이 라틴어형인 describe, perfect, verdict, adventure등으로 바뀐 것을 들 수 있다. 영어에서 흔히 볼 수 있는 이중어(doublets)가 후자의 예이며, 일반적으로 뜻은 상당히 다르다(assoil-abslove, benison-benediction, chapter-capital, count-compute, frail-fragile, purvey-provide, respite-respect 등). 또 leal-loyal-legal, real-royal-regal과 같은 단어는 세 번이나 차용되었음을 알 수 있다.

이것과 병행하여 혼성어(hybrid)들도 점차 생겨났는데, 즉 라틴어 접미사가 고유의 영어에 붙어서 새로운 단어를 생성해 내고(*acknowledgement, amazement, fulfilment* 등) 마찬가지로 영어접미사도 외래어에 붙어서 새로운 단어를 만들어 냈다(*companionship, courtship, scholarship* 등). 또 라틴어 차용에 있어서 영어는 서유럽의 다른 언어와는 달리 동사원형에서 뿐만 아니라 수동태 과거분사형에서도 동사를 만들어내서 동사체계가 매우 풍부해졌다.

지금까지 살펴본 이러한 모든 상황들이 어울려서 영어의 어휘체계가 형성됐다고 볼 수 있다. 현대에도 신어(新語), 특히 과학과 의학용어의 원천은 라틴어와 희랍어이다. 그러면 영어어휘의 절반을 차지하는 라틴계 단어의 차용 양상을 좀더 구체적으로 살펴보자.

3. 라틴어 차용의 양상

A. 동계어(cognate)관계

앞에서 영어와 라틴어는 같은 기원에서 갈라진 친연관계를 가진 언어라고 하였다. 다음의 비교를 통해 영어와 라틴어의 동계어 관계, 차용관계를 파악하기 바란다.

영 어	라틴 동계어	라틴 차용어(예)
mother	*māter*	maternal
two	*duo*	dual, auet
tooth	*dēns,* stem *dent-*	dental
foot	*pēs,* stem *ped-*	pedal
heart	*cor,* stem *cord-*	cordial
bear	*ferō*	fertile

즉, 첫째 계열의 단어들과 둘째 계열의 단어들은 본래 같은 기원에서 출발하여 각각의 음운 발달을 거쳐 위와 같은 형태를 지닌 동계어 관계이며, 셋째 계열의 단어들은 앞장에서 보았던 바 후세에 차용된 것으로 동계어가 차용되어 새로운 단어로 된 경우이다.

B. 라틴어 어근(roots)

이 책을 읽어 나가는 동안에 알게 되겠지만 대개의 경우 하나의 핵심어에는 두 세 개의 Key Word가 수록되어 있다. 이것은 동사의 경우에는 예외없이 그러한데, 그 이유는 앞에서도 언급하였듯이 영어는 다른 언어들과 달리 라틴어 동사의 현재형 어간에서뿐만 아니라, 과거 분사형에서도 많이 차용되었기 때문이다. 이 관계를 잘 파악하면 단어를 이해하기가 훨씬 수월해 질 것이다(예: 도표 참조).

라틴어 동사	현재형 어간		과거분사형 어간	
videō	*vidēre*	pro-vide	*visus*	pro-vision
maneō	*manēre*	per-manent	*mānsus*	mansion
agō	*ager*	agent	*āctus*	act
vivō	*vivere*	revive	*victus*	victuals
doceō	*docēre*	docile	*doctus*	doctor
sentiō	*sentire*	sentiment	*sānsus*	sense
veniō	*venire*	inter-vene	*ventus*	inter-vention
faciō	*facere*	facile	*factus*	fact

또 현재형도 과거분사형도 아닌 Key Word가 나타난 것도 있는데 대개의 경우 이러한 단어형태들은 원래의 라틴어형이 불어를 거쳐서 차용된 것들이다. 예를 들어서 어근 No. 126에서 TEN과 TENT는 라틴어형이며 TAIN은 라틴계 불어를 차용한 것이다.

다음으로 살펴볼 것은 라틴어의 음운 규칙이다. 이것은 대단히 중요한데 그 이유는 영어에 차용될 때 그 규칙까지 그대로 들어와서 운용되고 있기 때문이다.

C. 자음동화(assimilation)규칙

이것은 어근에 접두어(prefix)가 붙을 때 일어나는 현상으로 접두어의 마지막 자음이 어근의 첫 자음에 동화된다는 규칙이다. 어근의 첫 자음과 똑같이 동화되는 경우도 있고, 같은 소리종류가 대표자음으로 동화되는 등 그 양태가 단순하지는 않으나 본문의 풍부한 예들로 쉽게 이해할 수 있을 것이다. 일례를 들어보면 AD-는 AC-, AF-, AG-, AL-, AN-, AP-, AR-, AT로 각각 동화된다.

D. 모음약화(vowel weakening)규칙(어중약화형)

라틴어의 일부 모음은 그것이 접두어와 연결되어 복합어가 될 때 단어 가운데인 어중(語中)에 있게 되어 약화되는데, 이는 다음과 같은 규칙에 따른다.

1. a가 i로 : 한 개의 자음 앞에서
   a가 e로 : 두 개의 자음 앞에서
   예) *facere, factus:* pro-ficient, per-fect
2. e가 i로: 한 개의 자음 앞에서
   예) *tenere:* con-tinue
3. au가 ū로
   예) *claudere*: con-clude

여기서 1, 2의 경우는 a, e가 단모음일 때에만 적용되는데 이것을 구별할 방법은 현재 우리에게 주어져 있지 않다. 다만 본문의 예를 통하여 핵심어를 손쉽게 이해하기 바랄 뿐이다.

목 차

머리말 ········ 3
Ⅰ. 본서의 구성과 이용방법 ········ 4
Ⅱ. 영어어휘의 구성 ········ 6

제1부 어근(ROOT)

No.1 ACER, ACID, ACRI bitter, sour, sharp(쓴, 신, 날카로운) • 18
No.2 AG, AGO, ACT drive, move, go, do(움직이다, 가다, 행하다) • 20
No.3 AUD, AUDIT hear, listen(듣다) • 22
No.4 ALI, ALLO, ALTER other(다른) • 24
No.5 AMB, AMBI around, about, both(주변에, 주위에, 둘다) • 26
No.6 ANTHROP man(인간, 사람) • 28
No.7 ANNI, ANNU, ENNI year(해(年)) • 30
No.8 ARCH ruler(지배자) • 32
No.9 AUTO self(자신, 자기) • 34
No.10 BENE, BON well, good(좋은, 잘하는, 선한) • 36
No.11 BIO life(생명, 삶) • 38
No.12 CAP, CEPT take, receive(가지다, 받아들이다) • 40
No.13 CALOR heat(열) • 42
No.14 CAPIT, CAPT head, chief, leader(머리, 주장, 지도자) • 44
No.15 CAUSE, CUS cause, motive(원인, 동기) • 46
No.16 CLAIM, CLAM declare, call out, cry out(선언하다, 부르다) • 48
No.17 CEDE, CEED, CESS go, yield, surrender(가다, 양보하다, 항복하다) • 50
No.18 CHROM color(빛깔의, 색의) • 52
No.19 CIV citizen(시민의, 공민의) • 54
No.20 CORPOR, CORP body(신체, 육체) • 56
No.21 CRED believe, trust(믿다, 신뢰하다) • 58
No.22 CREA, CREAT create(창조하다, 만들어내다) • 60
No.23 CUB, CUMB lean back, lie down(기대다, 눕다) • 62
No.24 CLUD, CLUS shut(닫다, 폐쇄하다) • 64
No.25 CYCL, CYCLO wheel, circle, circular(바퀴, 원, 순환의) • 66

No.26 DEM, DEMO people(사람들의, 인민의) • 68
No.27 DENT, DONT tooth(이빨, 치아) • 70
No.28 DIC, DICT say, declare(말하다, 선언하다) • 72
No.29 DORM sleep(잠, 수면) • 74
No.30 DROME, DROMOS running(달리는) • 75
No.31 DUC, DUCT lead(인도하다) • 76
No.32 END, ENDO within(내부의, ~안에) • 78
No.33 FILA, FILI thread(실, 사(絲)) • 79
No.34 FAC, FACT make(만들다, 제조하다) • 80
No.35 FEDER, FIDE, FID, FEAL trust, faith(믿음, 신앙, 신념) • 82
No.36 FER, LAT bring, bear, yield(가져오다, 견지하다, 산출하다) • 84
No.37 FIC, FECT make(만들다, 제조하다) • 86
No.38 FIN, FINIS end(끝내다, 종료) • 88
No.39 FLECT, FLEX bend(구부리다, 굴절하다) • 90
No.40 FLUC, FLU, FLUV, FLUX flowing(흐르는) • 92
No.41 FUM smoke(연기, 매연) • 94
No.42 GEN birth, race(탄생, 종족) • 96
No.43 GEO earth, soil, ground(지구, 땅, 대지) • 98
No.44 GER, GEST carry, bear(운반하다, 소지하다) • 100
No.45 GERM vital part(핵심적 부분) • 102
No.46 GRAD, GERD, GRESS step, degree, walk(단계, 정도, 범위) • 104
No.47 GRAT pleasing(즐겁게 하는) • 106
No.48 GRAV, GRAVI GRAVITO heavy, weighty(무거운, 중력의) • 108
No.49 GREG herd, flock, mob, group, troop, crowd (무리, 그룹, 대중, 부대) • 110
No.50 HAB, HABIT have, live(소유하다, 살다, 거주하다) • 112
No.51 HEMI, DEMI, SEMI half(반(半)) • 114
No.52 HEMA, HEMO blood(피, 혈액) • 115
No.53 HUM, HUMAN earth, ground, man(땅, 지대, 인간) • 116
No.54 HYDRO, HYDRA, HYDR water(물, 수분) • 118
No.55 INTELLECT, INTELLIG power to know and think and understand (지력, 지성, 이해) • 120
No.56 JAC, JEC, JECT throw, lie(던지다, 놓다) • 122
No.57 JUD, JUDI, JUDIC judge, lawyer(판단하다, 법률가) • 124
No.58 JUNCT, JOIN join(참가하다, 연결하다) • 126
No.59 JUS, JUR law(법, 법률) • 128
No.60 LAV, LUT, LAUT, LOT wash(씻다, 세탁하다) • 130
No.61 LIBER free(자유로운) • 132
No.62 LIC, LICIT permit(허락하다) • 134

No.63 LITERA, LITER, LIT, LITTER letters(글자의, 문학의, 문예의) • 136
No.64 LOC, LOCO place(위치시키다, 배치하다) • 138
No.65 LOGO, LOG word(말, 어휘) • 140
No.66 LOQUI, LOC speak(말하다) • 142
No.67 LUC, LUM, LUN, LUS light(빛) • 144
No.68 MAGNA, MAGNI great(위대한, 장대한, 큰) • 146
No.69 MAN, MANU by hand(손에 의한, 수공의) • 148
No.70 MATRI, MATRIC, MATRO mother(어머니, 모(母)) • 150
No.71 MAR, MARI, MER sea, pool(바다, 물탱크) • 152
No.72 MEDI half, middle, between, half-way(중간의, 가운데) • 154
No.73 MEGA, MEGALO large(큰, 거대한) • 156
No.74 MICRO small, minute(작은, 극소의) • 157
No.75 MIGRA wander(헤매다, 유랑하다) • 158
No.76 MIS wrong, bad(잘못된, 나쁜, 미워하는) • 160
No.77 MITT, MISS send(보내다) • 162
No.78 MOB, MOT, MOV move(움직이다) • 164
No.79 MON, MONO one(하나의) • 166
No.80 MONSTR, MONSTRI, MUST show(보이다, 제시하다) • 168
No.81 MORS, MORI, MORT death(죽음, 사(死)) • 170
No.82 MULTI many, much(많은, 다량의, 다수의) • 172
No.83 NASC, NAT to be born, to spring forth(태어나다, 돌출하다) • 174
No.84 NEO new, recent(새로운, 신(新)) • 176
No.85 NEUR nerve(신경) • 177
No.86 NOV new(새로운, 신(新)) • 178
No.87 NUNCI, NOUNC speak, declare, warn(말하다, 선언하다, 경계하다) • 180
No.88 OMNI all(모두, 전부) • 182
No.89 OPUS, OPER work(작업, 일) • 183
No.90 OSS, OSTEO bone(뼈, 골(骨)) • 184
No.91 PAN all(전부, 모두의) • 185
No.92 PATER, PATR father(아버지, 부(父)) • 186
No.93 PED, POD foot, child(발, 어린이, 아동) • 188
No.94 PEL, PULS drive, push, throw(던지다, 밀다, 운전하다) • 190
No.95 PEND, PENS hang, weigh, pay(매달리다, 무게를 재다, 지불하다) • 192
No.96 PICT, PICTO paint(채색하다, 물감칠하다) • 194
No.97 PHIL, PHILA, PHILO, PHILE love(사랑, 애정) • 195
No.98 PLAC, PLAIS please(즐겁게 하다) • 196
No.99 PLU, PLUR, PLUS more(더 많이) • 198
No.100 PNEUMON, PNEUMA breath(숨, 호흡) • 199

No.101 PHOTO light(빛, 광선) • 200
No.102 POLY many(많은, 다수의) • 201
No.103 PORT carry(옮기다, 휴대하다) • 202
No.104 PORTION part, share(부분, 분배) • 204
No.105 POS, PON, POUND place, set(놓다, 위치시키다) • 206
No.106 PRIM, PRIME first(제일의, 최고의) • 208
No.107 POTEN, POTES, POSSE power, able(힘, 권력, 능력있는) • 210
No.108 PUT, PUTAT think(생각하다, 사유하다) • 212
No.109 PUNCT point, dot(지점, 점) • 214
No.110 ROG, ROGAT ask, beg(묻다, 요청하다) • 216
No.111 SANG, SANGUI blood(피, 혈액, 건장함) • 218
No.112 SAT, SATIS enough(충분한, 만족스러운) • 220
No.113 SCOPE watch, see(보다, 관찰하다, 감시하다) • 222
No.114 SCRIB, SCRIPT write(쓰다, 작문하다) • 224
No.115 SIGN, SIGNI sign, mark, seal(표시하다, 의미하다, 봉인하다) • 226
No.116 SIMIL, SIMUL like, resembling(유사한, 닮은) • 228
No.117 STA, STIT, SIST stand(서다, 유지하다) • 230
No.118 STEREO solid(견고한) • 232
No.119 SPOND, SPONS pledge, answer(서약하다, 대답하다) • 234
No.120 SOPH wisdom(지혜, 지식) • 236
No.121 SPEC, SPECT, SPECTRO watch, see, observe(보다, 관찰하다, 감시하다) • 238
No.122 SPHERE ball, sphere(둥근 공, 구(球)) • 240
No.123 STRU, STRUCT build(짓다, 건설하다) • 242
No.124 SUM, SUMP take, use, waste(사용하다, 낭비하다) • 244
No.125 TACT, TANG touch(만지다) • 246
No.126 TEN, TENT, TAIN, TIN hold, together hold(붙들다, 지탱하다) • 248
No.127 TECHNI, TECHNY, TECHNIC skill, art(기술, 예술) • 250
No.128 TEND, TENS, TENT stretch, strain(뻗치다, 잡아당기다) • 252
No.129 TEMPO, TEMPOR time(시간) • 254
No.130 TEST to bear witness(증거하다, 증언하다) • 256
No.131 THE THEO god(신(神)) • 258
No.132 TRAH, TRACT drag, draw, pull(끌다, 당기다) • 260
No.133 TRIB pay, bestow(지불하다, 주다) • 262
No.134 TUI, TUIT, TUT guard, teach(방어하다, 가르치다) • 264
No.135 ULTIMA last(최후의, 마지막) • 266
No.136 UNI one(하나) • 268
No.137 VAC empty(빈, 공허한) • 270
No.138 VALE, VALID, VALU strength, worth, valor(힘, 가치, 용기) • 272

No.139 VEN, VENT come(오다) • 274
No.140 VERS, VERT turn(회전하다, 돌다) • 276
No.141 VER, VERI true, genuine(진실한, 진짜의) • 278
No.142 VIC, VICIS change, substitute, deputy(변화하다, 대치하다, 부(副)) • 280
No.143 VIS, VID see(보다) • 282
No.144 VIV, VIVI, VITA alive, life(살아 있는, 생명) • 284
No.145 VOC, VOK voice, call(음성, 부르다) • 286
No.146 VOLCAN, VULCAN fire, volcano(불, 화산) • 288

제2부 접두어(PREFIX)

No.1 AB, ABS away, from, separation (떨어져서, ~로부터, 분리) • 292
No.2 AD to, toward(~로, ~을 향하여) • 294
No.3 A, AN not, absence of, without(없는, 아닌, 무(無)) • 296
No.4 AMPHI two, both(둘의, 양쪽) • 298
No.5 ANA up, back, again, excessive, too much(위로, 뒤로, 다시, 과도한) • 300
No.6 ANTE before(앞의, 이전의) • 302
No.7 ANTI, ANT against(반, 반대, 거부) • 304
No.8 APO away from(~에서 떨어져서) • 306
No.9 BI, BIN, BIS two, twice(둘, 두번) • 308
No.10 CATA down(아래로) • 310
No.11 CIRC, CIRCUM around(주위, 주변의) • 312
No.12 COM, CO with together(함께, 더불어) • 314
No.13 DE away, from(에서 벗어나, 떨어져) • 316
No.14 DIS take away, not, deprive of(가져가다, 빼앗아가다) • 318
No.15 DIA through, across(~을 통해서, ~를 가로질러) • 320
No.16 DYN, DYNAMO power(힘, 동력) • 322
No.17 DI two, double, separate(둘, 이중의, 분리된) • 324
No.18 E, EC, EF out, from(밖, 밖으로) • 326
No.19 EN, EM into, in(안으로, 안에) • 328
No.20 EPI, EP upon, beside, among(위에, 옆에, 가운데) • 330
No.21 EU pleasant, well, good(좋은, 즐거운, 건강한) • 332
No.22 HYPER over, above, excessive(위에, 위로, 과도한) • 334
No.23 HYPO sub, under, less(아래, 아래로, ~덜한) • 336
No.24 IL, IR not(아닌(부정)) • 338
No.25 IN, IM in, into(안, 안으로) • 340
No.26 IN, IM not(아닌, 아니다(부정)) • 342

No.27 INTER between, among(사이에, 가운데) • 344
No.28 INTRA within(안, 내부의) • 346
No.29 INTRO into, inward(안으로, 내부로) • 348
No.30 MACRO large, excessive(큰, 거대한) • 349
No.31 MAL, MALE bad, evil(나쁜, 악의) • 350
No.32 NON not(아닌, 비(非)) • 352
No.33 OB against, facing(~에 거슬러, 대적하여) • 354
No.34 PER through(~통하여, 가로질러) • 356
No.35 PRE before(이전에, 앞서) • 358
No.36 POST after, behind, following(뒤에, 후에, 뒤따라) • 360
No.37 PRO forward, forth(앞으로, 전진하여) • 362
No.38 PSEUDO false, untrue(가짜의, 허위의) • 364
No.39 RE back, again(뒤로, 다시) • 366
No.40 SE apart, aside, without(분리되어, 옆에, 없이) • 368
No.41 SUB under, beneath(아래, 밑에) • 370
No.42 SUPER, SUPR over, above, beyond, greater in quality(위에, 더 큰, 초(超)) • 372
No.43 SUR over, above, more(위에, 더 많이) • 374
No.44 SYS, SYL, SYM, SYN with, together, along with(함께, 같이) • 376
No.45 TRA, TRANS across, through, over(가로질러, 통하여) • 378
No.46 ULTRA beyond, exceeding, ulterior(초과의, 넘어서서) • 380
No.47 UN not(아닌(부정)) • 382

제3부 접미어(SUFFIX)

No.1 ABLE, IBLE able, can do(할 수 있는) • 386
No.2 AGE act of, state of, function, result of, collection of (행위, 상태, 기능, 결과) • 388
No.3 AL relating to action, process(~행위, 과정과 관계되는) • 390
No.4 AN, IAN native of, relating to specialist(~출신의, 전문가와 관련된) • 392
No.5 ARY, ERY, ORY relating to quality, place where(~의 성질을 가진, ~하는 장소) • 394
No.6 ATE cause make(~원인이 되다, 만들다) • 396
No.7 CULE, ICLE, LING very small young one(작은 것, 귀여운 것) • 398
No.8 EE one who receives the action(~사람, ~인) • 400
No.9 EN made of, make(만들다, 생성하다) • 402
No.10 FY make cause to (~화하다, 만들다) • 404
No.11 MENT act of, state of, result of an action(~의 상태, 행위) • 406
No.12 IC nature of, like(~한, ~의 성질을 가진) • 408
No.13 INE nature of(~의 특성을 가진) • 410

No.14 ISM condition, characteristic(~주의) • 412
No.15 ITE native of, quality of, mineral, product(~의 특성을 가진 것) • 414
No.16 IVE causing, tending(~적인, ~의 경향을 가진) • 416
No.17 ITY state of, quality(~의 성질, ~성(性)) • 418
No.18 OLOGY study, science, theory(~학(學), ~연구) • 420
No.19 OID like, resembling(~와 같은, ~적(的)) • 422
No.20 OSIS, ESIS, ASIS action, process, condition(행위, 과정, 상태) • 424
No.21 SHIP office state, profession dignity, quality skill (직위, 지위, 상태, 성(性)) • 426
No.22 TUDE state of, condition of (~상황, ~상태) • 428
No.23 URE state of, act, process, rank(~상태, 성(性), 과정) • 430

연습문제 해답

◇ 제1부 어근(Root) 연습문제 해답 • 434
◇ 제2부 접두어(Prefix) 연습문제 해답 • 453
◇ 제3부 접미어(Suffix) 연습문제 해답 • 459

부 록

I. 필수단어목록(Vocabulary Review List) • 462
II. 어휘력 종합평가 • 504

◇ 찾아보기(INDEX) • 517

제1부

어근

(ROOT)

No. 1 ACER, ACID, ACRI

bitter, sour, sharp(쓴, 신, 날카로운)

해설 어근 ACER, ACID와 ACRI는 BITTER, SOUR, SHARP를 의미한다. 그러나 ACER은 바늘과 같이 날카롭다는 뜻을 지니고, ACID는 '시큼하다'는 뜻을 나타내고, ACRI는 질식시키는 연기와 같이 '자극한다'는 뜻을 지니고 있다.

기본어휘

1. **acid** [ǽsid] *n.* 신 것, 산(=a sour substance)
   "sour"를 의미하는 라틴어 acidus에서 파생된 단어이다.
   예 These grapes have an *acid* taste.
   이 포도들에서 신맛이 난다.
2. **acrimony** [ǽkrəmòuni] *n.* 격렬함, 매서움(=bitterness, not of taste, but of feeling)
   "sharp"를 의미하는 라틴어 acrimonia에서 파생된 단어이다.
   예 After John's apology, the boys parted without *acrimony*.
   John이 사과한 후, 소년들은 아무런 악감정없이 헤어졌다.

보충어휘

1. **acerate** [ǽsərèit] ACER ate *adj.* 바늘같이 생긴
   shaped like a needle; as acerate leaves
2. **acerb** [əsə́ːrb] ACER b *abj.* 신, 날카로운 Bitter to the taste; tart
3. **acidifiant** [əsídəfiənt] ACID ifiant *n.* 산화제
   that which acidifies; acid making
4. **acidity** [əsídəti] ACID ity *n.* 신맛, 산도
   the quality of sourness, acid quality or condition; sourness; hyperacidity
5. **acerbic** [əsə́ːrbik] ACER bic *adj.* 자극하는
   bitter; harsh; irritating
6. **acrimonious** [æ̀krimóunjəs] ACRI monious *adj.* 엄한, 신랄한
   nagging; quarrelsome
   예 An *acrimonious* discussion broke out suddenly between them.
   신랄한 논의가 갑자기 그들 사이에서 시작되었다.
7. **acidic** [əsídik] ACID ic *adj.* 산을 내는 [만드는]
   acid-forming; as, acidic foods

8. **acidify** [əsídifài] ACID ify *v.* 시게 하다, 산성화하다
make acid; make bitter; make sour; to make or become sour or acid; to change into an acid
9. **acidification** [əsìdəfikéiʃən] ACID ification *n.* 산성화
act of making sour; acid
10. **acidiferous** [æ̀sidifəirəs] ACID iferous *adj.* 신맛을 품고 있는
11. **acerbity** [əsə́:rbəti] ACER bity *n.* 쓴맛, 신랄함
bitterness; sharpness of tongue
12. **acidimeter** [æsidímitər] ACID imeter *n.* 산도측정기
instrument to measure amount of acid
13. **acidosis** [æsədóusis] ACID osis *n.* 산독증
condition of the blood having an abnormal amount of acid
14. **acrid** [ǽkrid] ACRI d, *adj.* 엄한, 신랄한
stingingly bitter; as the acrid sting of smoke; sharp, bitter, stinging, or irritating to the taste or smell; bitter or sarcastic in speech

예 The room was filling with *acrid* smoke caused by the burning rubber.
고무가 타면서 생긴 매운 연기가 방안을 가득 채웠다.

15. **acridity** [əkrídəti] ACRI dity *n.* 매움, 신랄함
bitterness; as the bitter acridity of smoke

● **연습문제**

I. acidification을 분석하시오.

II. 다음의 ________ 부분을 채우시오.

(1) Voltaire was known for his ________, and his biting wit.
볼테르는 신랄함과 통렬한 기지로 유명했다.

(2) The patient showed symptoms of __________ and the doctor prohibited all __________________ foods.
그 환자가 산독증의 증상을 보였으므로, 의사는 모든 산을 내는 음식물을 먹지 못하도록 금지했다.

No. 2

AG, AGO, ACT

drive, move, go, do(움직이다, 가다, 행하다)

해설 어근 AG, ACT는 라틴어 agere, actus에서 온 것이며 AGO는 희랍어 agein에서 온 것으로 뜻은 다같이 DRIVE, MOVE, GO, DO이다. 아래 1번의 기본핵심 어휘 분석은 꽤 어려워 보일 것이나 곧 익숙해질 것이다.

기본어휘

1. **ambiguous** [æmbígjuəs] *adj.* 애매한, 분명치 않은, 두 가지 뜻으로 해석되는(=doubtful or uncertain esp. from obscurity or indistinctness; capable of being understood in two or more possible senses)
"Both, around"의 뜻인 ambi-에 "to go"를 뜻하는 agere가 약화형인 -ig-가 붙고 다시 "full of, having"의 뜻인 -ous가 붙어서 된 단어이다.
   예 "Look at those cute little girls' puppies" is an *ambiguous* sentence, because it is not clear whether the girls or the puppies are 'cute'.
   "저 귀여운 소녀들의 강아지들을 보아라"는 애매한 문장이다. 왜냐하면, 소녀들이 '귀여운' 것인지, 강아지들이 '귀여운' 것인지 분명하지 않기 때문이다.

2. **agent** [éidʒənt] *n.* 대리인, 알선자(=person or company that acts for another; any power or cause that produces an effect)
"to do"의 의미인 ag-와 "a person who~"를 뜻하는 라틴어 접미사 -ent로 이루어졌다.
   예 I made my brother my *agent* while I was out of the city.
   나는 내가 도시에 없을 동안 나의 형을 대리인으로 정했다.

3. **agile** [ǽdʒail] *adj.* 경쾌한, 기민한(=moving quickly and easily; nimble)
"to do"의 의미 ag-와 "pertaining to, like, having the character or quality of"의 뜻을 가진 라틴어 접미사 -ile로 이루어졌다.
   예 Charles is *agile* and athletic. Charles는 동작이 기민하고 운동을 잘한다.

보충어휘

1. **agency** [éidʒənsi] AG ency *n.* 대리점, 힘, 알선=the office or business of some person or company that acts for another; mean; action
   예 After losing his job, he went to an employment *agency.*
   직장에서 쫓겨난 이후, 그는 직업소개소를 찾아갔다.

2. **agility** [ədʒíləti] AG ility *n.* 기민, 경쾌함=ability to move quickly and easily

3. **agitate** [ǽdʒətèit] AG itate *vt.* 선동하다, 흔들어 움직이다.
move or shake; disturb; excite

예 His sudden appearance at the party *agitated* Anne.
그가 갑자기 파티에 나타난 것은 Anne의 마음을 동요시켰다.

4. **agitator** [ǽdʒətèitər] AG itator *n.* 선동자, 정치 운동가
one who stirs up the public

5. **antagonist** [æntǽgənist] ant AGO nist *n.* 적대자, 경쟁자
one who opposes another; an opponent

6. **antagonize** [æntǽgənɑiz] ant AGO nize *v.* 적으로 만들다, …의 반감을 사다.
to act in opposition to; annoy

예 It would be pointless to *antagonize* him.
그의 반감을 사는 것은 무의미한 짓일 것이다.

7. **transact** [trænzǽkt] trans ACT *v.* 취급하다, 거래하다.
to carry on business; to carry out; perform

8. **exigent** [éksədʒənt] ex IG ent *adj.* 절박한, 긴급한, 강요적인
requiring immediate aid or action; demanding

9. **prodigal** [prádigəl] prod IG al *adj.* 낭비하는, 방탕한, 풍부한
recklessly extravagant; characterized by wasteful expenditure

예 In the Bible, a *prodigal* son led a life of extravagance and returned penniless to his father's house.
성경에는 한 방탕한 아들이 사치스럽게 살다가 돈 한푼 없이 아버지의 집으로 돌아왔다.

10. **pedagogue** [pédəgág] ped AGO gue *n.* 선생, 교육자=a teacher
11. **pedagogy** [pédəgòudʒi] ped AGO gy *n.* 교육학, 교수법=the study of teaching methods
12. **synagogue** [sínəgàg] syn AGO gue *n.* 유태교회=a Jewish place of assembly for worship
13. **demagogue** [déməgàg] dem AGO gue *n.* 선동정치가
one who stirs people up for personal politics or profit

● 연습문제

Ⅰ. agency와 demagogue를 분석하시오.

Ⅱ. 다음 ________부분을 채우시오.

(1) "The mind of man is __________ (d) by various problems." (Samuel Johnson)
"인간의 마음은 다양한 문제들에 의해 선동된다"

(2) At ninety William Cullen Bryant still had the ________ of youth.
아흔 살이 되었음에도 불구하고 윌리엄 칼렌 브라이언트는 여전히 젊은이의 경쾌함을 지니고 있었다.

(3) A political ________ is not popular in this country.
이 나라에서 선동정치가는 인기가 없다.

No. 3

AUD, AUDIT

hear, listen(듣다)

해설 어근 AUD, AUDIT는 HEAR, LISTEN을 뜻한다. 이것은 라틴어 audire와 이것의 과거분사 형인 auditus에서 온 것이다. 보충어휘 4번의 단어는 형태가 좀 다르나 같은 어원에서 출발하여 복잡한 변화를 겪은 것이다.

기본어휘

1. **audible** [ɔ́:dəbl] *adj.* 들리는, 들을 수 있는(=capable of being heard; loud enough to be heard; that can be heard)

   "to hear"를 뜻하는 aud-와 "able, capable of"를 뜻하는 라틴 접미사 -ible로 되어 있다.

   예 The teacher's voice was barely *audible.* 선생님의 목소리는 거의 들리지 않았다.
   She spoke in such a low voice that her remarks were barely *audible*.
   그녀는 너무나도 낮은 목소리로 말을 해서 그녀의 말이 거의 들리지 않았다.

2. **audience** [ɔ́:djəns] *n.* 청중, 청취(=people gathered in a place or building to hear or see; any persons within hearing; a chance to be heard; hearing)

   "to hear"를 뜻하는 aud-와 "the state or condition of"를 뜻하는 라틴 접미사 -ence로 이루어졌다. 원래는 "a hearing with someone else"의 의미인데 지금은 the people assembled to hear something의 뜻으로 사용됨.

   예 The *audience* at the theater was very sympathetic. 극장에서 청중들의 호응도가 아주 높았다.
   There were only about 100 people in the *audience*. 청중은 약 100명밖에 되지 않았다.

3. **audio**[ɔ́:diòu] *adj. n.* 가청 주파(의), 음성의(=pertaining to hearing or to sound waves)

   "to hear"를 뜻하는 라틴 어근 aud-로부터 나왔다.

   예 My television set has a good picture but weak *audio*.
   나의 텔레비전은 화상은 좋지만 음성은 별로 좋지 않다.

4. **audition** [ɔ:díʃən] *n.* 청취(검사), *v.* (=the act of hearing something or someone; a hearing that serves as a test or trial, as of singer or any actor trying out for a part) 청취 테스트를 하다(받다)(=to try out for a role)

   "to hear"를 의미하는 audit-와 "the act of, state of, or result of"를 뜻하는 라틴 접미사 -ion으로 구성되어 있다.

   예 The tenor *auditioned* for a role in the opera.
   그 테너 가수는 그 오페라의 배역을 맡기 위해서 오디션을 받았다.

5. **auditorium** [ɔ̀:ditɔ́:riəm] *n.* 관중석, 강당(a place for hearing; a building or room for concerts, plays, public meetings, etc; large room for an audience in a church, a theater,

a school or the like; large hall)
"to hear"를 뜻하는 audit-와 "a place for"를 뜻하는 라틴 접미사 -orium으로 되어 있다.

예 The play was presented in the high-school *auditorium*.
그 연극은 고등학교 강당에서 상연되었다.

보충 어휘

1. **audivise** [ɔ́:dəvəz] AUD ivise *v.* 그림과 함께 소리로 전달하다.
to receive or transmit, by audivision
2. **audient** [ɔ́:diənt] AUD ient *adj.* 듣는, 경청하는
listening; paying attention
3. **audibility** [ɔ̀:dəbíləti] AUD ibility *n.* 가청도
intensity of a received signal
4. **auscultate** [ɔ́:skəltéit] AUS cultate *v.* 청진하다.
to listen to sounds within such cavities of the body as the chest and abdomen
5. **audiogram** [ɔ̀:diəgrӕm] AUD iogram *n.* 가청주파도표
a graph that shows the relation of audibility to frequency
6. **audiometer** [ɔ̀:diɔ́mitər] AUD iometer *n.* 청력 측정기
an instrument by which hearing can be measured
7. **audiphone** [ɔ́:difóun] AUD iphone *n.* 보청기
a plate which carries sound vibrations; a hearing-aid
8. **auditory** [ɔ́:ditɔ̀ri] AUD itory *adj.* 귀의, 청각의
relating to hearing; as auditory nerves

   예 There is somthing wrong with the *auditory* nerve in my right ear.
   나의 오른쪽 귀의 청신경에 이상이 있다.
9. **audile** [ɔ́:dail] AUD ile *adj.* 청각의, 청력의
having mental images that are auditory
10. **auditor** [ɔ́:ditər] AUD itor *n.* 청취자=one who listens, hears

● 연습문제

Ⅰ. audivise과 audiphone을 분석하시오.

Ⅱ. 다음 ______부분을 채우시오.

(1) At the ________ the singer was so nervous that she did not do herself justice.
오디션을 받을 때 그 가수는 너무 긴장을 해서 자신의 능력을 충분히 발휘하지 못하였다.

(2) Every word he said was __________ throughout the large __________
그가 한 말은 한 마디도 빠짐없이 커다란 강당의 구석구석까지 다 들렸다.

Ⅲ. 다음 단어의 뜻을 영어로 정의 내리시오.

(1) audible (2) audition (3) audivise (4) audiogram (5) auditory

No. 4
ALI, ALLO, ALTER

other(다른)

해설 어근 ALI, ALLO, ALTER는 모두 OTHER를 의미한다. ALLO는 희랍어 allos(other를 의미)에서, ALI는 라틴어 alius에서 나왔으며, ALTER는 라틴어인데 other of two를 뜻한다.

기본어휘

1. **alien** [éiljən] *adj.* 외국인의, 이국의, 상반되는 *adj.* (=belonging to another country or people; foreign; strange; not natural; opposed or repugnant) *n.* 외국인, 외계인(=a foreigner; not a citizen)
   "other"의 뜻을 가진 라틴 어근 ali-에서 파생된 것이다.
   예 Lying is guite *alien* to his truthful nature. 거짓말하는 것은 그의 정직한 성미에 전혀 맞지 않는다.

보충어휘

1. **alias** [éiliəs] ALI as *n.* 별명, 가명
   an assumed name, another name usually to escape the law
2. **alibi** [ǽləbài] ALI bi *n.* 알리바이, 변명
   proof of being elsewhere at the time of a crime
3. **alienable** [éiljənəbl] ALI enable *adj.* 양도할 수 있는
   can be transferred to another
4. **inalienable** [inéiljənəbl] in ALI enable *adj.* 양도할 수 없는
   cannot be taken away; as inalienable rights
5. **alienist** [éiljənist] ALI enist *n.* 정신병 전문의사
   one who treats diseases of the mind; a psychiatrist
6. **alienate** [éiljəneit] ALI enate *v.* 멀리하다, 따돌리다. 양도하다.
   to transfer to another; to estrange
7. **alienation** [eiljənéiʃən] ALI enation *n.* 양도, 소외
   the act of transferring to another; as, alienation of affections
   (1) an alienating or being alienated (2) mental derangement; insanity
   예 His excessive drinking led to complete *alienation* from his family and friends.
   과음으로 인해서 그는 가족과 친구들에게서 완전히 소외되었다.
8. **allogamy** [əlάgəmi] ALLO gamy *n.* 타가수정(他家受精)

reproduction by cross-fertilization
the process of cross-fertilizing ; cross-fertilization

9. **allonym** [ǽlənìm] ALLO nym *n.* 가명(저자의)
the name of another person used by an author

10. **allonymous** [əlánəməs] ALLO nymous *adj.* 가명의
using another's name for one's own work

11. **alter** [ɔ́:ltər] *v.* 바꾸다, 변경하다.
(1) to make different in details but not in substance; modify
(2) to renew parts of (a garment) for a better fit
(3) to castrate or spay; to become different; change; vary
"other of two"를 뜻하는 라틴 어근 alter-에서 나온 단어이다.

예 He *altered* his appearance so no one would recognize him.
그는 아무도 그를 알아보지 못하도록 자기의 모습을 바꿨다.

12. **alteration** [ɔ̀:ltəréiʃən] ALTER ation *n.* 변경, 개조
a change; as, an alteration in plan was necessary
(1) an altering or being altered (2) the result of this; change

13. **alter ego** [ɔ́:ltər égou] ALTER ego *n.* 다른 자기, 분신, 친구
a second self; a bosom friend

14. **altercate** [ɔ́:ltərkèit] ALTER cate *v.* 언쟁하다.
to dispute; to wrangle; to argue angrily; quarrel

15. **alternate** [ɔ̀:ltərnit] ALTER nate *adj.* 교대의, 서로 엇갈리는 *v.* 번갈아 하다, 교체하다.
happening, by turns, now one, now another *v.* to follow by turns
"other of two"를 의미하는 라틴 어근 alter-와 "cause, make"를 뜻하는 라틴 접미사 -ate의 결합이다.

예 She works on *alternate* weeks. 그녀는 격주로 일한다.
Her moods *alternated* between happiness and sadness.
그녀의 기분은 행복과 우울의 사이를 번갈아 오갔다.

16. **alternative** [ɔ:ltə:rnətiv] ALTER native *n.* 대신의; 하나를 택해야 할
another choice

● 연습문제

I. inalienable과 alteration을 분석하시오.

II. 다음의 _____부분을 채우시오.

(1) A famous______was called in to decide whether the prisoner was sane or insane.
그 죄수가 제정신인지 정신이상인지 파악하기 위해 유명한 정신병 전문의사가 소환되었다.

(2) Shakespeare says that "Love is not love that alters when it finds __________"
"변경을 발견할 때 바뀌는 사랑은 사랑이 아니다"라고 세익스피어는 말한다.

No. 5 AMB, AMBI

around, about, both(주변에, 주위에, 둘 다)

해설 접두어 AMB, AMBI는 AROUND, ABOUT, BOTH를 뜻한다. 라틴어 ambo, ambio에서 유래되었으며, 희랍어 ampho, amphi와 같은 계통이다.

기본 어휘

1. **ambidexterous** [æmbidékstrəs] *adj.* 양손잡이의, 다재다능한, 간교한(=able to use both hands with equal ease; very skillful or versatile; deceitful; double-dealing)
   "on both sides; both"를 의미하는 ambi-와 "skillful"을 의미하는 dextrous로 되어 있다. able to use both hands with equal skill의 뜻.
   예 A switch hitter in baseball is an *ambidextrous* batter.
   야구에서의 스위치 히터는 양손을 모두 사용할 줄 아는 타자이다.
2. **ambivert** [ǽmbivəːrt] *n.* 양향성의 성격을 가진 자(=a person having characteristics of both extrovert and introvert)
   "both, around"의 뜻을 가진 ambi-에 "to turn"의 뜻인 vertere의 결합으로 이루어져, 양쪽으로 향하는 자의 뜻을 가진다.
   예 In this respect all men are *ambivert.* 이 점에서 모든 인간은 양향성의 성격을 지닌다.
3. **ambitious** [æmbíʃəs] *adj.* 패기에 찬, 대망을 품은 야심 있는, 대규모적인(=eager to succeed or to achieve fame, power, wealth, etc; having a high goal)
   "around"를 의미하는 ambi-와 "to go"를 의미하는 라틴어 어근 it-, 그리고 여기에 "given to"를 의미하는 라틴 접미사 -ous로 이루어져서 멀리 가는 사람, 멀리 가려는 사람의 뜻에서 유추되었다.
   예 *Ambitious* people work hard. 야심 있는 사람들은 열심히 일한다.
   The state had an *ambitious* highway-development program.
   이 국가는 대규모적인 간선도로 발전 계획을 갖고 있었다.

보충 어휘

1. **ambiparous** [æmbipərəs] AMBI parous *adj.* 잎과 꽃을 가진
   having both leaves and flowers
2. **ambit** [ǽmbit] AMBI t *n.* 범위, 영역, 구내
   bounds set up extending to the limit of a place
3. **ambient** [ǽmbiənt] AMBI ent *adj.* 포위한, 에워싼

moving around; surrounding on all sides; as, the ambient air

예 Thanks to the heater, this room main tains a moderate *ambient* temperature.
난방 장치 덕분에 이방은 적당한 주변온도를 유지한다.

4. **ambilateral** [æ̀mbilǽtərəl] AMBI lateral *adj.* 두쪽 다 관련된
relating to both sides; bilateral
5. **ambivalence** [æmbívələns, æmbíveiləns] AMBI valence *n.* 양면가치, 잦은 동요
repulsion and attraction to an object at the same time

예 Sharon was in a state of ambivalence about having a baby.
Sharon은 아이를 낳는 것에 대해 양면 가치를 따져보고 있는 중이었다.

6. **ambivalent** [æmbívələnt] AMBI valent *adj.* 양면 가치의 불확정한, 우유부단의
repelled and attracted at the same time
7. **ambition** [æmbíʃən] AMBI tion *n.* 대망, 포부, 야망
eagerness for achievement and honor
8. **amble** [æmbəl] AMB le *v.* 느릿느릿 걷다
walk leisurely about
9. **ambidexter** [æmbidékstər] AMBI dexter *n.* 양손잡이
one who uses both hands with skill
10. **ambitendency** [æ̀mbiténdənsi] AMBI tendency *n.* 서로 상반되는 경향의 공존
a case of having both tendency and countertendency
11. **ambulance** [ǽmbjuləns] AMB ulance *n.* 구급차
a vehicle to transport the injured
12. **ambiguity** [æ̀mbigjú(:)əti] AMBI guity *n.* 모호함, 두 가지 뜻
the quality of uncertainty in meaning

예 Students should avoid *ambiguity* in their writing.
학생들은 글을 쓸 때 모호한 것은 피해야 한다.

13. **ambiguous** [æmbígjuəs] AMBI guous *adj.* 두 가지 뜻으로 해석되는, 애매한
having more than one possible meaning; confusing

● 연습문제

Ⅰ. ambient와 ambidexter를 분석하시오.

Ⅱ. 다음 ________부분을 채우시오.

(1) "Sir, your wit ________(s) well-it goes about easily."(Shakespeare)
나리, 당신의 기지는 천천히 편하게 가는군요 그것은 손쉽게 퍼집니다.

(2) "He has ___________to attempt and skill to win."(Wordsworth)
그는 시도해 볼 야망과 성공할 재능을 지니고 있다.

(3) The ancient Oracles spoke_________(ly).
고대의 신탁들은 애매모호하게 말했다.

No. 6 ANTHROP

man(인간, 사람)

해설 어근인 ANTHROP는 희랍어 anthropos에서 왔으며 MAN을 의미한다.

기본어휘

1. **anthropology** [æ̀nərəpάləʤi] *n.* 인류학(=the science of man)
"man, human"을 의미하는 anthrop-와 "study, science, theory"를 뜻하는 접미사 -ology로 이루어졌다.

   예 In her *anthropology* course, my daughter learned about the Aztec civilization.
   내 딸은 인류학 수업에서 아즈텍문명에 대해 배웠다.

2. **philanthropist** [filǽnərəpist] *n.* 박애가, 자선가(=a person who loves his fellow men; a person who is engaged in promoting the happiness or social progress of mankind by supporting charities, making donations to colleges; person who loves mankind and works for its welfare etc).
"man, human"을 의미하는 anthrop-와 "love"를 뜻하는 희랍어 어근 phil-과 "a person who believe in", "a person engaged in"을 뜻하는 접미사 -ist로 이루어졌다.

   예 The *philanthropist* gave a million dollars for the building of a public library.
   그 자선가는 공공도서관을 짓는 데에 백만 달러를 기부했다.

3. **misanthrope** [mízənəròup] *n.* 염세가(=a person who hates his fellow men)
"hate, hatred"를 뜻하는 희랍어 어근 mis-와 "man, human"을 뜻하는 anthrop-로 이루어졌다.

   예 It is impossible for a *misanthrope* to be a philanthropist.
   염세자가 박애자가 되는 것은 불가능한 일이다.

4. **anthropomorphism** [æ̀nərəpəmɔ́:rfizəm] *n.* 신인 동형성론(=the belief that a god resembles a human being in apperance, feelings or behavior)
"man, human"을 의미하는 anthrop-와 "form"을 의미하는 희랍어 어근 -morph와 "doctrine, system"을 뜻하는 접미사 -ism로 이루어졌다.

   예 Most Christians believe in *anthropomorphism.* 대부분의 기독교인들은 신인동형성론을 신봉한다.

보충어휘

1. **anthropic** [ænərɔpik] ANTHROP ic *adj.* 인류의
pertaining to mankind

2. **anthropocentric** [æ̀nerəpəséntrik] ANTHROP o centric *adj.* 인간중심적인
assuming that man is the center of all
3. **anthropogeography** [æ̀nerəpəʤiəgrəfi] ANTHROP o geography *n.* 인문지리학
study of distribution of man in the world
4. **anthropogenesis** [æ̀nerəpouʤénəsis] ANTHROP o genesis *n.* 인류발생론
study of the development and origin of man
5. **anthropography** [æ̀nerəpɔgrəfi] ANTHROP o graphy *n.* 기술인류학
study of the distribution of the language, customs, institutions of man
6. **anthropoid** [ǽnerəpɔ̀id] ANTHROP oid *adj.* 사람과 비슷한
resembling man; as, the anthropoid ape
7. **anthropology** [æ̀nerəpəlɔʤikəl] ANTHROP o logy *n.* 인류학
the science of man
8. **anthropologist** [æ̀nerəpɔləʤist] ANTHROP o logist *n.* 인류학자
one who is versed in anthropology
9. **anthropophagy** [æ̀nerəpɔ̀fəʒi] ANTHROP o phagy *n.* 식인풍습
cannibalism
10. **anthropophagus** [æ̀nerəpɔfəgəs] ANTHROP o phagus *n.* 식인종
cannibal
11. **philanthropy** [filǽnerəpi] phil ANTHROP y *n.* 박애, 자선
love of mankind
12. **misanthropy** [mizǽnerəpi] mis ANTHROP y *n.* 인간혐오, 불신
hatred of mankind

● 연습문제

Ⅰ. philanthropy과 misanthropy를 분석하시오.

Ⅱ. 다음의 ________ 부분을 채우시오.

The science of _______ calls certain apes which resemble man ________ apes.
<u>인류학</u>은 인간을 닮은 일부 원숭이들을 <u>유인원</u>이라고 부른다.

Ⅲ. anthrop-가 포함된 다음 단어를 영어로 정의 내리시오.

(1) philanthropist: (2) anthropology: (3) misanthrope:
(4) anthropocentric: (5) anthropophagus:

No. 7 ANNI, ANNU, ENNI

year(해(年))

해설 어근 ANNI, ANNU, ENNI는 YEAR를 뜻하고 라틴어 annus로부터 유래된 것이며, ENNI는 모음의 약화형이다. 이 장에서는 보충어휘에서 라틴어 숫자도 함께 익히기 바란다.

기본어휘

1. **annals** [ǽnəlz] *n.* 연대기, 기록, 연사(=a written record of historical events)
   원래는 "yearly records"의 뜻이었으나 지금은 더 넓은 뜻으로 "records in general"로 특히 "historical records"로 쓰이고 있다.
   "year"를 뜻하는 어근 annu-와 "of; pertaining to"를 뜻하는 라틴 접미사 -al로 되어 있다.
   예 Mr. Johnson compiles the *annals* of the Historical Society.
   존슨씨는 역사협회의 연감을 편집한다.
2. **annuity** [ənjú(:)iti] *n.* 연금, 부금(=a yearly allowance or income)
   "year"를 뜻하는 annu-와 "the state, condition, or quality of being"을 의미하는 라틴 접미사 -ity로 되어 있다.
   예 He bought his wife an insurance policy that would provide an *annuity* for life.
   그는 종신 연금을 제공할 보험 증권을 아내에게 사 주었다.
3. **annual** [ǽnjuəl] *adj.* 1년의, 연 1회의(=of one year; yearly; occurring every year), *n.* 연감(=a book or pamphlet issued once a year)
   예 Here is a picture of Tom in his high school *annual.* 톰의 사진이 여기 그의 고등학교 연감 안에 있다.
4. **centennial** [senténiəl] *adj.* 100년간의, *n.* 백년제(=lasting for a hundred years; marking a period of a hundred years; happening once every hundred years)
   "one hundred"를 뜻하는 라틴 root인 cent-와 "year"를 뜻하는 enni-로 되어 있다.
   예 This is the *centennial* anniversary of the founding of our town.
   이것은 우리 마을의 설립 백년기념제이다.

보충어휘

1. **septennial** [septéniəl] sept ENNI al *adj.* 7년간의, 7년마다의
   occurring once in seven years; or, lasting seven years
2. **octennial** [okténiəl] oct ENNI al *adj.* 8년간의, 8년마다의
   occurring once in eight years; or, lasting eight years
3. **decennial** [disénial] dec ENNI al *adj.* 10년마다의, 10년간의
   occurring once in ten years; or, lasting ten years

4. **annually** [ǽnjuəli] ANNU ally *adv.* 해마다, 매년
yearly; as, dues collected annually
5. **quinquennial** [kwiŋkwéniəl] quinqu ENNI al *adj.* 5년마다의, 5년간의
occurring once in five years, or, lasting five years
6. **sexennial** [sekséniəl] sex ENNI al *adj.* 6년마다의, 6년간의
occurring once in six years; or, lasting six years
7. **annuitant** [ənjú(:)itənt] ANNU itant *n.* 연금 수령자
one to whom an annuity is paid
8. **anniversary** [ӕnivɔ́:rsəri] ANNI versary *n.* 기념일, 기념제
the annual return of a day or event

   예 He bought his wife a necklace for their wedding *anniversary*.
   그는 결혼기념일에 아내에게 목걸이를 사 주었다.

9. **biennial** [baiéniəl] bi ENNI al *adj.* 2년마다의, 2년간의
occurring once in two years; or, lasting two years
10. **triennial** [traiéniəl] tri ENNI al *adj.* 3년마다의, 3년간의
occurring once in three years; or, lasting three years
11. **quadrennial** [kwɔdréniəl] quadr ENNI al *n.* 4년간의, 4년마다의
occurring once in four years; or, lasting four years
12. **quadrennium** [kwɔdréniəm] quadr ENNI um *n.* 4년기간
a four-year period
13. **sesquicentennial** [sèskwisenténiəl] sesquicent ENNI al *adj.* 150년마다의
occurring once in 150 years
14. **bicentennial** [bàisenténiəl] bicent ENNI al *adj.* 200년마다의
occurring once in 200 years
15. **tricentennial** [tràisénténiəl] tricent ENNI al *adj.* 300년마다의
occurring once in 300 years

● 연습문제

Ⅰ. annually와 anniversary를 분석하시오.

Ⅱ. 다음 ________ 부분을 알맞은 단어로 채우시오.

(1) We celebrate the ________ of Lincoln's birth.
우리는 링컨 탄생 기념일을 축하한다.

(2) The year 1876 was the ________ of the Declaration of Independence.
1876년은 독립선언 100주년이었다.

(3) The year 1926 was the ________ anniversary of the Declaration of Independence.
1926년은 독립선언의 150주년이었다.

No. 8 ARCH

ruler(지배자)

해설 어근 ARCH는 RULER를 의미. 희랍어인 archos에서 온 것이다. ARCH는 chief, head, king, origin의 뜻과도 연결된다.

기본어휘

1. **archangel** [áːrkèindʒəl] *n.* 대천신, 대천사, 천사장(=a chief of angel; angel of high rank; an angelica plant)
   "chief, principal"의 의미인 희랍어근 arch-와 angel로 이루어졌고 그 의미는 다음과 같다.
   예 Gabriel is an *archangel.* 가브리엘은 대천사이다.
2. **archbishop** [àːrtʃbíʃəp] *n.* 대주교, 대감독(=the chief bishop of a province: a bishop having the highest rank)
   "chief, principal"의 뜻인 희랍어근 arch-와 bishop에서 왔다.
   예 The bishop was elevated to *archbishop.*
   그 주교는 대주교로 승진되었다.
3. **archenemy** [áːrtʃénəimi] *n.* 적의 두목, 가장 큰 적(=a chief enemy)
   "chief, principal"의 뜻인 희랍어근 arch-와 enemy로 이루어졌다.
   예 Satan is often called the *archenemy* of mankind.
   사탄은 종종 인류의 가장 큰 적이라고 불리운다.
4. **matriarch** [méitriàːrk] *n.* 여가장, 가장의 처(=a woman who rules or leads a large family or tribe by hereditary right)
   예 *Matriarchs* ruled in some ancient societies.
   일부 고대사회에서는 여가장이 지배했다.

보충어휘

1. **myriarch** [miríɑːrk] myri ARCH *n.* 1만대대의 지도자
   a leader of 10,000 troops
2. **panarchy** [penáːrki] pan ARCH y *n.* 범정치
   goverment by all; universal rule
3. **anarchy** [ǽnərki] an ARCH y *n.* 무정부 상태, 무질서
   a state without goverment

예 The nation experienced chaos during the period of *anarchy*.
국가는 무정부상태의 기간동안 혼란을 겪었다.

4. **architect** [áːrkitèkt] ARCH itect *n.* 건축가, 설계자
   the creator of a design or plan for a building
5. **biarchy** [báiɑːrki] bi ARCH y *n.* 이두정치
   government by two people
6. **chiliarch** [kíliɑ̀ːrk] chili ARCH *n.* 천인대장
   chief over a thousand troops
7. **hierarch** [háiərɑːrk] hier ARCH *n.* 교주, 고승
   a leader in the church
8. **monarch** [mánərk] mon ARCH *n.* 군주, 주권자, 제왕
   a single ruler, as a king

   예 Before democracy, *monarchs* ruled many countries.
   민주주의가 도래하기 전에는 군주들이 많은 나라들을 지배했다.
9. **patriarch** [péitriɑ̀ːrk] patri ARCH *n.* 가장, 족장
   the male head of family or tribe
10. **oligarchy** [áləgɑ̀ːrki] olig ARCH y *n.* 과두정치, 소수 독재정치
    goverment in the hands of a few
11. **pentarchy** [péntɑːrki] pent ARCH y *n.* 오두정치
    government by five rulers or five powers
12. **archeology** [ɑ̀ːrkiáləʤi] ARCH eology *n.* 고고학
    the study of the material remains of ancient civilizations

● **연습문제**

Ⅰ. panarchy와 anarchy를 분석하시오.

Ⅱ. 다음 ________ 부분을 채우시오.

(1) Throughout the ages most governments have tried to avoid ________
오랜 세월동안 대부분의 정부들은 무정부상태를 피하려고 노력했다.

(2) A city planner relies heavily on a(n) ___________
도시계획자는 건축가에게 크게 의지한다.

No. 9 AUTO

self(자신, 자기)

해설 어근 AUTO, AUT는 SELF를 뜻한다. self, automatic을 의미하는 희랍어 autos로부터 유래되었다.

기본 어휘

1. **autocrat** [ɔ́:təkræ̀t] *n.* 독재군주, 독재자(=a ruler with unrestricted power; any arrogant, dictatorial person)
   "self"를 의미하는 희랍어근 auto-와 "rule; power"를 의미하는 -crat로 되어 있다.
   예 Grandfather was quite an *autocrat* at the dinner table.
   할아버지께서는 저녁 식사 때에는 아주 독재자처럼 행동하셨다.
2. **autograph** [ɔ́:təgræ̀f] *n.* 자필, 서명(=the signature or handwriting of a particular person; the handwriting of the person himself.) *v.* 자필로 쓰다(to sign one's own signature to it; to write it in one's own handwriting)
   "self"를 의미하는 auto-와 "a writing"을 뜻하는 희랍어근 -graph로 되어 있다.
   예 She stood in line to get the singer's *autograph.* 그녀는 그 가수의 서명을 받으려고 줄을 섰다.
3. **automatic** [ɔ̀:təmǽtik] *adj.* 자동의, 기계적인(=acting by itself; self-moving; self-regulating, like a machine)
   "self"를 의미하는 auto-와 "acting; moving"을 뜻하는 희랍어근 matic-으로 되어 있다.
   예 The clothes dryer is *automatic.* 그 탈수기는 자동으로 작동한다.
4. **automobile** [ɔ̀:təmoubì:l] *n.* 자동차(=a self-propelled or self-moving vehicle; vehicle for use on roads and streets that carries its own engine)
   예 The invention of the *automobile* has enabled us to move about freely.
   자동차의 발명으로 우리는 자유롭게 장소를 옮겨 다닐 수 있게 되었다.

보충 어휘

1. **autobiography** [ɔ̀:toubaiɑ́grəfi] AUTO biography *n.* 자서전
   the story of one's life written by oneself
2. **autocratic** [ɔ̀:təkrǽtik] AUTO cratic *adj.* 독재의
   in the nature of an autocrat; despotic
3. **autocracy** [ɔ:tɑ́krəsi] AUTO cracy *n.* 독재권
   state governed by absolute rule; supremacy

4. **autarch** [ɔ́:tɑ:rk] AUT arch *n.* 독재자
an absolute ruler; a despot
5. **autarchy** [ɔ́:tɑ:rki] AUT archy *n.* 독재정치
absolute rule; despotism
6. **autogenesis** [ɔ̀:toudʒénəsis] AUTO genesis *n.* 자기발생, 자생
born from oneself; spontaneously generated
7. **autognosis** [ɔ̀:tougnóusis] AUTO gnosis *n.* 자기인식
self-knowledge; self-understanding
8. **autoinfection** [ɔ̀:touinfékʃən] AUTO infection *n.* 자가감염
infection caused from within one's own body
9. **autointoxication** [ɔ̀:touìntɑksəkéiʃən] AUTO intoxication *n.* 자가중독
self-infection
10. **automat** [ɔ́:təmæ̀t] AUTO mat *n.* 자동판매식당, 자동판매기
a self-service cafeteria
11. **automotive** [ɔ̀:təmóutiv] AUTO motive *adj.* 자동차의, 자동추진의
self-moving; as an automotive machine

예 Many *automotive* parts are made in different countries these days.
많은 자동차의 품들은 요즘 다른 나라들에서 제조된다.

12. **autonomy** [ɔ:tɑ́nəmi] AUTO nomy *n.* 자치, 자치권
self-government; independence of action
13. **autonomous** [ɔ:tɑ́nəməs] AUTO nomous *adj.* 자치권 있는, 자주적인
self-governing; independent in action

예 Each U.S. state has its own *autonomous* government. 미국의 주는 각각 자치권 있는 정부를 갖고 있다.

14. **automation** [ɔ̀:təméiʃən] AUTO mation *n.* 자동조작, 기계사용
an industrial system using machinery that runs itself
15. **automaton** [ɔ̀:tɑ́mətɑ́n] AUTO maton *n.* 자동장치, 자동인형
a self-operating figure; a mechanical man

● 연습문제

Ⅰ. autarch와 autogenesis를 분석하시오.

Ⅱ. 다음________ 부분을 채우시오.

(1) In industry today much __________ equipment is needs.
요즘 산업에서는 많은 자동추진 장비를 필요로 한다.

(2) Oliver Wendell Holmes wrote a book called "The ________ of the Breakfast Table," containing some very delightful pieces.
올리버 웬델 홈즈는 매우 유쾌한 글들이 포함된 「아침식사의 독재자」라는 책을 썼다.

(3) A popular star is constantly besieged for his _________
인기 있는 연예인에게는 사람들이 끊임없이 서명을 받기 위해 몰려든다.

No. 10 BENE, BON

well, good(좋은, 잘하는, 선한)

해설 어근 BENE, BON은 WELL의 뜻임. BENE, BON은 라틴어에서 불어로 그리고 영어로 차용되었다. 이것과 정반대가 되는 것으로 MALE이 있다.

기본어휘

1. **benefactor** [bénəfæktər] *n.* 은인, 후원자(=a person who does good; a patron; a backer, a person who has given money or kindly help)
   "well, good"을 뜻하는 bene-와 "a person who does"를 의미하는 라틴어 factor로 이루어졌다.
   예 Mr. Smith, the banker, is a *benefactor* of the museum. 은행가인 스미스씨는 그 박물관의 후원자이다.
2. **benefit** [bénəfit] *n.* 이익, 은혜(=a good deed, an act of kindness; that which does someone good, an advantage), *v.* …에 유익하다, 이익을 얻다(=to help or profit anything which is for the good of a person or thing: receive good)
   "well, good"을 의미하는 bene-와 "to do"를 뜻하는 라틴어 어근 fac-에서 유래된 fit로 이루어졌다.
   예 The club gave the dance as a *benefit* to raise money for charity.
   그 클럽은 자선을 위해 돈을 모으는데 도움이 되도록 무도회를 개최했다.
3. **benevolent** [bənévələnt] *adj.* 자애로운, 인정 많은(=well-wishing, disposed to do good, kindly charitable)
   "well, good"을 뜻하는 bene-와 "wishing, willing"을 뜻하는 라틴어 volent-로 되어 있다.
   예 The women in our neighborhood formed a local *benevolent* society.
   우리지역의 여인들은 지역 자선 단체를 형성하였다.
4. **benediction** [bènədíkʃən] *n.* 감사기도, 축도(=the act of blessing, as at the close of religious worship; the calling down of divine favor on a person; the asking of God's blessing at the end of a service in church)
   예 The priest gave the people his *benediction*. 그 신부님은 신도들에게 축도를 해주었다.
5. **beneficial** [bènəfíʃəl] *adj.* 유익한, 이로운(=of or pertaining to that which does good; helpful; advantageous: favorable; helpful; productive of good)
   "well, good"을 뜻하는 bene-와 "to do, make"를 뜻하는 fic-와 "of, pertaining to"를 뜻하는 접미사 -ial로 되었다.
   예 Sleep and proper food are *beneficial* to health. 잠과 알맞은 음식이 건강에 이롭다.

보충 어휘

1. **bonny** [báni] BON ny *adj.* 예쁜, 귀여운
   sweet and attractive; as, a bonny child
2. **bonus** [bóunəs] BON us *n.* 특별 상여금
   an extra benefit, usually extra pay
   예 Our company gives everyone a *bonus* at Christmas.
   우리 회사는 성탄절에 모든 사원들에게 특별 상여금을 지급한다.
3. **bonanza** [bounǽnzə] BON anza *n.* 노다지판, 행운
   an unusually rich vein of gold or silver in a mine
4. **bonify** [bɔnifai] BON ify *v.* 좋게 바꾸다
   to convert into good
5. **bounty** [báunti] BOUN ty *n.* 박애, 하사품, 관대함
   a reward; a gift; generosity
6. **bountiful** [báuntifəl] BOUN tiful *adj.* 자비로운, 관대한, 풍부한, 충분한
   generous; munificent
   예 The harvest of apples and pears was *bountiful* this year.
   올해 사과와 배 수확이 풍부했다.
7. **beneficiary** [bénəfíʃièri] BENE ficiary *n.* 이익 수혜자
   person receiving some good, advantage, or benefit
8. **benign** [bináin] BEN ign *adj.* 자애로운, 친절한
   of a gentle disposition; kind
   예 Though he doesn't talk much, his actions are *benign*.
   비록 그는 별로 말을 많이 하진 않지만, 그의 행동들은 자애롭다.

● 연습문제

1. bonify와 benign을 분석하시오.
2. 다음 ________ 부분을 채우시오.
   (1) He was a ________ man, and when he died he left his fortune for housing projects for the poor.
   그는 자애로운 사람이었기 때문에 그가 죽은 후 가난한 사람들의 공영주택권을 위해 사용하도록 그의 재산을 남겼다.
   (2) They spoke his name with a ____________
   그들은 축복하면서 그의 이름을 말하였다.
   (3) The ________ she received was almost half her salary.
   그녀가 받은 특별상여금은 거의 그녀의 봉급의 반 정도였다.

No. 11 BIO

life(생명, 삶)

해설 어근인 BIO는 희랍어 bios에서 온 것으로 LIFE를 의미한다. 이것은 라틴어 vivere와 같은 계통이다.

기본 어휘

1. **biochemistry** [bàioukémәstri] *n.* 생화학(=the branch of chemistry to the process and physical properties of living organism)
   "life"를 의미하는 bio-와 chemistry로 되어 있다.
   예 We plan to study *biochemistry* at college. 우리는 대학에 가서 생화학 공부를 할 계획이다.
2. **biography** [baiàgrәfi] *n.* 전기, 일대기(=a writing about a life; a written account of a person's life; the written story of a person's life)
   "life"를 의미하는 bio-와 "a writting"을 의미하는 Greek 접미사 -graphy로 되어 있다.
   예 This *biography* of President Kennedy is a best-seller. 케네디 대통령의 전기는 베스트셀러이다.
3. **biology** [baiálәʤi] *n.* 생물학, 생태학(=the science of life in all its manifestations, and of the origin, structure, reproduction, growth, and development of living organisms; the science of living things; study of plant and animal life)
   "life"를 뜻하는 bio-와 "the science or study of"를 의미하는 Greek 접미사 -logy로 되어 있다.
   예 Zoology (the study of animals) and botany (the study of plants) are the main division of *biology*. 동물학과 식물학은 생물학의 주요 부문들이다.

보충 어휘

1. **biographer** [baiɔ́grәfәr] BIO grapher *n.* 전기작가
   one who writes about the life of another
2. **biographee** [baiàgrәfíː] BIO graphee *n.* 전기의 주인공
   the person whose life is written about
3. **autobiography** [ɔ̀ːtәbaiágrәfi] auto BIO graphy *n.* 자서전
   one's own life story written by oneself
4. **biologist** [baiálәʤist] BIO logist *n.* 생물학자
   an expert in biology

5. **bios** [báiəs] BIO s *n.* 생물의 유기적 속성
organic nature among plants and animals
6. **biosis** [baiɔ́sis] BIO sis *n.* 생태
the way of life among living organisms; vitality
7. **biostatics** [bàioustǽtiks] BIO statics *n.* 생물정학
the scientific study of living organisms and their functions
8. **biogeny** [baioúdʒini] BIO geny *n.* 생명발생 the development of life
9. **biogeography** [bàioudʒiágrəfi] BIO geography *n.* 생물지리학
the area of biology that deals with the distribution of plants and animals
10. **biognosis** [baiognóusis] BIO gnosis *n.* 생명(물)조사
the investigation of life
11. **biogenesis** [bàioudʒénəsis] BIO genesis *n.* 속생설, 유생기원론
the development of living organisms from life that exists
12. **biogenesist** [baioudʒénəsist] BIO genesist *n.* 속생설학자
an expert in biogenesis
13. **biogenetic** [baiodʒénətik] BIO genetic *adj.* 속생설의
pertaining to the development of life that exists
14. **biota** [baióutə] BIO ta *n.* 한 시대의 동식물
animal and plant life of a region; the fauna and flora of an area
15. **biostatistics** [bàioustətístiks] BIO statistics *n.* 생물통계학
vital measurements
16. **biopsy** [báiapsi] BIO psy *n.* 생체조직검사
examination of diseased tissue removed from a body

예 My doctor took a *biopsy* of a spot on my back to test it for cancer.
의사는 암인지 검사하기 위해 내 등에 있는 얼룩에 대한 생체조직 검사를 하였다.

17. **biological** [bàiəládʒikəl] BIO logical 생물학상의
connected with the scientific study of animals, plants and other living things

● 연습문제

I. biographer와 biologist를 분석하시오.

II. 다음 ________ 부분을 채우시오.

The ________ gave to his ________ all the information on __________ and all the __________ which he had collected in years of work. This was a valuable contribution to ____________.

그 성물학자는 자신의 전기작가에게 생물정학에 대한 모든 정보와 자기가 여러 해의 연구에 걸쳐 수집한 모든 생물 통계학 자료를 주었다. 이것은 생물학에게 귀중한 기여가 되었다.

No. 12 CAP, CEPT

take, receive(가지다, 받아들이다)

해설 어근 CAP, CAPT는 TAKE, SEIZE의 뜻으로 라틴어 capere, captus에서 온 것이다. 아래에서 보이는 다른 어형인 CIP와 CEPT는 앞에서 설명한 바, 모음의 국중약화형이다. 이 장을 통하여 약화형의 쓰임새를 완전히 익히기 바란다. 또 hard를 의미하는 caput와는 구별하기 바란다.

기본어휘

1. **capable** [kéipəbəl] *adj.* 유능한, 가능한, 실력이 있는(=able to take; having ability; having the qualities needed for something; able to receive knowledge; clever)
   "to take"를 뜻하는 cap-와 "able"을 뜻하는 라틴 접미사 -able로 되어 있다.
   예 Are you *capable* of solving this problem? 당신은 이 문제를 해결할 능력이 있습니까?
2. **deceive** [disíːv] *v.* 속이다(=to take away from the truth; mislead; trick; lead astray)
   "away; down"을 뜻하는 라틴 접두사 de-와 "to take"를 의미하는 불어 차용형인 ceiv-로 되어 있다.
   예 He was *deceived* by the friendliness of the thief. 그는 그 도둑의 친절함에 속았다.
3. **except** [iksépt] prep ~을 제외하고는(=taking out; leaving out; omitting)
   "out"을 의미하는 라틴 접두사 ex-와 "to take"를 의미하는 cept-로 되어 있다.
   예 Ever one is going except me. 나를 제외하고는 모두들 간다.
4. **incipient** [insípiənt] *adj.* 시초의, 초기의(=taking into existence; coming into existence; just beginning to be or to appear)
   "in"을 의미하는 라틴 접두사 in-과 "to take"를 의미하는 cip-, 그리고 영어의 -ing와 같은 접미사 -ent로 되어 있다.
   예 He has *incipient* influenza. 그에게는 독감 초기 증상이 나타나고 있다.

보충어휘

1. **capsule** [kǽpsəl] CAP sule *n.* 교갑, 피막
   a tiny case for holding medication; a pill
2. **caption** [kǽpʃən] CAP tion *n.* 표제, 제목 a heading; a subtitle
3. **captious** [kǽpʃəs] CAP tious *adj.* 남을 헐뜯는, 흠잡기를 좋아하는
   calculated to entrap; as, by captious questions

4. **captivate** [kǽptivèit] CAP tivate *v.* 매혹하다, 사로잡다
to seize; as, captivate someone with charm

예 Her beauty and charm have *captivated* many man.
그녀의 아름다움과 매력은 수많은 남자들을 매료시켰다.

5. **accept** [æksépt] ac CEPT *v.* 받아들이다. to receive; to agree to
6. **deception** [disépʃən] de CEPT ion *n.* 사기 a taking by fraud; deceit
7. **exception** [iksépʃən] ex CEPT ion *n.* 예외
something left out of general use; as, an exception to the rule
8. **intercept** [ìntərsépt] inter CEPT *v.* 가로채다, 도중에서 잡다
to take aside before arrival; to hinder

예 Tom *intercepted* the mail before his parents could find the letter from his teacher.
톰은 그의 부모님이 선생님에게서 온 편지를 발견하기 전에 그것을 미리 가로챘다.

9. **conception** [kənsépʃən] con CEPT ion *n.* 개념, 구상 the process of forming ideas
10. **susceptible** [səséptəbəl] sus CEPT ible *adj.* 허용하는, 다정다감한, 영향 받기 쉬운
impressionable; as, susceptible to beauty

예 The artist is quite *susceptible* to criticism. 그 예술가는 비평에 무척 영향을 받는다.

11. **perceptive** [pərséptiv] per CEPT ive *adj.* 지각하는, 지각이 예민한
having the faculty of percepition; discerning
12. **precept** [príːsept] pre CEPT *n.* 교훈, 계율 a maxim; a principle by which one lives
13. **anticipate** [æntísəpèit] anti CIP ate *v.* 기대하다, 예상하다.
to foresee and deal with in advance
14. **participate** [pɑːrtísəpèit] parti CIP ate *v.* 참여하다.
to have a part or share in something; to take part

예 How many students will be *participating* in the seminar? 세미나에 몇 명의 학생들이 참여합니까?

15. **principal** [prínsəpəl] prin CIP al *adj.* 주된, 주요한 *n.* 교장
most important, consequential or influential
16. **principle** [prínsəpl] prin CIP le *n.* 원리, 원칙, 근본방침
a comprehensive and fundamental law, doctrine, or assumption
17. **conceive** [kənsíːv] con CEIV e *v.* 임신하다, 마음에 품다.
to become pregnant with; to cause to begin; to be the opinion of
18. **conceit** [kənsíːt] con CEIT *n.* 자만, 공상, 의견 individual opinion; a fanciful idea

● 연습문제

Ⅰ. susceptible와 deceive를 분석하시오.

Ⅱ. Nobody that the seemingly honest man would ________ everyone in that way. He ________ (d) all the trusting and ________ villagers with his charm.
어느 누구도 그 정직해 보이는 남자가 모든 사람들을 그런 방식으로 속이리라고는 예상하지 못했다. 그는 자신의 매력으로 사람을 의심할 줄 모르고 다정다감한 마을 사람들을 모두 사로잡았다.

No. 13

CALOR

heat(열)

해설 어근 CALOR은 HEAT를 뜻한다. 칼로리가 바로 이것에 근원을 둔 말이다. 14번 이하의 변이형은 불어 차용형이다.

기본 어휘

1. **caloric** [kəlɔ́:rik] CALOR ic *adj.* 열의, 칼로리의
   like heat; giving off heat
2. **calorie** [kǽləri] CALOR ie *n.* 칼로리(음식의 열량단위)
   a unit of heat

   예 Baked potatoes with butter have a lot of *calories*.
   버터 바른 구운 감자는 고칼로리 음식이다.
3. **caloricity** [kæ̀lərísiti] CALOR icity *n.* 온열력
   ability to develop and maintain animal heat
4. **calorify** [kǽlərifɑi] CALOR ify *v.* 열을 발생하게 하다.
   to make hot; make heat producing
5. **calorific** [kæ̀lərífik] CALOR ific *adj.* 열을 발생하는, 열의
   heat producing
6. **calorifics** [kæ̀lərífiks] CALOR ifics *n.* 열학
   study, phenomena, and details of heat
7. **calorimeter** [kæ̀lərímitər] CALOR imeter *n.* 열량계
   instrument for measuring the quantity of heat used
8. **calorimetry** [kæ̀lərímitri] CALOR imetry *n.* 열량 측정(법).
   the science of measuring heat
9. **calorescence** [kæ̀lərésəns] CALOR escence *n.* 빛으로 바뀐 열파
   heat waves changed to light
10. **calorimotor** [kæ̀lərimoutər] CALOR imotor *n.* 열배터리
    a battery of large plates producing heat effects
11. **calorist** [kǽlərist] CALOR ist *n.* 칼로리주의자
    one who believed that heat is caloric
12. **calorite** [kǽlərɑit] CALOR ite *n.* 단열재
    a heat-resisting alloy, often used for electric wiring

13. **cauldron** [kɔ́ːldrən] CAULD ron *n.* 큰 솥, 큰 냄비
a huge kettle for warming or boiling

14. **nonchalant** [nὰnʃəlάːnt] non CHAL ant *adj.* 무관심한, 냉담한
unconcerned; indifferent

예 He was quite *nonchalant* about getting fired.
그는 직장에서 쫓겨난 것에 대해 매우 태연해 보였다.

● 연습문제

Ⅰ. calorify와 nonchalant를 분석하시오.

Ⅱ. 다음의 ________ 부분을 채우시오.

(1) Fat people do not count the __________they consume.
뚱뚱한 사람들은 자기들이 섭취하는 칼로리 수를 세지 않는다.

(2) Ice cream and chocolate cake are highly ___________.
아이스크림과 초콜릿 케이크에는 칼로리가 매우 많이 함양되어 있다.

He who climbs the ladder must begin at the bottom.
사다리를 오르는 사람은 밑에서부터 시작해야 한다.

No. 14
CAPIT, CAPT

head, chief, leader(머리, 주장, 지도자)

해설 어근인 CAPIT, CAPT는 HEAD CHIEF, LEADER를 의미한다. 이 어근은 라틴어 caput, capit-(head)로부터 파생되었다.

기본어휘

1. **capital** [kǽpitl] *n.* 자본, 수도(=amount of accumulated goods; also property; money; the official where a government is located) *adj.* 주요한(=chief; very serious)
"head"의 뜻인 라틴 어근 capit-에 "action, process"를 뜻하는 라틴어 접미사 -al이 붙어서 형성된 단어이다.

   예 The trading company has a *capital* of $65,000.
   그 무역회사의 자본금은 6만5천 달러이다.

2. **decapitate** [dikǽpətèit] *v.* 목을 자르다(=cut the head off)
"away remove from"의 의미인 접두사 de-와 "head"를 뜻하는 capit 그리고 "cause make"의 뜻을 지닌 라틴어 접미사 -ate로 이루어졌다.

   예 The guillotine *decapitated* the French queen Marie Antoinette.
   단두대는 프랑스 왕비 마리 앙투아네트의 목을 잘랐다.

보충어휘

1. **capitalize** [kǽpitəlàiz] CAPIT alize *v.* 투자하다, 자본화하다.
convert into capital; make a profit
2. **capitate** [kǽpiteit] CAPIT ate *adj.* 두상의
forming a head; suddenly enlarged
3. **capitation** [kæ̀pətéiʃən] CAPIT ation *n.* 인두(人頭)할당, 인두세
a tax imposed by the numbering of heads; poll tax
4. **Capitol** [kǽpitəl] CAPIT ol *n.* 국회의사당
the chief building in Washington in which Congress holds sessions
5. **capitulate** [kəpítʃəlèit] CAPIT ulate *v.* 단념하다, 항복하다
to surrender; to give up, as it were, the head

   예 She finally *capitulated* and bought her son a bicycle.
   마침내 그녀는 단념하고 아들에게 자전거를 사주었다.

6. **capitulation** [kəpìtʃəléiʃən] CAPIT ulation *n.* 조건부 항복
   the surrender
7. **captain** [kǽptin] CAPT ain *n.* 우두머리, 육군대위
   the head; the chief; as, the rank of captain
8. **captaincy** [kǽptənsi] CAPT aincy *n.* captain의 지위, 임기
   rank or commission of captain
9. **cattle** [kǽtl] CA(P)T tle *n.* 가축, 짐승들
   animals; as, the rancher's chief property is cattle
10. **recapitulate** [rìːkəpítʃəlèit] re CAPIT ulate *v.* 요약하다.
    to repeat or restate briefly
11. **recapitulation** [rìːkəpítʃəléiʃən] re CAPIT ulation *n.* 요점 반복
    the act of repeating or restating briefly
12. **decapitation** [dikæ̀pətéiʃən] de CAPIT ation *n.* 면직, 참수
    the act of decapitating

● **연습문제**

Ⅰ. capitalize와 decapitate를 분석하시오.

Ⅱ. 다음 ________부분을 채우시오.

(1) When Samuel Johnson struggled against death, he cried "I will not ________ (give in)!"
사무엘 존슨이 죽음과 맞싸울 때 그는 "나는 항복하지 않으리라"라고 외쳤다.

(2) During the French Revolution many of the aristocrats were ________(d) by the guillotine.
프랑스 혁명 동안 많은 귀족들은 단두대에 의해 참수되었다.

The only end of writing is to enable the readers better to enjoy life, or better to endure it.
글쓰기의 유일한 목적은 독자들로 하여금 삶을 더 잘 즐길 수 있게 하는 것이거나 삶을 더 잘 견디어 낼 수 있게 만드는 것이다.

No. 15 CAUSE, CUS

cause, motive(원인, 동기)

해설 어근 CAUSE, CUS는 라틴어 causa로부터 왔으며, CAUSE, REASON을 의미한다. CUS는 CAUSE의 어중 약화형인 것을 유의하기 바란다.

기본 어휘

1. **excuse** *v.* [ikskjúːz] *n.* [ikskjúːs] *v.* 변명하다, 용서하다(=to attempt to remove the blame; ~let off; exonerate; offer an apology for; try to remove the blame of; be a reason or explanation for; pardon; forgive) *n.* 변명, 면제(=The reason for an action; ~excusing; free from duty; let off the reason for an action; a reason, real or pretended, that is given; explanation; act of excusing)
"from"을 의미하는 라틴 접두사 ex.와 "cause; accusation"을 의미하는 causa-가 변형되어 이루어졌다.

예 I cannot *excuse* his bad conduct.
나는 그의 나쁜 품행을 용서할 수 없다.
Her *excuse* was that she forgot.
그녀의 변명은 잊어버렸다는 것이었다.

2. **causal** [kɔ́ːzəl] *adj.* 원인의(=relating to motive)
"cause; accusation"을 의미하는 causa-와 "relating to"의 뜻을 갖는 라틴어 접미사 -al으로 구성되었다.

예 'Because' and 'since' are *causal* conjuctions.
'Because(왜냐하면)'와 'since(~이므로)'는 원인 접속사들이다.

3. **accuse** [əkjúːz] *v.* 고발하다, 나무라다(=to charge with ~; blame)
"to"를 뜻하는 ad-가 뒤의 c와 동화되어 ac-가 되고 "cause; accusation"을 의미하는 causa-가 변형되어 합쳐졌다.

예 The boys *accused* her of being a tattletale.
그 소년들은 그녀를 고자질쟁이라고 비난했다.
The man was *accused* of speeding.
그 남자는 과속으로 고발되었다.

보충 어휘

1. **cause** [kɔːz] CAUSE *v.* 야기하다, (…의) 원인이 되다.
   to make happen; effect, induce, produce, compel, etc
2. **because** [bikɔ́ːz] be CAUSE conj. 왜냐하면
   for that reason; for the reason that; since; means by reason of; on account of
3. **accusative** [əkjùːzətiv] ac CUS ative *adj.* 비난의, 고소의
   producing accusations; accusatory
4. **accuser** [əkjúːzər] ac CUS er *n.* 고발인, 비난자
   one who charges another with wrong-doing
5. **accusatory** [əkjúːzətɔ̀ːri] ac CUS atory *adj.* 고소의, 죄를 탓하는
   in the nature of an accusation; as, accusatory evidence
6. **excusive** [ekskjúsiv] ex CUS ive *adj.* 변명하는, 사과하는
   inclined to excuse; to exonerate
7. **cause** [kɔːs] CAUSE *n.* 원인, 근거, 대의명분
   reason; motive
8. **causation** [kɔːzéiʃən] CAUS ation *n.* 원인, 인과관계
   the act of causing; motivation
9. **causeless** [kɔ́ːzlis] CAUSE less *adj.* 원인 없는
   without reason; as, causeless hatred
10. **causable** [kɔ́ːzəbl] CAUS able *adj.* 야기될 수 있는
    can be caused
11. **causality** [kɔːzǽləti] CAUS ality *n.* 인과관계, 인과율
    agency; connection between cause and effect
12. **accusation** [ǽkjuzéiʃən] ac CUS ation *n.* 고발, 죄과, 비난
    a charge of wrong-doing; a charge of being or doing something bad
    예 The *accusation* about him was that he stole lo dollars form the store.
    그에 대한 고발은 그가 가게에서 10달러를 훔쳤다는 것이었다.
13. **inexcusable** [inikskjúːzəbəl] inex CUS able *adj.* 용서받을 수 없는
    cannot be excused
    예 Murder is an *inexcusable* crime. 살인은 용서받을 수 없는 범죄이다.

● **연습문제**

Ⅰ. accuser와 inexcusable을 분석하시오.

Ⅱ. 다음 ______ 부분을 채우시오.

The __________ was ________ and ________. In vain he looked for an excusator but the court would not _________ him.

그 고발은 원인이 없었고 용서받을 수 없는 것이었다. 그는 자신을 변호해 줄 사람을 찾았으나 허사였다. 재판관들은 그를 용서하지 않았다.

No. 16 CLAIM, CLAM

declare, call out, cry out(선언하다, 부르다)

해설 어근 CLAIM, CLAM은 라틴어 clamare로부터 유래되었고 DECLARE, CALL OUT, CRY OUT을 의미한다. 이 두 형태의 서로 다른 발음과 철자에 주의해야겠다.

기본어휘

1. **declaim** [dikléim] *v.* 열변을 토하다, 극적으로 낭독하다.(=to cry out; to speak loudly and fully to give a formal speech, as opposed to speaking informally or softly)
"completely"를 의미하는 라틴 접두사 de-와 "cry out; shout"를 뜻하는 claim으로 되어 있다.

   예 The politician *declaimed* his speech to a large audience.
   그 정치가는 많은 청중들 앞에서 극적으로 연설했다.

2. **exclaim** [ikskléim] *v.* 외치다, 부르짖다(=to cry out suddenly)
"out"을 의미하는 라틴 접두사 ex-와 "to cry out; shout"를 의미하는 claim으로 되어 있다.

   예 He *exclaimed* that the accusations were false. 그는 비난들이 거짓이라고 소리쳤다.

3. **proclaim** [proukléim] *v.* 선언하다, 공포하다(=to cry something out before the people; make known before the public; announce; make clear)
"before"를 의미하는 라틴 접두사 pro-와 "to cry out"를 의미하는 claim으로 되어 있다.

   예 The president *proclaimed* a national holiday. 대통령은 국정휴일을 공포하였다.
   His manner *proclaimed* his innocence. 그의 태도는 그가 무죄임을 분명히 했다.

4. **exclamation** [èkskləméiʃən] *n.* 절규, 감탄(=a cry; an cry out)
"out; out of"를 의미하는 접두사 ex-와 "call out"을 뜻하는 라틴 어근 clam-, 그리고 여기에 "state of; act of"를 의미하는 접미사 -tion으로 구성되었다.

   예 He bounded forward with an *exclamation* of surprise. 그는 깜짝 놀라 외마디를 지르며 앞으로 달려나갔다.

보충어휘

1. **claim** [kleim] CLAIM *v.* 요구하다, 주장하다
to call one's own; to ask for; to maintain

   예 If no one *claims* this lost dog, I will keep it.
   아무도 이 길 잃은 개를 자기의 것이라고 주장하지 않으면 내가 키울 것이다.

2. **reclaim** [rikléim] re CLAIM *v.* 개선하다, 되찾다, 반환을 요구하다.
make an effort to regain; demand the return of

3. **claimable** [kléiməbl] CLAIM able *adj.* 요구할 수 있는
can be claimed
4. **clamor** [klǽmər] CLAM or *n.* 외침소리, 소동
a shouting; a racket
예 There was a *clamor* for immediate payment. 즉각적인 지불을 요구하는 외침의 소리가 높았다.
5. **clamorous** [klǽmərəs] CLAM orous *adj.* 시끄러운
full of noise
6. **acclaim** [əkléim] ac CLAIM *v.* 갈채를 보내다.
to give praise to; to applaud
예 She was *acclaimed* as the greatest dancer of her generation by every critic.
그녀는 모든 평론가들에게서 그 세대의 가장 위대한 무용가라는 칭찬을 받았다.
7. **claimant** [kléimənt] CLAIM ant *n.* 주장자, 요구자
one who makes a claim
8. **reclaimable** [rikléiməbl] re CLAIM able *adj.* 개선할 수 있는
can be restored; can be salvaged
9. **irreclaimable** [ìrikléiməbəl] irre CLAIM able *adj.* 개선할 수 없는
cannot be restored; is not salvageable
10. **declamation** [dékləméiʃən] de CLAM ation *n.* 낭독
a recitation; an oration
11. **disclaim** [diskléim] dis CLAIM *v.* 포기하다, 기권하다. 부인하다.
cast off; deny; disown
예 She *disclaimed* any knowledge of the theft. 그녀는 그 절도죄에 대해 아는 바가 전혀 없다고 부인하였다.
12. **proclamation** [pràkləméiʃən] pro CLAM ation *n.* 선언, 포고
a notice to the public
13. **proclamatory** [prouklǽmətɔ̀:ri] pro CLAM atory *adj.* 선언적인, 공포의
related to proclaiming; as, a proclamatory style
14. **exclamatory** [ikskləmətɔ̀:ri] ex CLAM atory *adj.* 감탄조의
relation to an exclamation; as, an exclamatory remark

● 연습문제

Ⅰ. reclaim와 exclaim을 분석하시오.

Ⅱ. 다음 ________ 부분을 채우시오.

(1) He was chosen to ________ the ________ because he had a ________ voice and style of speaking.
그는 그 선언을 공포하는 데에 선정되었다. 왜냐하면 그의 목소리와 말투는 선언적이기 때문이다.

(2) After an ________ sentence we place an ________ point.
우리는 감탄문 뒤에는 감탄부호를 놓는다.

No. 17 CEDE, CEED, CESS

go, yield, surrender(가다, 양보하다, 항복하다)

해설 어근 CEDE, CEED, CESS는 GO, YIELD, SURRENDER를 뜻하는 라틴어 cedere로부터 파생되었다.

기본 어휘

1. **antecedent** [æntəsíːdənt] *adj.* 앞선(=going before) *n.* 선임자, 전례(=someone or something that goes before or precedes)
"before"를 뜻하는 라틴 접두사 ante-와 "to go"를 의미하는 ced-, 그리고 여기에 영어에서의 -ing와 같은 라틴 접미사인 -ent가 더해져서 이루어진 단어이다.
예 Henry IV was *antecedent* to Henry V. 헨리 4세는 헨리 5세의 선임자였다.
A pronoun often has a noun as an *antecedent*. 종종 대명사가 나오면 명사가 그것에 앞서 나타난다.

2. **concede** [kənsíːd] *v.* 양보하다, 인정하다(=to yield completely; give up to grant; admit; acknowledge as true)
"thoroughtly"를 의미하는 라틴 접두사 con-과 "to go; yield"를 뜻하는 cede-로 되어 있다.
예 The person who caused the accident finally *conceded* to the police that he had done it.
그 사고를 일으킨 사람은 결국 경찰에게 자신이 그 일을 저질렀다고 인정했다.

3. **exceed** [iksíːd] *v.* 넘다, 초과하다(=to go beyond; surpass)
"beyond"를 뜻하는 라틴 접두사 ex-와 "to go"를 의미하는 ceed로 되어 있다.
예 Your spending should not *exceed* your income.
소비가 수입을 초과해서는 안 된다.

4. **excess** [iksés] *n.* 과잉, 여분(=going beyond what is necessary or proper; an immoderate amount; a surplus; extra; excessive)
"beyond"를 의미하는 ex-와 "to go"를 뜻하는 cess로 되어 있다.
예 Avoid *excess* in all things. 모든 일이든지 지나쳐서는 안 된다.
You must get rid of that *excess* weight. 너는 그 과잉된 몸무게를 줄여야 한다.

보충 어휘

1. **cede** [siːd] CEDE *v.* 양도하다, 양보하다
yield; admit; as cede a point in an argument

2. **accede** [æksíːd] ac CEDE *v.* 동의를 표하다. to go along with; agree to
예 They *acceded* to the conditions of the treaty. 그들은 그 협약의 조건에 동의했다.

3. **secede** [sisíːd] se CEDE *v.* 탈퇴하다. go apart; separate; as, secede from the Union
4. **intercede** [intərsíːd] inter CEDE *v.* 중재하다. go between two litigants
5. **precede** [priːsíːd] pre CEDE *v.* 앞장서다
   go before; as, the leader will precede the rest
6. **recede** [riːsíːd] re CEDE *v.* 물러나다. go back; as the tide begins to recede
   예 Sea water *recedes* when the tide is at ebb. 썰물일 때에는 바닷물이 물러난다.
7. **precedent** [présədənt] pre CEDE nt *n.* 전례
   that which went before; as, a precedent for an opinion
8. **procedure** [prəsíːdʒər] pro CED ure *n.* 진행, 순서 the manner of going forward
   예 Opening a bank account is a simple *procedure.* 은행 예금 계좌를 만드는 것은 단순한 절차이다.
9. **abscess** [ǽbses] abs CESS *n.* 종기 a localized collection of pus due to infection
10. **ancestor** [ǽnsestər] an CES tor *n.* 선조
    one who came before, as father or grandfather
11. **intercession** [intərséʃən] inter CESS ion *n.* 중재 act of going between
12. **recession** [riséʃən] re CESS ion *n.* 후퇴 act of going back
13. **procession** [prəséʃən] pro CESS ion *n.* 행진 act of going forward
14. **success** [səksés] suc CESS *n.* 성공 the reaching of a goal; achievement
15. **succeed** [səksíːd] suc CEED *v.* 성공하다. to achieve; to reach the goal
16. **process** [prɑ́ses] pro CESS *n.* 과정 the going forward; the movement forward
    예 Writing the book was a long *process.* 그 책을 쓰는데 시간이 오래 걸렸다.
17. **decease** [disíːs] de CEASE *v.* 죽다. to go away; to depart from life; to die
18. **accession** [ækséʃən] ac CESS ion *n.* 도달, 계승
    the going to; as. the accession to the throne

● 연습문제

Ⅰ. secede과 precede를 분석하시오.

Ⅱ. 다음 _______ 부분을 채우시오.

(1) It is difficult to _______ between two people who both insist that they are right.
둘 다 자신이 옳다고 주장하는 사람들 사이에서 중재하는 것은 어렵다.

(2) President Franklin D. Roosevelt set a few _______ more than two terms in office.
프랭클린 루즈벨트 대통령은 두 번이상의 임기를 위한 전례를 세웠다.

No. 18 CHROM

color(빛깔의, 색의)

해설 어근 CHROM은 COLOR를 의미하는 희랍어 chroma에서 파생된 것이다.

기본어휘

1. **chroma** [króumə] *n.* 채도, 색도(=color)
"color"를 의미하는 희랍어 어근 chroma를 기초로 하여 파생된 것이다.
예 *Chroma* means the purity of a color. 채도는 빛깔의 순도를 의미한다.
2. **chromatology** [krəmətóulədʒi] *n.* 색채학(=science of colors)
"color"를 의미하는 희랍어 어근 chroma-와 "study, science"를 뜻하는 접미사 -ology가 합쳐진 것이다.
예 Since you are interested in art, I will give you this book on *chromatology*.
너는 미술에 흥미를 느끼므로, 내가 너에게 색채학에 대한 이 책을 주겠다.
3. **chrome** [kroum] *n.* 황연, 크롬(=a shiny, hard, steel-gray metal(-chromium))
"color"를 의미하는 희랍어 어근 chroma-에서 파생된 단어이다.
예 We use *chrome* to make stainless steel. 우리는 크롬을 녹슬지 않는 강철을 만드는 데에 사용한다.

보충어휘

1. **chromatic** [kroumǽtik] CHROM atic *adj.* 색채의
color; relating to color
2. **chromatic scale** [kroumǽtik] CHROM atic scale. *n.* 반응계
a musical scale of many shades of tone
3. **chromatics** [kroumǽtiks] CHROM atics *n.* 색채론
science of colors and hues of colors
4. **chromatist** [króumətist] CHROM atist *n.* 색채 전문가
one expert in chromatics
5. **chromosome** [króuməsòum] CHROM osome *n.* 염색체
a tiny body found in living cells which controls heredity
6. **chromatin** [króumətin] CHROM atin *n.* 염색질
a deeply staining material found in nucleus of cells
7. **chromatometer** [krəmətómitər] CHROM atometer *n.* 색감측정기
an instrument for measuring color perception

8. **chromatosis** [króumətousis] CHROM atosis *n.* 부자연스러운 피부빛
   unnatural pigmentation of the skin
9. **chromium** [króumiəm] CHROM ium *n.* 크롬
   a rust-resisting metal
10. **chromatism** [króumətizəm] CHROM atism *n.* 색수차
   abnormal coloration of the green parts of plants
11. **chromogenesis** [króumədʒənisis] CHROM ogenesis *n.* 색채발생
   color production
12. **chromophobic** [króuməfoubik] CHROM ophobic *adj.* 염색하기 어려운
   difficult to stain

● 연습문제

Ⅰ. chromophobic을 분석하시오.

Ⅱ. 다음의 ________부분을 채우시오.

(1) The heredity of plant or animal is controlled by the tiny ________(s) in its cells.
동식물의 유전은 세포들 안에 있는 미세한 염색체에 의해 좌우된다.

(2) Coating a metal with ________ keeps rust and tarnish away.
금속에 크롬을 씌우면 녹과 변색을 막을 수 있다.

(3) A ________ is sometimes called a color engineer.
색채 전문가는 때때로 색채 기술자라고 불리기도 한다.

라틴 語에서 온 관용어

1. ALTER EGO: A second self; a bosom friend (다른 나, 친구)
2. ANNUS MIRABILIS: A wonderful year (이상한 해, 경이의 해)
3. A POSTERIORI: Reasoning based on observed facts (귀납적인)
4. BONA FIDE: In good faith; without fraud (진실하게, 성실로써)
5. DE FACTO: Functioning, in fact; in reality (사실상의)
6. DRAMATIS PERSONAE: Characters in a play (등장인물)
7. ERGO: Therefore; hence (그러므로)
8. HOMO SAPIENS: Man as a thinking animal (인류)
9. IN TOTO: Entirely; in full (전체로서)
10. NE PLUS ULTRA: Not more beyound; the highest point of perfection (극한, 정점)
11. PER SE: By itself; essentially; intrinsically (본래)
12. PRIMA FACIE: At first view; on the surface (언뜻 보건대)
13. QUA: As, considered as (…으로서)
14. STATUS QUO: The condition in which anything is; present conditions (현상태)
15. SUI GENERIS: Of his, her, its own kind; unique; in a class by itself (그 자신의, 독특한)

No. 19
CIV

citizen(시민의, 공민의)

해설 어근 CIV는 CITIZEN을 의미하는 라틴어 civis에서 온 것이다. 현대 영어에서는 civil과 civilian이라는 뜻으로 쓰인다.

기본 어휘

1. **civic** [sívik] *adj.* 시민의, 공민의(=relating to a citizen; as, a civic duty; of a city; of citizenship; of citizens. relating to a citizen; ~; of citizens)
   "citizen"을 의미하는 라틴어 civis에서 파생되었다.
   예 Voting is a civic duty. 투표는 시민의 의무이다.
2. **civil** [sívəl] adj. 시민의, 공민적인(=of a citizen or citizens; having something to do with citizens not naval, military, or connected with the church; polite, courteous. of a citizen or citizens; ~; polite, courteous)
   "citizen"을 의미하는 라틴어 civis에서 파생되었다.
   예 Politicians must protect the *civil* rights of the citizens.
   정치가들은 국민들의 공민권을 지켜야만 한다.
3. **civilize** [sívəlàiz] *v.* 개화시키다, 교화하다(=to bring up~ with others)
   "citizen"을 의미하는 라틴어 civis와 "make"의 뜻을 지닌 희랍어 접미사 -ize로 이루어졌다.
   예 Good teachers *civilize* their students. 좋은 선생들은 학생들을 예의바르게 해준다.

보충 어휘

1. **civics** [síviks] CIV ics *n.* (학교)공민, 사회과목
   the science dealing with the rights and duties of the citizen, study of the duties, rights, and privileges of citizens
2. **civicism** [síːvəsizəm] CIV icism *n.* 민정주의
   principles of civil government
3. **civilian** [sivíljən] CIV ilian *n.* 일반 국민, 공민, 비전투원
   one who is not in the armed forces but in a common society
   예 Since Bob has left the army, he is a *civilian* again.
   Bob이 군대를 떠났으니 다시 그는 민간인이 되었다.

4. **civility** [sivíləti] CIV ility *n.* 정중함, 예의, 공손한 말씨
   quality of being civilized; the manner of a civil person; politeness; courtesy
5. **civism** [sívizəm] CIV ism *n.* 공민정신, 공공심
   principles of citizenship
6. **civvy** [sívi] CIV vy *n.* 일반인
   a civilian, as distinguished from a military
7. **civvies** [síviz] CIV vies *n.* 평복
   civilian clothes as opposed to military uniform
8. **civilization** [sìvəlizéiʃən] CIV ilization *n.* 개화, 교화
   the cultural development of man; the process of developing from barbarism
9. **uncivil** [ʌnsívəl] un CIV il *adj.* 무례한, 버릇없는, 미개한
   rude; untrained; disregarding the duties of citizenship
10. **uncivilized** [ʌnsívəlàizd] un CIV ilized *adj.* 미개한, 야만적인
    lacking the values of civilization
11. **decivilize** [disívəlaiz] de CIV ilize *v.* 야만상태로 되돌아가게 하다.
    make to act like a barbarian

● 연습문제

Ⅰ. civility와 decivilize를 분석하시오.

Ⅱ. 다음의 ________ 부분을 채우시오.

(1) When a soldier completes his military service, he is usually glad to get into ________ again.
군인이 자신의 군복무를 마치면, 보통 그는 다시 평복을 입는 것을 기뻐한다.

(2) The Nazi regime ________(d) its followers.
나치 정권은 그의 추종자들로 하여금 야만적으로 행동하도록 했다.

A small leak will sink a great ship.
Of a small spark, a great fire.
개미구멍으로 공든 탑 무너진다.

No. 20 CORPOR, CORP

body(신체, 육체)

해설 어근인 CORPOR와 CORP는 BODY를 의미하는 라틴어 corpus, corpor-에서 왔다.

기본어휘

1. **corpulent** [kɔ́ːrpjələnt] *adj.* 뚱뚱한, 비대한(=fat, fleshy; having a large bulky body)
"body"를 뜻하는 corp-와 "abounding in, full of"를 뜻하는 라틴어 접미사 -ulent로 이루어졌다.

   예 He grew increasingly *corpulent* as he grew older. 그는 나이가 들수록 점점 더 비대해졌다.

2. **corpuscle** [kɔ́ːrpəsəl] *n.* 소체, 혈구, 미립자, 원자, 전자(=one of the small particles (or little bodies) that form part of the blood; any of the cells that form a large part of blood)
"body"를 뜻하는 corp-와 "little"을 의미하는 라틴어 접미사 -cle로 이루어졌다.

   예 There are red and white *corpuscles* in the blood. 혈액에는 적혈구와 백혈구가 있다.
   Red *corpuscles* carry oxygen from the lungs to various parts of the body.
   적혈구는 폐에서 신체 곳곳으로 산소를 운반한다.

3. **incorporate** [inkɔ́ːrpərèit] *v.* 합치다, 구체화하다, 가입시키다(=to form into a body; to form a legal association or company which can act as an individual; make (something) a part of something else; join or combine (something) with something else)
"into, in"을 뜻하는 라틴어 접두사 in-과 "body"를 뜻하는 corpor-와 동사의 형태를 이루어주는 접미사 -ate로 이루어졌다.

   예 He has just *incorporated* his business. 그는 방금 자기의 사업을 회사조직으로 했다.
   We will *incorporate* your suggestion in this new plan.
   우리는 당신의 제안을 이 새로운 계획에 반영할 것이다.

보충어휘

1. **corporal** [kɔ́ːrpərəl] CORPOR al *adj.* 신체의, 육체의, 성체포(종교)
relating to the body
2. **corporality** [kɔ̀ːrpərǽləti] CORPOR ality *n.* 유체성
the state of being a body, or of having a body
3. **corporate** [kɔ́ːrpərit] CORPOR ate *adj.* 법인조직의, 단체의, 공동의
combined into one body; united by legal enactment

4. **corporately** [kɔ́:rpəritli] CORPOR ately *adv.* 단결하여, 법인으로서
in the manner of being a corporation
5. **corporateness** [kɔ́:rpəritnis] CORPOR ateness *n.* 법인권, 법인자격
the quality of being corporate
6. **corporation** [kɔ̀:rpəréiʃən] CORPOR ation *n.* 사단법인, 법인, 자치제 유한회사
a body of men who have been incorporated

예 When a *corporation* becomes bankrupt, its stock becomes absolutely worthless.
유한회사가 파산하면, 그것의 주식은 더 이상 아무런 가치를 지니지 못한다.

7. **corporational** [kɔ:rpəréiʃənəl] CORPOR ational *adj.* 법인의, 자치제의
relating to a corporation
8. **corporationer** [kɔ̀:rpəréiʃənə] CORPOR ationer *n.* 법인의 한 사람
a member of a corporation
9. **corporeal** [kɔ:rpɔ́:riəl] CORPOR eal *adj.* 신체상의, 육체적 having a material body

예 Being a very religious man, he has little interest in the *corporeal* world.
그는 매우 신앙이 독실한 사람이므로 육체적인 세계에 별로 관심이 없다.

10. **corporealist** [kɔ:rpɔ́:riəlist] CORPOR ealist *n.* 물질주의자
a materialist; one who is interested only in material things
11. **corps** [kɔ:r, pl, kɔ:rz] CORP s *n.* 군단, 병단, …대, …부, 단체
a group of people organized for a common service; as, Peace Corps
12. **corporeality** [kɔ:rpɔ:riǽləti] CORPOR eality *n.* 형체적 존재, 형체가 있음
the state of corporeal existence
13. **corpse** [kɔ:rps] CORP se *n.* 시체, 송장, 육체성, 물질성 a dead body
14. **corpulence** [kɔ́:rpjələns] CORP ulence *n.* 비만, 비대 excessive fatness; obesity

● **연습문제**

Ⅰ. corporate을 분석하시오.

Ⅱ. 다음 각각의 구를 한 단어로 표현하시오.

(1) a body of associated persons ____________

(2) a body of persons engaged in activities for peace ____________

No. 21 CRED

believe, trust(믿다, 신뢰하다)

해설 어근 CRED는 BELIEVE, TRUST를 의미한다. 이것은 라틴어 credere, creditus에서 온 것으로, 비교적 쉬운 핵심어이며 이 핵심어를 앎으로써 이제껏 배운 것을 더욱더 명확하게 복습할 수 있다.

기본어휘

1. **credit** [krédit] *n.* 신용, 신뢰, 명성(=the ability to buy now and pay later) *v.* 믿다, 신용하다(=trust, faith)
"to believe; to trust"를 의미하는 라틴 어근 cred-를 기초로 한 French어로부터 파생되었다.

예 He deserves *credit* for being a pioneer in this new field.
그는 이 새 분야를 개척해낸 인물이라는 명예를 받을 만한 자격이 있다.
She is *credited* with the authorship of the novel.
사람들은 그녀가 그 소설을 쓴 것으로 믿고 있다.

2. **accredit** [əkrédit] *v.* …의 짓이라고 하다, 믿다, 신용하다, 파견하다(=to give credit to, as by acknowledging the work, effort, good qualities, etc; to authorize officially; to certify as meeting official requirements)

예 The ambassador was *accredited* by his government. 그 대사는 그의 나라 정부에 의해 파견되었다.
He was *accredited* with a quick intelligence. 사람들은 그가 재빠른 지력을 가지고 있다고 여겼다.

3. **credentials** [kridénʃəlz] *n.* 자격증명서, 성적증명서, 인물증명서(=a certificate, letter, or other proof that gives evidence of a person's authority, identity, honesty, experience, etc.)
"to believe"를 의미하는 cred-와 영어의 -ing와 같은 라틴 접미사 -ent, 그리고 "pertaining to"를 의미하는 라틴 접미사 -al 이 더해져서 이루어진 단어다.

예 To enter this building, you must show your *credentials*.
이 건물에 들어가려면 당신은 자격증명서를 제시해야만 한다.
His *credentials* as a doctor are excellent.
그의 의사로서의 자격증명서는 뛰어나다.

4. **discredit** [diskrédit] *v.* 의심하다, 신용하지 않다(v. not to credit; not to believe; to harm the credit or reputation of someone; to cause someone or something to be doubted loss of reputation) *n.* 의심, 불신(loss of trust, damage to the reputation.)

예 The lawyer *discredited* everything the witness said.
그 변호사는 그 증인이 말한 것을 모두 믿지 않았다.
His acceptance of the bribe *discredited* him. 그가 뇌물을 받은 것은 그의 신용을 떨어뜨렸다.
His rude behavior worked to his *discredit*. 그의 무례한 행동은 그에 대한 불신임을 초래하였다.

보충 어휘

1. **creditable** [kréditəbəl] CRED itable *adj.* 명예가 되는, 칭찬할 만한
   deserving some credit or praise; ascribable (to) having good financial credit
   예 Though Tom is still young, he is showing a *creditable* progress.
   Tom은 아직 나이가 어리지만, 그는 칭찬할 만한 진전을 보이고 있다.
2. **creditably** [kréditəbli] CRED itably *adv.* 훌륭하게
   in such a manner that something is believed
3. **discreditable** [diskréditəbəl] dis CRED itable *adj.* 신용손상할 만한, 평이 나빠질 만한
   not worthy of belief; damaging to one's reputation or status; disgraceful
4. **creditor** [kréditər] CRED itor *n.* 채권자 one who loans money to another
5. **credulity** [kridjúːləti] CRED ulity *n.* 쉽사리 믿음 a willingness to believe easily
6. **incredulity** [ìnkridjúːləti] in CRED ulity *n.* 쉽게 믿지 않음, 의심이 많음
   a lack of willingness to believe easily
7. **credulous** [krédʒələs] CRED ulous *adj.* 잘 믿는, 잘 속는, 경신에 의한
   inclined to believe readily
8. **incredulous** [inkrédʒələs] in CRED ulous *adj.* 쉽사리 믿지 않는 not inclined to believe
   예 I was *incredulous* when you told me your parrot could sing.
   당신이 나에게 당신의 앵무새가 노래할 줄 안다고 말했을 때 나는 쉽사리 믿지 않았다.
9. **credulously** [krédjuləsli] CRED ulously *adv.* 경솔히 믿어 trustingly
10. **accreditation** [əkreditéiʃən] ac CRED itation *n.* 수납증명서 a certificate of acceptance
11. **credence** [kríːdəns] CRED ence *n.* 신용 belief
    예 He earned the *credence* of his creditors. 그는 자기의 채권자들에게서 신용을 얻어냈다.
12. **credibly** [krédəbli] CRED ibly *adv.* 확실히, 확실한 소식통으로부터
    believably; plausibly
13. **incredibly** [inkrédəbli] in CRED ibly *adv.* 믿을 수 없을 만큼 unbelievably; implausibly
14. **credo** [kréidou] CRED o *n.* 신조, 사도신경(The Credo) a set of opinions; a creed
15. **creed** [kríːd] CREED *n.* (종교상의) 신조, 사도신경(The Creed)
    a formula of faith; a set of principles

● 연습문제

Ⅰ. creditor와 accreditation을 분석하시오.

Ⅱ. 다음 ________ 부분을 채우시오.

(1) No one can afford to lose ________ as a person of ________ character.
칭찬할 만한 인격을 지닌 사람으로서 신용을 잃을 수는 없다.

(2) She was ________ like a child, she listened ________ to every word he spoke.
그녀는 사람들의 말을 마치 어린아이처럼 쉽사리 잘 믿었고, 그가 하는 모든 말을 경솔하게 믿으면서 귀기울였다.

No. 22
CREA, CREAT

create(창조하다, 만들어내다)

해설 어근 CREA, CREAT는 라틴어 creare, creatus(p.p.)에서 파생된 것이다. 이것은 CREATE를 의미한다.

기본어휘

1. **recreate** [rékrièit] *v.* 기운나게 하다, 즐겁게 하다(=to restore; refresh).
   refresh, entertain "again"을 뜻하는 라틴 접두사 re-와 라틴어에서 파생된 -create가 합쳐진 것이다.

   예 The rest *recreated* us. 우리는 휴식을 취함으로써 기운이 회복됐다.

2. **procreate** [próukrièit] *v.* 자손을 낳다(=to beget offspring; to generate)
   "forth"를 의미하는 접두어 pro-와 -create가 결합된 것이다.

   예 It is important for kings to *procreate* anheir.
   왕에게 있어서 후계자를 보는 것은 중요한 일이다.

보충어휘

1. **create** [kriéit] CREA te *v.* 창조하다, 고안하다, 창립하다.
   bring into existence; as, create a song
2. **creation** [kriːéiʃən] CREA tion *n.* 창조, 창작, 창조물, 삼라만상
   the act of creating
3. **creational** [kriːéiʃənəl] CREA tional *adj.* 창조의
   relating to creation
4. **creative** [kriːéitiv] CREA tive *adj.* 창조적인, 창조력이 있는, 독창적인
   having the power to produce; as, creative ability
5. **creator** [kriéitər] CREA tor *n.* 창조자, 창작자, 창설자
   one who creates; maker
6. **creature** [kríːtʃər] CREA ture *n.* 창조물, 생물, 동물, 가축, 인간
   anything created; a creation

   예 Every *creature* of God is good. 하나님이 지으신 모든 것은 선하다.

7. **recreation** [rèkriéiʃən] re CREA tion *n.* 휴양, 원기회복, 기분전환, 오락
   the act of refreshing; renewal by food, exercise, or rest

8. **recreational** [rèkriéiʃənəl] re CREA tional *adj.* 휴양의
   having the nature of refreshing
9. **procreation** [pròukriéiʃən] pro CREA tion *n.* 출산, 생식
   the act of begetting; generation
10. **procreative** [próukrièitiv] pro CREA tive *adj.* 낳는, 생식력이 있는
   having the power to preocreate
11. **procreatory** [próukrièitori] pro CREA tory *adj.* 출산력 있는
   procreative
12. **uncreative** [ʌnkri(:)éitiv] un CREA tive *adj.* 독창력이 없는
   lacking creative power; unimaginative

● **연습문제**

Ⅰ. recreation과 uncreative를 분석하시오.

Ⅱ. 다음의 ________ 부분을 채우시오.

(1) Joseph Haydn wrote a magnificent Oratorio called "The ______"
Joseph Haydn은 "천지창조"라는 장대한 오라토리오를 작곡했다.

(2) Every normal child is born with a lively, _________ imagination which, if not thwarted can help him to work _________(ly).
모든 정상적인 아이들은 활발하고 독창적인 상상력을 지니고 태어난다. 방해받지 않는다면 그것은 아이가 독창적으로 활동할 수 있도록 해준다.

The greatest talker are always the least doers.
말이 많을수록 행동이 적다.

No. 23
CUB, CUMB

lean back, lie down(기대다, 눕다)

해설 어근 CUB와 CUMB는 라틴어 cubare와 cumbere에서 왔는데, LEAN BACK과 LIE DOWN을 뜻한다.

기본 어휘

1. **cubicle** [kjú:bikl] *n.* (기숙사) 작은 침실, (도서관) 개인용 작은 방(=a small room to lie down in, a bed room; any small room or enclosed space)
"to lie down"을 의미하는 cub-와 "small"을 뜻하는 라틴어 접미사 -cle에서 왔다.
예 Libraries often have *cubicles* in which students may study.
종종 도서관에는 학생들이 공부할 수 있는 작은 방들이 있다.

2. **incubate** [ínkjəbèit] *v.* (알) 품다, 곰곰히 생각하다, 획책하다(=to sit on eggs in order to hatch them; to give form, to develop)
"in, on"을 뜻하는 접두사 in-과 "to lie down"을 뜻하는 cub-와 접미사 -ate로 이루어졌다.
예 A hen will try to *incubate* a wooden egg. 암탉은 나무로 된 달걀을 품으려고 하기도 한다.

3. **incumbent** [inkʌ́mbənt] *adj.* 의무로서 지워지는, 의지하는, 쑥 내민(=lying or resting on someone as an obligation or a person on whom an obligation rests; one who holds public office)
"in, on"을 뜻하는 접두사 in-과 "to lie down"을 의미하는 cumb-와 접미사 -ent로 이루어졌다.
예 It is *incumbent* upon you to increase your vocabulary.
너의 어휘력을 키우는 것은 너에게 의무로서 지워져 있다.

4. **succumb** [səkʌ́m] *v.* 굴복하다, 압도하다, 지다, 죽다(=to give way, yield; to die)
"underneath"를 뜻하는 라틴어 접두사 suc와 "to lie down"을 의미하는 cumb-로 이루어졌다. 글자 뜻 그대로는 "to give way underneath, or under the weight of something"을 나타낸다.
예 The exhausted child finally *succumbed* to sleep.
몹시 지친 그 어린아이는 드디어 잠에 빠져들었다.

보충 어휘

1. **encumber** [inkʌ́mbər] en CUMB er *v.* 방해하다, 성가시게 하다.
to place a burden upon; hamper; overload

예 The hallway is *encumbered* with useless bags and boxes.
복도가 쓸모 없는 가방들과 상자들로 막혀있다.

2. **incumbency** [inkʌ́mbənsi] in CUMB ency *n.* 재직기간, 의무, 책무
sphere of action of an office holder
3. **encumbrance** [inkʌ́mbrəns] en CUMB rance *n.* 방해물, 골칫거리
burden
4. **incubator** [ínkjəbèitər] in CUB ator *n.* 부화기, 보육기, 세균 배양기
an apparatus for hatching artificially

예 Being born premature, he was placed in an *incubator*.
조산아로 태어나서 그는 보육기 안에 넣어졌다.

5. **incubation** [ìnkjəbéiʃən] in CUB ation *n.* 알을 품음, 포란, 부화, 잠복
the process of incubating
6. **incubative** [ínkjəbèitiv] in CUB ative *adj.* 부화의, 잠복의
characteristic of incubation
7. **incubational** [inkjubéiʃənəl] in CUB ational *adj.* 잠복상의
relating to incubation
8. **incubatory** [ínkjəbəitɔ̀:ri] in CUB atory *adj.* 부화의, 잠복의
serving for incubation
9. **incubus** [ínkjəbəs] in CUB us *n.* 몽마, 악몽, 압박하는 사람, 마음에 걸리는 무거운 짐
nightmare; burden

예 His sense of duty will always be an *incubus* to him.
그의 의무감은 언제나 그에게 마음의 부담이 될 것이다.

10. **recumbent** [rikʌ́mbənt] re CUMB ent *adj.* 옆으로 누운, 휴식하고 있는
leaning back; lying down
11. **succumber** [səkʌmbər] suc CUMB er *n.* 굴복자, 압도당하는 사람
one who succumbs

● 연습문제

Ⅰ. recumbent와 succumber를 분석하시오.

Ⅱ. 다음 _______ 부분을 채우시오.

The mayor, having ________(ed) to the ________(s) of the campaign to secure his __________, was found __________ on the bed in his room, peacefully snoring.

자신의 현직을 확보하기 위한 선거전의 골칫거리들에 압도된 시장이 자기 방의 침대 위에서 평온하게 코를 골며 누워 있는 것을 발견했다.

No. 24 CLUD, CLUS

shut(닫다, 폐쇄하다)

해설 어근 CLUD, CLUS는 SHUT를 의미하며 이것은 라틴 claudere와 clausus로부터 나온 것이다. 이 어근은 홀로 서지 못하며 접두어, 접미사와 결합하여서만 어근에 관련된 뜻을 나타낸다.

기본 어휘

1. **conclude** [kənklú:d] *v.* 마치다, 맺다, …라고 결론을 내리다(=to shut off thoroughly)
   "thoroughly"를 뜻하는 라틴 접두사 con-과 "to shut"을 의미하는 clud-로 되어 있다.
   예 The speaker *concluded* her speech in ten minutes.
   그 강연자는 자신의 연설을 10분 만에 끝맺었다.
2. **disclose** [disklóuz] *v.* 노출시키다, 폭로하다, 발표하다(=not to shut; to expose to view; reveal; make known to the public)
   "not"을 의미하는 라틴 접두사 dis-와 "to shut"를 의미하는 clos-로 되어 있다.
   예 The newspapers did not *disclose* the victim's name. 신문은 피해자의 이름을 폭로하지 않았다.
3. **enclose** [inklóuz] *v.* 둘러싸다, 동봉하다, 싸다(=to shut in, fence in, or surround; to put something inside an envelope, package, or other container; to contain or hold)
   "in"을 뜻하는 라틴 접두사 en-과 "to shut"를 뜻하는 clos-로 되어 있다.
   예 The garden was *enclosed* by a wall. 정원은 담으로 둘러싸여 있었다.
4. **exclude** [ikssklú:d] v. 들어오지 못하게 하다(=to shut out, keep from entering, bar; to leave out; to put out, expel)
   "out"을 의미하는 라틴 접두사 ex-와 "to shut"을 의미하는 clud-로 되어 있다.
   예 After the scandal, he was *excluded* from the club.
   그런 추문이 있은 후, 그는 그 클럽에서 배제되었다.
   The apartment building *excluded* pets.
   그 아파트에서는 애완동물을 키우지 못하게 했다.

보충 어휘

1. **conclusion** [kənklú:ʒən] con CLUS ion *n.* 종결, 결말, 종국, 체결, 결정, 결론
   the end; as, the conclusion of the course; decision or opinion reached by reasoning
   예 The jury reached the *conclusion* that the men were guilty.
   배심원들은 그 남자들이 유죄라는 결론에 도달했다.

2. **conclusive** [kənklú:siv] con CLUS ive *adj.* 결정적인, 단호한 decisive; final
3. **exclusion** [iksklú:ʒən] ex CLUS ion *n.* 제외, 배타, 배제
   the act of shutting out; as, he resented this exclusion
4. **exclusive** [iksklú:siv] ex CLUS ive *adj.* 제거하는, 배타적인 독점적인, 고급의
   tending to keep others out; as, exclusive power
5. **include** [inklud] in CLUD e *v.* 포함하다, 셈에 넣다.
   to take in; to count; as include in the group
6. **inclusion** [inklú:ʒən] in CLUS ion *n.* 포함, 포괄, 삽입
   the act of taking in; as inclusion of algebra in the program
7. **inclusive** [inklú:siv] in CLUS ive *adj.* …을 포함하여, …을 넣어서
   counting everything in; including

   예 This university is *inclusive* of all ages.
   이 대학은 나이에 상관없이 누구나 들어 올 수 있다.
8. **preclude** [prikú:d] pre CLUD e *v.* 제외하다, 배재하다.
   to close beforehand; to hinder; shut out; make impossible; prevent
9. **preclusion** [priklú:ʒən] pre CLUS ion n. 제외, 방지, 방해 state of hindering; preventing
10. **reclusive** [riklú:siv] re CLUS ive *adj.* 은둔한, 쓸쓸한 favoring retirement from society
11. **seclude** [siklú:d] se CLUD e *v.* 분리하다, 격리하다, 은퇴시키다.
    to shut away; to confine; as, seclude oneself in the woods
12. **seclusion** [siklú:ʒən] se CLUS ion *n.* 격리, 은퇴, 한거 the act of shutting oneself up

    예 After his wife died, the grieving man went into total *seclusion*.
    그의 부인이 죽은 후, 비탄에 젖은 그 남자는 완전히 세상 사람들과 격리되어 살았다.
13. **occlude** [əklú:d] oc CLUD e *v.* 폐색하다, 막다, 흡수하다.
    to shut the way; to bar a passage; as, to occlude light
14. **occlusion** [əklú:ʒən] oc CLUS ion *n.* (아래윗니의) 맞묾, 교합
    relating to the surface of the tooth used in biting or grinding
15. **occludent** [ɔklú:dnt] oc CLUD ent *adj.* 폐색의 serving to shut away

● 연습문제

Ⅰ. exclusion과 occlusion을 분석하시오.

Ⅱ. 다음의 _______ 부분을 채우시오.

(1) The witness proved ________ that the defendant was innocent.
그 증인은 피고인이 무죄인 것을 결정적으로 증명해 주었다.

(2) The joker said, "_________ of a bad knee, a weak heart, and a touch of lumbago, I feel just fine."
농담하는 사람이 말했다. "무릎이 아프고 심장이 약하고 요통이 있는 것을 제외하고는, 나는 기분이 좋아."

No. 25

CYCL, CYCLO

wheel, circle, circular(바퀴, 원, 순환의)

해설 어근 CYCL과 CYCLO는 WHEEL과 CIRCLE 그리고 CIRCULAR를 의미하는 희랍어 cyclos에서 파생된 것이다.

기본 어휘

1. **cyclical** [sáiklikəl] *adj.* 순환하는(=moving in a circle or cycle)
   "wheel, circle"을 의미하는 희랍어 어근 cycl-과 "relating to"를 뜻하는 라틴 접미사 -al이 결합된 것이다.

   예 We can observe the *cyclical* nature of economic activity.
   우리는 경제 활동의 순환적인 성질을 관찰할 수 있다.

2. **encyclopedia** [ensàikloupíːdiə] *n.* 백과사전(=book giving ~ of knowledge)
   "in"을 뜻하는 희랍어 접두사 en-과 "wheel, circle"을 의미하는 희랍어 어근 cycle-과 "instruction"을 의미하는 희랍어에서 파생된 어근 -pedia가 결합하여 이루어진 단어이다.

   예 His library is full of *encyclopedias*.
   그의 서재에는 백과사전이 가득하다.

보충 어휘

1. **cycle** [sáikl] CYCL e *n.* 순환, 주기, 자전거
   a complete course of operations returning to its original state
2. **cyclic** [sáiklik] CYCL ic *adj.* 순환하는, 순환기의, 주기적인
   moving in circles or cycles
3. **cyclometer** [saiklámitər] CYCL ometer *n.* 차륜 회전 기록기
   instrument to measure area of circles
4. **cyclorama** [sáiklərάːmə] CYCL orama *n.* 원형파노라마
   a spectacle painted on a curved background
5. **cyclops** [sáiklaps] CYCL ops *n.* 외눈박이 거인
   a mythical giant with one eye in the middle of his forehead
6. **cycloid** [sáiklɔid] CYCLO id *adj.* 원형의, 파선의
   circular or arranged in circles

7. **cyclone** [sáikloun] CYCLO ne *n.* 저기압, 폭동
   a wind blowing circularly; a tornado
8. **cyclopedia** [sáikloupí:diə] CYCLO pedia *n.* 백과사전
   the range of human knowledge
9. **cyclopedic** [sàikloupí:dik] CYCLO pedic *adj.* 광범위한
   being like an encyclopedia; as, a cyclopedic mind
10. **cyclopedist** [sáikloupi:dist] CYCLO pedist *n.* 백과사전 필자
   one who writes for an encyclopedia
11. **cyclotron** [sáiklətràn] CYCLO tron *n.* 원자 파괴기
   apparatus used for producing heavy electric particles moving at high speed

● 연습문제

Ⅰ. cyclical을 분석하시오.

Ⅱ. 다음의 ________ 부분을 채우시오.

(1) Every home needs a good ________ for reference.
모든 가정에는 참고를 위해 좋은 <u>백과사전</u>이 있어야 한다.

(2) When H. G. Wells speaks of the ________ fate of the individual life, he means that the end comes full circle, back to the beginning.
H. G. 웰즈가 개인의 삶의 <u>순환하는</u> 운명에 대해 이야기하면서 그가 말하려는 바는 끝이란 순환의 한 주기를 모두 돌아서 다시 시작으로 돌아간다는 것이다.

All work and no play makes Jack a dull boy.
일만 하고 놀지 않는 것은 사람을 멍청이로 만든다.

No. 26

DEM, DEMO

people(사람들의, 인민의)

해설 어근 DEM과 DEMO는 PEOPLE을 뜻하는 희랍어 demos에서 파생된 것이다.

기본어휘

1. **democracy** [dimákrəsi] *n.* 민주주의, 민주사회(=government of the people~as one's equals)
   "people"을 의미하는 희랍어 어근 demo-와 "to rule"을 뜻하는 -cracy가 결합하여 이루어진 단어이다.

   예 There is real *democracy* in our town.
   우리 읍에는 진정한 민주주의가 존재한다.

2. **demography** [dimágrəfi] *n.* 인구통계학(=study of ~ of populations)
   "people"을 의미하는 희랍어 어근 demo-와 "to write"를 뜻하는 희랍어에서 파생된 -graphy의 결합이다.

   예 Experts in *demography* give valuable advice to advertisers.
   인구 통계학의 전문가들은 광고가들에게 중요한 조언을 해준다.

3. **demotic** [dimátik] *adj.* 민중의, 통속적인(=of relating~ by ordinary people)
   "people"을 뜻하는 희랍어 어근 demo-와 "nature of, like"를 뜻하는 라틴 접미사 -ic으로 되어 있다.

   예 I learned *demotic* Greek in school.
   나는 학교에서 통속적인 그리스어를 배웠다.

보충어휘

1. **demagogue** [déməgɔ̀:g] DEM agogue *n.* 민중선동가
   a rabble-rouser; a leader who rouses he prejudices of mobs
2. **demagogism** [déməgɔ̀:gizəm] DEM agogism *n.* 민중선동
   the creed of the demagogue; the methods or practices of a demagogue
3. **democrat** [déməkræ̀t] DEMO crat *n.* 민주주의자, 민주당원
   one who believes in democracy; person who believes that a government should be run by the people who live under it; person who holds or acts on the belief that people are his equals

4. **democratically** [deməkrǽtikəli] DEMO cratically *adj.* 민주적으로
   in the manner of a democracy
5. **democratism** [dimάkrətizəm] DEMO cratism *n.* 민주주의(원리)
   theory or system of democracy; the principles of democracy
6. **democratize** [dimάkrətàiz] DEMO cratize *v.* 민주화하다, 민주적으로 하다
   shape into a democracy; to make or become democratic
7. **demographist** [dimɔ̀grə́fist] DEMO graphist *n.* 인구통계학 연구자
   one who studies demography
8. **demos** [dí:mɔs] DEMO s *n.* 민중, 대중
   the people; the members of a community in ancient Greece
9. **demotics** [di(:)mάtiks] DEMO tics *n.* 인간의 복지, 문화의 지식, 사회학
   knowledge relative to welfare and culture of people; sociology
10. **demotist** [dimάtist] DEMO tist *n.* 사회학자
   a student of sociological writings

● 연습문제

Ⅰ. democrat를 분석하시오.

No cross, no crown.
고난 없는 영광은 없다.

No. 27 DENT, DONT

toothe(이빨, 치아)

해설 어근인 DENT, DONT는 TOOTH를 의미한다. 라틴어 dens, dent-는 영어 tooth와 同根語(동근어)이다.

기본어휘

1. **dentist** [déntist] *n.* 치과의사(=doctor whose work is the care of teeth)
"tooth"를 뜻하는 라틴어 어근 dent-와 "one who works in"을 의미하는 희랍어 접미사 -ist의 결합이다.
예 My *dentist* pulled out my tooth. 치과의사가 내 이빨을 뽑았다.

2. **denticate** [déntikeit] v. 씹다, 물어뜯다(=to bite; chew; masticate)
"tooth"를 의미하는 라틴어 어근 dent-와 "cause, make"를 뜻하는 라틴 접미사 -ate로 된 단어이다.
예 That substance is hard to *denticate*. 그 물질은 씹기 어렵다.

3. **orthodontia** [ɔːrθədánʃiə] n. 치열교정(=the straightening of irregular teeth)
"straight"를 의미하는 라틴어 어근 dont-가 합쳐진 것이다.
예 Advances in *orthodontia* help countless people to have straight teeth.
치열교정에서의 발전은 수많은 사람들이 곧은 치아를 가지도록 해준다.

보충어휘

1. **dental** [déntl] DENT al *adj.* 이의, 치과의
relating to teeth; as, a dental appointment; of or for the teeth; of or for a dentist's work
2. **dentin** [déntin] DENT in *n.* 상아질
hard, bony material beneath the enamel of teeth
3. **dentification** [dentifikéiʃən] DENT ification *n.* 치아 생성
the formation of the teeth
4. **dentistry** [déntistri] DENT istry *n.* 치과의업, 치과의술
the profession of the dentist
5. **dentition** [dentiʃən] DENT ition *n.* 치아발생, 생치기, 치열
the development of the teeth; teething

6. **denture** [déntʃər] DENT ure *n.* 의치, 틀니 artificial teeth
7. **dentifrice** [déntifris] DENT ifrice *n.* 치약
   paste, powder, or liquid for cleansing the teeth
8. **dentate** [dénteit] DENT ate *adj.* 이빨 모양의, 돌기가 있는
   having teeth or pointed conical projections, as, dentate leaves
9. **denticle** [déntikəl] DENT icle *n.* 작은 이
   a small tooth or other conical pointed projection
10. **orthodontist** [ɔ̀ːθədántist] ortho DONT ist *n.* 치열교정 의사
    a dentist who practices orthodontia
11. **dandelion** [dǽndəlàiən] DAN delion *n.* 민들레 lion's tooth

● 연습문제

Ⅰ. dental과 orthodontist를 분석하시오.

Ⅱ. 다음 ________ 부분을 채우시오.

A good ________ and the habit to ________ properly will keep the teeth healthy and beautiful. Without proper care the __________ in teeth decays.

좋은 치약과 올바르게 씹는 습관을 지니면 치아가 건강하고 보기 좋게 유지될 것이다. 올바르게 돌보지 않으면 치아 속의 상아질이 썩게 된다.

Ⅲ. 다음 불완전한 단어를 핵심어를 써서 채우시오.

(1) Care must be taken of the tooth's ________in.
치아의 상아질을 돌보아야만 한다.

(2) The scientific name for teething is ________ition.
이빨이 나오는 것의 과학명은 치아발생이다.

(3) The scientific name for a tooth-cleanser is ________ifrice.
이빨을 닦는 것의 과학명은 치약이다.

(4) A teeth-specialist is called a _________ist.
치아 전문의는 치과의사라고 부른다.

No. 28 DIC, DICT

say, declare(말하다, 선언하다)

해설 어근 DIC와 DICT는 SAY와 DECLARE를 의미하여 라틴어 dicare, dictus(p.p.)에서 왔다. 경우에 따라서는 C음([k])이 묵음이 된다.

기본어휘

1. **contradict** [kántrədíkt] *v.* 부인하다, …와 모순되다. 반박하다(=say that a statement is not true; deny a statement; say the opposite of what a person has said; be contrary to; disagree with)
   "against"의 의미인 라틴어 접두사 contra-와 "to say or speak"를 뜻하는 dict-로 이루어졌다.

   예 Children should not *contradict* their parents. 어린 아이들은 부모들의 말을 반박해서는 안 된다.
   Your story and your brother's story *contradict* each other.
   너의 이야기와 너의 형의 이야기가 서로 모순된다.

2. **dictate** [díkteit] *v.* 받아쓰게 하다, 구술하다, 명령하다(=say or read aloud for another person or other persons to write down; speak with authority; make others do what one says; a direction or order that is to be carried out or obeyed)
   "to say or speak"의 뜻인 dict-와 동사형을 만드는 데 사용되는 라틴어 접미사 -ate로 이루어졌다.

   예 He *dictates* many letters to his secretary. 그는 자기의 비서에게 많은 편지들을 구술한다.
   Hitler *dictated* German policy in World War II. Hitler는 제2차 세계 대전 때에 독일 정책을 강요했다.
   Big nations sometimes *dictate* to little ones. 큰 국가들은 때때로 작은 국가들에게 명령한다.
   No one shall *dictate* to me. 나는 남의 지시를 따르지 않을 것이다.

3. **diction** [díkʃən] *n.* 용어의 선택, 배열, 말씨, 어법 발성법(=manner of expression in words; choice of words; manner of speaking or singing)
   "to say or speak"의 의미인 dict-와 "to state or quality of"를 뜻하는 라틴어 접미사 -ion으로 형성됐다.

   예 After her talk, the student was praised for her good *diction*.
   연설이 끝난 후, 그 학생은 좋은 발성법을 지니고 있다는 칭찬을 받았다.

4. **predict** [pridíkt] *v.* 예언하다, 예보하다(=tell beforehand; prophesy)
   "before"의 뜻인 라틴어 접두사 pre-와 "to say or speak"를 뜻하는 dict-로 되었다.

   예 The weather report *predicted* rain for tomorrow. 기상 통보는 내일 비가 오리라고 예보했다.
   The weather bureau *predicts* rain for tomorrow. 기상대는 내일 비가 오리라고 예보하고 있다.

보충어휘

1. **dictator** [díkteitər] DICT ator *n.* 지령인, 집권자, 독재자, 받아쓰게 하는 사람, 구술인 one who commands; an absolute ruler.

   예 The leader of that country is a *dictator* and has total power.
   그 국가의 지도자는 독재자로 전권을 모두 쥐고 있다.

2. **dictionary** [díkʃənèri] DIC tionary *n.* 사전, 사서, 옥편 a reference book of words
3. **dictum** [díktəm] DICT um *n.* (전문가)의견, 언명, 격언, 금언 the statement of a dictator
4. **dictatorship** [díkteitərʃip] DICT atorship *n.* 독재자의 직, 절대권 the rule of a dictator
5. **dictatorial** [dìktətɔ́ːriəl] DICT atorial *adj.* 독재자의, 오만한 in the nature of a dictator
6. **indicate** [índikèit] in DIC ate *v.* 가리키다, 지시하다, 넌지시 알리다. to point out; as, indicate an error
7. **indicator** [índikèitər] in DIC ator *n.* 지시자, 지시물, 표지, 지침 that which points to something
8. **indict** [indáit] in DICT *v.* 기소하다, 고발하다 to charge with some offense

   예 The court *indicted* the man for murder. 법령은 그 남자를 살인죄로 기소했다.

9. **indictment** [indáitmənt] in DICT ment *n.* 고소, 고발 a charge; as, an indictment of murder
10. **indictable** [indáitəbəl] in DICT able *adj.* 기소되어야 할 can be charged, as with crime
11. **indicter** [indáitər] in DICT er *n.* 기소자, 고발자 one who makes the charge of offense
12. **indictee** [indaití] in DICT ee *n.* 피소자, 피고발자 the one who is charged with offense
13. **prediction** [pridíkʃən] pre DICT ion *n.* 예언, 예보 a prophecy
14. **malediction** [mæ̀lədíkʃən] male DICT ion *n.* 저주, 악담 words of ill-will; a curse

● 연습문제

Ⅰ. dictionnary와 malediction을 분석하시오.

Ⅱ. 다음 ________ 부분을 채우시오.

(1) The evidence flatly ________ the defence of the ________.
그 증거는 기소의 변호를 단호하게 부정했다.

(2) The general used the ________ of a ________ and he aroused the resentment of the audience by his ________ approach to the subject.
그 육군 대장은 독재자의 말투를 사용하였고 그 주제에 독재자처럼 접근함으로써 청중들의 원망을 불러일으켰다.

No. 29 DORM

sleep(잠, 수면)

해설 어근 DORM은 SLEEP을 의미하는 라틴어 dormire, dormitus에서 파생된 것이다.

기본 어휘

1. **dorm** [dɔ:rm] DORM *n.* (domitory의 미국 구어임) 기숙사, 교외주택지
   a dormitory
2. **dormitory** [dɔ́:rmətɔ́:ri] DORM itory *n.* 공동침실, 기숙사, 교외주택지
   a building of sleeping rooms or a room that sleeps many
   예 When she went to college, she lived in the *dormitory.*
   그녀가 대학에 다녔을 때에, 그녀는 기숙사에서 살았다.
3. **dormancy** [dɔ́:rmənsi] DORM ancy *n.* 수면, 동면, 부동상태, 정지, 휴지
   state of being static; motionless
4. **dormant** [dɔ́:rmənt] DORM ant *adj.* 수면상태의, 휴지상태에 있는
   being in a state of suspended animation; as, a dormant animal
   예 In winter, the plants are *dormant.* 겨울에는 식물들이 휴면중이다.
5. **dormouse** [dɔ́:rmáus] DORM ouse n. 산쥐(류)
   a small kind of rodent resembling a squirrel
6. **dormitive** [dɔrmitiv] DORM itive *adj.* 졸리는
   causing sleep; as a drug or sleeping potion
7. **dormition** [dɔrmíʃən] DORM ition *n.* 졸리고 있는 상태
   state of falling asleep
8. **dormeuse** [dɔ:rmə́:z] DORM euse *n.* 여행 중 취침용구
   a carriage arranged for sleeping while traveling
9. **dormer** [dɔ́:rmər] DORM er *n.* 지붕 밑 침실의 작은 창문
   a small window in a bedroom under the roof

● 연습문제

Ⅰ. dormitive를 분석하시오.

No. 30 DROME, DROMOS

running(달리는)

해설 어근 DROME과 DROMOS는 희랍어에서 파생된 것으로 running을 뜻한다. 가끔 DROMOUS로 쓰이기도 한다.

기본 어휘

1. **dromos** [drʌməs] DROMOS *n.* 좁은 경주로, 특수하게 사용하기 위해 마련된 활주로
   a long narrow course for foot racing; a large specially prepared area
2. **dromedary** [drámidéri] DROME dary *n.* 단봉 낙타
   a swiftly running camel; usually one that has only one hump
3. **dromedarian** [drʌmədériən] DROME darian *n.* 단봉 낙타를 타는 사람
   one who rides a dromedary
4. **airdrome** [ɛərdròum] air DROME *n.* 비행장, 공항(=airport)
5. **hydrodromica** [haidrədróumikə] hydro DROM ica *n.* 헤엄치는 벌레(=the swimming bugs)
6. **hippodrome** [hípədròum] hippo DROME *n.* 말이나 전차의 경주로, 경기장
   a track for horse and chariot racing
7. **hippodromist** [hipóudroumist] hippo DROM ist *n.* 써커스연기자, 써커스 훈련하는 사람
   a circus rider or trainer
8. **motordrome** [móutərdròum] motor DROME *n.* 자동차 경주장
   a track for racer of automotive vehicles
9. **syndrome** [síndroum] syn DROME *n.* 증후군(=concurrence of signs and symptoms)
   예 The marks on his body are part of a *syndrome*. 그의 몸에 난 반점들은 어느 증후군의 일부이다.
10. **syndromic** [sindróumik] syn DROM ic *adj.* 증후군과 같은, 정형과 같은(=like a syndrome)

● 연습문제

Ⅰ. hippodrome을 분석하시오.

Ⅱ. 다음의 ______ 부분을 채우시오.

(1) For its strength and speed the __________ has been called "the ship of the desert."
그것의 체력과 속도 때문에 단봉 낙타는 "사막의 배"라고 불리어 왔다.

(2) For huge spectacles in action the best showplace is the __________.
활동적인 거대한 광경을 구경하기에 가장 좋은 곳은 말 경기장이다.

No. 31

DUC, DUCT

lead(인도하다)

해설 DUC, DUCT는 LEAD를 의미하는 라틴어 ducere, ductus(p,p)로부터 온 어근이다. 쉬운 핵심어이다.

기본어휘

1. **conduct** *n.* [kándʌkt] *v.* [kəndʌ́kt] *n.* 행위, 안내, 지휘(=behavior) *v.* 안내하다, 지휘하다, 행동하다(=to go with someone in order to lead him; to guide, escort, or direct; to direct, guide, or behave oneself)
"with ; together"를 뜻하는 라틴 접두사인 con-과 "to lead"를 의미하는 duct-로 되어 있다.
예 Can you *conduct* me to the personnel office? 나를 인사과 사무실로 안내해주시겠어요?
Do you know how to *conduct* a business? 당신은 사업을 경영할 줄 아십니까?
My daughter received a price for good *conduct* at school. 우리 딸이 학교에서 선행상을 받아왔다.
2. **introduce** [ìntrədjúːs] *v.* 도입하다, 전하다, 소개하다(=to lead someone within something or into something; to make a person acquainted with something or with another person; to present; to insert; to start or bring into use)
"within"을 뜻하는 라틴 접두사 intro-와 "to lead"를 의미하는 어근 duc-로 되어 있다.
예 This course will *introduce* you to higher mathematics.
이 수업은 당신에게 고등수학의 기초를 가르쳐줄 것이다.
Peter, may I *introduce* you to Sally? Peter, 너를 Sally에게 소개시켜도 될까?
John *introduced* the main speaker. John은 주요 강연자를 소개했다.
3. **produce** [prədjúːs] *v.* 생기게 하다, 제조하다, 출판하다(=to lead forward. *n.* something brought forth) *n.* 산물(=a yield, as of fruits and vegetables)
"forward"를 뜻하는 라틴 접두사 pro-와 "to lead"를 의미하는 duc-로 되어 있다.
예 Our school is going to *produce* a play. 우리 학교는 연극을 하나 제작할 것이다.
4. **reduce** [ridjúːs] *v.* 줄이다, 축소하다, 낮추다, 할인하다(=to lead back, to become less in any way)
"back"을 의미하는 re-와 "to lead"를 뜻하는 duce-로 되어 있다.
예 She hopes to *reduce* by dieting. 그녀는 다이어트를 해서 몸무게를 줄이고 싶어한다.
He was *reduced* in rank from sergeant to corporal.
그는 중사급 하사관에서 최하위 하사관으로 계급이 떨어졌다.

보충어휘

1. **abduct** [æbdʌ́kt] ab DUCT *v.* 유괴하다, 외전시키다 to take away by force; kidnap

예 He believes that his sister was *abducted* by aliens.
그는 자기의 누이동생이 외계인에 의해 납치되었다고 믿고 있다.

2. **deduct** [didʌ́kt] de DUCT v. 공제하다 to take away from; as, deduct ten percent of the price
3. **deductible** [didʌ́ktəbl] de DUCT ible *adj.* 공제할 수 있는 can be taken off; as, tax deductible
4. **educate** [édʒukèit] e DUC ate *v.* 교육하다, 육성하다, 기르다, 훈련하다
to develop; teach; lead out from ignorance
5. **induce** [indjú:s] in DUC e *v.* 권유하다, 타일러서 ~시키다, 유발하다 to lead into; persuade

예 His wife's love of classical music *induced* him to buy tickets of the concert.
자기의 부인이 고전음악을 좋아하는 취향이 그로 하여금 그 음악회 표를 사도록 설득한 것이다.

6. **induction** [indʌ́kʃən] in DUC tion *n.* 유도, 감응, 귀납, 취임식, 모병
the act of leading into an official position; as, induction into the army
7. **introduction** [intrədʌ́kʃən] intro DUC tion *n.* 채용, 도입, 첫 수입, 전래
the act of bring together
8. **inductile** [indʌ́ktil] in DUCT ile *adj.* 휘지 않는, 순종치 않는
inflexible; unyielding; not easily led
9. **product** [prɑ́dəkt] pro DUCT *n.* 산물, 생산품, 소산, 결과, 성과, 생산량
anything produced by growth, labor, thought
10. **productive** [prədʌ́ktiv] pro DUCT ive *n.* 생산적인, 생산력을 가진
causing to bring forth; creative

예 We had a *productive* meeting that settled many questions.
우리는 문제점을 많이 해결해 낸 생산적인 회의를 끝마쳤다.

11. **production** [prədʌ́kʃən] pro DUCT ion *n.* 생산 the act of bring forth
12. **reduction** [ridʌ́kʃən] re DUCT ion *n.* 축소, 삭감, 할인, 축소
a lowering; as, a reduction in price
13. **seduce** [sidjú:s] se DUCE *v.* 부추기다, 꾀다, 유혹하다 to lead apart; corrupt

예 He *seduced* her with false confessions of love. 그는 거짓 사랑 고백으로 여자를 유혹했다.

14. **conducive** [kəndjú:siv] con DUC ive *adj.* 도움이 되는, 이바지하는
tending to promote; as conducive to good health
15. **aqueduct** [ǽkwədʌ̀kt] aque DUCT *n.* 수도, 수도교, 도관, 맥관
an artificial channal for bring a large quantity of water from one place to another
16. **traduce** [trədjú:s] tra DUCE *v.* 비방하다, 중상하다 to disgrace unjustly; to slander

● 연습문제

Ⅰ. introduction과 seduce을 분석하시오.

Ⅱ. 다음 ________ 부분을 채우시오.

The treaty we have signed does not ________ the nuclear stock-piles; it does not halt ________ of nuclear weapons.

우리가 서명한 협약은 핵 저장량을 축소시키지는 않는다. 그것은 핵무기의 생산을 정지시키지 않는다.

No. 32 END, ENDO

within(내부의, ~안에)

해설 어근 END와 ENDO는 WITHIN을 뜻한다. 희랍어 endon에서 유래되었다.

기본 어휘

1. **endocardial** [èndoukáːrdiəl] ENDO cardial *adj.* 심장 안에
   within the heart
2. **endocrine** [éndoukràin] ENDO crine *n.* 내분비물
   any internal secretion
   예 The doctor found out that there was something wrong with his patient's *endocrine* land.
   의사는 그의 환자의 내분비선에 무언가 이상이 있다는 것을 알아냈다.
3. **endogamy** [endágəmi] ENDO gamy *n.* 족내혼
   marriage within a legally designated group
4. **endoparasite** [éndoupǽrəsàit] ENDO parasite *n.* 내부 기생충
   a parasite living within the body; as, a tapeworm
5. **endogeny** [endáudʒeni] ENDO geny *n.* 내부 발생
   growth from within
6. **endoscope** [éndəskòup] ENDO scope *n.* 내시경
   instrument to see the interior of a hollow oragn
7. **endotoxin** [èndoutáksin] ENDO toxin *n.* 내장의 독소
   a toxin of internal origin

● 연습문제

Ⅰ. endoscope을 분석하시오.

Ⅱ. 다음의 _______ 부분을 채우시오.

It would be rewarding to the layman if, occasionally, he had access to an _________ and could get a glimpse of interior of his body. He might see one or two _________ living there in comfort.

비전문가가 때때로 <u>내시경을</u> 손에 넣을 기회가 있어서 자신의 몸의 내부를 들여다볼 수 있다면 그에게 득이 될 것이다. 그는 그 안에서 편안하게 살고 있는 <u>내부기생충</u> 한 두 마리를 볼 수 있을지도 모른다.

No. 33

FILA, FILI

thread(실, 사(絲))

해설 어근 FILA와 FILI는 THREAD를 뜻하며 이 어근을 가진 단어는 전기와 전기로 작동되는 기계들을 많이 나타낸다.

기본 어휘

1. **filament** [fíləmənt] FILA ment *n.* 단섬유, 꽃실, 필라멘트
   a threadlike conductor heated by electrical current; a very slender thread or fiber; a threadlike pant
2. **filature** [fílətʃər] FILA ture *n.* 실뽑기, 제사, 물레, 제사장
   a reel for drawing the silk from a cocoon; a spinning into threads; a reeling of raw silk from cocoons; a reel for this; a place where this is done
3. **filet** [filéi] FIL et *n.* 레이스, 필레살≪소·돼지는 연한 허리 살(tenderloin), 양은 넓적다리 살≫; (가시를 발라낸) 생선 토막 lace made of fine threads; a slice of fish or meat without bones or fat
4. **filigree** [fíləgriː] FILI gree *n.* 금은의 세선, 세공, 부서지기 쉬운 장식
   delicate ornamental work of gold and silver in intricate design; delicate, lacelike ornamental work of interwinded wire of gold, silver, etc.; and delicate work
   예 David made me a *filigree* basket in art class.
   David은 미술시간에 금은의 세선 세공을 한 철사를 엮은 바구니를 만들어서 나에게 주었다.
5. **fillet** [fílit] FIL let *n.* 리본, 머리띠, 등심살
   a little band to encircle the hair; a slice of meat or fisyh without bones or fat
6. **filiform** [fíləfɔːrm] FILI form *adj.* 실 모양의
   having the shape of a thread

● 연습문제

Ⅰ. filament을 분석하시오.

Ⅱ. 다음의 ________ 부분을 채우시오.

Ornaments of ________ work are exquisitely beautiful and, of course, expensive.
금은의 선조 세공을 하여 만든 장식품들은 섬세하게 아름답고 물론 비싸다.

No. 34

FAC, FACT

make(만들다, 제조하다)

해설 어근 FAC, FACT는 MAKE를 의미하며 to make; to construct를 의미하는 라틴어 facere, factus로부터 유래된 말이다. 영어에서 가장 많이 사용되는 어근 중의 하나이다.

기본어휘

1. **facile** [fǽsɑil] *adj.* 쉬운, 손쉽게 얻을 수 있는, 간편한, 유창한(=able to be done; easy; requiring little effort; so skilled or talented as to do something very easily)
"to do; make"를 의미하는 fac-와 "able to be"를 의미하는 라틴 접미사 -ile로 되어 있다.
   예 The dancer's facile movements were actually a product of endless practice.
   힘을 안 들이고 하는 듯한 무용가의 움직임들은 사실은 끝없는 연습의 결과였다.
   Being a facile speaker, she is an effective politician. 그녀는 말을 유창하게 하므로 효율적인 정치가이다.

2. **manufacture** [mæ̀njufǽktʃər] *n.* 제도, 제작(=a making by hand; making handmade products; to make a product, especially on a large scale) *v.* 제조하다(=to make up or invent, as an excuse or alibi)
"hand"를 의미하는 manu-와 "to do; make"를 의미하는 fact-로 되어 있고 여기에 라틴 접미사인 "the act of"를 의미하는 -ure가 더해져서 이루어진 단어이다.
   예 Many cars are manufactured in Detroit. 많은 차들이 Detroit에서 제조된다.
   He was late and had to manufacture an excuse. 그는 지각해서 변명을 만들어내야만 했다.

3. **facsimile** [fæksímili] *n.* 복사, 모사, 모사전송(=exact reproduction or copy; the transmission and reproduction of graphic matter by electrical means, as by radio or wire; of, or having the nature of a facsimile)
"to make"를 의미하는 라틴어 facere로부터 파생된 어근 fac와 "like; same"을 뜻하는 similis에서 유래된 라틴어 어근 simile로 된 단어이다.
   예 That print on the wall is actually just a *facsimile* of the original painting.
   벽에 걸려있는 저 판화는 사실 원화의 모사일 뿐이다.

보충어휘

1. **dissatisfaction** [dissæ̀tisfǽkʃən] dissatis FAC tion *n.* 불만, 불평
the state of being made unhappy; discontent
2. **facetious** [fəsíːʃəs] fa CE tious *adj.* 우스운, 익살맞은
humorous in a way that can be rude or disrespectful

3. **facile** [fǽsɑil] FAC ile *adj.* 쉬운, 용이한, 쉽게 성취된 easily achieved
4. **facilitate** [fəsíliteit] FAC ilitate *v.* 쉬워지게 하다, 편해지게 하다. to make easy to do

   예 It would *facilitate* matters if you were more alert in class.
   신이 수업시간에 더 민첩하다면 일이 더 쉬워질 것이다.

5. **facility** [fəsíləti] FAC ility *n.* 쉬움, 용이함 the quality of being easy to do
6. **fact** [fækt] FACT *n.* 사실, 실제, 현실, 범행 a thing done; a deed
7. **facticide** [fǽktisɑid] FAC ticide *n.* 사실말살행위 the act of killing a fact
8. **factious** [fǽkʃəs] FAC tious *adj.* 당파적인, 파벌다툼을 일삼는 inclined to dissent
9. **faction** [fǽkʃən] FAC tion *n.* 도당, 파벌, 내분, 당파심
   a small group usually of dissent; a party in government
10. **factitious** [fæktiʃəs] FAC titious *adj.* 인위적인, 인공적인
    made by art, not produced by nature
11. **factive** [fǽktiv] FAC tive *adj.* 인위적, 인공적 making; causing
12. **factor** [fǽktər] FAC tor *n.* 요인, 인자, 요소, 인수 one who transacts business

    예 His gambling was a principal *factor* in his ruin. 도박이 그를 파멸시킨 주요인이었다.

13. **factor** [fǽktər] FAC tor *v.* 인수분해 하다. to resolve into factors
14. **factory** [fǽktəi] FAC tory *n.* 공장, 제조소
    the place where workmen are employed in making goods of various kinds
15. **faculty** [fǽkəlti] FAC ulty *n.* 능력, 대학학부, 분과교수단, 교직원 ability to act or do

    예 Tom has a *faculty* for science. Tom은 과학을 잘한다.
    She was late for the *faculty* meeting. 그녀는 교수회에 늦게 갔다.

16. **manufacturer** [mænjufǽktʃərər] manu FAC turer *n.* 제조업자 the owner of a factory
17. **putrefactive** [pjú:trifǽktiv] putre FAC tive *adj.* 부패의, 부패하기 쉬운
    causing decay; making a thing rotten
18. **satisfaction** [sætisfǽkʃən] satis FAC tion *n.* 만족, 배상
    the state in which everything is right

● 연습문제

Ⅰ. facticide와 manufacturer를 분석하시오.

Ⅱ. 다음 ________ 부분을 채우시오.

(1) Practice makes for ________.
연습을 하면 일이 더욱 용이하게 된다.

(2) "The ________ gates of hell, too slightly barred." (Milton)
너무나도 약하게 가로장이 걸어진, 손쉽게 열리는 지옥의 문

(3) The company enjoyed the host's ________ remarks.
손님들은 주인의 익살맞은 발언들을 재미있어 했다.

No. 35
FEDER, FIDE, FID, FEAL

trust, faith(믿음, 신앙, 신념)

해설 어근 FEDER는 영어본래의 어근이며 FIDE, FID는 라틴어 fidere로부터 왔으며 FEAL은 불어차용형이다. TRUST와 FAITH의 뜻을 지닌다.

기본어휘

1. **federation** [fèdəréiʃən] *n.* 연합, 동맹(=a union; alliance throngh agreement)
"trust, faith"를 뜻하는 어근 feder-와 "state"를 나타내는 라틴 접미사 -tion이 합쳐진 단어이다.
예 A federation of teachers' unions demanded of the government to improve the educational system. 교사 조합들의 연합이 교육제도를 개선시키라고 정부에게 강력히 요구했다.

2. **confident** [kɔ́nfidənt] *adj.* 확신하는, 신용하는, 자신이 있는(=certain, self-reliant, sure)
"with"를 의미하는 라틴 접두사 con-과 라틴어에서 온 어근 fide-와 라틴 접미사 -ent가 결합한 단어이다.
예 We were *confident* of his success in life. 우리는 그의 출세를 확신하고 있었다.

3. **infidel** [ínfədl] *n.* 믿음이 없는 자, 이단자, 이교도(=one who has no faith)
"not"을 뜻하는 라틴 접두사 in-과 "trust, faith"를 뜻하는 어근 fid-이 결합한 단어이다.
예 The cult leader went so far as to call non-believers *infidels*.
그 교주는 믿지 않는 자들을 모두 이단자라고 부르기까지 했다.

보충어휘

1. **federacy** [fédərəsi] FEDER acy *n.* 연합, 동맹, 연방
an alliance or confederacy
2. **federal** [fédərəl] FEDER al *adj.* 연합의, 동맹의, 연방의, 연방제의
in the nature of an alliance; united
3. **federalism** [fédərəlizəm] FEDER alism *n.* 연방주의(원리)
the principle of national organization
4. **federalist** [fédərəlist] FEDER alist *n.* 연방주의자
one who believes in federalism
5. **federate** [fédərit] FEDER ate *v.* 중앙정부하에 연합시키다, 연방제로 하다.
to unite in mutual loyalty and faith

6. **confederacy** [kənfédərəsi] con FEDER acy *n.* 연합, 동맹, 동맹국
   a union for mutual support and common action
7. **confederate** [kənfédərit] con FEDER ate *n.* 동맹국, 연합국
   one of a band united for a purpose; an accomplice
8. **bona fide** [bóunəfáidi] bona FIDE *adj.* 진실한, 성의 있는, 진실을 가지고
   in good faith; genuine
9. **confide** [kənfáid] con FIDE *v.* 신임하다, 신뢰하다.
   to have trust in someone; as, to confide in a friend
10. **confidant** [kànfidǽnt] con FID ant *n.* 확신할 수 있는 사람, 친구
   the person in whom one can confide
11. **confidence** [kɔ́nfidəns] con FID ence *n.* 신임, 신뢰, 자신, 확신, 터놓음
   self-reliance
12. **confidential** [kɔ̀nfidénʃəl] con FID ential *adj.* 비밀의, 기밀에 참여한
   in the nature of a secret; as, confidential information
13. **fealty** [fíːəlti] FEAL ty *n.* 충성의 의무, 충의, 충절, 신의, 성실
   loyalty; fidelity to duty
14. **fidelity** [fidéləti] FID elity *n.* 충성, 충절, 성실 faithfulness; fealty
15. **infidelity** [ìnfidéləti] in FID elity *n.* 신앙심이 없음, 배신, 부정한 행위
   faithlessness; disloyalty
16. **perfidy** [pə́ːrfədi] per FID y *n.* 불신, 불성실, 배반, 불신행위
   disloyalty; treachery; deceit
17. **perfidious** [pərfídiəs] per FID ious *adj.* 불신의, 불성실한
   treacherous; deceitful; as, a perfidious friend

● 연습문제

Ⅰ. confederacy와 confide를 분석하시오.

Ⅱ. 다음 ________ 부분을 채우시오.

(1) His self ___________ was based on solid preparation for the job.
그의 자신감은 그 일을 위한 확신한 준비에 근거를 두었다.

(2) Due to the ________ of one of the members all their _________ plans were revealed.
일원들 중 한 명의 배반에 의해 그들의 비밀 계획들이 전부 다 탄로 났다.

No. 36

FER, LAT

bring, bear, yield(가져오다, 산출하다, 견지하다)

해설
어근 FER는 BRING, BEAR 또 YIELD의 뜻을 지닌다. 이것은 "to bring"의 뜻인 라틴어 ferre에서 왔다. 또 LAT는 ferre의 p.p.형 latus인데 이러한 불규칙형은 라틴어에서도 흔하지 않다. 뜻은 똑같다.

기본 어휘

1. **confer** [kənfə́:r] *v.* 주다, 수여하다, 의논하다. 협의하다, 참조하다(=consult, talk the matter over; bestow)
"Together, with"를 뜻하는 라틴어 접두사인 con-(=com-)과 "to carry; bring"을 의미하는 fer-로 이루어졌다.
예 The teacher *conferred* with the principal about the boy's promotion.
그 선생은 소년의 진급에 대해 교장 선생과 함께 의논했다.
The school *confers* a medal on any student who is not absent a single day during the year.
학교에서는 일년 내내 단 하루도 결석하지 않은 학생에게 메달을 수여한다.

2. **differ** [dífər] *v.* 다르다, 의견을 달리하다, 의견이 맞지 않다(=be unlike; be different; hold or express a different opinion; disagree)
"apart"를 뜻하는 라틴어 계통의 접두사인 dif-(=dis-)와 "to carry" 또는 "bring"을 뜻하는 fer-로 형성됐다.
예 He is a stubborn boy, determined to *differ* with his teacher at every opportunity.
그는 기회가 생길 때마다 자기의 선생님과 의견을 달리하기로 결심한, 고집센 소년이다.

3. **offer** [ɔ́(:)fər] *v.* 제공하다, 바치다, 제시하다(=hold out to be taken or refused; present; propose; suggest) *n.* 제공, 제의(=a business deal; a personal proposal)
"toward"를 뜻하는 라틴어 접두사 of-(=ob-)와 "to carry 또는 bring"을 의미하는 fer-로 이루어졌다.
예 He *offered* to walk her home. 그는 그녀집까지 바래다주겠다고 말했다.
Mark made her an *offer* of marriage. Mark가 어제 그녀에게 청혼했다.

4. **transfer** *v.* [trænsfə́:r] *n.* [trǽnsfər] *v.* 옮기다, 이동시키다. 운반하다, 건네주다. 이동, 전임(=convey or remove from one person or place to another; hand over; convey(a drawing design, pattern) from one surface to another) *n.* 옮기기(=a move; a change)
"across"를 뜻하는 라틴어 접두사인 trans-와 "to carry; bring"을 뜻하는 fer-로 이루어졌다.
예 We *transferred* our bags from the taxi to the hotel. 우리는 짐을 택시에서 호텔로 옮겼다.
Paul is not satisfied here and has asked for a *transfer*.
Paul은 여기에서 만족하지 않으므로 전임을 신청했다.

보충 어휘

1. **coniferous** [kounífərəs] coni FER ous *adj.* 소나무 무리의 구과를 맺는
   bearing cones; as pine trees
2. **circumference** [sərkʌ́mfərəns] circum FER ence *n.* 원주, 주변, 주위
   the line that goes around a circular plane
3. **deference** [défərəns] de FER ence *n.* 복종, 존경, 경의 respect for; courtesy
   예 Jane showed *deference* to the wishes of her parents in planning her future.
   Jane은 자신의 미래를 설계하는 데에 있어서 부모님의 의사에 복종하였다.
4. **fertile** [fə́:rtail] FER tile *adj.* 다산의, 기름진, 창조력이 풍부한 bearing good fruit; yielding much
5. **fertilization** [fə̀:rtəlaizéiʃən/-təli-] FER tilization *n.* 수정, 수태, 걸게 함, 토지의 비옥법, 다산화 the act of causing to bear richly
6. **conference** [kánfərəns/kɔ́n-] con FER ence *n.* 의논, 협의, 회의 a bringing together; a meeting
7. **reference** [réfərəns] re FER ence *n.* 참고, 참조, 언급, 논급 a thought relating to a subject
8. **inference** [ínfərəns] in FER ence *n.* 추론, 추리, 추정, 결론
   carrying over a truth from one point to another
9. **preference** [préfərəns] pre FER ence *n.* 좋아함, 애로, 선택, 편애
   bringing forward; as, the first choice
   예 She hes a *preference* for Chinese food. 그녀는 중국음식을 좋아한다.
10. **suffer** [sʌ́fər] suf FER v. (불쾌)경험하다, 겪다, 입다. 바다, 허락하다. bear sorrow or pain
11. **proffer** [prɔ́fər] prof FER *v.* 제의하다, 내놓다 to bring forward; to offer
    예 John *proffered* his hand to Kate, and she shook it.
    Hohn이 Kate에게 손을 내밀었고 그녀는 그와 악수했다.
12. **legislate** [lédʒislèit] legis LAT e *v.* 법률을 제정하다 to make or enact laws
13. **translate** [trænsléit] trans LAT e *v.* 번역하다 change from one place, state, form to another
14. **elation** [iléiʃən] e LAT ion *n.* 의기양양 the quality or state of being filled with joy or pride
15. **superlative** [supə́:rlətiv] super LAT ive *adj.* 최상의 surpassing all others; excessive
16. **interference** [ìntəfíərəns] inter FER ence *n.* 방해, 간섭 interruption of a situation

● 연습문제

Ⅰ. fertilization와 legislation을 분석하시오.

Ⅱ. 다음 ______ 부분을 채우시오.

(1) Pines are __________ evergreens.
소나무는 소나무 무리에 속하는 상록수이다.

(2) The boys resented any ____________ in their game.
그 소년들은 그들의 놀이에 있어서 어떠한 간섭도 불쾌하게 여겼다.

(3) Some people have a _____________ for short, amusing plays.
어떤 사람들은 짧고 재미있는 연극을 선호한다.

No. 37 FIC, FECT

make(만들다, 제조하다)

해설 어근 FIC와 FECT는 MAKE를 의미한다. No. 34와 마찬가지로 facere, factus에서 나온 것이나 음운 약화로 이와 같은 형태를 지니게 되었다. 편의상 따로 다루었으며, 본질적인 차이는 없다.

기본 어휘

1. **deification** [dìːəfəkéiʃən] *n.* 신으로 숭상함, 신격화, 신성시(=the act of deifying; absorption of the soul into deity)
   "god"을 뜻하는 라틴 어근 deus로부터 온 dei-와 "make"를 뜻하는 facere로부터 유래된 라틴 어근 그리고 여기에 "act of"의 뜻을 지닌 접미사 -tion으로 이루어져 있는 단어이다.

   예 The *deification* of the sun was a central part of many primitive religions.
   태양을 신으로 섬긴 것은 많은 원시 종교들의 주요 부분이었다.

2. **affect** [əfékt] *v.* 영향을 끼치다, 감동시키다(=to produce an effect upon; the conscious subjective aspect of an emotion considered apart from bodily changes; to put on a pretense of)
   "toward, to"를 뜻하는 af-(=ad-)가 fect-에 붙어서 된 단어이다.

   예 Paralysis *affected* his limbs. 마비가 그의 사지에 영향을 끼쳤다.

3. **efficient** [ifíʃənt] adj. 효과있는, 유효한, 유능한, 능률적인 (=making. or turning out results with little wasted effort)
   "out"을 의미하는 라틴 접두사 ef-(=ex-)와 "to do; make"를 뜻하는 fic-, 그리고 여기에 영어에 있어 ~ing와 같은 라틴 접미사 -ent가 합쳐져서 이루어진 단어이다.

   예 Reading is an *efficient* way of building your vocabulary.
   독서는 어휘력을 기르는 데에 효과적인 방법이다.

4. **infect** [infékt] *v.* 병독을 혼입하다, …에 병을 옮기다, 감염시키다(=to do into or inside of; to affect with a disease; contaminate)
   "in"을 의미하는 라틴 접두사 in-과 "to do; make"를 뜻하는 fect-로 이루어진 단어이다.

   예 A flu virus has *infected* everyone in our family.
   유행성 감기 바이러스가 우리 가족 모두를 감염시켰다.

보충 어휘

1. **beneficiary** [bènəfíʃièri] bene FIC iary *n.* 수익자, 신탁수익자, 수혜자
   one who receives a benefit

2. **versification** [vəːrsəfikéiʃən] versi FIC ation *n.* 작시, 작시법
making lines in poetic from
3. **amplification** [æ̀mpləfikéiʃən] ampli FIC ation *n.* 확대, 배율, 증폭, 확충
an enlargement
4. **acidification** [əsidəfikéiʃən] acidi FIC ation *n.* 산성화, 산화
act or process of making into acid
5. **calorific** [kæ̀lərífik] calori FIC *adj.* 열을 발생하는, 열의 making heat
6. **certificate** [sərtífəkit] certi FIC ate *n.* 증명서, 면허장 a written proof of a fact
7. **confection** [kənfékʃən] con FECT ion *n.* 과자, 당과, 설탕 절임
the act or process of making something; a dainty dish made of suger and fruits; preserves
8. **defective** [diféktiv] de FECT ive *adj.* 결점 있는, 불완전한 wanting in something; faulty

   예 A *defective* part in the engine stopped the car from working.
   엔진에서의 고장난 부분이 그 자동차의 작동을 멈추게 했다.

9. **deficiency** [difíʃənsi] de FIC iency *n.* 부족, 결핍 something lacking

   예 The child became sick because of a protein *deficiency* in the diet.
   상용음식에 단백질이 부족하였기 때문에 아이는 병에 걸렸다.

10. **disinfect** [dìsinfékt] dis in FECT *v.* 소독하다 to make free from disease germs
11. **effectual** [iféktʃuəl] ef FECT ual *adj.* 유효한, 효과적인 having results
12. **efficacious** [èfəkéiʃəs] ef FIC acious *adj.* 효과 있는, 효험 있는, 유효한
producing the wanted effect
13. **efficacy** [éfikəsi] ef FIC acy *n.* 효력, 효험, 유효 the ability to produce the wanted result
14. **magnificent** [mægnífəsənt] magni FIC ent *adj.* 웅장한, 장엄한
made grandly; strikingly attractive
15. **personification** [pəːrsɔ̀nəfikéiʃən] personi FIC ation *n.* 재현, 구현
making an object resemble a person
16. **proficient** [prəfíʃənt] pro FIC ient *adj.* 숙달한, 능란한 able to do things well

   예 She is *proficient* at speaking French. 그녀는 불어로 말하는 데에 능숙하다.

● 연습문제

Ⅰ. amplification을 분석하시오.

Ⅱ. 다음 ________ 부분을 채우시오.

(1) John's daughter was the ________ of his will and inherited all his money when he died.
John의 딸이 그의 유언의 수혜자였으므로 그가 죽은 후 모든 유산은 그녀에게로 갔다.

(2) The teacher tried _________ speech.
선생님은 나의 불완전한 말투를 고치려고 노력했다.

No. 38 FIN, FINIS

end(끝내다, 종료)

해설 어근 FIN과 FINIS는 END를 의미한다. 이것은 라틴어 finis에서 파생한 것이다.

기본어휘

1. **final** [fáinəl] *adj.* 마지막의, 최종의, 궁극의(=relating to the end; as, the final addition; coming last; deciding; closing the question. relating to the end; ~the question)
   "end"를 뜻하는 어근 finis-에서 파생된 단어이다.
   예 The judge's decision is *final.* 판사의 결정은 최종적이다.
   I sat in the *final* row of the theatre. 나는 극장 안에서 마지막 줄에 앉았다.
2. **confine** [kənfáin] *v.* 제한하다, 국한하다, 한정하다(=to keep shut in)
   "with"를 의미하는 라틴 접두사 con-과 "end"를 뜻하는 fin-이 결합한 단어이다.
   예 The police *confined* the thief in jail. 경찰은 도둑을 감옥에 가두어 두었다.
3. **fine** [fain] *n.* 벌금(=a sum imposed as punishment for an offense) *adj.* 훌륭한(=superior in quality, excellent)
   "end"를 의미하는 어근 finis-에서 파생된 단어이다.
   예 He paid a *fine* for breaking a traffic law. 그는 교통법을 어겨서 벌금을 물었다.
   Nicole has *fine* taste in clothes. Nicole은 옷에 관한 한 고상한 취미를 지닌다.

보충어휘

1. **finale** [finɑ́:li] FIN ale *n.* 최후의 막, 종막, 종국, 대단원
   the last section of a musical composition; the last part; end
2. **fin de siecle** [fændəsjékl] FIN de siecle *n.* 한 세기의 종말
   end of the century
3. **finis** [fáinis] FIN is *n.* 끝 end; conclusion
4. **finish** [fíniʃ] FIN ish *v.* 끝내다, 완료하다, 마감되다.
   to complete; to reach the end
5. **finite** [fáinait] FIN ite *adj.* 한정되어 있는, 유한의 definitely limited
6. **finial** [fáiniəl] FIN ial *n.* 꼭대기 the very topmost; a crowning detail
7. **finitude** [fáinətjù:d] FIN itude *n.* 유한의 상태 a finite state

8. **affinity** [əfínəti] af FIN ity *n.* 인척, 유사성 친근감, 애착 attraction; resemblance
9. **define** [difáin] de FIN e *v.* 정의하다, 뜻을 밝히다
   to mark the limit; as, to define the power of the court
10. **definitive** [difínətiv] de FIN itive *adj.* 한정적인, 결정적인
    conclusive; as, a definitive statement
11. **infinite** [ínfənit] in FIN ite *adj.* 무한의, 무량의, 무수한 without end; limitless
12. **infinity** [infínəti] in FIN ity *n.* 무한대 eternity; boundlessness
13. **infinitesimal** [infinitésəməl] in FIN itesimal *adj.* 미소한, 무한소의
    so small it cannot be measured
14. **finance** [fáinæns] FIN ance *n.* 재정, 재력
    money or other liquid resources of a government, business, group, or individual
15. **financial** [fainǽnʃəl] FIN ancial *adj.* 재정의, 재무의, 재계의, 금융의
    relating to money; as, a financial statement of the account

● 연습문제

Ⅰ. define과 infinity를 분석하시오.

Ⅱ. 다음의 ______ 부분을 채우시오.

(1) She took ________ pains with her work.
그녀는 자기 일을 하는 데에 엄청난 노력을 들였다.

(2) Boswell's biography of Samuel Johnson is generally considered ________
Samuel Johnson에 대한 Boswell의 전기는 일반적으로 결정적이라고 생각된다.

(3) Man will not accept a ________ world.
인간은 유한의 세계를 받아들이지 않을 것이다.

Ⅲ. 다음의 빈칸들을 FIN을 포함하고 있는 단어로 채우시오.

(1) At the end of the story he wrote the word ________.
이 이야기의 끝 부분에 그는 끝이라는 단어를 썼다.

(2) A micro-micro measurement is truly ________.
미소 측정량은 정말 지극히 적은 양이다.

(3) Man's days are ________.
인간의 생애는 유한하다.

(4) In grammar we have articles which are ______ as well as indefinite.
문법에서 우리는 부정관사뿐만 아니라 정관사를 갖고 있다.

(5) He has an ________ for the rolling countryside.
그는 기복을 이루고 있는 전원을 좋아한다.

(6) Beauty is hard to ________.
아름다움은 정의하기 쉽지 않다.

No. 39

FLECT, FLEX

bend(구부리다, 굴절하다)

해설 어근인 FLECT, FLEX는 BEND를 의미하는 라틴어 flectere, flexus로부터 유래된 단어이다.

기본 어휘

1. **genuflection** [ʤénjuflékt∫ən] *n.* (예배 보려고) 무릎을 꿇기(=the bending of the knee)
"knee"를 뜻하는 genu-와 "to bend"를 뜻하는 flectere로부터 유래된 어근인 flect-와 여기에 "act of; state of"를 뜻하는 접미사인 -ion으로 구성된 단어이다.
2. **deflect** [diflékt] *vt.* 빗나가게 하다, 쏠리게 하다(=to bend away; turn aside; swerve or cause to swerve)
"down; away"를 뜻하는 de-와 "to bend"를 의미하는 flect-로 구성된 단어이다.
   - 예 The warrior used his shield to *deflect* the enemy's spears.
   그 전사는 적의 창을 빗나가게 하도록 자기의 방패를 사용했다.
3. **flexible** [fléksəbəl] *adj.* 구부리기 쉬운(=capable of being bent, twisted, etc, without breaking; pliant; giving into persuasion; able to adjust easily to change)
"to bend"를 의미하는 flex-와 "capable of being"을 뜻하는 접미사 -ible로 된 단어이다.
   - 예 Radio aerials on cars are made of *flexible* metal.
   차에 있는 라디오 안테나들은 굽히기 쉬운 금속으로 만들어졌다.
   Our employer is open-minded and *flexible*. 우리의 고용주는 마음이 넓고 융통성이 있다.
   Let's keep our traveling plans *flexible*. 우리의 여행 계획을 조정할 수 있도록 해두자.
4. **reflect** [riflékt] *vt.* 반사하다, 비추다. 초래하다, 숙고하다, 반성하다(=to band back; turn or throw back waves of light, sound, or heat; to think back; think again; review in the mind)
"back"을 의미하는 라틴 접두사 re-와 "to bend"를 나타내는 flect-로 되어 있다.
   - 예 Stop and *reflect* a minute before you act.
   행동으로 옮기기 전에 잠깐 멈추어서 곰곰이 생각해 보시오.
   Bad grades in school will *reflect* on your future.
   학교에서의 나쁜 성적들은 장래에 나쁜 영향을 미칠 것이다.

보충 어휘

1. **flexibility** [flèksəbíləti] FLEX ibility *n.* 유연성
quality of being able to bend

2. **flexile** [fléksɑil] FLEX ile *adj.* 휘기 쉬운 flexible; tractable; as, a flexile nature
3. **flection** [flékʃən] FLECT ion *n.* 굴곡, 힘 the act of bending
4. **flexor** [fléksər] FLEX or *n.* 굴근 a muscle which serves to bend a limb
5. **flexuose** [flékʃuəs] FLEX uose *adj.* 느슨한, 융통성 있는
Relaxed; adaptable; not rigid
6. **flexuous** [flékʃuəs] FLEX uous *adj.* 굴곡이 많은, 물결모양의
having many bends, turns
7. **reflection** [riflékʃən] re FLECT ion *n.* 반사, 영상, 숙고, 비난
an image thrown back; as, a reflection in a mirror
8. **reflexive** [rifléksiv] re FLEX ive *adj.* 반사성의, 회상적인, 재귀의
bent back on itself; as, a reflexive pronoun
9. **reflective** [rifléktiv] re FLECT ive *adj.* 반사하는, 숙고하는, 사려 깊은
thoughtful; as a reflective mind
10. **flex** [fleks] FLEX *v.* 구부리다, 습곡하다. to bend; as, to flex the arm

   예 Kelly *flexed* her legs and yawned as she woke up.
   Kelly는 잠에서 깨어나면서 잠에서 다리를 구부리며 하품했다.
11. **inflection** [inflékʃən] in FLECT ion *n.* 굴곡, 억양, 어형변화
the rise and fall of the voice, as, the inflection of his voice
12. **reflector** [rifléktər] re FLECT or *n.* 반사물, 반사기, 숙고하는 사람
that which reflects light

   예 Bicycles have red *reflectors* on the wheels to make them easier to see at night.
   자전거에는 밤에 더 잘 보이도록 해주는 빨간색의 반사경이 바퀴에 달려있다.
13. **circumflexion** [sə́:rkəmflèkʃən] circum FLEX ion *n.* 만곡
a bending around and around
14. **reflectoscope** [rifléktəskoup] re FLECT oscope *n.* 반사경
a magic lantern; a device that places an image on a screen

● 연습문제

Ⅰ. flexile과 reflective를 분석하시오.

Ⅱ. 다음 ________ 부분을 채우시오.

(1) "The eye sees not itself but by ___________" (Shakespeare)
눈은 자기 자신이 보는 것이 아니라 반사에 의해 보는 것이다.

(2) Harry strained his ___________ .
Harry는 굴근을 접질렀다.

(3) Her voice had a pleasing ___________.
그녀의 목소리는 듣기 좋은 억양을 지녔다.

No. 40
FLUC, FLU, FLUV, FLUX

flowing(흐르는)

해설 어근 FLUC, FLU, FLUV, FLUX는 FLOWING을 뜻하며, 라틴어 어근 fluvius (=river), fluere(=flow)에서 왔다.

기본 어휘

1. **affluent** [əflúːənt] *adj.* 부유한, 풍부한(=abundant, wealthy, prosperous)
   "to"를 뜻하는 라틴어 접두사 af-(=ad)와 "to flow"를 뜻하는 flu-와 영어의 -ing와 같은 접미사 -ent로 이루어졌다.

   예 My uncle was the most *affluent* man in town. 우리 삼촌은 읍에서 가장 부유한 사람이었다.

2. **fluency** [flúːənsi] *n.* 유창, 거침없음(=the state or condition of flowing; smoothness, especially smoothness or readiness of speech)
   "to flow"를 뜻하는 flu-와 "the state or condition of"를 의미하는 라틴어 접미사 -ency로 이루어졌다.

   예 Professor Karl has great *fluency* in German. Karl 교수는 독일어를 매우 유창하게 말한다.

3. **influence** [ínfluəns] *n.* 영향, 효과, 감화(=the power to produce effects on others; a person or thing possessing such power; an effect produced by such power) *v.* 영향을 주다(=to produce or have an effect on; to affect or change)
   "in"을 뜻하는 라틴어 접두사 in-과 "to flow"를 뜻하는 flu-와 "the state or condition of"를 의미하는 접미사인 -ence로 이루어졌다.

   예 I wish I had more *influence* on the boss's decisions.
   나는 사장이 결정하는 일들에 내가 더 많은 영향을 미칠 수 있었으면 좋겠다.
   I don't want to *influence* you by telling you my opinion.
   나는 내 의견을 말해줌으로써 당신에게 영향을 미치고 싶지 않다.

보충 어휘

1. **fluctuant** [flʌ́ktjuənt] FLUC tuant *adj.* 변동하는, 기복 있는
   moving like a wave; unstable
2. **fluctuate** [flʌ́ktʃuèit] FLUC tuate *v.* 파동하다, 동요하다
   to wave in an unsteady motion; shift from one to another

   예 The price of oil *fluctuates* from day to day. 석유 가격이 날마다 변동한다.

3. **flue** [flu:] FLU e *n.* 작은 굴뚝, 연기 빠지는 길
   a passageway for a flow of air
4. **flush** [flʌʃ] FLU sh *v.* 확 달아오르다. 새싹이 나다.
   to flow and spread suddenly and freely

   예 Mary *flushed* crimson with embarrassment.
   Mary는 창피해서 얼굴이 새빨갛게 달아올랐다.

5. **fluid** [flú:id] FLU id *n.* 유동체, 유체 *adj.* 유동성의, 변하기 쉬운
   a flowing substance; a liquid
6. **fluent** [flú:ənt] FLU ent *adj.* 유창한, 능변의 flowing easily; facility in speech
7. **fluidity** [flu:ídəti] FLU idity *n.* 유동성, 유동상태
   the quality of a fluid; free flowing
8. **fluidize** [flúidàiz] FLU idize *v.* 유동하다, 변하다 Render fluid
9. **flume** [flu:m] FLU me *n.* 골짜기, 용수로
   an inclined channel with a stream running through
10. **effluent** [éflu:ənt] ef FLU ent *adj.* 흘러나오는, 방출하는
    flowing out; as, an effluent branch of a main stream
11. **flux** [flʌks] FLUX *n.* 유동, 변동
    continuous flow or changing; unceasing change

    예 Organization of the company was then in a state of *flux*.
    회사의 조직이 그때에는 끊임없이 변화하는 상태에 있었다.

12. **influx** [ínflʌ̀ks] in FLUX *n.* 유입, 쇄도 inflow; inpouring

● **연습문제**

Ⅰ. fluctuate와 effluent를 분석하시오.

Ⅱ. 다음 ______ 부분을 채우시오.

(1) Only by practice can one acquire ________ in language.
연습을 통해서만 언어를 유창하게 습득할 수 있다.

(2) Air, water, molasses, and milk are all ________(s).
공기, 물, 당밀과 우유는 전부 유체이다.

(3) When prices are in a state of ________, many buyers delay pur chase until conditions are more settled.
가격이 계속 변화하는 상태에 있을 때에는 많은 구매자들은 조건들이 더 안정될 때까지 구매를 미룬다.

Ⅲ. 다음 ______ 부분에 핵심어근을 채워 넣어 단어를 완성하시오.

(1) stocks go up and down- ________uate
(2) easy flow of language- ________ency
(3) flowing from- ________ent

No. 41

FUM

smoke(연기, 매연)

해설 어근 FUM은 SMOKE를 뜻하는 라틴어 fumus에서 파생한 것으로 동사는 fumigare로 "to smoke out"을 뜻한다. FUM이 갖는 여러 가지 의미를 눈여겨보기 바란다.

기본 어휘

1. **fume** [fju:m] FUM e *n.* 연기, 향기, 훈연
   smoke; odor; exhalation; state of excitement
   예 The gas *fumes* from the broken stove made it hard to breathe.
   고장난 난로에서 나오는 가스 연기 때문에 숨쉬기 힘들었다.
2. **fume** [fju:m] FUM e *v.* 연기가 나다, 노발대발하다
   to rage in an emotional outburst
   예 After the fight, Sam *fumed* and walked out of the room.
   싸우고 나서 Sam은 화가 나서 씩씩거리면서 방에서 나갔다.
3. **fumigatory** [fjú:məgətəri] FUM igatory *adj.* 연기를 쐰, 훈증소독의, 향 피우는
   having the quality of fumigating by smoke
4. **fumy** [fjú:mi] FUM y *adj.* 연기가 자욱한, 훈김이 나는
   smokelike; as, a fumy smell
5. **fumish** [fjú:miʃ] FUM ish *adj.* 쉽게 화내는
   smoky; easily angered
6. **fumatory** [fjú:mətɔ̀:ri] FUM atory *adj.* 연기의
   concerned with smoking
7. **fumatorium** [fjù:mətɔ́:riəm] FUM atorium *n.* 소독실
   an airtight chamber for smoking out insect pests
8. **fumatory** [fjú:mətɔ̀:ri] FUM atory *n.* 소독실
   the same as No. 7
9. **fumigate** [fjú:məgèit] FUM igate *v.* 연기를 쐬다. 훈증 소독하다.
   destroy germs by smoking them out; disinfect
   예 Workers *fumigated* the house to kill pests.
   일꾼들이 해충들을 죽이기 위해 집을 훈증 살충하였다.
10. **fumigation** [fjú:migéiʃən] FUM igation *n.* 훈증, 훈증 소독법, 분향
    the act of disinfecting

11. **fumigant** [fjúːmigənt] FUM igant *n.* 훈증 소독약
any chemical used for fumigation
12. **fumigator** [fjúːmigəitər] FUM igator *n.* 훈증 소독자(기)
one who or that which fumigates
13. **fumiduct** [fjúːmədəkt] FUM iduct *n.* 굴뚝
an outlet for smoke; a chimney

● 연습문제

Ⅰ. fumiduct를 분석하시오.

Ⅱ. 다음 ______ 부분을 채우시오.

He was a ________ old gentleman who ________(d) at every provocation.
그는 모든 자극에 노발대발했던 쉽게 화내는 나이든 신사였다.

Genius is an infinite capacity for taking pains.
천재성은 노력에 대한 끝없는 능력이다.

No. 42

GEN

birth, race(탄생, 종족)

해설 어근 GEN은 희랍어 genus에서 나온 것으로 BIRTH, RACE를 뜻한다. 앞에서 배운 ,GERM도 역시 이 희랍어와 관련을 갖는 어근에서 파생되었다. 그런데 이것은 그것이 같은 의미 그대로 수많은 신어를 탄생케 했다.

기본어휘

1. **genesis** [ʤénəsis] *n.* (성경)창세기, 기원, 발생(=creation, beginning; the birth or origin of anything)
   "to produce or give birth to"를 의미하는 gen-에 근거를 둔 그리스에서 직접 유래된 것이다.
   예 The *genesis* of the universe may have been a big explosion.
   우주의 발생은 큰 폭발이었을지도 모른다.

2. **genius** [ʤíːnjəs] *n.* 천재, 진수, 기풍(=extraordinary inborn intelligence or an outstanding natural aptitude for doing something; a person who has a brilliant mind, especially one of great intellectual achievements)
   "the inborn or guardian spirit of a person or place"를 뜻하는 gen-을 기본으로 한 라틴어에서 직접 온 것이다.
   예 Einstein had a *genius* for mathematics. Einstein은 수학에 있어서 천재였다.

3. **genial** [ʤíːnjəl] *adj.* 친절한, 상냥한, 온화한(=showing inborn or natural kindness or pleasantness; giving comfort, warmth, or life)
   genius와 같은 라틴어에서 파생된 것이다.
   예 She has a friendly, *genial* personality. 그녀의 인품은 다정하고 상냥하다.

4. **genuine** [ʤénjuin] *adj.* 순수한, 진짜의, 성실한(=native, original, real, authentic)
   "natural, inborn, innate" 를 뜻하는 gen-을 근본으로 한 라틴어에서 왔다.
   예 He is a *genuine* New England. 그는 진짜 뉴잉글랜드 사람이다.
   Mary seems *genuine* enough but can I trust her?
   Mary는 충분히 성실해 보이지만 내가 그녀를 신뢰할 수 있을까?

보충어휘

1. **gender** [ʤéndər] GEN der *n.* (문법)성, 성별(=kind; sort; sex-masculine, feminine, neuter)
   예 We should not discriminate people based on their race, age or *gender*.
   우리는 그들의 인종, 나이 성별에 근거를 두어 사람들을 차별해서는 안 된다.

2. **genealogy** [ʤiːniǽləʤi] GEN ealogy *n.* 가계, 혈통
the study of family lines; pedigree
3. **congenial** [kənʤíːnjəl] con GEN ial *adj.* 마음이 맞는
having the same nature, disposition or tastes
예 They found each other *congenial.* 그들은 자기들이 서로 마음이 맞는다는 것을 알게 되었다.
4. **gene** [ʤíːn] GEN e *n.* 유전자, 유전인자
one of the elements in hereditary development
5. **generable** [ʤénərəbəl] GEN erable *adj.* 생식할 수 있는, 발생할 수 있는
can be generated
6. **general** [ʤénərəl] GEN er al *adj.* 일반의, 총칭적인, 전반적인
relating to all kinds; as, a general thing
7. **generic** [ʤinérik] GEN eric *adj.* (동식물의) …속(屬)의, …속에 속하는
belonging to race or kind; as, a generic name
8. **generation** [ʤénəréiʃən] GEN eration *n.* 세대, 자손, 생식
process of producing offspring
9. **genetics** [ʤinétiks] GEN etics *n.* 유전학, 유전현상
the study of heredity
10. **genre** [ʒάːnrə] GEN re *n.* 유형, 양식, 장르
a species; a kind; a type
11. **genus** [ʤíːnəs] GEN us *n.* 종류, 부류, 유, …속
stock; category; classification
12. **progeny** [prάʤəni] pro GEN y *n.* 자손
offspring; descendants; children
13. **indigenous** [indíʤənəs] indi GEN ous *adj.* 타고난, 천부의, 고유의
inborn; innate
예 The Kangaroo is *indigenous* to Australia. 캥거루는 호주 고유의 동물이다.

● 연습문제

Ⅰ. congenial과 progeny를 분석하시오.

Ⅱ. 다음의 ________ 부분을 채우시오.

(1) He hired a ____________ to construct a family tree.
그는 가계를 구성하기 위해 계보학자를 고용했다.

(2) Increasing interest in science should result in a healthy young _________.
과학에 대한 관심의 증가는 건전한 젊은 세대라는 결과를 가져오게 될 것이다.

(3) Some people believe that marriage should be more related to ________.
어떤 사람들은 결혼이 더욱 더 유전학과 관련이 있어야 한다고 믿는다.

No. 43 GEO

earth, soil, ground(지구, 땅, 대지)

해설 어근 GE, GEO는 희랍어 ge에서 나온 것으로 EARTH, SOIL, GROUND를 의미한다. 이것은 육지, 바다 그리고 지구의 도처에 있는 모든 생물과 관련하여 두루 쓰이는 어근이다.

기본어휘

1. **geography** [dʒiɔ́grəfi] *n.* 지리학, 지리, 지형(=the science that describes the surface of the earth, or of other planets, especially in terms of large areas and how they are related)
"earth"를 의미하는 geo-와 "writing or description"을 뜻하는 그리스어의 어근 -graphy로 이루어졌다.
   예 We have learned a great deal about the moon's *geography*.
   우리는 달의 지형에 대해 아주 많은 것을 알아냈다.

2. **geology** [dʒiɔ́lədʒi] *n.* 지질학, 지질(=the science that deals with the origin and structure of the earth, especially its rocks and rock formations)
"earth"를 뜻하는 geo-와 "the science or study of"의 뜻을 지닌 그리스어의 어근 -logy로 이루어졌다.
   예 Gold prospectors must have some knowledge of *geology*.
   금 탐광자들은 지질학에 대해 아는 것이 조금이라도 있어야 한다.

3. **geometry** [dʒiɔ́mətri] *n.* 기하학(=the branch of mathematics dealing especially with the measurements of and the relationships between points, lines, angles, surfaces, and solids)
"earth"를 의미하는 geo-와 "measure or measurement"를 뜻하는 그리스어의 어근 -metry로 이루어졌다.
   예 I found *geometry* harder than algebra. 나에게는 대수학보다 기하학이 더욱 어렵다.

보충어휘

1. **geocentric** [dʒìːouséntrik] GEO centric *adj.* 지구의 중심에서 본, 지구중심의
measuring from the center of the earth; having the earth as its center
   예 In the older days, people had a *geocentric* view of the universe.
   옛날에 사람들은 우주의 중심이 지구라고 믿었다.

2. **geochemistry** [ʤìːoukémistri] GEO chemistry *n.* 지구화학
   science of the chemical composition of the earth's crust
3. **geochronic** [ʤioukróunik] GEO chronic *adj.* 지질 연대의
   relating to geological time divisions
4. **geode** [ʤí(ː)oud] GEO de *n.* 정동(晶洞)
   a cavity lined with minerals or crystal in a nodule of stone
5. **geodesy** [ʤiːádəsi] GEO desy *n.* 측지학
   concern with measurements of size and position of earth
6. **geodynamics** [ʤìːoudainǽmiks] GEO dynamics *n.* 지질 동력학
   study of forces and processes within the earth
7. **geognosy** [ʤíɔgnəsi] GEO gnosy *n.* 지질학, 국지(局地)지질학
   knowledge of the materials of the earth
8. **geophagia** [ʤioufeíʤiɔ] GEO phagia *n.* 원시종족의 영양 연구
   study of nutrition of primitive tribes who eat clay
9. **geomorphic** [ʤioumɔ́rfik] GEO morphic *adj.* 지구 형태의
   relating to the form of the earth
10. **geophilous** [ʤiɔfiləs] GEO philous *adj.* 땅 밑에 사는
   growing or living on or under the ground
11. **geopolitics** [ʤìoupálətiks] GEO politics *n.* 지정학(地政學)
   a study of the influence of such factors as geography, economics, and demography on the politics and esp. the foreign policy of a state
12. **georgic** [ʤɔ́ːrʤik] GEO rgic *n.* 농경의
   of or relating to agriculture

● 연습문제

Ⅰ. geochronic와 geognosy를 분석하시오.

Ⅱ. 다음의 ______ 부분을 채우시오.

(1) Insects which live underground are said to be ___________.
지하에서 생활하는 곤충들을 땅 밑에 사는 곤충이라고 말한다.

(2) Scientists who wish to know why certain primitive tribes eat clay study ___________.
어떤 특정한 원시부족들이 흙을 먹는 이유를 알고 싶어 하는 과학자들은 원시종족의 영양 연구를 한다.

No. 44 GER, GEST

carry, bear(운반하다, 소지하다)

해설 어근 GER, GEST는 라틴어인 gerere와 gestus (p.p.)에서 왔으며, 그 뜻은 CARRY, BEAR이다.

기본어휘

1. **digest** [didʒést, dáidʒest] *vt.* 소화하다, 음미하다, 이해하다, 요약하다(=to carry away something inside; to take in: to take in and assimilate, especially food for the body; to take in and under stand mentally; to take in and condense or summarize) *n.* 적요, 요약(=a condensation or summary)
   "away"를 의미하는 라틴어 접두사 di-(=dis)와 "to carry"를 의미하는 gest-로 이루어졌다.
   예 Please *digest* this long report into a two-page summary.
   이 긴 보고서를 두 페이지 분량의 요약으로 정리해서 알기 쉽게 해주세요.
   Have you read the *digest* of his latest book? 그의 최신작의 적요를 읽어봤어요?
2. **gestate** [dʒésteit] *vt.* 임신하다. 창안하다(=to carry young inside the body; to carry young in the uterus)
   "to carry"를 의미하는 gest-와 동사의 형태를 이루어 주는 라틴어 접미사 -ate로 이루어졌다."
   예 The human female *gestates* for nine months. 인간 여성은 9개월 동안 임신한다.
3. **suggestion** [səgdʒéstʃən] *n.* 제안, 착상, 유발, 기색(=a proposal; a trace; a hint or slight indication)
   "under"를 의미하는 접두사 sug-(=sub)와 "to carry"를 뜻하는 gest-와 "act of"를 의미하는 접미사 -tion으로 이루어졌다.
   예 He speaks English with the *suggestion* of a French accent.
   그는 약간 프랑스어투가 섞인 영어를 말한다.
   Buying the car was a wonderful *suggestion*. 그 차를 구입하는 것은 훌륭한 제안이었다.

보충어휘

1. **gestation** [dʒestéiʃən] GEST ation *n.* 임신, 임신기간, 창안 the period of pregnancy
2. **gestational** [dʒestéiʃənəl] GEST ational *adj.* 임신의, 창안의 realting to gestation
3. **exaggerate** [igzǽdʒərèit] exag GER ate *v.* 과장하다, 허풍떨다
   to enlarge beyond bounds or the truth; overstate
   예 Mark said he caught a fish as long as his leg, but I think he was *exaggerating*.
   Mark는 자기 다리만큼이나 긴 물고기를 잡았다고 말했지만 난 그가 허풍떠는 것이라고 생각한다.

4. **belligerent** [bəlídʒərənt] belli GER ent *adj.* 교전중의, 호전적인
waging war; inclined to or exhibiting assertiveness, hostility or combativeness
5. **gestatorial** [dʒesteitóuriəl] GEST atorial *adj.* 평교자의
relating to the chair on which the Pope is carried on ceremonial occasions
6. **gested** [dʒestid] GEST ed *adj.* 몸짓을 하는
embellished with gestures and bodily movements
7. **gestic** [dʒéstik] GEST ic *adj.* 신체운동의
consisting of gestures or bodily movements
8. **gesticulate** [dʒestíkjəlèit] GEST iculate *v.* 손짓으로 이야기하다
indicate by gestures when speaking
9. **gesticular** [dʒestíkjulər] GEST icular *adj.* 순간적인 몸짓을 많이 하는
full of sudden motion
10. **gesticulation** [dʒestíkjuléiʃən] GEST iculation *n.* 몸짓하기, 손짓으로 이야기하기
the act of making gestures
11. **gesture** [dʒéstʃər] GEST ure *n.* 몸짓, 손짓, 얼굴표정
the use of motions of the body as a mode of expression

예 The driver of the car in front made a rude *gesture* and drove off.
앞에 있는 차의 운전자는 무례한 몸짓을 하고는 운전해서 가버렸다.

12. **congestion** [kəndʒéstʃən] con GEST ion *n.* 밀집, 과잉, 충혈
an overcrowded state; as, congestion of traffic
13. **congest** [kəndʒést] con GEST *v.* 충만시키다, 넘치게 하다, 막히다
to overcrowd; clog

예 The streets of Seoul are *congested* with traffic.
서울의 길거리들은 교통이 마비되었다.

14. **congestive** [kəndʒéstiv] con GEST ive *adj.* 충혈성의 causing congestion
15. **digestion** [didʒéstʃən] di GEST ion *n.* 소화, 동화흡수
the process by which food is made useful to the body

● 연습문제

Ⅰ. exaggerate와 congest를 분석하시오.

Ⅱ. 다음의 ________ 부분을 채우시오.

(1) The success of Waverley led friends to __________ to Sir Walter Scott that he continue writing novels.
Waverley의 성공은 친구들로 하여금 Walter Scott경에게 계속 소설을 쓰라는 제안을 하도록 했다.

(2) Amy has good ___________; she can eat anything!
Amy는 소화력이 좋아서 아무거나 먹을 수 있다!

No. 45
GERM

vital part(핵심적 부분)

해설 어근 GERM은 beget(낳다)의 뜻을 가진 라틴어에서 파생한 germen에서 온 것으로 SMALL LIVING SUBSTANCE SPROUT, BUD를 뜻한다. 여기서 세균, 싹의 뜻이 파생됨은 자연스러운 일이다.

기본 어휘

1. **germ** [ʤəːrm] GERM *n.* 세균, 병원균, 기원, 근원
   seed; living substance; as, the germ of an idea
   예 My mother washes her hands with soap before cooking to kill any *germs*.
   우리 어머니는 요리하기 전에 손에 있는 세균들을 없애기 위해 비누로 손을 씻는다.
2. **germane** [ʤəːrméin] GERM ane *adj.* 밀접한 관계가 있는
   akin; closely allied
   예 My lifestyle is not *germane* to this discussion about politics.
   나의 생활양식은 정치에 대한 이 토론과 전혀 관계가 없다.
3. **germantiy** [ʤəːrménəti] GERM anity *n.* 밀접한 관계, 관계
   quality of kinship; relationship
4. **germicide** [ʤə́ːrməsàid] GERM icide *n.* 살균제 *adj.* 살균력이 있는
   an agent that destroys germs
5. **germinable** [ʤə́ːrminəbl] GERM inable *adj.* 성장력 있는
   having the capacity to germinate
6. **germinal** [ʤə́ːrmənəl] GERM inal *adj.* 새싹의, 초기의
   relating to a germ cell; early stage
7. **germinant** [ʤə́ːrmənənt] GERM inant *adj.* 싹트는, 발단의
   beginning to grow; sprouting
8. **germinate** [ʤə́ːrminèit] GERM inate *v.* 싹이 트다, 싹트게 하다, 발생시키다
   to grow; to sprout
   예 The cabbages *germinated* after a week. 한 주가 지난 후, 양배추들의 싹이 텄다.
9. **germination** [ʤəːrmənéiʃən] GERM ination *n.* 발아, 맹아, 발생
   the process of germinating
10. **germinative** [ʤəːrminéitiv] GERM inative *adj.* 싹트는, 발아하는
    causing to grow; tendency to grow

11. **germin** [ʤəːrmin] GERM in *v.* 싹트다, 발아하다
    to bud; to bud into
12. **germless** [ʤə́ːrmlis] GERM less *adj.* 싹틀 수 없는
    free from germs
13. **germproof** [ʤəːrmprúːf] GERM proof *adj.* 세균 방지의
    germ repellent
14. **germy** [ʤə́ːrmi] GERM y *adj.* 세균성의
    inclined to have germs
15. **germinator** [ʤə́ːrminèitər] GERM inator *n.* 모종검사원, 발아력 시험기
    a device for testing the capacity of seeds to germinate

● 연습문제

Ⅰ. germicide와 germinate를 분석하시오.

Ⅱ. 다음의 ________ 부분을 채우시오.

The quality of a ___________ is more important than its capacity for ____________. For if that quality is harmful to health, it will give small comfort to test its ____________ strength.

한 세균의 성질이 발아 능력보다 더 중요하다. 왜냐하면 그 성질이 건강에 해로운 것이라면, 그것의 발아력을 시험하는 것은 별로 위안이 되지 않을 것이다.

He who digs a pit for others falls into it himself.
남을 함정에 빠뜨리려고 하는 자는 자기가 그 함정에 빠지게 된다.

No. 46
GRAD, GERD, GRESS

step, degree, walk(단계, 정도, 범위)

해설 어근 GRAD, GRED, GRESS는 라틴어 gradus, gredi와 p.p.형 gressus에서 나왔는데 STEP, DEGREE, WALK를 의미한다.

기본어휘

1. **aggression** [əgréʃən] *n.* 침략, 공격(=an act of going to, or an approach toward someone) "to; toward"를 의미하는 라틴 접두사 ag-(=ad)와 "to step or go"를 의미하는 gress-와 여기에 "the act or state of"를 뜻하는 -ion이 더해져 이루어진 단어이다.

   예 The warring nations accused each other of *aggression*.
   그 두 적대국들은 서로 침략했다고 비난했다.

2. **gradual** [grǽdʒuəl] *adj.* 점차적인, 완만한(=moving or changing slowly, as if by steps; little by little; step by step)
   "a step"을 뜻하는 grad-와 "pertaining to"를 뜻하는 접미사 -al로 되어 있다.

   예 The change in the weather was *gradual*. 날씨가 점차적으로 변했다.
   Gradually his broken bones began to mend. 그의 골절들이 점차적으로 나아지기 시작했다.

3. **graduate** [grǽdʒuèit] *vt.* vi 등급을 매기다, 학위를 받고 졸업하다. 졸업시키다(=v. to grant or receive a diploma for completing a course of study at a school) *n.* 졸업생(=person who holds a diploma or degree, especially a bachelor's degree)
   "a step"을 뜻하는 어근 grad-와 "to take or make"를 의미하는 접미사 -ate로 되어 있다.

   예 The school *graduated* him at the top of his class. 학교가 그를 최우등생으로 졸업시켰다.
   He *graduated* from college in Jnne. 그는 6월에 대학을 졸업했다.
   She is a *graudate* of the University of Michigan. 그녀는 Michigan 대학의 졸업생이다.

보충어휘

1. **aggressive** [əgrésiv] ag GRESS ive *adj.* 침략적인, 호전적인
   tending to attack; to encroach

   예 Some people get *aggressive* after drinking alcohol.
   어떤 사람들은 술을 마시고 나면 호전적이 된다.

2. **congress** [kɔ́ŋgres] con GRESS *n.* 회의, 의회
   a getting together; a body of lawmakers
3. **digress** [daigrés] di GRESS *v.* 본제를 벗어나다
   step aside, wander off the subject

예 The speaker began to *digress* from the main subject.
그 강연자는 주제에서 벗어나가 시작했다.

4. **egress** [íːgres] e GRESS *n.* 밖으로 나감, 출구
the way out; exit
5. **ingredient** [ingríːdiənt] in GRED ient *n.* 성분, 요소, 원료
one of the elements which enter into a mixture; as, the ingredients of a cake
6. **gressorial** [gresɔ́ːriəl] GRESS orial *adj.* 보행에 적합한
adapted for walking
7. **gradate** [gréideit] GRAD ate *v.* 색이 바래다, 차츰 다른 색으로 변하다
to blend into another color
8. **gradation** [greidéiʃən] GRAD ation *n.* 색이 바램, 서서히 이행
act or process of grading; gradual advance
9. **gradient** [gréidiənt] GRAD ient *n.* 기울기, 경사도
a gentle slope
10. **degrade** [digréid] de GRAD e *v.* ...의 지위를 낮추다, 떨어뜨리다, 파면시키다
put a step lower; debase
예 Don't *degrade* yourself by cheating and telling lies.
부정행위를 하고 거짓말을 함으로써 자신의 품위를 떨어뜨리지 말아라.
11. **graduation** [grædʒuéiʃən] GRAD uation *n.* 학위 획득, 졸업
promotion to a degree
12. **gradienter** [gréidiəntər] GRAD ienter *n.* 미각계(기울기 측정용)
an instrument for leveling
13. **degree** [digríː] de GREE *n.* 정도, 등급, 촌수, 계급, 신분, 학위
a step in advancement ; a graduation
14. **graduated** [grædʒuèitid] GRAD uated *adj.*……의 학위를 받은, 등급을 매긴, 눈금을 그은
marked for contents at various levels ; as, a graduated glass
15. **plantigrade** [plǽntəgrèid] planti GRAD e *adj.* 발바닥으로 걷는
walking on the sole with the heel touching the ground; as, man is a plantigrade animal

● **연습문제**

Ⅰ. egress와 ingredient를 분석하시오.

Ⅱ. 다음 ________부분을 채우시오.

(1) To proceed________ly is better than a spectacular spurt of effort.
점차적으로 앞으로 나아가는 것이 굉장한 한바탕의 노력의 분발보다 낫다.

(2) All students look forward to ________.
모든 학생들은 졸업하는 것을 고대한다.

No. 47 GRAT

pleasing(즐겁게 하는)

해설 어근 GRAT는 라틴어 gratus, gratulari 그리고 p.p.형인 gratulatus에서 나왔으며, PLEASING을 의미한다.

기본 어휘

1. **congratulate** [kəngrǽtʃəlèit] *vt.* 축하하다, …에 축사하다(=to express one's pleasure at the success, joy, of someone else)
"together"를 뜻하는 접두사 con-과 "pleasing"을 뜻하는 어근 grat-를 근거로 한, "to rejoice"를 의미하는 라틴어로 되어 있다.
예 We *congratulated* John when he won the prize.
John이 상을 탔을 때 우리는 그를 축하했다.

2. **grateful** [gréitfəl] *adj.* 고마워하는, 감사하는(=characterized by being well pleased; thankful or appreciative)
"pleasing"을 뜻하는 grat-와 "tending to; characterized by"를 뜻하는 접미사 -ful에서 왔다.
예 She was *grateful* for our help.
그녀는 우리의 도움을 고마워했다.

3. **gratify** [grǽtifài] *vt.* 기쁘게 하다, 만족시키다(=to make pleased; to give pleasure or satisfaction to; to satisfy or indulge)
"pleasing"을 의미하는 grat-와 "to make"를 뜻하는 라틴어 접미사 -ify로 이루어졌다.
예 She was *gratified* by the response to her suggestion.
그녀는 자기의 제안에 대한 반응에 만족했다.

4. **gratitude** [grǽtətjù:d] *n.* 감사, 사의(=the state of being pleased or thankful ; thankfulness; appreciation)
"pleasing"을 뜻하는 grat-와 "the quality or state of"를 뜻하는 -itude로 이루어졌다.
예 We were full of *gratitude* for the help she gave us.
그녀가 우리를 도와준 것에 대해 우리는 감사하는 마음이 가득했다.

5. **gratuity** [grətjú:əti] *n.* 사례금, 팁, 하사금, 보너스(=something given for having pleased another; a gift of momey given in return for some service)
예 Do you think the doorman expects a *gratuity* at Christmas time?
문지기 아저씨가 성탄절 때에 사례금을 기대하고 있다고 생각하니?

보충 어휘

1. **gratis** [gréitis] GRAT is *adv.* 무료로, 공짜로, 뒤에서
   as a favor; without payment; as, you may have it gratis
   예 Kevin did the work *gratis*. Kevin은 공짜로 그 일을 했다.
2. **gratification** [grætəfikéiʃən] GRAT ification *n.* 만족시킴, 기쁘게 함
   state of being pleased
   예 Teachers find *gratification* in the success of their students.
   선생님들은 자기 학생들의 성공을 보며 만족을 느낀다.
3. **gratuitous** [grətjúːitəs] GRAT uitous *adj.* 무료의, 독지의, 까닭없는
   not called for; as, a gratuitous insult
4. **gratulatory** [grǽtʃələtɔ̀ːri] GRAT ulatory *adj.* 축하의 having the quality of pleasing
5. **gratia** [grǽtiɑ] GRAT ia *n.* 우아함을 상징하는 여자 이름
   feminine name meaning grace, favor
6. **gratulant** [grǽtʃələnt] GRATulant *adj.* 만족한, 기쁜 showing satisfaction, gratification
7. **ingrate** [íngreit] in GRAT e *n.* 배은망덕한 사람 one who is ungrateful
   예 Jim is an *ingrate* who takes his parents money without thanking them.
   Jim은 고맙다 말 한마디 없이 부모의 돈을 받아쓰는 배은망덕한 사람이다.
8. **ingratitude** [ingrǽtətjùːd] in GRAT itude *n.* 배은망덕, 은혜를 모름
   thanklessness; failure to appreciate
9. **ingratiate** [ingréiʃièit] in GRAT iate *v.* 마음에 들도록 하다, 환심을 사다
   worm oneself into favor; be a sycophant
   예 He *ingratiates* himself with important people by inviting them to his parties.
   그는 주요 인사들을 자기의 파티에 초대함으로써 그들의 환심을 사려한다.
10. **gratulate** [grǽtʃəlèit] GRAT ulate *v.* 축하하다 congratulate; express joy
11. **congratulation** [kəngrǽtʃəlèiʃən] con GRAT ulation *n.* 축하, 경하
   act of congratulating a person

● **연습문제**

Ⅰ. gratulatory를 분석하시오.

Ⅱ. 다음 ________ 부분을 채우시오.

(1) He was ____ (ied) to receive the prize.
그는 상을 받은 것에 대해 <u>기뻐했다.</u>

(2) Man is showered with ________ blessings.
인간에게는 하늘이 <u>무료로 준</u> 은혜가 풍성하게 베풀어진다.

(3) He resented the __________ insult.
그는 그 <u>까닭 없는</u> 모욕을 원망했다.

No. 48
GRAV, GRAVI GRAVITO

heavy, weighty(무거운, 중력의)

해설 어근 GRAV, GRAVI, GRAVITO는 HEAVY와 WEIGHTY를 뜻하며, 라틴어 gravis로부터 온 말이다. 그리고 grav는 "of importance; solemn; dignified; somber"를 의미한다는 것도 기억할 필요가 있다.

기본어휘

1. **aggravate** [ǽgrəvèit] *vt.* 악화시키다, 괴롭히다(=to make heavy; to make worse, more unpleasant, or more burdensome)
"to"를 의미하는 라틴 접두사 ag-(=ad)와 라틴 접미사 -ate(동사어미)와 "heavy"를 의미하는 grav-로 되어 있다.

   예 His cold was *aggravated* by the rainy weather.
   그의 감기는 비 오는 날씨 때문에 더욱 악화되었다.
   He is *aggravating* his cold by going out in the rain.
   그는 비 오는 날씨에 밖으로 나가면서 감기를 악화시키고 있다.

2. **gravity** [grǽvəti] *n.* 중력, 인력, 무게, 진지함, 중대성(=the force that causes material objects to fall toward the center of the earth; seriousness)
"heavy"를 뜻하는 grav-와 "the state or quality of"를 뜻하는 라틴 접미사 -ity로 이루어진 단어이다.

   예 Who discovered the force of *gravity*? 누가 중력을 발견했는가?
   Are you aware of the *gravity* of the current political situation?
   현재 정치 상황의 중대성을 알고 있는가?

3. **gravitation** [grǽvətéiʃən] *n.* 인력, 중력, 침강, 경향(=tendency to be drawn to something on a lower level)
"weight; heaviness"를 의미하는 라틴 어근 gravita-와 "state of"를 뜻하는 접미사 -tion으로 이루어진 단어이다.

   예 Young man's *gravitation* toward a leader is very strong today.
   젊은이들이 지도자에게 끌리는 경향이 요즘 매우 강하다.

보충어휘

1. **grave** [greiv] GRAV e *adj.* 위험을 안은, 심상치 않은, 심각한, 엄숙한 serious; weighty

   예 The patient is very ill and in *grave* condition.
   그 환자는 중병을 앓고 있고 위독상태에 있다.

2. **gravidate** [gréivideit] GRAV idate *v.* 임신시키다, 충만하게 하다
   to make heavy; impregnate
3. **gravimeter** [grəvímitər] GRAV imeter *n.* 중력계
   an instrument to measure the weight of liquids
4. **gravely** [grǽvəli] GRAV ely *adv.* 중대하게, 진지하게, 근엄하게
   seriously; heavily
5. **gravid** [grǽvid] GRAV id *adj.* 임신한
   heavy with child; pregnant
6. **gravitate** [grǽvətèit] GRAV itate *v.* 인력에 끌리다. 침강하다
   to obey the law of gravitational attraction

   예 Objects *gravitate* naturally downward toward the ground.
   물체들은 자발적으로 인력에 끌려서 땅으로 떨어진다.
7. **gravitational** [grævitéiʃənəl] GRAV itational *adj.* 인력의, 중력의
   relating to the tendency of bodies to fall to the earth
8. **gravic** [grǽvik] GRAV ic *adj.* 인력의, 중력의
   relating to gravition

● 연습문제

Ⅰ. gravidate를 분석하시오.

Idle folks have the most labor.
게으른 놈이 짐 많이 진다.

No. 49

GREG

herd, flock, mob, group, troop, crowd
(무리, 그룹, 대중, 부대)

해설 어근 GREG는 HERD, FLOCK, MOB을 의미하는 라틴어 grex, gregis에서 온 것이다. 이것은 희랍어 agora(assembly의 뜻)와 어원적으로 같다.

기본 어휘

1. **aggregate** [ǽgrigèit] *v.* 모으다, 모이다(=gather together in one mass; to collect; to unite) "to"의 뜻을 갖는 ag(=ad)와 "herd"의 뜻인 어근 greg가 "cause, make"라는 뜻의 접미사 -ate와 붙어서 된 단어이다.

   예 The students *aggregate* every Friday at the discotheque.
   학생들은 매주 금요일 디스코텍에서 모인다.

2. **segregate** [ségrigèit] *v.* 분리하다, 인종차별하다(=to separate from the crowd, set apart, isolate)에서 ag- 대신에 "apart"(분리)의 뜻을 갖는 se-가 쓰인 점만 다르다.

   예 Don't *segregate* the blacks from the whites.
   흑인들을 백인들과 분리해서 차별대우하지 말아라.
   The school *segregates* intelligent children into special classes.
   학교는 영리한 아이들을 특수 학급으로 분리한다.

3. **congregation** [kɔ̀ŋgrigéiʃən] *n.* 집회, 회중, 집합(=a group functioning together) "together"(함께)의 뜻을 갖는 con-에 "to collect"의 gret-와 명사화 어미 -tion이 합해졌다.

   예 The minister spoke to the *congregation*. 목사님은 집회에서 설교를 했다.

보충 어휘

1. **gregarian** [grigéːriən] GREG arian *adj.* 군거의
   belonging to a herd
2. **gregarious** [grigέəriəs] GREG arious *adj.* 떼 지어 사는, 군생하는, 사교적인
   living with and moving with the herd

   예 He is a very *gregarious* person who enjoys company.
   그는 사람들과 교제하는 것을 좋아하는 매우 사교적인 사람이다.

3. **aggregation** [æ̀grigéiʃən] ag GREG ation *n.* 집단, 집합체
   a collection; a union into a mass
4. **aggregative** [ǽgrigèitiv] ag GREG ative *adj.* 집합하는, 집단의
   tending to form a crowd; collective

5. **congregational** [kɔ̀ŋgrigéiʃənəl] con GREG ational *adj.* 회중의
relating to a congregation
6. **egregious** [igríːdʒəs] e GREG ious *adj.* 지독한, 터무니없는
standing out from the group in an unfavorable sense; as, egregious boor
   예 Matthew made an *egregious* mistake and had to pay for it.
   Matthew는 터무니없는 큰 실수를 저질러서 그것에 대한 대가를 치러야만 했다.
7. **segregation** [sègrigéiʃən] se GREG ation *n.* 분리, 격리, 인종차별
the act of separating ; setting apart
8. **segregative** [ségrigèitiv] se GREG ative *adj.* 격리하는, 인종차별대우의
tending to separate, to set apart
9. **segregational** [segrigéiʃənəl] se GREG ational *adj.* 분리의, 격리의
relating to segregation
10. **segregationist** [ségrigéiʃənist] se GREG ationist *n.* 격리론자, 인종 차별주의자
one who believes in segregation
11. **desegregate** [diːségrigèit] dese GREG ate *v.* 흑인차별대우를 폐지하다.
to do away with segregation

● 연습문제

Ⅰ. egregious와 desegregate를 분석하시오.

Ⅱ. 다음의 ________ 부분을 채우시오.

(1) Some people__________ themselves and others have ________ thrust upon them.
어떤 사람들은 자기가 스스로 자신을 다른 사람들과 격리시키고 또 다른 사람들은 남이 강제로 그들을 격리시킨다.

(2) People always __________ to watch a fire or a fight.
사람들은 언제나 화재나 싸움을 구경하려고 모여든다.

Children learn to creep ere they can go.
걷기도 전에 뛰려고 한다.

No. 50

HAB, HABIT

have, live(소유하다, 살다, 거주하다)

해설 어근 HAB와 HABIT는 HAVE를 의미한다. HAB는 to HAVE를 뜻하는 라틴어 havere에서, 그리고 HABIT는 to LIVE를 뜻하는 habitare에서 파생됐다.

기본 어휘

1. **habitable** [hǽbətəbəl] *adj.* 거주할 수 있는(=capable of being lived in; suitable for habitation)
   "to live"를 의미하는 라틴 어근 habit-과 "able, can do"를 의미하는 라틴 접미사 -able이 합쳐서 이루어진 단어이다.

   예 Their old cabin in the woods is *habitable* but not very comfortable.
   그들의 숲 속에 있는 낡은 오두막집은 거주가 가능하지만 별로 편안하지는 않다.

2. **inhabit** [inhǽbit] *v.* 거주하다, ~에 존재하다(=to live in; to estabish as resident)
   "in"을 의미하는 접두어 in-과 "to, live, to dwell"을 의미하는 라틴어로 habit-가 결합한 단어이다.

   예 Only wild animals *inhabit* that island.
   오직 야생 짐승들만이 저 섬에 살고 있다.

3. **inhibit** [inhǽbit] *v.* 금하다. 억제하다(=to hold in check, restrain; forbid)
   "in"을 뜻하는 접두어 in-과 "to have"를 뜻하는 라틴 어근 had-의 결합이다.

   예 Her shyness *inhibits* her social life.
   그녀의 수줍어하는 성격은 그녀의 사회생활을 억제한다.

4. **prohibit** [prouhíbit] *v.* 금지하다. 방해하다.(=to forbid by authority; to prevent from doing something)
   "before"를 의미하는 접두어 pro-와 "to have"를 뜻하는 라틴 어근 hab-이 결합된 단어이다.

   예 That sign means that smoking is *prohibited*. 저 간판은 금연하라는 의미이다.

보충 어휘

1. **habit** [hǽbit] HABIT *n.* 버릇, 습관, 기질
   a behavior pattern; usage; custom
2. **habiliments** [həbíləmənts] HAB iliments *n.* 옷, (특별한 관직에서) 복장
   dress furnishings; clothing

3. **habilitate** [həbílətèit] HAB ilitate *v.* 준비시키다, 옷을 입히다.
   to clothe; to prepare
4. **habilimentation** [həbìləməntèiʃən] HAB ilimentation *n.* 의류산업
   the clothing industries and arts
5. **habitat** [hǽbitæt] HAB itat *n.* (동식물)산지, 서식지, 주소
   the natural abode of plant or animal
6. **habitation** [hæ̀bitéiʃən] HAB itation *n.* 거주, 주소, 주택
   dwelling place; home; residence
7. **habitual** [həbítʃuəl] HABIT ual *adj.* 습관적인, 상례의, 평소의
   customary; relating to habit; as, habitual industry
   예 Don't believe everything Tom says. He is a *habitual* liar.
   Tom이 하는 말 전부를 믿지 않는 것이 좋다. 그는 상습적인 거짓말쟁이이다.
8. **habituate** [həbítʃuèit] HABIT uate *v.* 습관들이다, 익히다
   to make accustomed to
9. **habitude** [hǽbitjúːd] HAB itude *n.* 습관, 성향
   nature; character; habitual attitude
10. **habitue** [həbítjuei] HAB itue *n.* 단골손님
   a person who goes regularly to a particular place
11. **inhabitant** [inhǽbətənt] in HAB itant *n.* 주민, 거주자
   one who lives permanently in a place
12. **rehabilitate** [rìːhəbílətèit] re HAB ilitate *v.* 회복하다, 부흥하다
   to make able again; restrengthen
13. **rehabilitation** [riːhəbilətéiʃən] re HAB ilitation *n.* 복직, 명예회복
   act of rehabilitating
14. **exhibit** [igzíbit] ex HIBIT *v.* 나타내다, 전시하다
   to present or view; to show or display outwardly esp. by visible signs or actions

● 연습문제

Ⅰ. rehabilitate를 분석하시오.

Ⅱ. 다음의 __________ 부분을 채우시오.

(1) She fell into the __________ of twirling her thumbs.
그녀는 엄지손가락을 계속하여 빙빙 돌리는 버릇에 빠졌다.

(2) Deforestation is endangering the __________ of many animals.
산림 벌채는 많은 동물들의 서식지를 위태롭게 하고 있다.

No. 51 HEMI, DEMI, SEMI

half(반半)

해설 HEMI, DEMI, SEMI는 HALF를 의미한다. HEMI는 희랍에서, SEMI는 라틴어에서 온 것이며, DEMI는 불어 자체에서 형성되어 영어에 차용된 것이다.

기본 어휘

1. **hemiplegia** [hèmiplìːdʒiə] HEMI plegia *n.* 반신불수 paralysis on one side only
2. **hemisphere** [hémisfiər] HEMI sphere *n.* (지구의)반구체 half of the globe

   예 The earth is divided by the equator into the Northern and Southern *hemispheres.*
   지구는 적도에 의해 북반구와 남반구로 각각 나누어진다.
3. **hemistich** [hémistik] HEMI stich *n.* 시의 반구, 반행
   half a poetic line of verse usu. divided by a caesura
4. **demigod** [démigàd] DEMI god *n.* 반신, 반인, 小神
   a mythological being with more power than a mortal but less than a god
5. **semideify** [semidéifai] SEMI deify *v.* 반 신격화하다. to regard as somewhat godlike
6. **demimonde** [démimɔnd] DEMI monde *n.* 품행 좋지 못한 여자들, 화류계여자
   a woman of doubtful reputation
7. **semiautomatic** [sèmiɔːtəmǽtik] SEMI automatic *adj.* 반자동식의 not completely automatic
8. **semicircle** [sémisə̀ːrkl] SEMI circle *n.* 반원, 반원형 a half circle

   예 The children sat in a *semicircle* around their teacher.
   아이들은 선생님을 반원으로 둘러싸고 앉았다.
9. **semicivilized** [sèmisívəlàizd] SEMI civilized *adj.* 반미개의, 반문명한 only partly civilized
10. **semidiurnal** [sèmidaiə́ːrnəl] SEMI diurnal *adj.* 하루에 두 번 있는
    relating to or accomplished in half a day, as semidiurnal tides
11. **semimonthly** [sèmimʌ́nθli] SEMI monthly *adj.* 반달마다, 월 2회의 twice in a month

● 연습문제

Ⅰ. semicircle을 분석하시오.

Ⅱ. 다음의 __________ 부분을 채우시오.

In some of the new nations __________ tribes retard advancement.

새로운 국가 몇몇에서는 반미개의 부족들이 진보를 지체시킨다.

No. 52

HEMA, HEMO

blood(피, 혈액)

해설 어근 HEMA, HEMO는 BLOOD를 뜻한다. 이것은 희랍어 haima에서 파생한 것이다.

기본 어휘

1. **hemachrome** [hí:məkroum] HEMA chrome *n.* 혈색소 the coloring matter of the blood
2. **hematic** [himǽtik] HEMA tic *adj.* 혈액의 containing blood; affecting blood
3. **hematid** [himǽtid] HEMA tid *n.* 적혈구 a red blood corpuscle
4. **hemal** [hí:məl] HEMA l *adj.* 혈액의, 혈관의 pertaining to the blood or blood vessels
5. **hemoglobin** [hi:məglóubin] HEMO globin *n.* 헤모글로빈, 혈색소 an element in the red corpuscles
6. **hemoid** [hí:məid] HEMO id *adj.* 피와 같은 like blood
7. **hemorrhage** [hémərid͡ʒ] HEMO rrhage *n.* 출혈 intense bleeding; discharge of blood from blood vessels

   예 Because of the car accident, he had a *hemorrhage.* 자동차 사고 때문에 그에게 출혈이 일어났다.
8. **hemorrhagic** [hémərǽd͡ʒik] HEMO rrhagic *adj.* 출혈의 bleeding intensely
9. **hemorrhoids** [hémərɔ̀idz] HEMO rrhoids *n.* 치질, 치학 dilated veins liable to discharge blood
10. **hemophilia** [hì:məfíliə] HEMO philia *n.* 혈우병 bleeding which cannot be controlled

    예 People who have *hemophilia* can bleed to death.
    혈우병을 가진 사람들은 과다출혈로 죽을 수도 있다.
11. **hemostat** [hí:məstæ̀t] HEMO stat *n.* 출혈금지기구 an instrument which stops hemorrhage
12. **hemotoxic** [hí:mətɔ̀ksik] HEMO toxic *adj.* 혈액중독의 causing blood-poisoning

● 연습문제

Ⅰ. hemoid와 hemotoxic을 분석하시오.

Ⅱ. 다음의 ______ 부분을 채우시오.

(1) An internal __________ is dangerous to life.
내출혈은 생명을 위협한다.

(2) Her __________ makes sitting uncomfortable.
그녀는 치질에 걸려서 앉을 때 불편해 한다.

No. 53

HUM, HUMAN

earth, ground, man(땅, 지대, 인간)

해설 어근 HUM은 EARTH, GROUND를 의미하는 라틴어 humus에서 파생되었으며 HUMAN은 MAN을 뜻하며 humus와 먼 관계를 지닌 homo(homin-)에서 파생되었다. 흙과 비천함과 인간의 연결이 다소 철학적이다.

기본어휘

1. **exhume** [igzjúːm] ex HUM e *v.* 발굴하다, 파내다, 드러내다
   take out of the ground; unearth; disinter

   예 When the police *exhumed* the corpse they discovered traces of poison in it.
   경찰이 시체를 파냈을 때, 그들은 거기에서 독물의 흔적을 발견해냈다.

2. **exhumate** [igzjùːméit] ex HUM ate *v.* 빛을 보게 하다, 파내다
   to exhume; disinter

3. **exhumation** [ékshjuːémiʃən] ex HUM ation *n.* 발굴
   the act of taking out of the ground; disinterment

4. **humble** [hʌ́mbəl] HUM ble *adj.* 겸손한, 천한, 비천한
   lowly; unpretentious; as, an humble person

5. **humility** [hjuːmíləti] HUM ility *n.* 겸손, 겸손한 행위
   the quality of lowliness; meekness

6. **humiliate** [hjuːmílièit] HUM iliate *v.* …에게 창피를 주다, 굴욕을 주다
   to humble; to shame; to abase

   예 She had *humiliated* him in front of his friends.
   그녀는 그를 자기 친구들 앞에서 창피를 주었다.

7. **humiliation** [hjuːmiliéiʃən] HUM iliation *n.* 창피줌, 굴욕
   feeling of shame; degradation

8. **human** [hjúːmən] HUMAN *adj.* 인간의, 인간다운
   belonging or relating to man

9. **humanify** [hjuːmǽnifai] HUMAN ify *v.* 인간답게 하다, 인간화하다
   make into a man

10. **humane** [hjuːméin] HUMAN e *adj.* 사람다운, 인도적인, 자비로운
    marked by sympathy, compassion for other human beings and animals

11. **humanize** [hjúːmənàiz] HUMAN ize *v.* 인간화하다.
make human; render humane

12. **inhuman** [inhjúːmən] in HUMAN *adj.* 인정 없는, 냉혹한, 비인간적인
lacking the qualities of a humane being

예 It was *inhuman* to refuse him permission to see his wife for the last time.
그가 자기 아내를 마지막으로 볼 수 있도록 허락해주지 않은 것은 인정 없는 것이었다.

13. **humanity** [hjuːmǽnəti] HUMAN ity *n.* 인간성, 인간의 속성
the quality of being human

14. **humanities** [hjuːmǽnətiːz] HUMAN ities *n.* 인문학(the를 붙임)
Studies and interests of a cultural type which enrich the spirit of mankind

● 연습문제

Ⅰ. exhumate와 humanify를 분석하시오.

Ⅱ. 다음 ______ 부분을 채우시오.

(1) History, languages, literature, and philosophy are called the ________.
역사, 언어, 문학과 철학은 인문학이라 불린다.

(2) There is nothing sadder on earth than man's in __________ to man.
인간의 인간에 대한 잔혹함만큼 세상에서 비극적인 것은 없다.

Every cloud has a silver lining.
괴로움이 있으면 즐거움도 있다.

No. 54

HYDRO, HYDRA, HYDR

water(물, 수분)

해설 어근 HYDRO, HYDRA, HYDR은 WATER를 의미한다. 이것은 희랍어 hydor에서 파생된 것이다.

기본 어휘

1. **hydrant** [háidrənt] HYDR ant *n.* 소화전, 수도전, 급수전
   a pipe with spout from which water may be drawn
   예 Firefighters put hoses on water *hydrants* to get water to fight fires.
   소방수들은 불을 끄는 데에 쓰는 물을 획득하기 위해 소화전에 호스를 연결시킨다.
2. **hydrate** [háidreit] HYDR ate *n.* 수화물, 함수화합물
   a compound of water plus one element
3. **hydraulic** [haidrɔ́:lik] HYDR aulic *adj.* 수력학적인, 수력의, 수압의
   acting by water power
4. **hydraulics** [haidrɔ́:liks] HYDR aulics *n.* 수력학
   use of water in driving machinery
5. **hydrophobia** [háidroufóubiə] HYDRO phobia *n.* 공수병, 광견병
   morbid fear of water
6. **hydrophone** [háidrəfòun] HYDRO phone *n.* 수중청음기, 누수검출기, 통수식
   instrument that detects sound of water flowing in pipes
7. **hydroplane** [háidrouplèin] HYDRO plane *n.* 수상 비행기, 수상 활주정, 수평타
   a seaplane; a boat that can rise or light on water
8. **hydroscope** [háidrəskòup] HYDRO scope *n.* 수중투시경, 물시계
   a device for enabling one to see throughout great depths to the sea bed
9. **hydrosphere** [háidrəsfiər] HYDRO sphere *n.* 수계, 수분
   the water vapor in the atmosphere
10. **hydrostatics** [hàidrəstǽtiks] HYDRO statics *n.* 유체정력학, 정수학
    the principles of statics applied to water and other liquids
11. **hydrotherapy** [hàidrəθérəpi] HYDRO therapy *n.* 수치료법
    treatment of disease by the scientific use of water

12. **dehydrate** [di:hάidreit] de HYDR ate *v.* 탈수하다, 건조하다

to remove water; as, dehydrate foods

예 Too much heat *dehydrates* the body.
지나치게 더우면 몸에 탈수현상이 일어난다.

● 연습문제

Ⅰ. hydrophobia와 dehydrate를 분석하시오.

Ⅱ. 다음의 _______ 부분을 채우시오.

(1) A _____________ press acts by water power.
수압 프레스는 수력으로 작동한다.

(2) The dried fruits are __________(d) and therefore not so healthful as the fresh ones.
건조된 과일들은 탈수되었기 때문에 신선한 과일들만큼 건강에 좋진 않다.

Misfortunes never come single.
엎친 데 덮친다.

No. 55 INTELLECT, INTELLIG

power to know and think and understand
(지력, 지성, 이해)

해설 어근 INTELLECT, INTELLIG는 POWER TO KNOW AND THINK의 뜻을 지닌다. 이 핵심어는 원래는 inter(=between)와 legere(=gather, collect, choose)가 결합된 것으로 여럿 중에서 올바른 것을 선택하는 능력을 의미했다.

기본어휘

1. **intellect** [íntəlèkt] *n.* 지력, 지성, 지식인(=the human faculty to know and understand)
"power to know and understand"를 의미하는 Latin 어근 intellect-에서 파생되었다.

예 His speech appealed to the *intellect* rather than the emotion.
그의 연설은 감정보다는 지성에 호소하였다.

2. **intelligent** [intélədʒənt] *adj.* 이해력 있는, 지성적인, 영리한(=having the power to think and know)
"power to know and think"의 뜻을 가진 Latin 어근 intellig-에서 파생된 단어이다.

예 Being an *intelligent* child, she understood everything the teacher said.
영리한 아이인 그녀는, 선생님이 한 말을 모두 이해했다.

3. **intelligible** [intélədʒəbəl] *adj.* 이해할 수 있는, 알기 쉬운(=can be easily understood)
"power to know and think"의 뜻을 가진 Latin 어근 intellig-와 "able, can do"를 의미하는 Latin 접미사 -ible의 결합이다.

예 The book is *intelligible* to anyone who knows English.
그 책은 영어를 할 줄 아는 사람이면 누구라도 다 이해할 수 있다.

4. **intellectual** [ìntəléktʃuəl] INTELLECT ual *adj.* 지적인, 지능적인(= to the power to know and understand: as, intellectual faculties)

예 If you read more books, you will have more *intellectual* powers.
독서를 더 많이 하면 할수록 그만큼 더 지적 능력이 향상될 것이다.

5. **intellectual** [ìntəléktʃuəl] INTELLECT ual *n.* 지식인, 식자(=one who is guided by the power to know; as, he is an intellectual)

예 Just because you are a college student, that doesn't mean you are an *intellectual.*
네가 대학생이라고 해서 지식인이라고 할 수는 없는 것이다.

보충 어휘

1. **intellectualize** [intəléktʃuəlàiz] INTELLECT ualize *v.* 지성을 주다
   to make into rational thoughts
2. **intellectualism** [intəléktʃuəlizəm] INTELLECT ualism *n.* 지성주의
   devotion to the exercise of intellect or to intellectual pursuits
3. **intelligence** [intélədʒəns] INTELLIG ence *n.* 이해력, 지능, 사고력
   the capacity to understand
4. **intelligence quotient** *n.* 지능지수, (I.Q.)
   a number used to express the apparent relative intelligence of a person
5. **intelligibility** [intèlədʒəbíləti] INTELLIG ibility *n.* 이해할 수 있음, 명료함
   quality of being understandable; clearness
6. **intelligentsia** [intèlədʒéntsiə] INTELLIG entsia *n.* 지식계급
   the artistic, intellectual class of people
7. **unintelligible** [ʌnintélidʒəbəl] un INTELLIG ible *adj.* 이해할 수 없는, 알기 어려운
   not clear; not understood

● 연습문제

Ⅰ. intellectual과 intelligence를 분석하시오.

Make haste slowly.
(The) more haste, (the) less speed.
When in a hurry, take the long way around.
급할수록 돌아가라.

No. 56

JAC, JEC, JECT

throw, lie(던지다, 놓다)

해설 어근 JAC, JEC, JECT는 라틴어 jacere, jactus에서 파생된 것으로 THROW, LIE를 뜻한다. 이 핵심어는 홀로 서지 못하며 접두어와 접미사에 의해서 뜻을 나타낸다.

기본어휘

1. **adjacent** [ədʒéisənt] *adj.* 이웃의 인접한, 부근의(=thrown down or lying, next to or near something else; situated or located next to or near one another; adjoining)
"near"를 뜻하는 라틴어 접두사 ad-와 "to be thrown down"을 뜻하는 jac-와 영어의 -ing와 같은 접미사 -ent로 구성됐다.

   예 We took *adjacent* rooms at the hotel.
   우리는 호텔에서 이웃해 있는 방들을 차지했다.

2. **inject** [indʒékt] *v.* 주사하다, 주입하다, 끼워 넣다(=to force into, as when shooting a fluid, drug, etc.,' into the body with a syringe or hypodermic needle; to introduce into, as when throwing in a comment or bringing in a new element)
"into"를 뜻하는 라틴어 접두사 in-과 "to throw"를 뜻하는 ject-로 이루어졌다.

   예 Simon *injected* a touch of humor into the conversation.
   Simon은 대화 속으로 유머의 기미를 끼워 넣었다.

3. **project** *n.* [prὰdʒekt] *v.* [prəjékt] *v.* 계획, 사업, 연구과제(=something that is proposed; a plan) *v.* 계획하다, 발사하다(=to put forth one's words, ideas, etc; to make oneself heard or understood)
"forward, before"를 의미하는 라틴어 접두사 pro-와 "to throw"를 뜻하는 ject-로 형성됐다.

   예 The speaker *projected* his voice all the way to the back row.
   그 강연자는 맨 마지막 끝까지 들리도록 목소리를 내던졌다.
   The business *project* was approved. 그 사업 계획은 승인되었다.

보충어휘

1. **dejected** [didʒéktid] de JECT ed *adj.* 낙담한, 풀이 죽은
low in spirits; cast down

   예 Repeated failure had left Tom feeling very *dejected*.
   계속 반복되는 실패의 경험이 Tom을 매우 낙담한 상태에 빠뜨렸다.

2. **dejection** [didʒékʃən] de JECT ion *n.* 낙담, 실의, 우울
   a condition of despair; depression
3. **adject** [ədʒékt] ad JECT *v.* 첨가하다, 부과하다, 수식하다.
   to add to; to annex
4. **adjective** [ǽdʒiktiv] ad JECT ive *n.* 형용사
   not standing alone; a word which modifies a noun
5. **adjectival** [ǽdʒiktàivəl] ad JECT ival *adj.* 형용사가 많은
   using many adjectives; as, an adjectival style
6. **conject** [kəndʒékt] con JECT *v.* 계획하다, 개요하다 to plan; to surmise
7. **conjecture** [kəndʒéktʃər] con JECT ure *v.* 추측하다. *n.* 억측
   to form an opinion; to surmise
8. **ejaculate** [idʒǽkjuleit] e JAC ulate *v.* 갑자기 소리지르다 to throw out; cry out
9. **eject** [idʒékt] e JECT *v.* 쫓아내다, 추방하다
   to throw out; as, eject him from the hall

   예 The noisy youths were *ejected* from the cinema
   그 시끄러운 젊은이들은 영화관에서 내쫓겼다.

10. **ejection** [idʒéktʃən] e JECT ion *n.* 방출, 분출, 배출
    the throwing out; expulsion
11. **injection** [indʒékʃən] in JECT ion *n.* 주입, 주사
    the throwing in of liquid by a syringe
12. **interjection** [intərdʒékʃən] inter JECT ion *n.* 불시의 발생, 감탄사
    a word thrown between others; as, He went, alas!. to die
13. **introjection** [ìntrədʒékʃən] intro JECT ion *n.* 비난받을 행동
    the act of throwing oneself into a cause
14. **objection** [əbdʒékʃən] ob JECT ion *n.* 반대, 불복, 혐오
    disapproval; refusal to accept
15. **projection** [prədʒékʃən] pro JECT ion *n.* 투사, 방사, 돌출
    a throwing forward; as, a projection of the voice
16. **rejection** [ridʒékʃən] re JECT ion *n.* 배제, 거절, 각하, 부결
    refusal denial; as, a rejection of his proposal
17. **abject** [ǽbdʒekt] ab JECT *adj.* 곤궁한, 비참한 degraded; debased

    예 The family was forced to live in *abject* porerty.
    그 가족은 비참한 가난 속에서 살도록 강요당했다.

18. **abjection** [æbdʒékʃən] ab JECT ion *n.* 비열, 비천, 무기력
    abasement; degradation

● 연습문제

Ⅰ. rejection을 분석하시오.

No. 57 JUD, JUDI, JUDIC

judge, lawyer(판단하다, 법률가)

해설 어근 JUD, JUDI, JUDIC는 JUDGE, LAWYER를 뜻한다. 이는 라틴어 judicare에서 나온 말인데 이는 다시 jus ('law')+dicare('say')로 형성된 말이다.

기본어휘

1. **judicial** [ʤuːdíʃəl] *adj.* 사법의, 재판의, 판단력 있는(=relating to administration of justice)

   "judge, lawyer"를 뜻하는 라틴 어근 judic-와 "relating to"의 의미를 지닌 라틴 접미사 -al이 결합한 단어이다.

   예 The *judicial* system settles arguments between people.
   사법조직은 사람들 사이의 논쟁들을 중재한다.

2. **prejudice** [préʤədis] *n.* 편견(=bias; discrimination)

   "before"를 의미하는 접두어 pre-와 "judge, lawyer"를 뜻하는 라틴 어근 judic-가 합쳐진 단어이다.

   예 Recial *prejudice* is one of society's great problems.
   인종 편견은 사회의 가장 큰 문제 중 하나이다.

보충어휘

1. **judge** [ʤʌʤ] JUD ge *n.* 재판관, 판사, 심판
   a public officer who has the authority to give judgmen
2. **judgment** [ʤʌ́ʤmənt] JUD gment *n.* 재판, 심판, 판결
   an opinion or decision
3. **judicatory** [ʤúːdikətɔ̀ːri] JUDIC atory *adj.* 재판의
   exercising judicial functions; as, a judicatory tribunal
4. **judicature** [ʤúːdikèitʃər] JUDIC ature *n.* 사법권, 재판권, 법관의 권위
   the act of judging; as, the honor of a judge is his judicature
5. **judicious** [ʤuːdíʃəs] JUDI cious *adj.* 사리분별 있는, 현명한
   having sound judgment

   예 She made a *judicious* decision to save money for her old age.
   그녀는 노년기를 대비해서 돈을 모으기로 현명한 결정을 내렸다.

6. **judiciously** [ʤuːdíʃəsli] JUDI ciously *adv.* 현명하게
   wisely; soundly; as, the court ruled judiciously
7. **adjudicate** [əʤúːdikèit] ad JUDI cate *v.* 재판으로 확정하다
   to settle by judicial decree
8. **abjudicate** [æbʒúːdikèit] ad JUDI cate *v.* 소송을 취하하다
   reject the case; throw it out of court
9. **adjudicative** [əʤú(ː)dikeitiv] ad JUDI cative *adj.* 재판에 의한
   tending to pass judgment
10. **injudicious** [ìnʤu(ː)díʃəs] in JUDI cious *adj.* 무분별한, 지각없는
    not having sound judgment
11. **injudiciously** [inʤu(ː)díʃəsli] in JUDI ciously *adv.* 무분별하게
    unsoundly; unwisely; unjudiciously
12. **prejudicial** [prèʤədíʃəl] pre JUDI cial *adj.* 편견을 갖게 하는
    biased; damaging without proof
13. **unprejudiced** [ʌnpréʤədist] unpre JUDI ced *adj.* 편견이 없는, 공평한
    not prejudiced
14. **unprejudicial** [ʌnpreʤudíʃəl] unpre JUDI cial *adj.* 편견이 없는
    without being biased
15. **prejudge** [príːʤʌ́ʤ] pre JUD ge *v.* 미리 판단하다
    to judge before hearing or before full and sufficient examination

● 연습문제

Ⅰ. judgment와 injudiciously를 분석하시오.

Ⅱ. 다음의 ______ 부분을 채우시오.

A _________ must not be ________ when he passes ________ on a case. Justice must be free from any taint of ___________.

판사가 사건에 대한 판결을 내릴 때 그는 무분별해서는 안 된다. 정의는 어떠한 편견의 기미도 없어야 한다.

No. 58

JUNCT, JOIN

join(참가하다, 연결하다)

해설 어근 JUNCT, JOIN은 라틴어 jungere, junctus (p.p.)에서 온 것으로 JOIN을 뜻한다.

기본 어휘

1. **adjoin** [ədʒɔ́in] *vt.* …에 인접하다. 이웃하고 있다(=to be next to and often connected with something)
"to"를 뜻하는 라틴어 접두사 ad-와 "to join"을 의미하는 join-으로 이루어졌다.

예 Our farm *adjoins* the road. 우리 농장은 바로 길에 인접해 있다.

2. **conjunction** [kəndʒʌ́ŋkʃən] *n.* 결합, 연결, 접속사(=the act or result of joining together; association; an occurrence of events joined together in time; a simultaneous occurrence)
"together"를 뜻하는 라틴어 접두사 con-과 "to join"을 의미하는 junct-와 "to act or result of"를 뜻하는 접미사 -ion으로 이루어졌다.

예 Our club is giving a dance in *conjunction* with two other organizations.
우리 클럽은 다른 두 개의 단체와 공동으로 무도회를 개최한다.

3. **injunction** [indʒʌ́ŋkʃən] *n.* 명령, 훈령, 지령, 금지명령(=the act of ordering something authoritatively; an authoritative order or direction, especially one issued by a court of law that forbids a party from taking a certain action)
"in, into"를 뜻하는 접두사 in-과 "to join"을 뜻하는 junct-와 "the act or state of"를 의미하는 접미사 -ion이 합해져서 이루어졌다.

예 The judge issued an *injunction* against the strike.
판사는 그 파업에 대하여 금지명령을 내렸다.

4. **junction** [dʒʌ́ŋkʃən] *n.* 접합, 연접, 연락, 교차점, 합류점, 연결(=the place where lines, such a roads, railways, streams, etc., come together or cross)
"to join"을 뜻하는 어근 junct-와 "the act or state of"를 의미하는 접미사 -ion으로 이루어졌다.

예 The railway *junction* is two miles from town. 철도의 갈아타는 역이 마을에서 2마일 떨어져있다.

보충 어휘

1. **juncture** [dʒʌ́ŋktʃər] JUNCT ure *n.* 접속, 접합, 전기, 위기
a joining; a concurrence of circumstances

2. **junctive** [ʤʌŋktiv] JUNCT ive *adj.* 접속의 연결의 tending to join
3. **adjoining** [əʤɔ́iniŋ] ad JOIN ing *adj.* 이웃의, 인접의, 보조의
   attached; as, adjoining houses
4. **adjunct** [ǽʤʌŋkt] ad JUNCT *n.* 부속어, 부가어, 수식어
   something added; someone who assists another
5. **adjunctive** [əʤʌŋktiv] ad JUNCT ive *adj.* 부속의 tending to join together
6. **conjoin** [kənʤɔ́in] con JOIN *v.* 결합하다, 연합하다 unite; as, conjoin in wedlock
7. **conjoiner** [kənʤɔ́inər] con JOIN er *n.* 결합하는 사람
   one who or that which is brought together
8. **conjunctive** [kɔnʤʌ́ŋktiv] con JUNCT ive *adj.* 결합적인, 접속적인 tending to join together
9. **conjuncture** [kənʤʌ́ŋktʃər] con JUNCT ure *n.* 국면, 경우, 위기
   a coming together; as, a conjuncture of events
10. **conjunctivitis** [kənʤʌ̀ŋktiváitis] con JUNCT ivitis *n.* 결막염
    inflammation of the conjunctiva
11. **disjoint** [disʤɔ́int] dis JOIN t *v.* …의 관절을 삐게 하다, 해체하다, 파괴하다 separate
    예 Distrust *disjoints* relations between human beings.
    불신은 인간들 사이의 관계를 파괴해 버린다.
12. **disjunctive** [disʤʌ́ŋktiv] dis JUNCT ive *adj.* 분리성의, 이접적인
    tending to separate; to disjoin
13. **enjoin** [inʤɔ́in] en JOIN *v.* 지시하다, 명령하다
    to lay an order upon; to command; as, to enjoin by oath
    예 He *enjoined* them to be submissive. 그는 그들에게 순종적이 되도록 지시하였다.
14. **enjoinder** [inʤɔ́indər] en JOIN der *n.* 명령자, 지시자
    that which is enjoined, or forbidden
15. **subjoin** [səbʤɔ́in] sub JOIN *v.* (끝에) 덧붙이다. annex, append
16. **subjunctive** [sɔbʤʌ́ŋktiv] sub JUNCT ive *adj.* 가정법의
    the subjunctive mood of language

● 연습문제

Ⅰ. junctive를 분석하시오.

Ⅱ. 다음 ______ 부분을 채우시오.

(1) "Adam and Eve disobeyed that high ________ not to eat that fruit." (John Milton)
아담과 이브는 그 열매를 따먹지 말라는 중대한 명령에 따르지 않았다.

(2) "Learning is an ________ to oneself." (Shakespeare)
학문은 자기 자신의 부가물이다.

(3) The ________ connects parts of a sentence.
접속사는 문장의 부분들을 연결시킨다.

No. 59 JUS, JUR

law(법, 법률)

해설 어근 JUS, JUR은 라틴어 jus, jurare에서 온 것으로 LAW를 의미한다.

기본 어휘

1. **justice** [ʤʌ́stis] *n.* 정의, 공정, 공평, 정당, 타당, 당연한 응보(=a just judgement; a just, judgement, what is right or rightly deserved)
   "law"를 의미하는 라틴 어근 jus-와 "state of, nature of"를 의미하는 접미사 -ice의 결합이다.

   예 The judge seeks *justice* for everyone. 판사는 모든 사람들을 위한 공정을 추구한다.
   Everybody realized the *justice* of what he was saying.
   모두들 그가 하는 말의 타당성을 깨달았다.

2. **adjure** [əʤúər] *v.* 간청하다, 탄원하다, 엄명하다.(=to bind as if by solemn oath)
   "to"를 뜻하는 라틴 접두사 ad-와 "to swear by oath"를 의미하는 라틴 어근 juro-가 합쳐진 것이다.

   예 I *adjure* you to tell the truth before this court.
   당신에게 이 법정에서 진실을 말하도록 엄명합니다.

3. **juridical** [ʤuərídikəl] *adj.* 재판상의, 법률상의(=of on relating to the administration of justice or the office of judge)
   "law"를 의미하는 라틴 어근 jur-와 "to declare"를 뜻하는 라틴 어근 dic-의 결합이다.

   예 The trading company was acknowledged as a *juridical* person.
   그 무역회사는 법인으로 승인되었다.

보충 어휘

1. **juror** [ʤúərər] JUR or *n.* 배심원, 선서자, 심사원
   one who serves by law on a jury
2. **jury** [ʤúəri] JUR y *n.* 배심, 심사위원회
   a group of twelve who are sworn to give a just verdict
3. **just** [ʤʌst] JUST *adj.* 올바른, 타당한
   having an basis in or conforming sometimes rigidly to fact or reason; reasonable
4. **justification** [ʤʌstəfikéiʃən] JUS tification *n.* 정당화, 변명
   just cause for action

5. **adjustment** [ədʒʌ́stmənt] ad JUS tment *n.* 조정, 정리, 조절, 가감, 청산
settlement; as, an amicable adjustment
6. **conjure** [kʌ́ndʒər] con JUR e *v.* 주문으로 불러내다
to swear together; to imagine; to entreat; as, conjure the king to be merciful
7. **abjure** [əbdʒúər] ab JUR e *v.* 맹세코 버리다. 공공연히 포기하다.
to swear away under oath; reject
8. **conjurer** [kəndʒúərər] con JUR er *n.* 마술사
a magician; a trickster
9. **abjuration** [æ̀bdʒəréiʃən] ab JUR ation *n.* 맹세코 버림
a renunciation by solemn oath
10. **adjuration** [æ̀dʒəréiʃən] ad JUR ation *n.* 간청, 탄원 a solemn appeal
11. **adjustive** [ədʒʌstiv] ad JUS tive *adj.* 조절의
tending to put into proper order
12. **jurisdiction** [dʒùərisdíkʃən] JUR isdiction *n.* 사법권, 지배권
the legal right and power to hear and determine a cause
13. **juryman** [dʒúərimən] JUR yman *n.* 배심원 a juror
14. **jurist** [dʒúərist] JUR ist *n.* 법학자, 법학도, 법률가
one who is versed in law
15. **jurisprudence** [dʒúərisprúːdəns] JUR isprudence *n.* 법률학
law; that which is recognized in law
16. **juristic** [dʒuərístik] JUR istic *adj.* 법학도의, 법률상의
relating to jurisprudence
17. **jus sanguinis** [dʒʌ́s-sæŋgwənis] right of blood 속인주의, 혈통주의
a rule that a child's citizenship is determined by its parents' citizenship
18. **jus soli** [dʒʌ́s-soulɑi] right of the soil 속지주의, 출생지주의
a rule that the citizenship of a child is determined by the place of its birth

● 연습문제

Ⅰ. jurisdiction을 분석하시오.

Ⅱ. 다음의 ______ 부분을 채우시오.

(1) The more versed a lawyer is in ________ the better lawyer he is.
변호사가 법률학에 더 많이 정통할수록 그 만큼 더 훌륭한 변호사가 된다.

(2) Without a warrant the law has no __________ in a man's home. There is no ____________ for cruelty.
영장 없이는 경찰은 누구의 집에서도 사법권을 지니고 있지 않다. 잔인함을 정당화할 수 있는 것은 없다.

No. 60
LAV, LUT, LAUT, LOT

wash(씻다, 세탁하다)

해설 어근 LAV, LUT, LAUT, LOT는 WASH를 뜻하는 라틴어 lavare, lotus(p.p.)에서 파생됐다. LAUT는 LAUNdry와 같이 LAUN으로 변했다.

기본 어휘

1. **lavatory** [lǽvətəri] LAV atory *n.* 세면소, 화장실
   a place where one can wash; room where a person can wash his hands and face; bowl or basin to wash in
2. **lavish** [lǽviʃ] LAV ish *adj.* 아낌없는, 후한, 사치스러운
   flowing like water; luxurious; liberal; too free; very abundant; too abundant; more than is needed; pour out wastefully
   예 She gives *lavish* parties with wonderful food, flowers and music.
   그녀는 훌륭한 음식과 꽃과 음악이 있는 사치스러운 파티를 연다.
3. **laundry** [lάːndri] LAU ndry *n.* 세탁실, 세탁, 세탁물
   clothes to be washed; a place where washing is done; a room or building where clothes are washed and ironed; clothes washed or to be washed
4. **laundress** [lɔ́ːndris] LAU ndress *n.* 세탁부
   a woman who washes clothes; woman whose work is washing and ironing clothes
5. **launder** [lɔ́ːndər] LAU nder *v.* 세탁하다 to wash and iron clothes
6. **lotion** [lóuʃən] LOT ion *n.* 화장수, 로션
   a soothing fluid; emollient; as, hand lotion; a liquid containing medicine; lotions are applied to the skin to relieve pain, to heal, to cleanse, or to benefit the skin
7. **deluge** [délјuːdʒ] de LUG e *n.* 대홍수, 범람, 호우
   an uncontrolled mass of flowing water; a flood
   예 When the snow melts, the mountain stream becomes a *deluge*.
   눈이 녹으면 산에 있는 시내가 범람한다.
8. **diluvial** [dilúːviəl] di LUV ial *adj.* 대홍수의 relating to a flood
9. **dilute** [dailúːt] di LUT e *v.* 묽게 하다, 희박하게 하다
   to make a liquid thinner and weaker
   예 My tea was too strong, so I *diluted* it with more water.
   차가 너무 진해서 물을 더 넣어서 더 묽게 하였다.

10. **dilutent** [dɑiljúːtənt] di LUT ent *n.* 묽게 하는 것
    a thinning agent; that which dilutes
11. **dilution** [dɑiljúːʃən] di LUT ion *n.* 묽음, 희석 state of being diluted
12. **diluter** [dɑiljútər] di LUT er *n.* 묽게 하는 것
    one who or that which dilutes
13. **ablution** [əblúːʃən] ab LUT ion *n.* 몸을 씻음, 목욕
    a washing away; a cleansing

● 연습문제

Ⅰ. deluge를 분석하시오.

Honesty is the best policy.
정직이 최선의 정책이다.

No. 61 LIBER

free(자유로운)

해설 어근 LIBER는 FREE를 뜻하는 라틴어 liber에서 유래된 것이다. "BOOK"을 뜻하는 LIBER나 "BALANCE, WEIGH"를 뜻하는 LIBRA와 혼동하지 않아야 한다.

기본어휘

1. **liberal** [líbərəl] LIBER al *adj.* 자유로운, 너그러운
   relating to liberty; free
   예 My school was traditional, but more *liberal* than other schools.
   우리 학교는 전통적인 학교였지만, 다른 학교들보다 더 자유로웠다.
2. **liberalize** [líbərəlàiz] LIBER alize *v.* 자유화하다, 완화하다
   to make more free; as, to liberalize the mind from prejudice
3. **liberalizaton** [lívərəlàizéiʃən] LIBER alization *n.* 자유화
   act of liberalizing
4. **liberalism** [líbərəlìzəm] LIBER alism *n.* 자유주의
   a doctrine of generous freedoms
5. **liberalist** [líbərəlist] LIBER alist *n.* 자유주의자
   one who believes in liberalism
6. **liberality** [libəræ̀ləti] LIBER ality *n.* 관대, 공평무사
   a generosity; broad-mindedness
7. **liberate** [líbərèit] LIBER ate *v.* 자유롭게 하다, 해방하다
   to set free
   예 The American Civil War *liberated* many people from slavery.
   미국의 남북전쟁은 많은 노예들을 해방하였다.
8. **liberator** [líbərèitər] LIBER ator *n.* 해방자, 석방하는 사람
   one who sets others free
9. **libertine** [líbərtì:n] LIBER tine *n.* 방랑자, 난봉꾼, 자유사상가
   a person without morals; a rake
10. **deliver** [dilívər] de LIVER *v.* 배달하다, 해방시키다
    to set free; to set at liberty

11. **deliverance** [dilívərəns] de LIVER ance *n.* 구출, 해방, 의견, 진술
state of being freed; release

예 We hope for *deliverance* from the enemy.
우리는 적으로부터 구출되기를 희망한다.

12. **deliverer** [dilívərər] de LIVER er *n.* 구출자, 인도자, 배달인
liberator

13. **delivery** [dilívəri] de LIVER y *n.* 배달, 인도, 교부
freedom; liberation

14. **livery** [lívəri] LIVER y *n.* 제복, 동업조합(원)
the distinctive clothing or badge formerly worn by the retainers of a person of rank

15. **libertinage** [líbərtìːnidʒ] LIBER tinage *n.* 방탕, 난봉
libertinism

16. **liberticide** [libə́ːrtəsàid] LIBER ticide *n.* 자유파괴자, 자유파괴
the destruction of liberty

● 연습문제

I. liberate와 delivery를 분석하시오.

II. 다음의 ________ 부분을 채우시오.

If one is given ________ without limitation, responsibility and discipline can soon descend to ________, and that soon leads to __________, the death of liberty.

인간에게 제한 없는 관대가 부여되면, 책임과 훈련이 곧 방탕으로 쇠퇴해질 수 있고 그것은 곧 자유파괴로 이어진다.

Human life is everywhere a state in which much is to be endured, and little to be enjoyed.
인간의 삶은 어디에나 참아야 할 것은 많고 즐길 것은 별로 없는 상태이다.

No. 62

LIC, LICIT

permit(허락하다)

해설 어근 LIC, LICIT는 PERMIT를 의미하는 라틴어 licer로부터 유래된 것이다.

기본 어휘

1. **license** [láisəns] LIC ense *n.* 승낙, 인가, 면허, 면허장, 방종
   freedom to act; a permit; as, a driver's license
   예 He has a *license* to pratice as a doctor. 그는 의사 개업인가를 지니고 있다.
2. **licensed** [láisənst] LIC ensed *adj.* 인가된, 면허를 받는
   permitted; authorized
   예 This restaurant is *lincensed* to sell alcohol.
   이 음식점은 주류를 팔 수 있도록 인가된 음식점이다.
3. **licensee** [làisənsíː] LIC ensee *n.* 면허받은 사람
   the one to whom a license is granted
4. **licenser** [làisənsər] LIC enser *n.* 인가자, 허가자, 검열관
   the one who grants the license
5. **licensor** [láisənsər] LIC ensor *n.* 인가자, 허가자, 검열관
   legal way of saying licenser
6. **licensure** [láisənsjuər] LIC ensure *n.* 면허장 인가
   the granting of licenses; especially, to those who practice various professions
7. **licentiation** [laisenʃiéiʃən] LIC entiation *n.* 면허
   the act of granting a license; especially, to practice medicine
8. **licentious** [laisénʃəs] LIC entious *adj.* 방탕한, 음탕한, 멋대로의
   taking liberties; disregarding rules; especially, in morals
9. **licentiousness** [laisénʃəsnis] LIC entiousness *n.* 방탕, 음탕
   the state of immorality
10. **licit** [lísit] LIC it *adj.* 합법의, 정당한 permitted; lawful; conceded
11. **illicit** [illísit] il LIC it *adj.* 불법의, 부정한, 불륜의 unlawful; illegal
12. **illicitly** [illísitli] il LIC itly *adv.* 부정하게, 불륜으로 unlawfully; illegally
13. **illicitness** [illísitnis] il LIC itness *n.* 불법, 부정, 불륜
    the state of being unauthorized by law

14. **license plate** [láisəns pleit] LIC ense plate *n.* 번호판
    a plate or tag showing that a permit has been granted
15. **unlicensed** [ʌnláisənst] un LIC ensed *adj.* 무면허의
    not permitted; unlawful

● **연습문제**

Ⅰ. licensee와 illicitly를 분석하시오.

Ⅱ. 다음 ______ 부분을 채우시오.

A bribe passed from the __________ to the __________, and a _________ passed from _________ to ____________.

뇌물이 면허 받은 사람에게서 허가자에게로 갔고, 면허가 허가자에게서 면허 받은 사람에게로 갔다.

Everyman's destiny is in his own hands.
자신은 운명은 자기가 만들어 나간다.

No. 63 LITERA, LITER, LIT, LITTER

letters(글자의, 문학의, 문예의)

해설 어근 LITERA, LITER, LIT, LITTER는 LETTERS를 뜻한다. 아래 목록에서 IL(in=not)과 AL(ad=to)은 l 앞에서 동화된 것이고, ob는 AGAINST를 뜻한다.

기본어휘

1. **literacy** [lítərəsi] *n.* 읽고 쓰는 능력(=the state of being educated)
   "letters"를 의미하는 어근 liter-와 "state"를 뜻하는 희랍어 접미사 -acy의 결합이다.

   예 Mass *literacy* was only possible after the invention of printing.
   인쇄 발명 이후에야 대중의 글을 읽고 쓰는 능력이 가능해졌다.

2. **literary** [lítərəri] *adj.* 문학의, 문학적인, 문예의(=concerned with books and writing; well-read)
   "letters"를 뜻하는 어근 liter-와 "relating to"를 의미하는 라틴 접미사 -ary가 합쳐진 단어이다.

   예 He was genuinely pleased at her *literary* success.
   그는 그녀의 문학적인 성공을 진심으로 기뻐했다.

보충어휘

1. **litany** [lítəni] LIT any *n.* 연도(連禱)
   a prayer consisting of invocations and responses
2. **literal** [lítərəl] LITER al *adj.* 문자의, 글자대로의
   relating to the exact letter; as, a literal translation
3. **literalism** [lítərəlizm] LITER alism *n.* 글자 그대로 해석함, 사실주의
   the doctrine of keeping to the excat meaning of a word
4. **literalist** [lítərəlist] LITER alist *n.* 직역주의자
   one who believes in literalism
5. **literatist** [lítərətist] LITER atist *n.* 필자, 저자
   an author; a writer
6. **literature** [lítərətʃùər] LITERA ture *n.* 문학, 문예
   the best works written during the centuries
7. **letter** [létər] LETTER *n.* 글자, 문자
   one of the written symbols of the alphabet; also an epistle

8. **alliterate** [əlítərèit] al LITER ate *v.* 두운을 쓰다.
to repeat the same consonant sound in word after word; as, Peter picked a peck
9. **alliteration** [əlitəréiʃən] al LITERA tion *n.* 두운법
the recurrence of the same letter sound
10. **alliterative** [əlítərèitiv] al LITERA tive *adj.* 두운체의, 두운을 맞춘
characterized by alliteration
11. **obliterate** [əblítərèit] ob LITER ate *v.* …의 흔적을 없애다, 말소하다
to efface the letters; as, obliterate the name
예 The bombs completely *obliterated* the villages.
그 폭탄들은 마을들을 완전히 말소해버렸다.
12. **obliterative** [əblítəréitiv] ob LITERA tive *adj.* 말소의, 지우는
causing to be obliterated
13. **obliteration** [əblítəréiʃən] ob LITERA tion *n.* 말살, 삭제, 소멸, 망각
the effacement of a name
14. **transliterate** [trænslítərèit] trans LITER ate *v.* 자역하다, 고쳐쓰다
to spell in the letters of another alphabet
15. **transliteration** [trænslitəréiʃən] trans LITERA tion *n.* 자역, 고쳐쓰기, 음역
the act of transliterating

● 연습문제

I. literalism을 분석하시오.

II. 다음의 ______ 부분을 채우시오.

An example of ________ is, Peter picked a peck of pickled peppers.

An example of __________ poetry is "Slow and silent the sun sank steadily."

__________ is necessary when one first studies Russian.

두운법의 한 예시가 "Peter picked a peck of pickled peppers"이다.

두운을 맞춘 시의 한 예시가 "Slow and silent the sun sank steadily"이다.

러시아어를 처음 공부할 때에는 자역이 필요하다.

No. 64 LOC, LOCO

place(위치시키다, 배치하다)

해설 어근 LOC, LOCO는 PLACE를 뜻한다. 이것은 라틴어 locus에서 파생한 것이다.

기본 어휘

1. **locomotive** [lòukəmóutiv] *n.* 기관차, 운동성동작(=a self-propelled engine or vehicle)
"place"의 뜻을 가진 라틴 어근 loco-와 "to move"를 의미하는 라틴 어근 mot-의 결합이다.

예 The *locomotive* was strong enough to pull a long string of freight cars.
그 기관차는 긴 줄의 화물차를 끌 수 있을 정도로 힘이 셌다.

2. **dislocate** [dísloukèit] *v.* 탈나게 하다, 탈구시키다, 혼란시키다(=to move away from its place)
"take away"의 뜻을 가진 접두사 dis-와 "place"를 의미하는 라틴 어근 loc-와 "cause, make"를 뜻하는 라틴 접미사 -ate가 합해진 단어이다.

예 The skier fell and *dislocated* his shoulder.
그 스키선수는 넘어져서 어깨뼈가 탈구되었다.

3. **allocate** [ǽləkèit] *v.* 할당하다, 배당하다, 배치하다(=to assign; to allot; apportion)
"to"를 뜻하는 라틴 접두사 al-과 "place"를 뜻하는 loc-가 결합한 단어이다.

예 That lot has already been *allocated* for building a new hospital.
저 터는 벌써 새 병원을 세우는 것으로 할당되었다.

보충 어휘

1. **locomotion** [lòukəmóuʃən] LOCO motion *n.* 운동, 이동, 교통기관
act of moving from place to place
2. **locality** [loukǽləti] LOC ality *n.* 장소, 지방, 현장
locale; neighborhood; district
3. **locomobile** [lòukəmoubíːl] LOCO mobile *n.* 자동추진차
a self-propelling vehicle
4. **locomotor** [lòukəmóutər] LOCO motor *adj.* 이동하는, 운전의
of or relating to movement and locomotion
5. **loculus** [lákjələs] LOC ulus *n.* 실, 포, 방
a little place; a room; a cavity.

6. **locus** [lóukəs] LOCUS *n.* 장소, 위치, 궤적 place; locality
7. **locate** [loukéit] LOC ate *v.* 두다, 설립하다, 찾아내다
   assign a place to; to find the place of
8. **locative** [lɔ́kətiv] LOC ative *n.* 처격, 위치격
   a grammatical case that expresses the place where
9. **dislocation** [dìsloukéiʃən] dis LOC ation *n.* 위치이동, 전위, 단층, 탈구
   state of being dislocated
10. **dislocated** [dísloukeitid] dis LOC ated *adj.* 위치가 이동된, 혼란된
    removed from their homes; as, the refugees were dislocated
11. **relocated** [ríːlóukeitid] re LOC ated *adj.* 옮겨놓은, 재배치한
    put into place again
12. **relocate** [ríːlóukeit] re LOC ate *v.* 옮겨놓다, 재배치하다
    to put back into their homes
13. **relocation** [ríːlóukéiʃən] re LOC ation *n.* 재배치, 배치전환
    act of replacing something or someone

● 연습문제

Ⅰ. locomotor를 분석하시오.

Ⅱ. 다음의 ______ 부분을 채우시오.

(1) The first two rows in the auditorium were ________(d) to the Boy Scouts.
강당의 처음 두 줄은 보이 스카웃단들에게 배당되었다.

(2) The accident caused a bad ________ of the shoulder.
Who will help me to __________ my glasses?
그 사고는 어깨뼈가 심하게 탈구되도록 했다.
내 안경을 찾는데 도와줄 사람 있나요?

The highest tree has the greatest fall.
The highest branch is not the safest roost.
높은 가지가 부러지기 쉽다.

No. 65

LOGO, LOG

word(말, 어휘)

해설 어근 LOGO, LOG는 WORD를 의미하는 희랍어 logos에서 파생된 것이다.

기본 어휘

1. **logic** [lɔ́ʤik] *n.* 논리학, 논리(=science that deals with speech and reason)
"word"를 의미하는 희랍어 어근 log-와 명사를 만드는 접미사 -ic이 합쳐진 단어이다.

예 She uses *logic* in all her decisions.
그녀는 결정을 내릴 때마다 논리를 따진다.

2. **dialogue** [dáiəlɔg] *n.* 대화(=a conversation between two or more persons)
"through, across"를 뜻하는 접두어 dia-와 "word"를 의미하는 희랍어 어근 log-의 결합이다.

예 I am reading the *dialogue* between Hamlet and Ophelia.
나는 Hamlet과 Ophelia의 대화를 읽고 있는 중이다.

보충 어휘

1. **logical** [lɔ́ʤikəl] LOG ical *adj.* 논리학의, 논리적인
relating to logic; reasonable
2. **logician** [louʤíʃən] LOG ician *n.* 논리학자 one skilled in logic
3. **logistics** [louʤístiks] LOG istics *n.* 병참학, 후방근무
that branch of military art which deals with details of transport, etc
4. **logos** [lɔ́gɔs] LOGO s *n.* 신의 말씀, 그리스도, 이성, 로고스
the word; the rational principle in the universe
5. **logomachy** [lɔgɔ́məki] LOGO machy *n.* 언쟁, 설전
a dispute over or about words
6. **logogram** [lɔ́gəgræ̀m] LOG ogram *n.* 약호
a letter symbol, or sign used to represent an entire word
7. **logographer** [lɔgɔ́grəfər] LOGO grapher *n.* 약호, 연설문 작성자
a speech writer
8. **monologue** [mɔ́nəlɔ̀g] mono LOG ue *n.* 독백(한 사람이 대화를 독차지하는 긴 이야기)
a dramatic soliloquy

9. **duologue** [djú:əlɔ̀(:)g] duo LOG ue *n.* (두 사람 사이의)대화
   a dialogue between two persons
10. **epilogue** [épilɔ̀:g] epi LOG ue *n.* 발문
   a concluding section that rounds out the design of a literary work
11. **prologue** [próulɔ:g] pro LOG ue *n.* 머리말
   the preface or introduction to a literary work
12. **sinologue** [sáinəlɔ̀:g] sino LOG ue *n.* 중국통
   a specialist in sinology
13. **syllogism** [síləʤìzəm] syl LOG ism *n.* 삼단논법
   a deductive scheme of a formal argument consisting of a major and minor premise and a conclusion; deductive reasoning
14. **logorrhea** [lɔ̀:gərí:ə] LOGO rrhea *n.* 능변, (俗)노가리
   excessive and often incoherent talkativeness or wordiness

● 연습문제

Ⅰ. epilogue와 sinologue를 분석하시오.

Ⅱ. 다음의 ________ 부분을 채우시오.

(1) The ________ of moving an army into combat are very complex.
군대를 전투로 이동시키는 병참학은 매우 복잡하다.

(2) It was more of a __________ than a discussion.
이것은 토론이라기보다는 오히려 그 사람이 대화를 독차지한 독백이었다.

Practice is better than precept.
실천은 훈계보다 낫다.

No. 66 LOQUI, LOC

speak(말하다)

해설 어근 LOQUI, LOC는 SPEAK를 뜻한다. 이것은 라틴어 loquor, locutus에서 온 것이다. 앞에 나온 PLACE의 뜻을 가진 LOC와 구별해야겠다.

기본어휘

1. **elocution** [èləkjú:ʃən] *n.* 발성법, 연설법, 웅변술, 낭독법, 변론(=declamation; oratory; public speaking)
   "out, from"을 뜻하는 접두사 e-와 "to speak"를 의미하는 라틴 어근 loc-와 "act of, state of"의 뜻을 가진 라틴 접미사 -tion의 결합이다.

   예 He took lessons in *elocution* as a young man.
   그는 젊었을 때 웅변술을 배웠다.

2. **obloquy** [ábləkwi] *n.* 악평, 오명, 불명예, 욕, 비방(=blame; abuse)
   "against"를 의미하는 접두사 ob-와 "to speak"를 뜻하는 라틴 어근 loqui-가 합쳐진 단어이다.

   예 He heaped *obloquy* upon his opponent.
   그는 자기의 상대에게 비난을 퍼부었다.

3. **interlocutor** [ìntərlákjətər] *n.* 대담자(=one who takes part in a conversation)
   "between"을 의미하는 접두사 inter-와 "to speak"를 뜻하는 라틴 어근 loc-와 "person who"의 뜻을 가진 라틴 접미사 -or이 결합한 단어이다.

   예 He looked at his *interlocutor* across the table.
   그는 자신의 대담자를 탁상 너머로 바라보았다.

보충어휘

1. **loquacious** [loukwéiʃəs] LOQU acious *adj.* 말 많은, 수다스런, 시끄러운
   garrulous; talkative
2. **loquacity** [loukwǽsəti] LOQU acity *n.* 다변, 수다, 떠들썩함 garrulity; talkativeness
3. **circumlocution** [sə̀:rkəmloukjú:ʃən] circum LOC ution *n.* 넌지시하는 말, 핑계 indirect roundabout way of speech
4. **elocutionist** [èləkjú:ʃənist] e LOC utionist *n.* 연설법의 전문가
   a professional speaker

5. **eloquence** [éləkwəns] e LOQU ence *n.* 웅변, 능변, 웅변술, 수사법, 이성에 호소하는 점
   speech marked by fluent diction and imaginative fervor
6. **eloquent** [éləkwənt] e LOQU ent *adj.* 웅변의, 웅변에 뛰어난, 감명적인
   expressing oneself with fluency and force
7. **ventriloquism** [ventríləkwìzəm] ventri LOQUI sm *n.* 복화술
   the production of the voice in such a manner that the sound appears to come from a source other than the vocal organs of the speaker
8. **colloquial** [kəlóukwiəl] col LOQUI al *adj.* 대화체의, 구어체의
   of or relating to conversation; used in or characteristic of familiar and informal conversation
9. **soliloquy** [səlíləkwi] soli LOQU y *n.* 혼잣말, 독백
   a long speech to oneself; a monologue
10. **soliloquize** [səlíləkwàiːz] soli LOQU ize *v.* 혼자 말하다, 독백하다
    to talk to oneself earnestly
11. **soliloquist** [səlíləkwist] soli LOQU ist *n.* 혼자 말하는 사람, 독백자
    one who soliloquizes
12. **interlocution** [intərləkjúːʃən] inter LOC ution *n.* 대화, 문답
    interchange of speech; conversation
13. **interlocutory** [intə(ː)rləkjutəri] inter LOC utory *adj.* 대화체의, 문답체의
    relating to an interlocution
14. **interlocutress** [intə(ː)rləkjutris] inter LOC utress *n.* 여자 대화자
    a female interlocutor

● 연습문제

Ⅰ. soliloquy를 분석하시오.

Crooked logs make straight fires.
눈먼 자식이 효도한다.

No. 67 LUC, LUM, LUN, LUS

light(빛)

해설 어근 LUC, LUM, LUN, LUS는 LIGHT를 뜻하는 라틴어 lux, lucis, lumen에서 파생된 것이다.

기본 어휘

1. **lucid** [lú:sid] *adj.* 빛나는, 밝은, 두뇌가 명석한(=clear; bright; filled with light)
"light"의 뜻을 가진 라틴 어근 luc-와 라틴 접미사 -id의 결합이다.

예 She wrote a *lucid* explanation of the problem.
그녀는 그 문제에 대한 명쾌한 설명을 썼다.

2. **elucidate** [ilú:sədèit] *v.* 밝히다, 설명하다(=bring into the light; make clear; explain)
강조의 뜻을 지닌 접두사 e-와 "light"를 의미하는 라틴 어근 luc-와 라틴 접미사 -id와 "cause, make"를 뜻하는 라틴 접미사 -ate가 합쳐진 단어이다.

예 Can you *elucidate* the reasons for this strange decision?
이 이상한 결정이 나온 이유들을 설명해 줄 수 있나요?

보충 어휘

1. **lucent** [lú:sənt] LUC ent *adj.* 빛나는, 번쩍이는 투명한
giving light; shining
2. **luculent** [lú:kjulənt] LUC ulent *adj.* 빛나는, 투명한
lucid; clear; evident
3. **Luna** [lú:nə] LUN a *n.* (로마신화)루나(달의 여신)
the moon goddess
4. **lumen** [lú:mən] LUM en *n.* 루맨(광속의 단위)
a unit of light
5. **luminary** [lú:mənəri] LUM inary *n.* 발광체, 선각자
a heavenly body; someone who shines in his profession
6. **luminescence** [lu:mənésns] LUM inescence *n.* 발광, 냉광
brightness; incandescence
7. **luminescent** [lù:mənésnt] LUM inescent *adj.* 발광성의, 빛나는
used in the production of luminescence

8. **luminiferous** [lù:mənífərəs] LUM iniferous *adj.* 빛을 발하는, 발광성의
   yielding light; producing light
9. **luminosity** [lù:mənɔ́səti] LUM inosity *n.* 광휘, 발광물
   the quality of being light
10. **luminous** [lú:mənəs] LUM inous *adj.* 빛나는, 밝은
   full of light; brilliant; lustrous
11. **luster** [lʌ́stər] LUS ter *n.* 광택, 윤, 빛
   sparkle; gloss; glaze
12. **illuminate** [ilú:mənéit] il LUM inate *v.* 밝게 하다, 비추다, 계몽하다.
   bring in light; light up; make bright
13. **translucent** [trænslјú:sənt] trans LUC ent *adj.* 반투명의
   letting light come through
14. **pellucid** [pəlú:sid] pel LUC id *adj.* 투명한, 명석한, 명료한
   easy to fathom or understand; allowing light through
15. **lunatic** [lú:nətik] LUN atic *adj.* 미친, 괴짜의
   moonstruck; insane

● 연습문제

Ⅰ. lucent와 luminiferous를 분석하시오.

Ⅱ. 다음의 ______ 부분을 채우시오.

(1) The explanation was not only ________ but ________. It was clear from the exquisite ________ effect that this painter was a ________.
그 설명은 명쾌할 뿐만 아니라 명료했다. 정교한 발광성 효과들을 보면 이 화가가 빛을 효과적으로 취급하는 화가인 것이 명확했다.

(2) The students asked the teacher to ________ the problem.
학생들은 선생님에게 그 문제를 설명해 달라고 부탁했다.

Money rules the world.
Money makes the mare go.
돈만 있으면 귀신도 부릴 수 있다.

No. 68
MAGNA, MAGNI

great(위대한, 장대한, 큰)

해설 어근 MAGNA, MAGNI는 GREAT를 뜻한다. MACRO와 같은 의미를 지니지만 MACRO는 변칙적인 크기, 우주의 사건에 쓰이지만 MAGNA는 정신적인 면에서 사용된다.

기본 어휘

1. **Magna Charta** [mǽgnə-kάːrtə] MAGNA Charta *n.* 대헌장, 자유를 보장하는 법령
   the great charter of 1215 that gave liberties to the English
2. **magnanimous** [mægnǽniməs] MAGNA nimous *adj.* 통이 큰, 아량 있는
   great-hearted; generous
3. **magnanimity** [mæ̀gnəníməti] MAGNA nimity *n.* 아량, 통이 큼
   quality of generosity and kindness
4. **magnanimously** [mægnǽnəməsli] MAGNA nimously *adv.* 도량이 넓게, 관대히
   generously; greatly
5. **magnate** [mǽgneit] MAGNA te *n.* 고관, 부호
   a man of great wealth
6. **magnify** [mǽgnəfài] MAGNI fy *v.* 확대하다, 과장하다.
   make great; intensify

   예 His glasses *magnify* words so he can read them.
   그의 안경은 그가 읽을 수 있도록 글씨를 확대시켜 준다.
7. **magnificence** [mægnífəsns] MAGNI ficence *n.* 웅대, 장엄, 호화
   splendor; richness; greatness
8. **magnitude** [mǽgnətjùːd] MAGNI tude *n.* 크기, 중대, 위대함
   physical greatness; bigness; quality

   예 They do not recognize the *magnitude* of the problem.
   그들은 그 문제의 중대함을 깨닫지 못한다.
9. **magniloquent** [mægníləkwənt] MAGNI loquent *adj.* 호언장담하는, 과장하는
   high-flown, bombastic talk
10. **magnification** [mæ̀gnəfikéiʃən] MAGNI fication *n.* 확대, 과장, 배율
   enlargement, as seen through a magnifying glass

● **연습문제**

Ⅰ. magnitude와 magniloquent를 분석하시오.

Ⅱ. 다음의 _____ 부분을 채우시오.

He was known to all for his _________ contributions to charity and the __________ of his palatial home.

그는 그가 자선 단체에게 주는 <u>관대한</u> 기부금과 그의 궁전 같은 집의 <u>호화로움</u>으로 모든 이들에게 알려져 있었다.

Parents are patterns.
One sheep follows another.
If one sheep leap o´er the dyke, all the rest will follow.
맑은 샘에서 맑은 물이 난다.

No. 69

MAN, MANU

by hand(손에 의한, 수공의)

해설 어근 MAN, MANU는 BY HAND를 의미한다. 라틴어 manus는 HAND란 뜻이다.

기본어휘

1. **manual** [mǽnjuəl] *adj.* 손의, 손으로 만드는(=relating to the hand, worked by hand)
"by hand"를 뜻하는 라틴 어근 manu-와 "relating to"의 뜻을 가진 라틴 접미사 -al의 결합이다.

예 They regarded *manual* work as degrading.
그들은 손으로 하는 노동은 품위가 없다고 생각했다.

2. **manufacture** [mæ̀njəfǽktʃər] *n.* 제조, 제작 *v.* 제조하다(=the act of making by machinery or hand; to make something for sale)
"by hand"를 뜻하는 라틴 어근 manu-와 "to make"를 의미하는 라틴 어근 fact-가 합쳐진 단어이다.

예 The *manufacture* of that type of gun is illegal now.
그 유형의 총의 제조는 이제 불법이다.
Our company *manufactures* furniture.
우리 회사는 가구를 제조한다.

보충어휘

1. **manacles** [mǽnəklz] MAN acles *n.* 수갑, 구속 handcuffs; chains
2. **manicure** [mǽnəkjùər] MAN icure *n.* 매니큐어, 손톱화장술
the care of the hands and nails
3. **manufacturer** [mæ̀njəfǽktʃərər] MANU facturer *n.* 제조업자, 공장주
one who hires others to make things in quantity by hand or by machine
4. **manufactory** [mæ̀njəfǽktəri] MANU factory *n.* 제조소, 공장
a place where merchandise is made
5. **manifest** [mǽnəfèst] MAN ifest *adj.* 명백한, 분명한
seen at hand; obvious; apparent
6. **manumit** [mæ̀njəmít] MANU mit *v.*(노예, 농노)해방하다, 석방하다
to release from contract; set free; as, manumit a slave

7. **manumission** [mæ̀njəmíʃən] MANU mission *n.* (노예, 농노)해방
the act of liberating a slave
8. **maneuver** [mənú:vər] MAN euver *n.* 기동, 대연습, 책략, 공작 *v.* 움직이다, 조종하다
n. a motion made in a particular direction; a cunning plan. v. to bring about by skill; to guide; manipulate

  예 There were secret *maneuvers* to get him fired from his job.
  그가 직장에서 해고되도록 하는 비밀 책략들이 있었다.

9. **manuscript** [mæ̀njəskrìpt] MANU script *n.* 사본, 고본, 원고
a document or literary work not yet printed
10. **manipulate** [mənípjəlèit] MAN ipulate *v.* 교묘하게 다루다, 조종하다
to work out by hand; to manage
11. **manipulation** [mənípjəléiʃən] MAN ipulation *n.* 교묘한 취급, 속임수
skillful handling; as the manipulation of puppets
12. **emancipate** [imǽnsəpèit] e MAN cipate *v.* (노예 등을) 해방하다
release; set free
13. **emancipation** [imæ̀nsəpéiʃən] e MAN cipation *n.* (노예, 여성)해방
the act of liberation; as, the Emancipation Proclamation
14. **legerdemain** [lèdʒərdəméin] legerde MAIN *n.* 요술, 허위
light-handed magic tricks; sleight of hand

● 연습문제

Ⅰ. emancipation을 분석하시오.

Ⅱ. 다음 ______ 부분을 채우시오.

(1) Today the writer sends out a typescript instead of a __________.
요즘 작가는 손으로 쓴 원고 대신 타자기로 친 원고를 보낸다.

(2) The ___________ of the slaves was difficult for the South to accept.
노예 해방은 남부가 받아들이기 힘들었다.

No. 70 MATRI, MATRIC, MATRO

mother(어머니, 모(母))

해설 어근 MATRI, MATRIC, MATRO는 MOTHER을 뜻하는 라틴어 mater에서 파생된 것이다. 아버지를 PATER라고 한 것같이 MOTHER을 MATER라 한다.

기본어휘

1. **matriarch** [méitriɑ́:rk] *n.* 여자가장, 여족장(=the head of the mothers in a group, tribe)
   "mother"를 의미하는 라틴 어근 matri-와 "ruler"의 뜻을 지닌 -arch로 이루어진 단어이다.

   예 After grandfather died, grandmother became the *matriarch* of our family.
   할아버지가 돌아가신 이후, 할머니가 우리 가족의 여자가장이 되셨다.

2. **metropolis** [mitrɔ́pəlis] *n.* 수도, 중심지, 주요도시(=the mother city; the chief city of a designated area)
   "mother"의 뜻을 지닌 라틴 어근 metro-와 "city"를 의미하는 어근 polis-가 결합한 단어이다.

   예 New York City is a *metropolis* of the United States.
   뉴욕시는 미국의 주요도시이다.

보충어휘

1. **mater** [méitər] MATER *n.* 어머니(영국 학생들의 속어임)
   word for mother taken directly from the Latin
2. **matrix** [mǽitriks] MATRI x *n.* 모체, 기반, 모형
   the womb; the material in which a gem, fossil, metal is embodied
3. **matriculate** [mətríkjəlèit] MATRIC ulate *v.* 대학에 입학을 허가하다.
   to enroll or register in a college
4. **matriculation** [mətrikjəléiʃən] MATRIC ulation *n.* 대학입학 허가
   enrollment in a college
5. **matriculant** [mətríkjələnt] MATRI culant *n.* 대학의 입학 지원자
   one who registers in a college
6. **matrimony** [mǽtrəmòuni] MATRI mony *n.* 결혼, 결혼생활
   state of wedlock; marriage

7. **matrimonial** [mæ̀trəmóuniəl] MATRI monial *adj.* 결혼의
   relating to marriage
8. **matrilineal** [mæ̀trəlíniəl] MATRI lineal *adj.* 모계의
   relating to the mother's side of the family
9. **maternal** [mətə́ːrnl] MATER nal *adj.* 어머니의, 어머니다운
   relating to the mother; motherly
10. **matricide** [mǽtrəsàid] MATRI cide *n.* 모친 살해, 모친 살해자
   the murder of one's mother
11. **matron** [méitrən] MATRO *n.* n. 기혼여자, 부인, 간호부장, 여감독
   a woman who has a supervisory role in an institution for women or children
12. **maternity** [mətə́ːrnəti] MATER nity *n.* 모성, 어머니다움
   the state or quality of being a mother

● 연습문제

Ⅰ. maternal을 분석하시오.

Ⅱ. 다음의 ________ 부분을 채우시오.

(1) Rip Van Winkle did not enjoy the blessings of ________.
Rip Van Winkle은 결혼생활의 축복을 즐기지 못했다.

(2) Every race has in its history the lives of famous women who were honored with the title of ________.
모든 민족의 역사에는 여족장의 자격으로 존경을 받은 유명한 여인들의 삶이 있다.

Hear and see and say nothing.
들은 말 들은 데 버리고 본 말은 본 데 버려라.

No. 71

MAR, MARI, MER

sea, pool(바다, 물탱크)

해설 어근 MAR, MARI, MER는 SEA, POOL을 뜻한다. 이것은 SEA의 의미를 지니고 있는 라틴어 mare에서 왔다. mere만 라틴어와 어근이 같은 말이며 뜻도 약간 다르다. 그 외에는 모두 차용어이다.

기본어휘

1. **mere** [míər] MERE *n.* 호수, 못, 연못 lake; pool
2. **mermaid** [mə́ːrmèid] MER maid *n.* 인어, 여자 수영선수
   fabled marine creature, half fish, half woman
3. **merman** [mə́ːrmæ̀n] MER man *n.* 인어, 남자 수영선수
   the male of the marine creatures
4. **marine** [məríːn] MAR ine *adj.* 바다의, 해양의, 해운업의
   relating to the sea

   예 Whales and seals are *marine* mammals.
   고래와 바다표범은 해양 포유류이다.
5. **marine** [məríːn] MAR ine *n.* (한 나라의)선박, 해상세력, 해병대원
   a sailor, serving on shipboard
6. **maritime** [mǽrətàim] MAR itime *adj.* 바다의, 해상의, 해운상의
   relating to commerce and navigation

   예 *Maritime* laws govern international shipping.
   해상법이 국제 해운을 다스린다.
7. **mariner** [mǽrənər] MAR iner *n.* 선원, 수부, 뱃사람
   a sailor; an, in a poem by Coleridge, "The Rime of the Ancient Mariner."
8. **marsh** [mɑːrʃ] MAR sh *n.* 습지, 늪, 소택지
   wet land; swamp; morass

   예 *Marshes* have ponds where ducks and geese build nests.
   늪에는 오리와 거위가 둥지를 만드는 연못들이 있다.
9. **submarine** [sʌ́bməriːn] sub MARI ne *n.* 잠수함
   something that functions or operates underwater

● 연습문제

Ⅰ. mariner와 submarine을 분석하시오.

Ⅱ. 다음의 ______ 부분을 채우시오.

(1) Samuel Taylor Coleridge wrote "The Rime of the Ancient ______".
Coleridge가 "늙은 뱃사람에 대한 시"를 지었다.

(2) The Romans called the Mediterranean Sea ______ nostrum, our sea.
로마인들은 지중해를 우리 바다라고 불렀다.

The mills of God grind slowly.
하나님의 맷돌은 서서히 돌아간다.

No. 72 MEDI

half, middle, between, half-way(중간의, 가운데)

해설 어근 MEDI는 MIDDLE의 뜻으로 라틴어 medius에서 왔다. mediare도 이 어근에 관여하는데, 'to be in the middle'의 뜻이다. 그리고 이 단어들과 어근이 같은 말로서의 영어 접두어로는 mid-가 있다.

기본 어휘

1. **medial** [míːdiəl] MEDI al *adj.* 중간에 있는, 평균의, 보통의
   relating to the middle; situated in the middle
2. **median** [míːdiən] MEDI an *adj.* 중앙의, 중간의
   intermediate
3. **mediate** [míːdièit] MEDI ate *v.* 조정하다, 화해시키다
   come between; intervene

   예 The government *mediated* between the workers and the employers.
   정부가 노동자들과 고용주들 사이에서 중재하였다.
4. **mediation** [mìːdiéiʃən] MEDI ation *n.* 조정, 중재, 화해
   intervention between opposing parties
5. **mediator** [míːdièitər] MEDI ator *n.* 중재인, 조정자, 매개자
   one who comes between opposing parties
6. **mediatorial** [mìːdiətɔ́ːriəl] MEDI atorial *adj.* 중재의, 조정의
   characteristic of mediation or a mediator
7. **mediatory** [míːdiətɔ̀ːri] MEDI atory *adj.* 중재의, 조정의
   of the nature of mediation
8. **mediatress** [míːdièitris] MEDI atress *n.* mediator의 여성형
   a female mediator; mediatrix
9. **medieval** [mìːdiíːvəl] MEDI eval *n.* 중세의, 중세풍의, 중고의
   pertaining to the middle ages
10. **medievalism** [mìːdiíːvəlizəm] MEDI evalism *n.* 중세취미, 중세시대정신, 중세관
    the method and spirit of the middle ages
11. **mediocre** [mìːdióukər] MEDI ocre *adj.* 보통의, 평범한, 열등한
    of middle quality

    예 He got *mediocre* grades in college. 그는 대학에서 보통 학점을 받았다.

12. **mediocrity** [mì:diɔ́krəti] MEDI ocrity *n.* 평범, 보통, 범용
average capacity; middle quality

13. **mediterranean** [mèdətəréiniən] MEDI terranean *adj.* 육지로 둘러싸인, 지중해의
lying between lands; having land on all sides

14. **medium** [mí:diəm] MEDI um *n.* 중간, 매개물, 수단, 영매
a person having the faculty to make contact with the supernatural; means of doing something

예 Language is a *medium* of expression.
언어는 표현의 수단이다.
Television can be a *medium* for giving information and opinions.
텔레비전은 정보와 의견들을 제시하는 매개물이 될 수 있다.

15. **immediate** [imí:diit] im MEDI ate *adj.* 즉시의
acting or being without the intervention of another object, cause or agency; direct

● 연습문제

Ⅰ. mediate와 mediterranean을 분석하시오.

Ⅱ. 다음의 ______ 부분을 채우시오.

(1) __________ minds soon settle for __________.
<u>평범한</u> 사람들은 금방 <u>범용</u>에 익숙해진다.

(2) He had an excellent reputation as a _________ between unions and industry.
그는 조합들과 산업 경영자 사이의 <u>중재인</u>으로서 훌륭한 명성을 지녔다.

The fool doth think he is wise, but the wise man knows himself th be a fool!
어리석은 자는 자기가 똑똑하다고 생각하지만, 똑똑한 자는 자기가 어리석음을 안다.

No. 73 MEGA, MEGALO

large(큰, 거대한)

해설 어근 MEGA, MEGALO는 very LARGE를 뜻한다. MACRO는 육체적 · 물질적인 크기에 MAGNA는 정신적인 크기, MEGA는 육체적 · 정신적인 비정상적인 크기에 사용된다.

기본어휘

1. **megapod** [mégəpɔd] MEGA pod *adj.* 발이 큰 large footed
2. **megaphone** [mégəfòun] MEGA phone *n.* 메가폰, 확성기, 대변자 a device for magnifying sound
3. **megameter** [mégəmiːtər] MEGA meter *n.* 경도를 결정하기 위해 별을 관측하는 기구
   instrument for observing the stars in order to determine longitude
4. **megascopic** [mégəskɔ́pik] MEGA scopic *adj.* 확대된, 육안으로 보이는
   enlarged; visible to the naked eye
5. **megatherm** [mégəθəːrm] MEGA therm *n.* 장일식물
   any plant which requires great heat and abundant moisture for growth
6. **megalomania** [mégəlouméiniə] MEGALO mania *n.* (의학)과대망상 delusions of grandeur
7. **megalopolis** [mégəlɔ́pəlis] MEGALO polis *n.* 거대도시, 대도시인구 과밀지대
   a very large city
8. **Megalosaurus** [mégəlousɔ́ːrəs] MEGALO saurus *n.* 반룡(거대한 육식 공룡)
   a carnivorous dinosaur
9. **acromegaly** [ӕkroumégəli] acro MEGA ly a. 선단비대증
   disease marked by the enlargement of the face nd extremities
10. **megalith** [mégəliθ] MEGA lith *n.* 거석
    one of huge undressed stones used in various prehistoric monuments

    예 Priests in ancient England placed *megaliths* in a circle for religious worship.
    고대 영국의 사제들은 종교적인 예배를 위해 원모양으로 거석들을 세웠다.

● 연습문제

Ⅰ. megatherm과 megalith를 분석하시오.

Ⅱ. 다음의 ______ 부분을 채우시오.

Dictators are subject to a vicious ________ which wants to make them master the world.
독재자들은 그들로 하여금 세계를 정복하고자 하도록 만드는 사악한 과대망상에 사로잡혀 있다.

No. 74 MICRO

small, minute(작은, 극소의)

해설 어근 MICRO는 SMALL, MINUTE를 의미한다. MICRO는 tiny를 뜻하는 희랍어 mikros에서 온 것이다. 이것과 반대의 뜻을 지닌 것으로서 MACRO가 있다.

기본어휘

1. **microaudiphone** [màikrouɔ:dəfoun] MICRO audiphone *n.* 보청기
   an instrument to make slight sounds audible
2. **micrograph** [màikrəgræ̀:f] MICRO graph *n.* 현미경 사진
   an instrument for writing and engraving minutely
3. **micrology** [maikrɔ́lədʒi] MICRO logy *n.* 현미경을 다루는 기술
   the art of handling microscopic objects
4. **microphone** [máikrəfòun] MICRO phone *n.* 마이크, 송화기
   an instrument to intensify slight sounds
5. **microscope** [máikrouskòup] MICRO scope *n.* 현미경
   an instrument to examine objects too small to be seen by the naked eye
6. **microbiology** [màikroubaiɔ́lədʒi] MICRO biology *n.* 미생물학
   a branch of biology dealing with microscopic forms of life
7. **microcosm** [máikroukɔ̀zəm] MICRO cosm *n.* 소우주, 소세계 a little world
8. **microeconomics** [màikroui:kənɔ́miks] MICRO economics *n.* 미시경제학
   a study of economics in terms of individual areas of activity

● 연습문제

Ⅰ. microaudiphone을 분석하시오.

Ⅱ. 다음의 ______ 부분을 채우시오.

(1) A ____________ reveals a world too small to be seen by the naked eye. The invention of the ___________ is a boon to those who are hard of hearing.

현미경은 육안으로 보기에 너무나 작은 세계를 드러내준다. 보청기의 발명은 청력이 떨어지는 사람들에게는 은혜가 된다.

(2) The ___________ allowed everyone in the square to hear the speaker's voice.

마이크 덕분에 광장에 있는 모든 사람들이 연설가의 목소리를 들을 수 있게 되었다.

No. 75

MIGRA

wander(헤매다, 유랑하다)

해설 어근 MIGRA는 WANDER을 뜻하는 라틴어 migrare에서 파생된 것이다.

기본 어휘

1. **migrant** [máigrənt] MIGRA nt. *n.* 이주자, 철새
   one who wanders, traveling from place to place
2. **migrate** [máigreit] MIGRA te *v.* 이주하다, 정기적으로 이동하다.
   to wander; to move about from place to place
   예 Countless people have *migrated* to the cities because they could not survive in rural areas.
   농촌지역에서 살아남을 수 없었기 때문에 수많은 사람들이 도시로 이주하였다.
3. **migratory** [máigrəntɔ:ri] MIGRA tory *n. adj.* 이주하는, 이주성의
   wandering; as, migratory birds
4. **emigrate** [éməgrèit] e MIGRA te *v.* 딴 나라로 이민하다. 이사하다
   to leave a land; to go out of a country
5. **emigration** [èməgréiʃən] e MIGRA tion *n.* 이국, 이민
   the act of leaving one's country
6. **immigrate** [íməgréit] im MIGRA te *v.* 이주하다, 이주시키다
   to come into the land to settle
7. **immigrant** [íməgrənt] im MIGRA nt *n.* (외국으로부터) 이민, 이주자
   a settler in a new land
8. **immigration** [íməgréiʃən] im MIGRA tion *n.* 이주, 입식자
   the act of coming into a land to settle

● 연습문제

Ⅰ. migratory와 emigrant를 분석하시오.

Ⅱ. 다음의 ______부분을 채우시오.

(1) When John Tyler was President, he sent an invitation to the revolution-torn refugess of Europe and thousands of _________ became American citizens. More recently Hitler's dictatorship drove thousands of _____________ out of Europe.

존 타이러가 대통령이었을 때 그는 유럽의 혁명으로 괴로워하는 피난자들을 초대하여 수천 명의 이주자들이 미국 시민이 되었다. 더욱 최근에 히틀러의 독재정치가 수천 명의 이주민을 유럽밖으로 몰아냈다.

(2) There is a treaty between the United States and Great Britaion to protect ___________ game birds.

미국과 영국 사이에는 이주하는 사냥감 새들을 보호하기 위한 협정이 있다.

A tale never loses in the telling.
말은 할수록 늘고 되질은 할수록 준다.

No. 76

MIS

wrong, bad(잘못된, 나쁜, 미워하는)

해설 MIS는 원래 영어에서 유래하는 BAD, WRONG의 의미를 갖는 접두어와 희랍어 misein ('to hate')에서 유래하는 HATRED의 의미를 갖는 접두어의 두 가지가 있다. 후자는 MISO로도 쓰인다.

기본 어휘

1. **misadventure** [mìsədvéntʃər] *n.* 불운, 재난, 재앙(=an accident; misfortune)
"wrong, bad"의 뜻을 지닌 접두어 mis-와 "about to happen"의 뜻을 지닌 라틴 어근에서 파생된 adventure-의 결합이다.

   예 Tom's holiday was ruined by a whole series of *misadventures*.
   Tom의 휴가는 많은 일련의 불운들에 의해 망쳐졌다.

2. **miscarriage** [mìskǽridʒ] *n.* 실패, 실책, 유산(=wrong handling, accidental birth of a fetus before the proper time)
"wrong, bad"를 의미하는 접두어 mis-와 "car"를 뜻하는 라틴 어근에서 파생된 carriage-가 합해진 단어이다.

   예 He was innocent, but sent to jail in a *miscarriage* of justice.
   그는 무죄였지만 오심에 의해 감옥에 가게 되었다.
   Lucy had a *miscarriage* when she was four months pregnant.
   Lucy는 임신 4개월 때 유산을 하게 되었다.

보충 어휘

1. **misalliance** [mìsəláiəns] MIS alliance *n.* 어울리지 않는 결혼
an improper union; esp., an improper marriage
2. **misappropriate** [mìsəpróuprièit] MIS appropriate *v.* 남용하다, 착복하다
to use wrongly; esp., for one's own benefit
3. **misbegotten** [mìsbigɔ́tn] MIS begotten *adj.* 서출의, 사생아의
born out of wedlock; ill-born
4. **misbehavior** [mìsbihéivjər] MIS behavior *n.* 무례, 부정행위 improper conduct
5. **miscalculate** [mískǽlkjəlèit] MIS calculate *v.* 오산하다, 잘못짚다
to make an error in counting
6. **miscast** [miskǽst] MIS cast *v.* 부적당한 역을 맡기다
give an actor a role not suited to him

7. **mischief** [místʃif] MIS chief *n.* 손해, 재해, 악영향, 장난
an act which results in damage or injury

예 Children make all kinds of *mischief* on April Fools' Day.
만우절에 어린 아이들은 여러 장난을 친다.

8. **misconception** [mìskənsépʃən] MIS conception *n.* 오해, 오인, 잘못된 생각
an erroneous idea; wrong interpretation

9. **miscreant** [mískriənt] MIS creant *n.* 악당, 이단자
an evil-doer; one who is vicious in behavior

10. **misgiving** [misgíviŋ] MIS giving *n.* 의심, 걱정, 불안, 염려
doubt about the result of some action

예 Sarah has *misgivings* about the man her daughter wants to marry, but she says nothing.
Sarah는 자기 딸이 결혼하려는 남자에 대한 의심을 갖고 있지만, 그녀는 아무 말도 하지 않는다.

11. **misnomer** [misnóumər] MIS nomer *n.* 틀린 명칭, 인명오기 the wrong name

12. **misguide** [misgáid] MIS guide *v.* 잘못 지도하다.
to lead in the wrong direction

13. **mistrial** [mistráiəl] MIS trial *n.* 무효심리, 미결정심리
a trial of no effect because of some error in the proceedings

14. **misinterpretation** [mìsintə:rpritéiʃən] MIS interpretation. *n.* 오역, 오해
misunderstanding

15. **misanthrope** [mísənθroup] MIS anthrope *n.* 사람을 싫어하는 사람
a hater of mankind

16. **misogynist** [misɔ́dʒənist] MISO gynist *n.* 여자를 싫어하는 사람
a hater of women

17. **misogamist** [misɔ́gəmist] MISO gamist *n.* 결혼을 싫어하는 사람
one who hates marriage

18. **misology** [misɔ́lədʒi] MISO logy *n.* 논란을 싫어함
a hatred of argument, reasoning, or enlightenment

● 연습문제

Ⅰ. miscast와 misogynist를 분석하시오.

Ⅱ. 다음 ______ 부분을 채우시오.

(1) When court proceedings do not result in a just verdict we call it a ________ of justice.
사법 절차들이 공정한 평결에 귀착하지 않는 것을 우리는 오심이라고 부른다.

(2) The actor was hopelessly ________ as Shylock.
샤일록으로 선택된 배우는 잘못된 배역이었다.

No. 77 MITT, MISS

send(보내다)

해설 어근 MITT, MISS는 SEND를 의미하는 라틴어 mittere, missus로부터 유래되었다.

기본 어휘

1. **admit** [ædmít] *v.* 인정하다(입장, 입학을), 허락하다, 수용하다(=say something is real or true; acknowledge; allow to enter; to let in; let enter; to allow to join; to have or leave room for)
"to"를 의미하는 라틴 접두사 ad-와 "to send; let go"를 의미하는 mit-로 되어 있으며, to let go를 의미한다.

예 He *admits* now that he was wrong. 그는 이제 자신이 틀렸다는 것을 인정한다.
This ticket *admits* one person to the theater. 이 표는 한 사람이 극장에 입장하는 것을 허락한다.
He was *admitted* to school this year. 그는 올해에 학교 입학이 허락되었다.
The theater could *admit* only 500 people. 이 극장은 500명만 수용 할 수 있다.

2. **commit** [kəmít] *v.* 맡기다, 범하다, 위임하다(감옥에), 보내다(=to do; to entrust to the care of something or someone; to devote oneself to something; to place someone in custody, as in a prison or mental institution; hand over for safekeeping; perform; do usually something wrong; bind or involve (oneself) pledge)
"together"를 뜻하는 라틴 접두사 com-과 "to send"를 의미하는 mit-로 되어 있다.

예 The sick man *committed* himself to the doctor's care.
그 환자는 자신을 그 의사의 치료에 맡겼다.
Jack *committed* the speech to memory. Jack은 그 연설을 암기했다.
The judge *committed* the thief to prison. 판사는 그 도둑을 감옥에 보냈다.
A man who steals *commits* a crime. 물건을 훔치는 자는 죄를 범하는 것이다.

3. **dismiss** [dismís] *v.* 물러가게 하다, 해산하다, 해고하다, 잊어버리다(=send away, allow to go; remove from office or service; not allow to keep a job; put away; stop thinking about)

예 At noon the teacher *dismissed* the class. 정오에 선생님은 학생들을 하교 시켰다.
We *dismissed* the cook because her cooking was so poor.
요리사가 요리를 너무 못해서 우리는 그녀를 해고했다.
Let us *dismiss* our trouble. 우리들의 괴로움을 잊어버립시다.

4. **emit** [imít] *v.* 방사하다, 발하다(소리를), 내다(=to send out; send forth or give off sound, light, heat, etc; give expression to something)

"out"를 의미하는 e-와 "to send"를 뜻하는 mit-로 되어 있다.

예 The firecracker *emitted* sparks in all directions. 폭죽이 사방으로 불꽃을 발산했다.
The sun *emits* light. 태양은 빛을 발한다.
The lion *emitted* a roar of rage. 그 사자는 분노의 포효를 내었다.

보충 어휘

1. **mission** [míʃən] MISS ion *n.* 특파, 사명, 임무
a duty one is sent to perform; as, sent on a mission
2. **missile** [mísɑil] MISS ile *n.* 날아가는 무기, 미사일
something which can be sent through the air
3. **missive** [mísiv] MISS ive *n.* 편지, 공문서 a note which can be sent by messenger
4. **permit** [pəːrmít] per MIT *v.* 허용하다 to allow; as, liberty will not permit license
5. **emissary** [éməsəri] e MISS ary *n.* 사자 a messenger sent on a mission
6. **intermission** [ìntərmíʃən] inter MISS ion *n.* 중단, 휴식, 막간
a break between two parts of a performance; as, during intermission
7. **intermittent** [ìntərmítənt] inter MIT tent *adj.* 간헐성의, 단속적인
coming and going; irregular

예 There will be *intermittent* rain showers today in Seoul.
오늘 서울에서는 간헐적으로 소나기가 올 것이다.

8. **remiss** [rimís] re MISS *adj.* 태만한, 부주의한
careless; as, service here is remiss
9. **remit** [rimít] re MIT *v.* 용서하다, 송금하다. pay back; pardon

예 The woman prayed that her sins would be *remitted*.
그 여인은 자신의 죄들이 용서받기를 기도했다.

10. **submit** [səbmít] sub MIT *v.* 복종시키다 give up; surrender
11. **transmit** [trænsmít] trans MIT *v.* 전하다, 알리다
send across; as, transmit news by cable

● 연습문제

Ⅰ. intermission과 remit를 분석하시오.

Ⅱ. 다음 ______ 부분을 채우시오.

(1) Having completed his ________, he returned to his base of operations.
자신의 임무를 완수하고 그는 자기의 작전 근거지로 돌아갔다.

(2) No one knows how characteristics are ________ from parent to child.
성격이 어떻게 부모에게서 아이에게도 전해지는지 아무도 모른다.

(3) At the concert they met friends during the __________.
음악회에서 그들은 휴식시간 동안 친구들을 만났다.

No. 78 MOB, MOT, MOV

move(움직이다)

해설 어근 MOB, MOT, MOV는 MOVE를 의미한다. 라틴어 mobilis와 movere, motus로부터 온 말이다.

기본 어휘

1. **emotion** [imóuʃən] *n.* 감정, 감격, 감동(=a strong surge of feeling that is expressed outwardly; any intense feeling, such as love or hate; strong feeling of any kind)
"out"을 의미하는 e-와 "to move"를 뜻하는 mot-, 그리고 여기에 "the act or state of"를 의미하는 -ion이 더해져서 이루어진 단어이다.

   예 His voice was full *emotion* as he told the history.
   그 역사를 말하는 그의 목소리에는 감정이 가득 담겨 있었다.

2. **promote** [prəmóut] *v.* 승진시키다, 발기하다, 증진시키다. 진흥하다(=raise in rank or importance; help to grow or develop; help to success; help to organized; start)
"forward"를 뜻하는 라틴 접두사 pro-와 "to move"를 뜻하는 mot-로 되어져 있다.

   예 Pupils who pass this test will be *promoted* to the next higher grade.
   이 시험을 통과하는 학생들은 다음 학년으로 진급될 것이다.
   A kindly feeling toward other countries will *promote* peace.
   다른 국가들을 향한 친절한 감정들은 평화를 장려할 것이다.

3. **remote** [rimóut] *adj.* 먼, 인연이 먼, 간접적인, 희미한(=far away; far off; out of the way; distant; slight; faint)
"back"을 의미하는 라틴 접두사 re-와 "to move"를 뜻하는 mot-로 되어 있다.

   예 There is a *remote* possibility that it may rain tonight. 오늘밤에 비가 올 희미한 가능성이 있다.
   I haven't the *remotest* idea who could have done such a thing.
   나는 누가 이런 짓을 했는지 전혀 모르겠다.

4. **remove** [rimúːv] *v.* 제거하다, 옮기다, 치우다, 물러나게 하다(=move from a place or position; take off; take away; get rid of; put an end to; dismiss from an office or position)
"back"을 나타내는 re-와"to move"를 의미하는 라틴어근 mov에 근원을 둔 영어 move로 이루어진 단어이다.

   예 They *removed* the extra chairs after the meeting. 회의가 끝난 후 그들은 남는 의자들을 옮겼다.
   We *removed* the dirt from the floor with soap and water.
   우리는 비누와 물로 바닥에서 먼지를 닦아냈다.
   The governor *removed* the mayor for failing to do his duty.
   그 주지사는 자기의 임무를 다하지 않았다며 시장을 해임시켰다.

보충 어휘

1. **mobile** [móubəil] MOB ile *adj.* 움직이기 쉬운, 유동적인, 변덕스러운 capable of moving

예 She's much more *mobile* now she has a car. 이제 차가 있으니 그녀는 이동하기 훨씬 쉽다.

2. **mobilize** [móubəlàiz] MOB ilize *v.* 동원하다, (화폐 등을) 유통시키다.
   to assemble for movement; as, mobilize forces
3. **mobilization** [mòubiləzéiʃən] MOB ilization *n.* 동원, 유통 the act of assembling for action
4. **mobility** [moubíləti] MOB ility *n.* 움직이기 쉬움, 이동성, 변덕 the quality of being able to move
5. **motion** [móuʃən] MOT ion *n.* 운동, 몸짓 movement; action; as, make a motion
6. **motionless** [móuʃənlis] MOT ionless *adj.* 정지한 without motion
7. **motive** [móutiv] MOT ive *n.* 동기, 목적 cause; inducement to move; stimulus to act
   예 Nobody seemed to have a *motive* of the murder. 아무도 살인동기를 지니고 있지 않은 듯 했다.
8. **motivation** [mòutəvéiʃən] MOT ivation *n.* 자극, 동기부여 the reason for an action; cause; inducement
9. **mover** [múːvər] MOV er *n.* 움직이(게하)는 사람(것), 이주자, 원동력 one who moves
10. **motor** [móutər] MOT or *n.* 전동기, 모터, 원동력 that which imparts motion; source of mechanical power
11. **motorcade** [móutərkéid] MOT orcade *n.* 자동차 행렬 a group of vehicles going together
12. **automobile** [ɔ́ːtəməbìːl] auto MOB ile *n.* 자동차 *adj.* 자동의 a motor vehicle; self-moving
13. **automotive** [ɔ̀ːtəmóutiv] auto MOT ive *adj.* 자동차의, 자동의 self-moving; self-propelling
14. **demote** [diːmóut] de MOT e *v.* 좌천시키다, 강등하다 move away; move down in rank; degrade
15. **emotional** [imóuʃənəl] e MOT ional *adj.* 감정적인 moved strongly by feelings; as, an emotional act
16. **motivate** [móutəvèit] MOT ivate *v.* 자극하다, ~의 주제가 되다
    move to action; as, anger will motivate crime
    예 Jim's new teacher certainly knows how to *motivate* his students.
    Jim의 새로운 선생님은 정말로 그의 학생들을 자극할 줄 안다.
17. **immobile** [imóubiːl] im MOB ile *adj.* 정지한, 부동의 not moving; motionless
18. **demobilization** [diːmóubəlizéiʃən] de MOB ilization *n.* 동원해제, 복원
    the act of disbanding the armed froces
19. **motordrome** [móutərdròum] MOT ordrome *v.* 자동차(오토바이) 경주장(시운전장)
    a course for racing automobiles
20. **promotion** [prəmóuʃən] pro MOT ion *n.* 승진, 진급, 창립
    a move to a higher position; an advancement

● 연습문제

Ⅰ. mobilize와 automotive를 분석하시오.

Ⅱ 다음 ______ 부분을 채우시오.

(1) The gentle rolling ________ of the ship made me feel sleepy.
천천히 흔들리는 배의 움직임이 나를 졸리게 했다.

(2) A ________ preceded the car of the President.
자동차 행렬이 대통령 차에 앞서갔다.

No. 79

MON, MONO

one(하나의)

해설 MON과 MONO는 ONE을 의미하며, ALONE을 뜻하는 희랍어 monos로부터 유래된 것이다.

기본 어휘

1. **monad** [mɔnæd] MON ad *n.* 단위, 단일체, 단세포생물 a unit; one
2. **monogyny** [mənɔ́ʤəni] MON ogyny *n.* 일처제, 일처주의
   a society which establishes the law of one wife only
3. **monarch** [mɔ́nərk] MON arch *n.* 군주, 주권자, 제왕
   the ruler of an empire
4. **monarchy** [mɔ́nərki] MON archy *n.* 군주정치, 군주정체, 군주제
   a government which has only one ruler
   예 Britain is a constitutional *monarchy.* 영국은 입헌 군주국이다.
5. **monastery** [mɔ́nəstéri] MON astery *n.* (남자의) 수도원, 승원
   a religious institution in which monks live
6. **monochord** [mɔ́nəkɔ̀ːrd] MONO chord *n.* (음악)일현금
   an instrument of ancient days that had only one string
7. **monocle** [mɔ́nəkəl] MONO cle *n.* 외알안경, 단안경
   an eyeglass for one eye
8. **monogamy** [mənɔ́gəmi] MONO gamy *n.* 일부일처(주의)
   one marriage, as opposed to bigamy or polygamy
9. **monodrama** [mɔ́nədrάːmə] MONO drama *n.* 1인극
   a play with one actor
10. **monologue** [mɔ́nəlɔ̀ːg] MONO logue *n.* 독백
    a discourse by one person; soliloquy
11. **monocycle** [mɔ́nəsaikel] MONO cycle *n.* 1륜차, 외바퀴차
    a velocipede with one wheel; unicycle
12. **monochrome** [mɔ́nəkróum] MONO chrome *n.* 단색화, 흑백사진
    a painting of a single color
    예 Early photographers worked only in *monochrome.*
    초기 사진사들은 흑백사진들만 찍었다.

13. **monocracy** [mounɔ́krəsi] MONO cracy *n.* 독재정치
government by one ruler; an autocracy

14. **monochromatic** [mɔ́nəkroumǽtik] MONO chromatic *adj.* 단색의
of one color only

15. **monotone** [mɔ́nətòun] MONO tone *n.* 단조(음)
one tone of unvaried pitch

16. **monotony** [mənɔ́təni] MONO tony *n.* 단조로움
sameness; as, a monotonous voice

예 The *monotony* of the speaker's voice made us all feel sleepy.
강연자 목소리의 단조로움이 우리 모두를 잠이 오게 만들었다.

● 연습문제

Ⅰ. monarch와 monochord를 분석하시오.

Ⅱ. 다음 ______ 부분을 채우시오.

(1) Krapp's Last Tape was a splendid __________, being a one-character play.
Krapp's Last Tape는 인물이 한 명만 나오는, 훌륭한 1인극이었다.

(2) The opposite of ___________ is bigamy.
일부일처제의 반대는 이중 결혼이다.

There is lightning lightly before thunder.
When lightning is frequent, thunder will follow.
번개가 잦으면 천둥이 친다.

No. 80
MONSTR, MONSTRI, MUST

show(보이다, 제시하다)

해설 어근 MONSTR, MONSTRI, MUST는 SHOW를 뜻하는 라틴어 동사 monstrare에서 파생된 것이다. 이 동사는 전조(evil, omen)를 뜻하는 monstrum에서 파생되었다.

기본 어휘

1. **monster** [mɔ́nstər] MONS ter *n.* 괴물
   a malformed creature
2. **monstrous** [mɔ́nstrəs] MONSTR ous *adj.* 기괴한, 거대한, 무시무시한
   having the qualities of a monster; unnatural
   예 *Monstrous* reptiles lived millions of years ago.
   수백만 년 전에 거대한 파충류들이 살았다.
3. **monstrosity** [mɔnstrɔ́səti] MONSTR osity *n.* 기괴, 괴물, 거대한 것
   a malformation; freak
4. **muster** [mʌ́stər] MUST er *v.* 소집하다, 분발시키다
   to gather together; collect; put on display
5. **remonstrance** [rimɔ́nstrəns] re MONSTR ance *n.* 충고, 간언, 진정서
   protest; expostulation
6. **demonstrate** [démənstréit] de MONSTR ate *n.* 논증하다, 증명하다, 표시하다, 표명하다, 시위운동을 하다 to display; show
7. **demonstration** [dèmənstréiʃən] de MONSTR ation *n.* 논증, 증명, 시위운동, 데모
   a display; an exhibition
8. **remonstrate** [rimɔ́nstreit] re MONSTR ate *v.* 간언하다, 충고하다, 항의하다
   to protest; reprove; find fault
   예 She *remonstrated* with him about his behavior.
   그녀는 그의 행동에 대해 그에게 충고했다.
9. **demonstrative** [dimɔ́nstrətiv] de MONSTR ative *adj.* 지시적인
   showing to be real; showing affection

● 연습문제

Ⅰ. demonstrative를 분석하시오.

Ⅱ. 다음 ______ 부분을 채우시오.

(1) Some films show __________(s), such as a giant lizard or gorilla.
어떤 영화에는 엄청나게 큰 도마뱀이나 고릴라와 같은 괴물들이 나타난다.

(2) His remarks ____________ his total ignorance of the subject.
그가 하는 말들은 그가 그 주제에 대해 전혀 아는 바가 없다는 것을 증명한다.

Where drums beat, laws are silent.
법은 멀고 주먹은 가깝다.

No. 81

MORS, MORI, MORT

death(죽음, 사(死))

해설 어근 MORS, MORI, MORT는 DEATH를 의미하는 라틴어 mors, mortis에서 파생된 것이다. 이것과 영어의 murder는 어근이 같은 말이다.

기본 어휘

1. **remorse** [rimɔ́:rs] re MORS e *n.* 양심의 가책, 자책, 연민
   torture of conscience
2. **mortal** [mɔ́:rtl] MORT al *n.* 죽음의, 필멸의, 치명적인
   one who is subject to death; as, human beings are mortal
3. **mortality** [mɔ:rtǽləti] MORT ality *n.* 죽어야 할 운명, 사망자수, 사망률
   subjection to death; death rate
4. **mortally** [mɔ́:rtəli] MORT ally *adv.* 치명적으로, 대단히, 심히
   bringing death; fatally
5. **mortgage** [mɔ́:rgidʒ] MORT gage *n.* 저당
   a conveyance of property
6. **mortify** [mɔ́:rtəfài] MORT ify *v.* (정욕, 감정 등을) 억제하다, 극복하다, 굴욕을 느끼게 하다
   hurt; embarrass; humiliate
7. **mortification** [mɔ̀:rtəfikéiʃən] MORT ification *n.* 고행, 금욕, 분함, 굴욕
   embarrassment; humiliation

   예 To his *mortification*, he discovered that his son knew more about the subject than he did.
   굴욕스럽게도, 그는 자기의 아들이 자기보다 그 주제에 관해 더 많은 것을 알고 있다는 것을 깨달았다.
8. **mortician** [mɔ:rtíʃən] MORT ician *n.* 장의사, 경영자
   undertaker; funeral director
9. **mortuary** [mɔ́:rtjuəri] MORT uary *adj.* 시체실, 매장
   relating to the burial of the dead
10. **moribund** [mɔ́(:)rəbʌ́nd] MORI bund *adj.* 다 죽어 가는, 빈사 상태의 dying
11. **immortal** [imɔ́:rtl] im MORT al *adj.* 죽지 않는, 영구한
    not subject to death; deathless

    예 Beauty and truth are *immortal* qualities.
    아름다움과 진리는 영구적인 본질들이다.

12. **immortality** [imɔːrtǽləti] im MORT ality *n.* 불사, 불멸, 불후 deathlessness
13. **immortalize** [imɔ́ːrtəlàiz] im MORT alize *v.* 영원히 떨치게 하다.
    to make deathless
14. **remorseful** [rimɔ́ːrsfəl] re MORS eful *adj.* 후회하는
    tortured by remorse

● 연습문제

Ⅰ. immortal과 remorseful을 분석하시오.

Ⅱ. 다음의 ______ 부분을 채우시오.

(1) The wound was __________ and he died.
그 상처는 치명적이어서 그는 죽었다.

(2) The statistics of infant ___________ are not as alarming as they were.
유아 사망률 통계가 예전만큼 걱정스럽지는 않다.

(3) He ws tortured by _____________ for his deed.
그는 자신이 한 일에 대한 양심의 가책으로 괴로워했다.

A barking dog never bites.
무는 개 짖지 않는다.

No. 82

MULTI

many, much(많은, 다량의, 다수의)

해설 어근 MULTI는 MANY, MUCH를 뜻하는 라틴어 multus에서 파생된 것이다. 접두어로만 사용된다.

기본어휘

1. **multifarious** [mʌltiféəriəs] MULTI farious *adj.* 여러 가지의, 잡다한
   varied; diversified
2. **multigraph** [mʌ́ltigræ̀f] MULTI graph *n.* 윤전 등사기
   a machine which prints many copies
3. **multiloquent** [mʌltíləkwənt] MULTI loquent *adj.* 말이 많은
   speaking much; loquacious
4. **multimillionaire** [mʌ̀ltimiljənέər] MULTI millionaire *n.* 천만장자
   one who has many millions
5. **multiparous** [mʌltípərəs] MULTI parous *adj.* 다산의
   giving birth to more than one child at a time
6. **multiped** [mʌ́ltipèd] MULTI ped *n.* 다족동물
   an organism with many feet; as, a centipede
7. **multiple** [mʌ́ltəpəl] MULTI ple *adj.* 복식의, 다수의, 배수의
   consisting of more than one; manifold
   예 The driver of the crashed car received *multiple* injuries.
   충돌한 차의 운전자는 다수의 부상을 입었다.
8. **multiplicand** [mʌ̀ltəplikǽnd] MULTI plicand *n.* 피승수
   that number in an example which is to be multiplied
9. **multiplication** [mʌ̀ltəplikéiʃən] MULTI plication *n.* 증가, 번식
   an arithmetical process for increasing a number quickly
10. **multiplicity** [mʌ̀ltəplísəti] MULTI plicity *n.* 다수, 다양성
    the quality of being multiple; as, a multiplicity of thoughts
11. **multiply** [mʌ́ltəplài] MULTI ply *v.* 늘리다. 곱하다, 번식하다
    to increase a number quickly by multiplication

12. **multitude** [mʌ́ltitjùːd] MULTI tude *n.* 다수, 군중
a great number; cannot be counted

예 There are a *multitude* of reasons why you shouldn't go.
네가 가지 말아야 할 다수의 이유들이 있다.

13. **multiplex** [mʌ́ltəplèks] MULTI plex *adj.* 다양의, 복합의
manifold; multiple

14. **multiplier** [mʌ́ltəplàiər] MULTI plier *n.* 번식시키는 사람, 곱수
one who or that which multiplies

15. **multilingual** [mʌ̀ltilíŋgwəl] MULTI lingual *a.* 여러 나라말을 하는
able to speak many different languages

● 연습문제

Ⅰ. multiloquent와 multiparous를 분석하시오.

Ⅱ. 다음의 ______ 부분을 채우시오.

(1) Because he lived in Switzerland where four languages are spoken, he became ____________.
4개 국어가 쓰이는 스위스에서 살기 때문에 그는 여러 나라말을 하게 되었다.

(2) Due to the ____________ of available jobs, she was unable to make a choice.
가능한 직업들의 다양성 때문에 그녀는 선택을 내릴 수가 없었다.

(3) He made fifty copies of the program by using a __________.
그는 윤전등사기를 사용함으로써 프로그램을 50부 복사할 수 있었다.

A journey of a thousand miles must begin with the first step.
High buildings have low foundations.
Step by step one goes a long way.
천리길도 한걸음부터.

No. 83 NASC, NAT

to be born, to spring forth(태어나다, 돌출하다)

해설 어근 NASC, NAT는 TO BE BORN; TO SPRING FORTH를 의미한다. 그것은 라틴어의 nasci, natus로부터 온 어근이다.

기본 어휘

1. **nascent** [néisənt] *adj.* 발생하고 있는, 초기의(=being born; beginning to exist or develop; newly conceived)
"to be born"을 의미하는 nasc-와 라틴어 접미사 -ent, 즉 영어에서 -ing의 구실을 하는 -ent로 되어 있다.
   예 The survey uncovered *nascent* discontent among students.
   조사한 결과 학생들 사이에서 불만이 발생하려고 하는 것이 드러났다.

2. **nation** [néiʃən] *n.* 국가(=a group of people occupying the same country, united under the same independent government, and mostly speaking the same language; a people, race, or tribe; those having the same descent, language, and history)
"to be born"을 의미하는 nat-와 "the state of"를 의미하는 접미사 -ion이 이루어져서 된 단어이다.
   예 At what date did this counry become a *nation*?
   이 나라가 언제 국가가 되었는가?
   The United States, Great Britain, and France are great *nations*.
   미국, 영국과 프랑스는 중요한 국가들이다.

3. **native** [néitiv] *adj.* 출생의, 타고난, 자연그대로의 *n.* (원)주민(=person born in a certain place or country; belonging to one because of his birth; born in a person; natural; of the natives; animal or plant that originatied in a place)
"to be born"을 뜻하는 nat-와 "tending to; a person who is"를 의미하는 라틴어 접미사 -ive로 되어 있다.
   예 Clarence is a *native* of Colorado.
   Clarence는 Colorado주의 주민이다.
   These are *native* New Jersey tomatoes.
   이것들은 New Jersey주에서 자라난 토마토들이다.
   Nora has a lot of *native* charm.
   Nora는 타고난 매력을 많이 가지고 있다.

보충 어휘

1. **naive** [nɑːíːv] NA ive *adj.* 소박한, 순진한, 경험 없는 acting as one born yesterday; artless

   예 Karen is *naive*, enough to believe everybody.
   Karen은 모든 사람들을 믿을 정도로 순진하다.

2. **naivete** [nɑːivtéi] NA ivete *n.* 천진난만, 순진, 소박
   quality of being childishly simple
3. **nature** [néitʃər] NAT ure *n.* 자연, 천연, 본질, 천성, 기질
   the essence of a person or a thing
4. **natural** [nǽtʃərəl] NAT ural *adj.* 자연의, 천연의, 타고난, 당연한
   relating to nature
5. **nativism** [néitivizəm] NAT ivism *n.* 선천론, 생득설, 원주민 보호주의
   a policy favoring the native born
6. **naturalize** [nǽtʃərəlàiz] NAT uralize *v.* 귀화시키다, 이식하다
   to give citizenship to one foreign born
7. **naturalization** [nǽtʃərəlizéiʃən] NAT uralization *n.* 귀화, 이입, 이식
   the process by which one can become naturalized
8. **innate** [inéit] in NAT e *adj.* 타고난 inborn; inherent in

   예 Laura has an *innate* ability to make others feel good.
   Laura는 다른 사람들의 기분을 좋게 해주는 타고난 능력을 가지고 있다.

9. **renascence** [rinǽsəns] re NASC ence *n.* 재생 a rebirth; a revival
10. **international** [intərnǽʃənəl] inter NAT ional *adj.* 국제적인 between or among nations
11. **national** [nǽʃənəl] NAT ional *adj.* 국민의, 국가의, 국립의 relating to a nation
12. **nationalism** [nǽʃənəlìzəm] NAT ionalism *n.* 민족주의, 국가주의
    the belief that to support the nation is the highest duty
13. **nationality** [nǽʃənǽləti] NAT ionality *n.* 국민임, 국민성, 국적, 선적 country of origin

● 연습문제

Ⅰ. naturalization을 분석하시오.

Ⅱ. 다음 _______ 부분을 채우시오.

(1) The American policy of democracy does not approve of __________.
민주주의라는 미국 정책은 원주민 보호주의에 찬성하지 않는다.

(2) President John Tyler invited all refugees to come to America and become ____________(d).
Hohn Tyler 대통령은 모든 피난자들이 미국에 와서 귀화되도록 권했다.

No. 84 NEO

new, recent(새로운, 신(新))

해설 어근 NEO는 희랍어 neos에서 파생된 것으로 NEW, RECENT를 뜻한다.

기본 어휘

1. **neoblastic** [niːoublǽstik] NEO blastic *adj.* 신생의 having the nature of new growth
2. **Neocene** [nìːəsiːn] NEO cene *adj.* 신생대 제3기의 belonging to the tertiary period
3. **neo-Darwinism** [níːou-dáːrwinizəm] NEO Darwinism *n.* 신다윈주의 a new from of Darwin's theory
4. **neo-Gothic** [ní(ː)ougɔθik] NEO Gothic *adj.* 신고딕풍의 art based on study of medieval Gothic
5. **neo-Hellenism** [níou-hélinizəm] NEO Hellenism *n.* 신헬레니즘 the practice of ancient Greek ideals in modern life and art
6. **neolithic** [niouliθik] NEO lithic *adj.* 신석기시대의 relating to the era when polished stone implements were used
7. **neology** [niːɔ́lədʒi] NEO logy *n.* 신어, 신어사용 the use of new words in the language
8. **neon** [níːɔn] NEO n *n.* 네온 a gaseous element used in neon lights
9. **neonate** [nìːənèit] NEO nate *n.* 신생아 a new born child
10. **neophyte** [níːəfàit] NEO phyte *n.* 신개종자, 초심자 a new convert; a novice; a beginner
11. **neoplasia** [niːəpléiziə] NEO plasia *n.* 종양, 암 the formation of tumors; a tumorous condition
12. **neoteric** [nìːətérik] NEO teric *adj.* 최근의 recent in origin; modern

● 연습문제

Ⅰ. neolithic을 분석하시오.

Ⅱ. 다음 ______ 부분을 채우시오.

(1) He is a ________ at playing the piano.
그는 피아노를 치는데 있어서 초심자이다.

(2) The computer industry has introduced many ________, such as "internet" and "user-friendly".
컴퓨터 산업은 "인터넷"과 "사용하기 쉬운"과 같은 신어들을 많이 가져왔다.

No. 85

NEUR

nerve(신경)

해설 어근 NEUR는 희랍어 neuron에서 파생된 것으로 NERVE를 뜻한다.

기본어휘

1. **neural** [njúərəl] NEUR al *adj.* 신경의, 신경계의 relating to a nerve
2. **neuralgia** [njuərǽldʒə] NEUR algia *n.* 신경통 acute pain extending along the nerve
3. **neuralgic** [njuərǽldʒik] NEUR algic *adj.* 신경통의 resembling neuralgia; as, a neuralgic pain
4. **neurility** [njuríləti] NEUR ility *n.* 신경작용 function of the nerves
5. **neurotoxic** [njuːrətɔksik] NEUR otoxic *adj.* 신경독의 toxic to the nerves or nervous tissue
6. **neurology** [njuərɔlədʒi] NEUR ology *n.* 신경학
   branch of medicine which studies the nervous system
7. **neurological** [njuərəlɔdʒikəl] NEUR ological *n.* 신경학상의 relating to neurology
8. **neurologist** [njuərɔ́lədʒist] NEUR ologist *n.* 신경학자 one who practices neurology
9. **neurosis** [njuəróusis] NEUR osis *n.* 신경증, 노이로제
   a nonphysical disorder of the nervous system
10. **neurotic** [njuərɔ́tik] NEUR otic *adj.* 신경증에 걸린
    acting on the nerves; instability

    예 Brushing one's teeth every 10 minutes can be *neurotic* behavior.
    10분마다 양치질을 하는 것은 신경증에 걸린 행동일 수 있다.

● 연습문제

Ⅰ. neuralgia와 neurologist를 분석하시오.

Ⅱ. 다음의 ______ 부분을 채우시오.

(1) If the doctors would teach the layman more about ________, many __________ ills might be prevented.
의사들이 비전문가들에게 신경작용에 대해 더 많은 것을 알려준다면 많은 신경학적인 병들을 예방할 수 있을지도 모른다.

(2) Her ________ causes her to have a fear of small spaces.
그녀의 신경증 때문에 그녀는 좁은 공간에 있는 것을 두려워한다.

No. 86 NOV

new(새로운, 신(新))

해설 어근 NOV는 NEW를 뜻하는 라틴어 nova, novus, novare에서 파생된 것이다.

기본어휘

1. **innovate** [ínouvèit] in NOV ate *v.* 혁신하다, 쇄신하다.
   to bring in something new
   예 We must be prepared to innovate in order to make progress.
   진보하기 위해서 우리는 혁신할 준비를 갖추어야만 한다.
2. **novel** [nɔ́vəl] NOV el *adj.* 새로운, 진기한, 이상한
   new; strange; not formerly known
3. **novel** [nɔ́vəl] NOV el *n.* 소설(장편)
   a story of book length; a work of fiction
4. **novella** [nouvélə] NOV ella *n.* 짧은 이야기
   a shorter book; a short work of fiction
5. **novelist** [nɔ́vəlist] NOV elist *n.* 소설가
   one who writes a novel; the author
6. **novelistic** [nɔ̀vəlístik] NOV elistic *adj.* 소설의
   relating to the characteristics of a novel
7. **novelty** [nɔ́vəlti] NOV elty *n.* 진기함, 새로움
   something new, unusual
8. **nouveau riche** [núːvouríːʃ] *n.* 벼락부자
   one who has suddenly become very rich
9. **novice** [nɔ́vis] NOV ice *n.* 초심자, 신출내기
   one who is new at an enterprise
10. **renovate** [rénəvèit] re NOV ate *v.* 새롭게 하다, 활기를 돋우다
   to make like new again

● 연습문제

Ⅰ. novelistic와 renovate를 분석하시오.

Ⅱ. 다음의 _______ 부분을 채우시오.

(1) He was a _________ at selling _________(d) furniture but he soon learned and introduced a few __________(s) into the business.

그는 수선된 가구를 파는 데에 신출내기였지만 금방 배우고는 그 사업에 몇 가지 혁신들을 가져왔다.

(2) At first I enjoyed all the parties, but the _______ soon wore off.

처음에 나는 그 모든 파티들을 즐겼으나 그 진기함은 금방 사라졌다.

All's fish that comes to the net.
All's grist that comes to the mill.
썩은 새끼도 쓸 데가 있다.

No. 87

NUNCI, NOUNC

speak, declare, warn(말하다, 선언하다, 경계하다)

해설 어근 NUNCI와 NOUNC는 SPEAK, DECLARE, WARN을 뜻하는 라틴어 동사 nuntiare에서 파생된 것이다.

기본 어휘

1. **denounce** [dináuns] *v.* 비난하다, 탄핵하다(=accuse; inform against)
   강조의 뜻을 가진 접두어 de-와 "speak, declare"를 의미하는 라틴 어근 nounc-의 결합이다.

   예 The Presidential candidate *denounced* his opponent as a liar.
   그 대통령 입후보라는 자신의 상대를 거짓말쟁이라고 비난하였다.

2. **renounce** [rináuns] *v.* 포기하다, 기권하다(=retract; revoke; abdicate)
   "away"를 뜻하는 라틴 접두어 re-와 "speak, declare"를 의미하는 라틴 어근 nounc-의 결합이다.

   예 He *renounced* his claim to the property.
   그는 그 재산에 대한 자신의 소유권을 포기했다.

보충 어휘

1. **nuncio** [nʌ́nʃiòu] NUNCI o *n.* 로마교황의 사절
   messenger; a papal representative
2. **nunciature** [nʌ́nʃətjúər] NUNCI ature *n.* 로마교황의 사절의 직(임기)
   the office of the nuncio
3. **nuncupate** [nʌ́ŋkjupèit] NUNC upate *v.* (유언따위를) 구두로 하다
   to declare orally; to proclaim
4. **nuncupative** [nʌ́ŋkjupeitiv] NUNC upative *adj.* 구두의, 구술의
   oral; not written
5. **announce** [ənáuns] an NOUNC e *v.* 알리다
   to make knowledge public
6. **announcer** [ənáunsər] an NOUNC er *n.* 알리는 사람, 아나운서
   one who makes announcements publicly
7. **announcement** [ənáunsmənt] an NOUNC ement *n.* 고지, 발표, 성명
   information given to the public

8. **denunciation** [dinʌ́nsiéiʃən] de NUNCI ation *n.* 탄핵, 고발, 파기통고
   act of informing against
9. **denunciatory** [dinʌ́nsiətəri] de NUNCI atory *adj.* 비난의, 탄핵적인
   characterized by denunciation
10. **enunciate** [inʌ́nsièit] e NUNCI ate *v.* 선언하다, 발음하다
    to pronounce carefully

    예 An actor must learn to *enunciate* his words clearly.
    배우는 말을 명확하게 발음하는 법을 배워야만 한다.

11. **enunciation** [inʌnsièiʃən] e NUNCI ation *n.* 발음(하는 투), 언명, 선언
    pronunciation; articulation
12. **pronounce** [prənáuns] pro NOUNC e *v.* 발음하다, 선언하다
    declare; articulate
13. **pronouncement** [prənáunsmənt] pro NOUNC ement *n.* 공고, 선언
    declaration; formal announcement

    예 The mayor made a *pronouncement* that the city budget must be reduced.
    시장은 시예산이 감소되어야 한다는 공고를 내었다.

14. **pronunciation** [prənʌ̀nsiéiʃən] pro NUNCI ation *n.* 발음, 발음하는 법
    articulation; utterance
15. **renunciation** [rinʌ̀nsiéiʃən] re NUNCI ation *n.* 포기, 기권
    abdication; the act of giving up

● 연습문제

Ⅰ. announce와 enunciate을 분석하시오.

Ⅱ. 다음의 ______ 부분을 채우시오.

(1) When your e ________ of words is exact, your ________ is usually good, too.
말할 때 발음이 정확하면 대부분의 경우 발음법도 좋다.

(2) There was great applause when the _________ made a formal _________ of the noted star's appearance.
아나운서가 그 유명한 연예인의 등장에 대한 정식발표를 했을 때 박수갈채가 터져 나왔다.

No. 88

OMNI

all(모두, 전부)

해설 어근 OMNI는 ALL을 의미하는 라틴어 omnis에서 파생되었다.

기본어휘

1. **omnibus** [ɔ́mnəbəs] OMNI bus *n.* 승합자동차, 버스
   a conveyance for all; providing transportation for many
2. **omnicompetent** [ɔ̀mnikɔ́mpitənt] OMNI competent *adj.* 전권을 가진
   a legally competent in all matters
3. **omnifarious** [ɔ̀mnəfɛ́əriəs] OMNI farious *adj.* 다방면에 걸친 of all sorts; of many varieties
4. **omnify** [ɔmnifɑi] OMNI fy *v.* 보편화하다 enlarge; make universal
5. **omnimeter** [ɔmnimitər] OMNI meter *n.* 만물측량계 instrument for measuring all angles
6. **omnipotent** [ɔmnípətənt] OMNI potent *adj.* 전능의 all powerful; having unlimited authority
7. **omniscient** [ɔmníʃənt] OMNI scient *adj.* 전지의, 박식의
   all knowing; having complete understanding
8. **omnist** [ɔmnist] OMNI st *n.* 만유신론자 a believer in all religions
9. **omnipresent** [ɔ̀mnəprézənt] OMNI present *adj.* 편재하는, 어디에나 있는
   present everywhere; ubiquitous
10. **omnivorous** [ɔmnívərəs] OMNI vorous *adj.* 남독하는, 잡식성의
    eating everything; taking in everything
11. **omnium** [ɔ́mniəm] OMNI um *n.* 뒤범벅, 모든 것 total; as, my omnium

● 연습문제

Ⅰ. omnibus와 omniscient를 분석하시오.

Ⅱ. 다음 ______ 부분을 채우시오.

(1) During the Middle Ages the Pope's position was all but ________.
중세에는 교황의 지위가 거의 전능했다.

(2) The hippopotamus is another animal which is __________.
하마는 잡식동물인 또 하나의 동물이다.

(3) Many religious people believe that God is ________ and ________.
많은 종교인들은 하나님이 어디에나 존재하고 모든 것을 알고 있다고 믿는다.

No. 89

OPUS, OPER

work(작업, 일)

해설 어근 OPUS, OPER는 WORK를 뜻한다. 그리고 라틴어 opus, oper로부터 유래되었다.

기본어휘

1. **opera** [ɔ́pərə] OPER a *n.* 가극, 오페라극장
   a drama which has been set to music and is sung instead of spoken
2. **operate** [ɔ̀pəréit] OPER ate *v.* 작동하다, 일하다, 작용하다, 듣다, 수술하다
   to labor; function; to perform surgery
   예 Her new computer *operates* at a high speed. 그녀의 새 컴퓨터는 고속으로 작동한다.
   The doctor *operated* on her and removed her appendix.
   의사는 그녀에게 수술을 하여 맹장을 제거했다.
3. **operation** [ɔ̀pəréiʃən] OPER ation *n.* 작업, 작용, 시행, 운전, 수술
   an action done as part of practical work
4. **operational** [ɔ̀pəréiʃənəl] OPER ational *adj.* 조작상의, 작전상의 relating to work performed
5. **operative** [ápəréitiv] OPER ative *adj.* 움직이는, 효과있는, 실시의
   having the power to act; causing operation
6. **operator** [ɔ̀pəréitər] OPER ator *n.* 운전자, 기사, 통신자, 수술자 one who works and produces
7. **cooperate** [kouápəréit] co OPER ate *v.* 협력하다, 협동하다
   to work together for a common purpose
   예 Mark and Amy *cooperated* with each other to solve the problem.
   Mark와 Amy는 그 문제를 해결하기 위해 서로 협력했다.
8. **opus** [óupəs] OPUS *n.* 저작, (음악)작품 a musical composition; as, OPUS 25

● 연습문제

Ⅰ. operate와 operational을 분석하시오.

Ⅱ. 다음 ______ 친 부분을 채우시오.

(1) __________ is a fundamental principle in a democratic society.
협동은 민주주의 사회에서 근본적인 원리이다.

(2) I called the ________ to notify her that our phone was out of order.
나는 우리 전화가 고장났다는 것을 알리기 위해 전화교환수에게 전화했다.

No. 90

OSS, OSTEO

bone(뼈, 골(骨))

해설 어근 OSS와 OSTEO는 BONE을 뜻한다. 이것은 희랍어와 라틴어에서 파생되었다.

기본 어휘

1. **osseous** [ɔ́siəs] OSS eous *adj.* 뼈의, 뼈가 있는 bony
2. **ossicle** [ɔ́sikəl] OSS icle *n.* 작은 뼈(동물의) a small bone
3. **ossify** [ɔ́səfài] OSS ify *v.* 뼈가 되게 하다, 고정하다, 인습화하다
   to make into bone

   예 Babies' skeletons *ossify.* 아기들의 골격은 골화 된다.
   Kevin's thinking has *ossified* as he has grown older.
   Kevin이 나이 들면서 그의 사고가 인습화되었다.
4. **ossifrage** [ɔ́səfriʤ] OSS ifrage *n.* (조류)물수리, 독수리의 일종
   "breakbones" is the name given to the osprey, a large fish hawk
5. **ossuary** [ɔ́sjuəri] OSS uary *adj.* 납골당, 뼈 단지, 골동
   a depository for bones; cemetery; urn
6. **osteopathy** [ɔ̀stiάpəθi] OSTEO pathy *n.* 정골요법, 안미요법
   treatment of diseases by manipulation of bones
7. **osteology** [ɔstiɔ́ləʤi] OSTEO logy *n.* 골학
   science which treats of the bones of vertebrates
8. **osteopath** [ɔstiəpæθ] OSTEO path *n.* 정골법가
   one who practices osteopathy

● 연습문제

Ⅰ. ossicle과 ossify를 분석하시오.

Ⅱ. 다음의 ______ 부분을 채우시오.

"Breakbones" is a literal translation of ________, a nick-name for the osprey.

"뼈를 부러뜨림"은 매의 한 종류인 새의 애칭인 물수리의 문자 그대로의 해석이다.

No. 91

PAN

all(전부, 모두의)

해설 어근 PAN은 ALL을 뜻한다. 이것은 희랍어 pas에서 온 것으로 가장 포괄적으로 사용되어질 수 있는 ALL이다.

기본어휘

1. **panacea** [pǽnəsíːə] PAN acea *n.* 만병통치약 a cure for all ills
2. **pancratic** [pænkrǽtik] PAN cratic *adj.* 모든 것을 아는 knowing all subjects
3. **pancreas** [pǽnkriəs] PAN creas *n.* 췌장 a large gland in vertebrates
4. **pandemonium** [pǽndəmóuniəm] PAN demonium *n.* 복마전, 지옥, 대혼란 wild uproar as if all demons were let loose

   예 When a fire started in the theater, there was *pandemonium* with people screaming and running. 화재가 극장에서 발생했을 때, 사람들이 비명을 지르고 뛰어 다니는 대혼란이 일어났다.

5. **panegyric** [pǽnədʒírik] PAN egyric *n.* 찬양의 연설 exaggerated eulogy
6. **panorama** [pǽnərάːmə] PAN orama *n.* 파노라마, 전경 a picture unrolled, part by part, before the spectator
7. **pantheism** [pǽnθiizm] PAN theism *n.* 만유신교, 범신론 the doctrine that the forces and laws of the universe are equal to God
8. **pantheon** [pǽnθíːən] PAN theon *n.* 만신전 a temple dedicated to all the gods
9. **pandemic** [pændémik] PAN demic *adj.* 전국적으로 유행하는 occurring over a wide geographic area and affecting an exceptionally high proportion of the population, universal

● 연습문제

Ⅰ. pandemic을 분석하시오.

Ⅱ. 다음의 ________ 부분을 채우시오.

(1) In viewing the scene, I had the impression of a vast ________ which had been unrolled before me.
풍경을 보면서 나는 내 앞에서 광대한 전경이 펼쳐져 있는 인상을 받았다.

(2) The __________ is an important gland.
췌장은 중요한 선(腺)이다.

No. 92

PATER, PATR

father(아버지, 부(父))

해설 어근 PATER, PATR은 FATHER를 의미한다. 라틴어 pater와 영어의 father는 각각 독자적인 발달을 했음을 알 수 있으며, pater 계통의 차용어가 father 계통보다 영어단어에 많다. 반대어는 mater이다.

기본어휘

1. **patriarch** [péitriὰːrk] *n.* 가장, 창시자, 장로(=the head of the tribe, family)
   "father"를 의미하는 라틴 어근 patr-와 "rule"를 뜻하는 arch-의 결합이다.

   예 Each family of gorillas is led by a great silver-backed *patriarch*.
   각각의 고릴라 집단은 덩치가 큰 등에 은색 무늬가 있는 우두머리에 의해 이끌려진다.

2. **patrimony** [pǽtrəməni] *n.* 세습재산, 유전(=the estate handed down from father to son)
   "father"를 뜻하는 라틴 어근 patr-와 결과적으로 생기는 것이라는 의미를 지닌 라틴 접미사 -mony가 합쳐진 단어이다.

   예 Jake used his *patrimony* to buy a farm. Jake는 물려받은 세습재산으로 농장을 샀다.

3. **expatriate** [ekspǽtrièit] *n.* 국외추방자, 국적상실자 *v.* 국외로 추방하다(=*n.* one who leaves his country and lives abroad. *v.* cause to leave one's native country)
   "out of"를 뜻하는 Lain 접두사 ex-와 "father"를 의미하는 라틴 어근 patr-가 합해진 것이다.

   예 A group of *expatriates* from the US live in Paris.
   미국에서 온 국외 추방자의 한 집단이 Paris에 산다.

보충어휘

1. **pater** [péitər] PATER *n.* (L.) 아버지
   word for father taken directly form the Latin
2. **patronymic** [pæ̀trənímik] PATR onymic *n.* 아버지 이름을 딴
   the father's name added to the child's
3. **patron** [péitrən] PATR on *n.* 후원자, 은인
   a wealthy person who supports a cause or an artist
4. **patronize** [pǽtrənàiz] PATR onize *v.* 보호하다, 후원하다, 생색내는 태도를 취하다, 잘난 체하다, 은인인 체하다
   to act like a patron of; protect, support

예 He *patronizes* his students by telling them that they know nothing.
그는 학생들에게 그들은 아무것도 아는 것이 없다고 말하며 잘난 체한다.

5. **paternity** [pətə́ːrnəti] PATER nity *n.* 부성, 부계, 아버지로서의 의무
fatherhood; responsibility of fatherhood
6. **paternal** [pətə́ːrnl] PATER nal *adj.* 아버지의, 부계의
relating to the father; as, the paternal side of the family
7. **paternalism** [pətə́ːrnəlizəm] PATER nalism *n.* 간섭정치, 아버지 기질
a government which acts as a father to the citizens; a father-child rather than a state-citizen relationship
8. **paternoster** [pǽtərnɔ̀stər] PATER noster *n.* 주기도문, 주문 lord's prayer
9. **patrician** [pətríʃən] PATR ician *n.* 귀족 one nobly born: aristocrat

예 That club is very exclusive and only takes *patricians* as members.
그 클럽은 입회하기 매우 까다롭고 오직 귀족들만 회원으로 받아들인다.

10. **patricide** [pǽtrəsàid] PATR icide *n.* 부친살해(죄)
the murder or murderer of one's father
11. **patriot** [pǽtriət] PATR iot *n.* 애국자
one who loves and serves his country
12. **patriotism** [péitriətìzəm] PATR iotism *n.* 애국심
love for one's fatherland
13. **patroon** [pətrúːn] PATR oon *n.* 장원과 같은 특권을 가진 토지소유자
a feudal lordship under the Dutch in New York
14. **patriotic** [pæ̀triɔ́tik] PATR iotic *adj.* 애국의, 애국적인 like a patriot
15. **unpatriotic** [ʌ̀npæ̀triɔ́tik] un PATR iotic *adj.* 비애국적인, 애국심이 없는
not loving one's country

● 연습문제

Ⅰ. paternal과 patricide를 분석하시오.

Ⅱ. 다음의 ________ 부분을 채우시오.

(1) In eighteenth-century England a writer could barely exist without a ___________ to help him.
18세기 영국에서 작가는 그를 도와줄 후원자 없이는 거의 살아나갈 수 없었다.

(2) The Dutch __________ system failed because people would not come to America to be serfs.
네덜란드의 대지주 체제는 사람들이 농도가 되기 위해 미국으로 오지 않아서 실패했다.

(3) _________ caused him to join the army and fight for his country.
그는 애국심 때문에 군에 입대하여 조국을 위해 싸웠다.

No. 93

PED, POD

foot, child(발, 어린이, 아동)

해설 어근 PED, POD는 FOOT를 의미한다. PED는 라틴어 ped에서, POD는 희랍어 podos에서 파생된 것이다. 또한 PED는 CHILD란 뜻을 갖는 어근이기도 하다.

기본 어휘

1. **pedagogue** [pédəgɔ̀ːg] PED agogue *n.* 선생, 교육자
   one who leads a child; a teacher
2. **pedantry** [pédəntri] PED antry *n.* 학자연함, 현학자 display of learning
3. **pediatrician** [pìːdiətríʃən] PED iatrician *n.* 소아과 의사
   a doctor who specializes in the care of children
4. **pediatrics** [pìːdiǽtriks] PED iatrics *n.* 소아과학
   that branch of medicine devoted to the care of children
5. **pedology** [piːdɔ́lədʒi] PED ology *n.* 아동학, 유아학 child study
6. **pedal** [pédl] PED al *adj.* 발의 *n.* 페달, 발판 *v.* 페달을 밟다, 자전거를 타다.
   relating to the foot; a lever pushed with the foot to operate a machine or tool; to move by using pedals
7. **pedestal** [pédəstl] PED estal *n.* 받이, 대
   the base of a statue or monument
   예 The mischievous teenagers pushed the statue off its *pedestal.*
   장난을 좋아하는 청소년들이 그 동상을 받침대 위에서 밀어내었다.
8. **pedestrian** [pədéstriən] PED estrian *n.* 보행자
   one who travels on foot
9. **pedometer** [pidɔ́mitər] PED ometer *n.* 보수계, 보도계
   an instrument to measure distance walked
10. **pedomotive** [pidɔ́móutiv] PED omotive *adj.* 발의 힘에 의해 움직이는
    moved by the power of the foot
11. **podiatry** [poudáiətri] POD iatry *n.* 족병학, 발병치료
    that branch of medicine which treats of diseases of the foot
12. **podiatrist** [poudáiətrist] POD iatrist *n.* 족병의사
    one who practices podiatry

13. **impede** [impíːd] im PED e *v.* 방해하다
to get in the way of; hinder

예 The completion of the new road has been *impeded* by bad weather conditions.
새로 만들고 있는 길의 완성은 나쁜 날씨 상황의 방해를 받게 되었다.

14. **expedient** [ikspíːdiənt] ex PED ient *adj.* 편의의, 마땅한
suitable for achieving a particular end

15. **expedite** [ékspədàit] ex PED ite *v.* 촉진하다
to execute promptly; facilitate

● **연습문제**

Ⅰ. pedagogue와 pedal을 분석하시오.

Ⅱ. 다음의 ______ 부분을 채우시오.

(1) As the __________ strolled through the park, he saw a child _________(ing) along on a bicycle.
그 보행자는 공원에서 산책하는 동안, 자전거의 페달을 밟으며 지나가는 어린아이를 보았다.

(2) A bicycle is ___________.
자전거는 발의 힘에 의해 움직인다.

The Animal Kingdom

① amphibian(양서동물) ② aquatic(수생동물)
③ arboreal(나무위에 사는 동물) ④ biped(두발동물)
⑤ carnivore(육식동물) ⑥ diurnal(주행동물)
⑦ herbivore(초식동물) ⑧ mammalian(포유류)
⑨ marsupial(유대동물) ⑩ monotreme(일혈류의동물)
⑪ nocturnal(밤에 나다니는 동물) ⑫ oviparous(난성동물)
⑬ pachyderm(후피동물) ⑭ prehensile(잡는 힘이 있는 동물)

No. 94

PEL, PULS

drive, push, throw(던지다, 밀다, 운전하다)

해설
어근 PEL, PULS는 DRIVE, PUSH, THROW를 뜻하는 라틴어 pellere, pulsus로부터 온 단어이다. 동사내의 PEL은 명사, 형용사 형에서는 PULS로 변하는 것을 주의하기 바란다.

기본 어휘

1. **compel** [kəmpél] *v.* 강요하다(=to urge forcefully; to force or require by law, threat, necessity)
"together"를 의미하는 라틴 접두사 com-과 "to drive; push"등을 뜻하는 어근 pel-로 된 단어이다.

  예 My conscience *compels* me to tell the truth. 나의 양심은 진실을 말하도록 강요한다.
  All children are *compelled* to attend school. 모든 아이들은 학교를 다녀야만 한다.

2. **impel** [impél] *v.* 추진하다, 재촉하다(=to drive on; force or drive someone or something to an action; urge on)
"in"을 의미하는 라틴 접두사 im-과 "to drive; push" 등을 뜻하는 pel-로 되어 있다.

  예 His desire for more money *impelled* him to get more education.
  더 많은 돈을 벌기 위한 욕구가 교육을 받도록 그를 이끌었다.

3. **repel** [ripél] *v.* 쫓아 버리다, 몰아내다, 물리치다, 저항하다, 불쾌한 느낌을 갖게 하다, 받아들이지 않다(=to drive or force someone or something back; cause one to feel distaste or disgust; push or keep away)
"back"을 의미하는 re-와 "to drive; push"를 뜻하는 pel-로 되어 있다. 그러므로 그 뜻은 다음과 같다.

  예 The soldiers *repelled* the enemy's attack. 군인들은 적의 공격을 물리쳤다.
  Snakes *repel* me. 뱀은 나에게 불쾌감을 일으킨다.
  Will this coat *repel* water? 이 코트는 방수인가요?

보충 어휘

1. **dispel** [dispél] dis PEL *v.* 쫓아버리다, 없애버리다
to scatter; to drive away; as, dispel doubt

2. **impulsive** [impʌ́lsiv] im PULS ive *adj.* 충동적인
driven to act quickly; as, an impulsive nature

  예 David makes mistakes often due to his *impulsive* nature.
  David는 자신의 충동적인 성격 때문에 실수를 자주 저지른다.

3. **compulsion** [kəmpʌ́lʃən] com PULS ion *n.* 강제 the state of being forced; driven
4. **compulsive** [kəmpʌ́lsiv] com PULS ive *adj.* 강제적인, 강요하는, 강박 관념의
being forced; as, compulsive eating

   예 Your *compulsive* eating habit is very bad for your health.
   너의 강박관념에 의한 식습관은 건강에 매우 해롭다.

5. **compulsory** [kəmpʌ́lsəri] com PULS ory *adj.* 의무적인, 필수의, 강제적인
acting under compulsion; as, compulsory education
6. **expel** [ikspél] ex PEL *v.* 쫓아내다, 구축하다, 추방하다
drive out; throw out; as, expel from school
7. **impulsion** [impʌ́lʃən] im PULS ion *n.* 충동, 자극
an uncontrollable impulse to act; as, an impulsion to shoot
8. **pulse** [pʌls] PULS e *n.* 맥박, 진동 beat; heartbeat
9. **pulsation** [pʌlséiʃən] PULS ation *n.* 맥박, 파동
the regular heartbeat; throbbing; as, the pulsations of the wind
10. **propel** [prəpél] pro PEL *v.* 추진하다, 몰아내다
push forward; as, the use of steam to propel ships
11. **repulsive** [ripʌ́lsiv] re PULS ive *adj.* 물리치는, 냉담한, 불쾌한
disgusting; as, repulsive language

    예 His *repulsive* remarks made everyone uncomfortable. 그의 불쾌한 발언은 모두를 불편하게 만들었다.

12. **repulse** [ripʌ́ls] re PULS e *n.* 반박, 거부
the action of driving back; rejection; as, his proposal was repulsed
13. **propulsive** [prəpʌlsiv] pro PULS ive *adj.* 추진하는
tending to push forward
14. **propulsion** [prəpʌ́lʃən] pro PULS ion *n.* 추진
state of being pushed forward
15. **repellent** [ripélənt] re PEL lent *adj.* 쫓아내는, 질색하는
driving back; as, water-repellent fabrics
16. **expulsion** [ikspʌ́lʃən] ex PULS ion *n.* 배제, 축출
state of being expelled; thrown out

● 연습문제

Ⅰ. impulsion과 repulsive를 분석하시오.

Ⅱ. 다음 ______ 부분을 채우시오.

(1) A surging wave ______(ed) the boat against the rocks.
큰 파도가 밀어닥쳐서 배가 바위에 부딪히도록 밀어냈다.

(2) We should make the wearing of car seat belts __________.
우리는 차에서 안전벨트를 매는 것을 의무적인 것으로 만들어야 한다.

No. 95 PEND, PENS

hang, weigh, pay(매달리다, 무게를 재다, 지불하다)

해설 어근 PEND, PENS는 라틴어 pendere. pensus에서 온 것으로 HANG, WEIGH, PAY를 뜻하며 명사형에는 후자가 쓰인다.

기본 어휘

1. **depend** [dipénd] *v.* 의존하다, 믿다(=to hang down, to trust or rely on; to rely for support on someone or something; to be determined)
"down"을 의미하는 라틴 접두사 de-와 "to hang"을 의미하는 pend-로 되어 있다.
예 The children *depend* on their parents in many ways.
어린 아이들은 부모들에게 많은 것을 의존한다.

2. **dispense** [dispéns] *v.* 분배하다, 조제하다, 면제하다, 시행하다
(=to weigh and give away; to give or deal out something in portions; to administer as laws; to get along without)
"away"를 뜻하는 dis-와 "to weigh"를 의미하는 pens-로 되어 있다.
예 A pharmacist *dispenses* medicines. 약사는 약을 조제한다.
The judge *dispenses* justice. 판사는 정의를 행한다.

3. **expend** [ikspénd] *v.* 쓰다, 소비하다(=to pay out; spend; use up)
"out"을 의미하는 라틴 접두사 ex-와 "to pay"를 뜻하는 pend-로 되어 있다.
예 Don't *expend* all your energy on one thing.
너의 에너지를 한 가지 일에 모두 소비하지 말아라.

4. **suspend** [səspénd] *v.* 매달다, 중지하다. 연기하다(=to hang from a support, so as to allow free movement; to bar for a time from a privilage or function; to withhold temporarily; to defer action on)
"under"를 의미하는 sus-(sub-)와 "to hang"을 의미하는 pend-로 이루어져 있다.
예 The chandelier was *suspended* from the ceiling. 샹들리에는 천장에 매달려 있었다.
The student was *suspended* from school for a term. 그 학생은 한 학기동안 학교에서 정학 당했다.
The judge *suspended* the sentence. 그 판사는 판결을 연기하였다.

보충 어휘

1. **pendent** [péndənt] PEND ent *adj.* 매달린, 돌출한
hanging; as, "pendent drops of ice."

2. **pendant** [péndənt] PEND ant *n.* 매달린 것, 부속물
   a piece of jewelry that hangs; as, a pearl pendant in each ear
3. **pending** [péndiŋ] PEND ing *adj.* 미정의 hanging over
4. **pendulous** [pénʤələs] PEND ulous *adj.* 매달린, 망설이는 hanging down; drooping
5. **pendulum** [pénʤuləm] PEND ulum *n.* 추, 동요하는 것
   a freely swinging piece of machinery; as, the pendulum of a clock
6. **dependent** [dipéndənt] de PEND ent *adj.* 의존하는
   hanging on to something for support
7. **independent** [ìndipéndənt] inde PEND ent *adj.* 독립적인 not hanging on anyone
8. **impending** [impéndiŋ] im PEND ing *adj.* 임박한, 절박한 hanging over one, as a doom

   예 The *impending* exams are making me nervous.
   점점 다가오고 있는 시험들이 나를 초조하게 만들고 있다.

9. **interdependent** [intəːrdipéndənt] interde PEND ent *adj.* 서로 의존하는
   hanging on to each other and helping each other

   예 Central government and local government are *interdependent*.
   중앙정부와 지역정부는 서로 의존한다.

10. **independence** [ìndipéndəns] inde PEND ence *n.* 독립
    state of being free; not holding on to anything
11. **suspended** [səspéndid] sus PEND ed *adj.* 중지된, 매달린
    hanging from; as, the pendulum is suspended from a fixed point
12. **suspension** [səspénʃən] sus PEN sion *n.* 매달기, 중지, 부유
    state of hanging; debarred for a time; as, suspension from school
13. **perpendicular** [pə̀ːrpəndíkjələr] per PEND icular *adj.* 수직의, 몹시 가파른
    hanging straight down at right angles
14. **appendix** [əpéndiks] ap PEND ix *n.* 부록 extra material attached to a book
15. **appendage** [əpéndiʤ] ap PEND age *n.* 부속물, 부가물
    something that is connected to or hanging from something large

● 연습문제

Ⅰ. pendent와 suspended를 분석하시오.

Ⅱ. 다음 ______ 부분을 채우시오.

(1) In the winter some animals live in a state of ________ animation.
겨울에는 어떤 동물들은 활기가 정지된 상태로 살아간다.

(2) The Colonies declared their _______ from England on July 4, 1776.
영국 식민지 미국은 1776년 7월 4일에 영국으로부터의 독립을 선언했다.

(3) The __________ is an unnecessary __________.
부록은 꼭 필요하지는 않은 부가물이다.

No. 96

PICT, PICTO

paint(채색하다, 물감칠하다)

해설 어근 PICT와 PICTO는 to PAINT를 뜻한다. 이것은 라틴어 pingere의 p.p pictus에서 온 것으로 대부분 모든 종류의 그림과 그러한 것을 만드는 것을 뜻한다.

기본 어휘

1. **picture** [píktʃər] PICT ure *n.* 사진, 그림
   a representation through the art of painting, drawing, or photography
2. **pictograph** [píktəgræ̀ːf] PICTO graph *n.* 상형문자 writing with pictures or symbols
3. **pictoradiogram** [piktəréidiəgræ̀m] PICTO radiogram *n.* 무선사진전송으로 보내진 그림
   a picture transmitted by radiophotography
4. **pictorial** [piktɔ́ːriəl] PICTO rial *adj.* 그림의, 그림 같은
   relating to pictures; as, pictorial style
5. **picture** [píktʃər] PICT ure *v.* 마음에 그리다, 묘사하다
   make a mental image; as, I will picture the meeting in my mind
6. **pictural** [píktʃərəl] PICT ural *adj.* 그림의, 그림 같은 pictorial
7. **picturesque** [pìktʃərésk] PICT uresque *adj.* 그림 같은, 아름다운
   just like a picture; as, a picturesque scene
8. **depict** [dipíkt] de PICT *v.* 그리다, 묘사하다 to form a likeness; to portray; describe
   예 The artist *depicted* a landscape in bright colors. 그 미술가는 밝은 색채로 풍경화를 그렸다.
   Her novel *depicts* life in modern London. 그녀의 소설은 요즘 London 생활을 묘사한다.

● 연습문제

Ⅰ. pictorial와 picturesqueness를 분석하시오.

Ⅱ. 다음의 ______ 부분을 채우시오.

(1) A motion __________ magazine keeps one informed of all the news in __________.
영화에 관한 잡지는 영화계 소식들을 사람들에게 계속 알려준다.

(2) He paddled the canoe into a most _____ spot and there we had a picnic.
그는 매우 아름다운 장소로 카누를 노로 저어서 갔고 우리는 그곳에서 피크닉을 가졌다.

No. 97

PHIL, PHILA, PHILO, PHILE

love(사랑, 애정)

해설 어근 PHIL, PHILA, PHILO, PHILE는 LOVE를 뜻한다. 이 어근은 희랍어 philos에서 파생되었다.

기본 어휘

1. **philanderer** [filǽndərər] PHIL ander er *n.* 바람둥이, 연애 유희자 a male flirt

   예 John prevented his daughter from marrying Philip because he knew Philip was a *philanderer*.
   John은 Philip이 바람둥이라는 것을 알았기 때문에 자기 딸이 그와 결혼하는 것을 막았다.

2. **philatelist** [filətélist] PHIL atelist *n.* 우표수집가 a stamp collector
3. **philharmonic** [filhɑːrmɔ́nik] PHIL harmonic *adj.* 음악(애호)의
   relating to an organization concerned with music
4. **philosophy** [filɔ́səfi] PHIL osophy *n.* 철학, 형이상학 love of wisdom; pursuit of wisdom
5. **philogynist** [filɔʤinist] PHIL ogynist *n.* 여성 숭배자 one who is fond of women
6. **philologist** [filɔ́ləʤist] PHIL ologist *n.* 언어학자, 문헌학자
   a student, scholar, and lover of languages
7. **philter** [fíltər] PHIL ter *n.* 미약 a love potion
8. **bibliophile** [bíbliəfàil] biblio PHILE *n.* 애서가 one who loves books
9. **philanthropist** [filǽnθrəpist] PHIL anthropist *n.* 박애주의자, 박애가, 자선가
   a person who helps or gives to good causes

   예 The rich woman was a *philanthropist* who often gave money to charity.
   그 부유한 여인은 자선단체에 돈을 자주 주는 자선가였다.

● 연습문제

Ⅰ. philharmonic과 bibliophile을 분석하시오.

Ⅱ. 다음의 ______ 부분을 채우시오.

(1) A misanthropist is the opposite of a __________, and a misogynist is the opposite of a ____________.
사람을 싫어하는 사람은 박애가의 반대이고, 여자를 싫어하는 사람은 여성숭배자의 반대이다.

(2) Every college student should know about the ___________ of Aristotle and Plato.
대학생이면 누구든지 아리스토텔레스와 플라톤의 철학에 대해 알아야 한다.

No. 98 PLAC, PLAIS

please(즐겁게 하다)

해설 어근 PLAC, PLAIS는 PLEASE를 뜻하는 라틴어 placere에서 파생된 것이다.

기본 어휘

1. **phacebo** [pləsíːbou] PLAC ebo *n.* 위안 삼아 주는 약, 의약
   a useless but soothing medication; something intended to soothe, gratify, conciliate
2. **placet** [pléiset] PLAC et *n.* 찬성(표명), 찬성투표
   expression of assent
3. **placid** [plǽsid] PLAC id *adj.* 평온한, 차분한
   calm, unruffled; as, a placid nature
   예 After the storm, the sea was *placid* and smooth.
   폭풍이 그친 후, 바다는 평온하고 잔잔했다.
4. **placidity** [pləsídəti] PLAC idity *n.* 평화, 온화
   quality of calmness; serenity
5. **placate** [plékeit, plǽkeit] PLAC ate *v.* 위로하다, 달래다
   to pacify; appease; conciliate
   예 I tried to *placate* her by offering to pay for the repairs.
   나는 수리비를 대신 내주겠다고 제안하며 그녀를 달래려고 해보았다.
6. **placation** [pleikéiʃən] PLAC ation *n.* 위로
   act of appeasement; a conciliatory gift
7. **placable** [plǽkəbəl] PLAC able *adj.* 달래기 쉬운, 관대한
   able to be appeased, soothed
8. **implacable** [implǽkəbəl] im PLAC able *adj.* 달랠 수 없는
   cannot be appeased, soothed
9. **placatory** [pléikətɔ́ːri] PLAC atory *adj.* 달래는
   appeasing; soothing
10. **complacent** [kəmpléisənt] com PLAC ent *adj.* 자기만족의, 흐뭇해하는
    self-satisfied
11. **complacence** [kəmpléisəns] com PLAC ence *n.* 자기만족, 안심
    self-satisfaction

12. **complacency** [kəmpléisənsi] com PLAC ency *n.* 자기만족, 안심
    self-satisfaction
13. **complaisant** [kəmpléizənt] com PLAIS ant *adj.* 공손한, 경중한
    affable; gracious; disposed to please
14. **complaisance** [kəmpléizəns] com PLAIS ance *n.* 공손, 유순
    courtesy; civility; affability

● 연습문제

Ⅰ. implacable과 complacence를 분석하시오.

Ⅱ. 다음의 ______ 부분을 채우시오.

(1) People who are ________ give no heed to the worries of others.
자기만족에 빠진 사람들은 다른 이들의 걱정에 신경 쓰지 않는다.

(2) The greatest flaw in an individual's character is ________ because it leads to neglect of many social ills.
자기만족이 한 개인의 성격에서 가장 큰 결점이다. 왜냐하면 그것은 많은 사회적인 불행에 대해 소홀히 하도록 하기 때문이다.

📖 What kind of person is that?

① altruist: a person who is selflessly concerned with the welfare of others (이타주의자)

② ascetic: a person who leads a simple, austere life, avoiding luxury and pleasure (금욕주의자)

③ exhibitionist: a person who tries to attract attention to himself by exaggerated behavior. (자가 선전가, 노출증 환자)

④ kleptomaniac: a person who has an irresistible desire to steal and shoplift.(절도광)

⑤ megalomaniac: a person who suffers from delusions of greatness. (과대망상가)

⑥ paranoiac: a person who believes that other people are always plotting against him, feeling hate for him etc. (편집병환자)

⑦ romantic: a person who approaches everything in life emotionally and who enjoys adventures, falling in love, fighting for causes, etc. (낭만주의자)

No. 99 PLU, PLUR, PLUS

more(더 많이)

해설 어근 PLU, PLUR, PLUS는 MORE를 뜻한다. 이것은 라틴어 plus, pluris에서 온 것이다.

기본어휘

1. **pluperfect** [plu:pə́:rfikt] PLU perfect *n.* 과거완료 시제 the past perfect tense
2. **plural** [plúərəl] PLUR al *adj.* 복수의 more than one
3. **pluralism** [plúərəlizəm] PLUR alism *n.* 복수(성)
   the state of one person holding two or more jobs at once
4. **pluralist** [plúərəlist] PLUR alist *n.* 둘 이상의 관직을 가진 사람 one who holds two or more jobs
5. **plurality** [pluərǽləti] PLUR ality *n.* 다수, 대다수 초과 투표수
   the state of being more numerous; majority, the largest number of votes among the candidates
6. **pluralize** [plúərəlàiz] PLUR alize *v.* 복수로 하다. to make singular nouns plural
7. **plus** [plʌs] PLUS *adj.* 더하기의 *prep.* ~을 더하여, *n*, 더하기 부호
   (=*adj.* indicating that something is to be added; as, her age is forty plus, prep. increased by adding, *n.* the plus sign)

● 연습문제

Ⅰ. pluperfect를 분석하시오.

Ⅱ. 주어진 뜻에 알맞게 핵심어를 집어넣어 단어를 완성하시오.

(1) state of being more numerous: ________ality
(2) having more than two sides: ________lateral
(3) a word with more than one syllable: pluri________
(4) relating to many years: plur________
(5) having to do with books and writing: ________ary
(6) making up a story beforehand: ________text

No. 100

PNEUMON, PNEUMA

breath(숨, 호흡)

해설 어근 PNEUMON, PNEUMA는 가끔 pnoea, pnein으로 쓰이기도 하는 희랍어 pnea에서 파생된 것으로 허파의 호흡과 관계가 있다. p는 묵음이다.

기본 어휘

1. **pneumatic** [nju:mǽtik] PNEUMA tic *adj.* 공기의
   pertaining to air, wind, or other gases
2. **pneumatics** [nju:mǽtiks] PNEUMA tics *n.* 기학, 기력학
   that branch of physics which treats of air and other gases
3. **pneumatogram** [njúmætəgræm] PNEUMA togram *n.* 폐운동측정
   tracing of respiratory movements
4. **pneumatometer** [njù:mətámitər] PNEUMA tometer *n.* 폐활량계
   an instrument for measuring the force exerted by the lungs in breathing
5. **pneumonia** [nju:móunjə] PNEUMON ia *n.* 폐염 a disease of the lungs
   예 The patient is suffering from acute *pneumonia.*
   그 환자는 급성 폐렴으로 괴로워하고 있다.
6. **pneumatology** [njù:mətálədʒi] PNEUMA tology *n.* 영물학, 성령론
   the study of pneumatics
7. **pneumoconiosis** [njú:moukòunióusis] PNEUMO coniosis *n.* 폐진증
   a disease of the lungs due to inhaling mineral dust
8. **pneumology** [njù:mɔ́lədʒi] PNEUMO logy *n.* 폐장학, 폐질환에 관한 학문
   the scientific study of the respiratory organs

● 연습문제

Ⅰ. pneumatic과 pneumoconiosis를 분석하시오.

Ⅱ. 다음의 ______ 부분을 채우시오.

(1) It is called ____________, which comes from inhaling dust.
그것은 폐진증이라고 불리고 먼지를 들이마시게 되어 생기는 것이다.

(2) All diseases which affect breathing can be helped by ___________.
호흡에 영향을 미치는 모든 질환들은 폐장학에 의해 치료될 수 있다.

No. 101 PHOTO

light(빛, 광선)

해설 어근 PHOTO는 LIGHT를 의미한다. 이것은 희랍어 phos, photos에서 파생된 것으로 모든 종류의 사진에 포함되는 어근이다.

기본 어휘

1. **photochromy** [fóutəkròumi] PHOTO chromy *n.* 천연색 사진술 color photography
2. **photograph** [fóutəgræ̀f] PHOTO graph *n.* 사진
   a picture made by the action of light on a sensitized plate
3. **photography** [fətɔ́grəfi] PHOTO graphy *n.* 사진술 the process of making photographs
   예 *Photography* plays an important role in the printing industry.
   사진술은 인쇄 산업에서 중요한 역할을 한다.
4. **photographer** [fətɔ́grəfər] PHOTO grapher *n.* 사진사 one who makes photographs
5. **photographee** [fətɔgrəfí] PHOTO graphee *n.* 사진을 찍히는 사람
   one whose picture is taken
6. **photogenic** [fòutəʤénik] PHOTO genic *n.* 빛을 내는, 사진효과가 좋은
   capable of being photographed well
7. **photon** [fóutɔn] PHOTO n *n.* 광자 a unit of light intensity
8. **photometer** [foutɔ́mitər] PHOTO meter *n.* 광도계, 노출계
   an instrument for measuring the intensity of light
9. **photoengraving** [fòutouengréiviŋ] PHOTO engraving *n.* 사진제판(술)
   engraving with the aid of photography
10. **photodynamic** [fòutoudainǽmik] PHOTO dynamic *adj.* 광력학적인
    intensifying a reaction to light that is toxic

● 연습문제

Ⅰ. photogenic과 photodynamic을 분석하시오.

Ⅱ. 다음의 ______ 부분을 채우시오.

____________ really enjoy taking _______ of ________ who are very ____________.

<u>사진사들은</u> <u>사진</u>을 매우 잘 받는, <u>사진을 찍히는 사람들</u>의 <u>사진을 찍는 것</u>을 정말로 즐긴다.

No. 102
POLY

many(많은, 다수의)

해설 어근 POLY는 MANY를 의미한다. 희랍어 polys에서 나온 것으로 어원적으로는 영어의 full과 같은 계통이다.

기본어휘

1. **polyandry** [pɔ̀liǽndri] POLY andry *n.* 일처다부
   the state of having more than one husband or male mate at one time
2. **polymorphic** [pɔ̀limɔ́:rfik] POLY morphic *adj.* 다양한 모양의 having many forms
3. **polychromatic** [pɔ̀likroumǽtik] POLY chromatic *adj.* 여러 색의 having many colors
4. **polynomial** [pɔ̀linóumiəl] POLY nomial *n.* 다명(多名)의, 다항식의 a sum of two or more
5. **polyclinic** [pɔ̀liklínik] POLY clinic *n.* 종합병원 a hospital where a variety of diseases are treated
6. **polygamy** [pəlígəmi] POLY gamy *n.* 일부다처 the custom of plural wives or husbands
7. **polyglot** [pɔ́liglɔ̀t] POLY glot *n.* 수개 국어에 능통한 사람, 수개 국어로 쓴 책, *adj.* 수개 국어를 할 줄 아는, 수개 국어로 쓴 one who knows many languages; a linguist
   예 Our French teacher is a *polyglot*. She speaks French, English, Korean and Chinese.
   우리 불어 선생님은 수개국어에 능통하다. 그녀는 불어, 영어, 한국어, 중국어를 한다.
8. **polygon** [pɔ́ligɔ̀n] POLY gon *n.* 다각형 a (closed plane) figure with many angles
   예 A *polygon* is a geometric figure such as a triangle, rectangle, or pentagon.
   다각형은 삼각형, 사각형, 오각형과 같은 기하학적 도형이다.
9. **polygraphy** [pəligrɑ:fi] POLY graphy *n.* 등사, 다작(多作)
   literary productiveness; writing on a variety of subjects
10. **polyhedron** [pɔ̀lihí:drən] POLY hedron *n.* 다면체 a solid figure having many plane faces
11. **polyarchy** [pɔ́liɑ̀:rki] POLY archy *n.* 다두정치 a government ruled by many persons

● 연습문제

Ⅰ. polyglot과 polyarchy를 분석하시오.

Ⅱ. 다음 ______ 부분을 채우시오.

A ________ speaks many languages; he is a linguist. But polyglot is also an adjective, as the ____________ Bible.

수개 국어에 능통한 사람은 여러 언어를 할 줄 안다. 그러나 "polyglot"은 형용사이기도 하다. 예를 들어, 수개국어 대역 성서라는 말에도 쓰인다.

No. 103

PORT

carry(옮기다, 휴대하다)

해설 어근 PORT는 CARRY를 의미한다. 이것은 라틴어 portare, portatus에서 온 것이다.

기본 어휘

1. **deport** [dipɔ́:rt] *v.* 국외로 추방하다, 처신하다, 수송하다(=to carry someone away; to expel or banish someone from a country, often for political reasons)
"away"를 뜻하는 라틴 접두사 de-와 "to carry"를 의미하는 -port-로 되어 있다.
예 Most governments have the right to *deport* undesirable aliens.
대부분의 정부들은 거슬리는 외국인들을 국외로 추방할 권리를 지니고 있다.

2. **export** [ekspɔ́:rt] *v.* 수출하다, *n.* 수출품(=to send merchandise or raw materials out of a country for sale or trade)
"out"을 의미하는 라틴 접두사 ex-와 "to carry"를 뜻하는 port-로 되어 있다.
an export는 "an exported commodity"를 의미한다.
예 The United States *exports* wheat. 미국은 밀을 수출한다.

3. **import** [impɔ́:rt] *v.* 수입하다, n. 수입품(=to bring merchandise or raw materials into a country for commercial use)
"in"을 뜻하는 라틴 접두사 im-과 "to carry"를 의미하는 port-로 되어 있다.
an import는 "an imported commodity"이다.
예 The United States *imports* coffee. 미국은 커피를 수입한다.

4. **portable** [pɔ́:rtəbl] *adj.* 간편한, 들고 다닐 수 있는(=capable of being carried; easily or readily movable)
"to carry"를 표시하는 port-와 "capable of being"을 나타내는 라틴 접미사 -able로 되어 있다.
예 I have an office typewriter, not a *portable*.
나는 들고 다닐 수 있는 타자기가 아닌, 사무실용 타자기를 가지고 있다.

보충 어휘

1. **port** [pɔ:rt] PORT *n.* 항구
place ship may wait in, or bring or bring cargo to or from

2. **exportation** [ikspɔ́:rtéiʃən] ex PORT ation *n.* 수출
 the act of carrying goods out of the country
3. **porter** [pɔ́:rtər] PORT er *n.* 운반인, 짐꾼 one who carries things, as baggage
4. **importaion** [impɔ:rtéiʃən] im PORT ation *n.* 수입
 the act of bringing in goods from a foreign country
5. **importer** [impɔ́:rtər] im PORT er *n.* 수입업자
 one who brings in goods from a foreign country
6. **exporter** [ikspɔ́:rtər] ex PORT er *n.* 수출업자
 one who sells goods to other countries
7. **reporter** [ripɔ́:rtər] re PORT er *n.* 보고자, 신문기자
 one who brings news; as, for a newspaper
8. **support** [səpɔ́:rt] sup PORT *v.* 유지하다, 지지하다 to carry along with help
9. **deportment** [dipɔ́:rtmənt] de PORT ment *n.* 태도, 행동
 manner of behaving oneself; conduct
10. **report** [ripɔ́:rt] re PORT *n.* 보고 an account of something which happened
11. **deportee** [dì:pɔ:rtí:] de PORT ee *n.* 추방당한 사람 one who is sent away
12. **transport** [trænspɔ́:rt] trans PORT *n.* 수송, 운송선, 수송기
 act or means of carrying from place to place; as, an airship to carry soldiers
 예 The *transport* of goods by air is very expensive. 항공편에 의한 화물 수송은 매우 비싸다.
13. **transport** [trænspɔ́:rt] trans PORT *v.* 수송하다. to carry from place to place
 예 Trains *transport* the coal to the ports. 기차들은 석탄을 항구로 수송한다.
14. **purport** [pə́rpɔ:rt] pur PORT *n.* 의미, 취지 *v.* 의미하다 ~인 양 행세하다
 meaning conveyed; intend; to claim to be
 예 The *purport* of the message seemed to be this: Work harder or find another job.
 그 메시지의 경고의 의미는 이것인 듯 싶었다: 더 열심히 일하던지 다른 직장을 찾던지 하시오.
15. **portfolio** [pɔ:rtfóuliòu] PORT folio *n.* 손가방, 장관직 flat case for keeping documents

● 연습문제

Ⅰ. transport를 분석하시오.

Ⅱ. 다음 ______ 부분을 채우시오.

(1) Every __________ tries to be the first to reach his paper with news.
 모든 신문기자들은 자기 신문사에 뉴스를 가지고 처음으로 도착하려고 노력한다.

(2) Many of the needy citizens are _________(ed) by government welfare until they find jobs and are able to __________ themselves.
 많은 가난한 시민들은 자기 자신들이 직장을 구하고 스스로를 부양할 수 있을 때까지 정부 복지에 의해 부양된다.

No. 104 PORTION

part, share(부분, 분배)

해설 어근 PORTION은 PART, SHARE를 나타낸다. 이는 같은 라틴어의 part의 뜻을 갖는 part와 관련이 있다.

기본어휘

1. **portion** [pɔ́:rʃən] *n.* 일부, 몫, 지참금(=a part; a share)
   "part, share"의 의미를 가진 라틴어근 portion-에서 파생된 단어이다.
   예 I put a *portion* of my salary in a savings account each month.
   나는 월급의 일부를 매달 저금통장에 넣는다.
2. **apportion** [əpɔ́:rʃən] *v.* 분배하다, 할당하다(=to give out a portion to each one)
   "to"를 뜻하는 라틴접두사 ap-와 "part, share"를 의미하는 라틴 어근 portion-의 결합이다.
   예 We must *apportion* the money fairly. 우리는 돈을 공평하게 분배해야 한다.
3. **proportionate** [prəpɔ́:rʃənit] *adj.* 비례한, 조화된(=being in proportion)
   "in comparison with"의 뜻을 지닌 라틴 접두사 pro-와 "part, share"를 의미하는 portion-과 "having"의 뜻을 지닌 접미사 -ate가 합해진 단어이다.
   예 Being equal partners, they each receive a *proportionate* share.
   동등한 동료인 그들은 각각 그에 비례하는 몫을 받는다.

보충어휘

1. **portion** [pɔ́:rʃən] PORTION *v.* 분배하다 to divide into parts; as, portion off a piece of land
   예 My grandmother *portioned* out her property among her children before she died.
   우리 할머니는 돌아가시기 전에 자신의 자식들 사이에 재산을 분배했다.
2. **portionable** [pɔ́:rʃənəbl] PORTION able *adj.* 나눠질 수 있는 can be divided
3. **portioner** [pɔ́:rʃənər] PORTION er *n.* 분배자, 배당자 the one who divides
4. **portionless** [pɔ́:rʃənlis] PORTION less *adj.* 몫이 없는 without a portion; without a dowry
5. **apportionable** [əpɔ:rʃənəbl] ap PORTION able *adj.* 분배할 수 있는
   can be apportioned; as, the estate is apportionable

6. **apportionment** [əpɔ́ːrʃənmənt] ap PORTION ment *n.* 분배, 배당
the act of the division; the act of giving to each one his portion
7. **proportion** [prəpɔ́ːrʃən] pro PORTION *n.* 비율, 균형 the relation of one share to others
8. **proportionately** [prəpɔ́ːrʃənitli] pro PORTION ately *adv.* 비례하여 being in proper measure
9. **proportionateness** [prəpɔ́ːrʃənitnis] pro PORTION ateness *n.* 균형잡힌 state of proper portion
10. **proportional** [prəpɔ́ːrʃənəl] pro PORTION al *adj.* 비례한, 균형잡힌
divided into the right proportions
11. **proportionalism** [prəpɔːrʃənəlizəm] pro PORTION alism *n.* 비례대표주의
the principle of electing officers in proportion to population
12. **proportionality** [prəpɔːrʃənæləti] pro PORTION ality *n.* 비례, 균형 quality of being proportional
13. **disproportion** [dísprəpɔ́ːrʃən] dispro PORTION *adj.* 불균형한 not in proportion; not suitable
14. **disproportionate** [dìsprəpɔ́ːrʃənit] dispro PORTION ate *adj.* 균형을 잃은
not fairly apportioned
15. **disproportionately** [dìsprəpɔ́ːrʃənitli] dispro PORTION ately *adv.* 어울리지 않게, 불균등하게 not fairly divided
16. **proportioned** [prəpɔ́ːrʃənd] pro PORTION ed *adj.* 비례하는
divided fairly; as, the punishment was proportioned to the crime

● 연습문제

Ⅰ. proportion과 proportionalism을 분석하시오.

Ⅱ. 다음의 ______ 부분을 채우시오.

(1) In a perfect human body, none of the limbs is dis__________.
완벽한 인간의 신체에서는 어떠한 사지라도 <u>불균형적인</u> 것은 없다.

(2) The arms are in __________ as well as legs, shoulders and head.
다리, 어깨와 머리와 마찬가지로 팔도 <u>비례</u>한다.

(3) Nature does a good job of __________(ing) the many parts of the human body.
자연은 인간의 신체의 많은 부분들을 <u>분배</u>하는 일을 잘 해낸다.

No. 105

POS, PON, POUND

place, set(놓다, 위치시키다)

해설 어근 POS, PON, POUND는 PLACE, SET를 의미한다. 이것은 라틴어 ponere, positus, 그리고 이것의 불어계통 차용어인 pound로부터 유래된 것이다.

기본어휘

1. **component** [kəmpóunənt] *n.* 구성요소, 성분 *adj.* 구성하고 있는(=*n.* a part used in putting together a whole *adj.* helping to make up a whole)
"together"를 뜻하는 라틴 접두사 com-과 "to put; place"를 의미하는 pon-과 영어의 -ing와 같은 라틴 접미사 -ent로 되어 있다.
   예 Flour is a basic *component* of bread. 밀가루는 빵의 기본성분이다.
   Sugar and water are *component* parts of syrup 설탕과 물은 시럽의 구성요소들이다.

2. **compose** [kəmpóuz] *v.* 구성하다, 짓다(=to put something together; to make up, or form as a whole, from different elements; to create, as a literary or musical work; to arrange, settle, or calm)
   예 Water is *composed* of hydrogen and oxygen. 물은 소수와 산소로 구성되어 있다.
   Beethoven *composed* nine symphonies. 베토벤은 9개의 교향곡을 작곡했다.

3. **composite** [kɔ́mpɔzit] *adj.* 혼성의(=put together or made up of separate parts)
"together"를 의미하는 com-과 "to put; place"를 뜻하는 posit-로 되어 있다.
   예 This *composite* photograph was made by combining halves of two different negatives.
   이 혼성 사진은 두 개의 다른 원판들의 반쪽씩을 합해서 만든 것이다.

4. **compound** [kɔ́mpaund] *adj.* 복잡한, 합성의 *v.* 혼합하다, 조합하다. *n.* 합성물(=a combination of two or more separate parts or ingredients)
"together"를 뜻하는 라틴 접두사 com-과 "to put; place"를 의미하는 pound-로 되어 있다.
   예 Most drugs are *compounds* of several chemicals.
   대부분의 약품들은 여러 가지 화학 약품들의 합성물들이다.
   The pharmacist *compounded* the prescribed medicine. 그 약사는 그 처방약을 조제하였다.

보충어휘

1. **posit** [pɔzit] POS it *v.* 배치하다, 놓다, 단정하다 set firmly in place; assert; declare
2. **positive** [pɔ́zətiv] POS itive *adj.* 결정적인, 명확한 definitely laid down; as, a positive law

3. **postpone** [poustpóun] post PON e *v.* 연기하다.
place later; delay; as, postpone the wedding
4. **opponent** [əpóunənt] op PON ent *adj.* 반대의 *n.* 적 one that takes an opposite position
5. **posture** [pɔ́stʃər] POS ture *v.* 태세를 갖추다 *n.* 자세, 태도
to assume a position; to pose the way that person sits, stands, walks

예 He has poor *posture*, he hasn't stand up straight.
그는 자세가 안 좋다. 그는 똑바로 서있지 않는다.

6. **composition** [kɔ̀mpəzíʃən] com POS ition *n.* 구성, 배합
combination of parts to form a whole
7. **expose** [ikspóuz] ex POS e *v.* 쐬다, 진열하다, 폭로하다
set forth; show for all to see; as, expose a fraud

예 He *exposed* a conspiracy to throw over the government. 그는 정부 전복의 음모를 폭로했다.

8. **exposure** [ikspóuʒər] ex POS ure *n.* 폭로, 적발, 노출
being affected or influenced by something
9. **expound** [ikspàund] ex POUND *v.* 상세히 말하다.
set forth; explain; as, expound a theory
10. **impound** [impáund] im POUND *v.* 우리 안에 가두다.
to seize and hold in custody; as, to impound stray cattle
11. **propound** [prəpáund] pro POUND *v.* 제의하다, 제출하다
to propose; to offer; as, propound a question
12. **depose** [dipóuz] de POS e *v.* 쫓아내다, 실격시키다
to remove from office; as, depose the chairman
13. **impose** [impóuz] im POS e *v.* 부과하다, 강요하다 to place on; as, impose a penalty
14. **propose** [prəpóuz] pro POS e *v.* 신청하다, 제의하다. 꾀하다
to offer; to suggest; as, propose marriage
15. **proposition** [prɔpəzíʃən] pro POS ition *n.* 제의, 계획
a statement offered for consideration

● 연습문제

Ⅰ. opponent와 propose를 분석하시오.

Ⅱ. 다음 _______ 부분을 채우시오.

(1) Good ____________ is necessary for attractive personal appearance
매력적인 풍채를 가지려면 좋은 자세를 갖추어야만 한다.

(2) The deponent's evidence asserted, under oath, threatened more ________ _________(s) of the facts in the case.
그 증인이 선서에서 주장한 증언은 사건의 사실들을 더 결정적으로 폭로할 우려가 있었다.

No. 106 PRIM, PRIME

first(제일의, 최고의)

해설 어근 PRIM과 PRIME은 FIRST를 의미한다. 이것들은 라틴어 primus와 prima에서 온 것이다.

기본 어휘

1. **primeval** [praimí:vəl] *adj.* 원시 시대의, 태고의(belonging to the first ages)
   "first"를 뜻하는 라틴 어근 prim-과 "age"의 뜻을 가진 라틴 어근에서 파생된 -eval의 결합이다.

   예 *Primeval* creatures may be living in the ocean depths.
   원시대의 생물들이 심해에 살고 있을 수도 있다.

2. **primogenitor** [pràimouʤénətər] *n.* 조상, 시조(=the earliest ancestor)
   "first"를 의미하는 라틴 어조 prim-과 "begetter"를 뜻하는 -genitor가 합쳐진 단어이다.

   예 I have begun studying my family tree to find out more about my *primogenitor.*
   나는 우리 시조에 대해 더 많은 것을 알아내기 위해 우리 가계를 연구하기 시작했다.

3. **principal** [prínsəpəl] *adj.* 주요한(=most important; consequential; influential)
   "first, chief"를 뜻하는 라틴 어근에서 파생된 단어이다.

   예 Our *principal* problem was lack of time.
   우리의 가장 주요한 문제는 시간부족이었다.

보충 어휘

1. **primacy** [práiməsi] PRIM acy *n.* 수위, 첫째
   state of being first in rank
2. **prima donna** [pri:mədɔnə] PRIM a donna *n.* 주연 여가수
   the first lady of opera
3. **primage** [práimiʤ] PRIM age *n.* 운임, 부가금
   extra money paid to the captain by shippers for extra care of their goods
4. **primal** [práiməl] PRIM al *adj.* 최초의, 주요한 first; original
5. **primary** [práiməri] PRIM ary *adj.* 본래의, 제1위의
   first in order of time; as, the primary grades
6. **primarily** [praimərili] PRIM arily *adv.* 최초로, 우선
   in the first place; originally

7. **primate** [práimit] PRIM ate *n.* 대주교
   first in rank, quality, authority
8. **primates** [praiméiti:z] PRIM ates *n.* 영장류
   the order of mammals consisting of man, monkey, etc
9. **prime** [praim] PRIME *adj.* 첫째의, 근본의, 가장 중요한, 가장 좋은
   the foremost; the best; as, prime beef
10. **primer** [práimər] PRIM er *n.* 초보독본, 입문서
   a small, elementary, introductory book to teach reading
11. **primitive** [prímətiv] PRIM itive *adj.* 태고의, 원시의, 원시적인
   from the earliest times
12. **primogeniture** [pràimoudʒénətʃər] PRIM ogeniture *n.* 장자의 신분
   state of being the first-born of parents
13. **primordial** [praimɔ́:rdiəl] PRIM ordial *adj.* 원시의, 근본적인
   elemental; fundamental; as, primordial rights

● **연습문제**

Ⅰ. primary와 primogeniture를 분석하시오.

Ⅱ. 다음의 ______ 부분을 채우시오.

(1) Longfellow's great poem, *Evangeline*, begins with these words: "This is the forest ________"

롱펠로우의 위대한 시, 『에반젤린』은 "이것은 원시림이다." 라는 문장으로 시작한다.

(2) Grandma Moses painted in a ________ style.

모세 할머니는 원시적인 양식으로 그림을 그렸다.

Foreign Words (외래어)

① *naive* : unsophisticated; artless
② *verboten* : orbidden
③ *safari* : hunting expedition
④ *mal de mer* : seasickness
⑤ *cabana* : a beach bathhouse
⑥ *sachem* : north American Indian hereditary chief
⑦ *coup de grace* : death blow
⑧ *en route* : on the way
⑨ *vista* : an outlock
⑩ *flimflam* : nonsense; silly talk
⑪ *desperado* : a desperate or violent criminal
⑫ *crescendo* : a gradual increase in volume of sound

No. 107
POTEN, POTES, POSSE

power, able(힘, 권력, 능력있는)

해설 어근 POTEN, POTES, POSSE는 POWER를 뜻하는 라틴어 posse, potesse, possessus에서 파생된 것이다.

기본어휘

1. **potent** [póutənt] *adj.* 유력한, 세력있는, 효능이 있는(=powerful; capable)
"power, to be able"의 뜻을 지닌 라틴 어근 poten-에서 파생되었다.
   예 The senator is a *potent* force in his political party.
   그 상원의원은 그의 정당에서 유력한 세력이다.

2. **potential** [pouténʃəl] *adj.* 가능한, 잠재 세력의 *n.* 가능성, 잠재력(=having the possibility of development; the possibility of being developed)
"power"의 뜻을 지닌 라틴 어근 poten-과 형용사를 만드는 접미사 -ial의 결합이다.
   예 Her book is a *potential* best seller.
   그녀의 책은 베스트셀러가 될 가능성을 가지고 있다.

3. **omnipotent** [ɔmnípətənt] *adj.* 전능한(=all powerful)
"all"을 의미하는 라틴 접두사 omni-와 "power"의 뜻을 가지는 라틴 어근 poten-의 결합이다.
   예 That country is ruled by an *omnipotent* dictator.
   그 나라는 전능한 독재자의 지배하에 있다.

보충어휘

1. **potency** [póutənsi] POTEN cy *n.* 힘, 권력, 효능
degree of power; potence
2. **potentate** [póutəntèit] POTEN tate *n.* 유력자, 군주
a monarch; a ruler
3. **potentiality** [poutènʃiǽləti] POTEN tiality *n.* 잠재력, 가능력
the ability to develop; possibility of power
4. **potentiate** [pouténʃièit] POTEN tiate *v.* 힘을 주다
to endow with power; with potentiality
5. **potentialize** [poutènʃəlàiz] POTEN tialize *v.* 가능하게 하다
to make capable; to make potential

6. **potentiometer** [pətènʃiɔ́mitər] POTEN tiometer *n.* 분압기
   an instrument to measure electromotive forces
7. **potentize** [póutəntaiz] POTEN tize *v.* 힘을 주다
   to render potent; to make capable
8. **posse** [pɔ́si] POSSE *n.* 일대, 일단의 사람, 민병대
   an armed band; a force with legal authority
9. **possess** [pəzés] POSSE ss *v.* 소유하다
   to have and to hold as legal property
10. **possible** [pɔ́səbəl] POSS ible *adj.* 가능한
11. **possibility** [pɔ̀səbíləti] POSS ibility *n.* 가능성
    the state of being possible; as, a possibility of failure
12. **impotent** [ímpətənt] im POTEN t *adj.* 무력한, 허약한
    incapable; lacking power

● 연습문제

Ⅰ. potentiality와 impotent를 분석하시오.

Ⅱ. 다음의 ______ 부분을 채우시오.

(1) The horse thief awoke to find himself surrounded by a ________ sent out to catch him.
그 말 도둑은 깨어나서 자기를 붙잡으러온 민병대에 둘러싸인 것을 알게 되었다.

(2) The ________ of the drug creates the ________ of prescribing an overdose.
그 약품의 효능은 과량을 처방할 가능성을 가진다.

(3) The millionaire ________ property all over the world.
그 백만장자는 세계 도처에서 토지를 소유한다.

📖 Is there a doctor in the house?

① anesthetist(마취 의사) ② cardiologist(심장병 의사)
③ chiropodist(손발치료 전문의) ④ dermatologist(피부병 전문의)
⑤ gynecologist(부인과 의사) ⑥ internist(내과 의사)
⑦ neurologist(신경학자) ⑧ obstetrician(산부인과 의사)
⑨ ophthalmologist(안과 의사) ⑩ orthopedist(정형외과 의사)
⑪ pediatrician(소아과 의사) ⑫ podiatrist(발(足)병의사)

No. 108

PUT, PUTAT

think(생각하다, 사유하다)

해설 어근 PUT, PUTAT는 라틴어 putare와 p.p. 형인 putatus에서 파생된 것으로 THINK를 뜻한다.

기본 어휘

1. **putative** [pjú:tətiv] PUTAT ive *adj.* 추정의, 소문에 들리는
   commonly thought; as, a putative millionaire
2. **compute** [kəmpjú:t] com PUT e *v.* 계산하다, 추정하다 calculate
3. **computable** [kəmpjú:təbəl] com PUT able *adj.* 계산할 수 있는
   can be thought out
4. **computation** [kɔ̀mpjutéiʃən] com PUTAT ion *n.* 계산, 평가 calculation
5. **computer** [kəmpjú:tər] com PUT er *n.* 컴퓨터 계산기 a computing machine
   예 Most people now own a personal *computer.*
   대부분의 사람들은 이제 개인용 컴퓨터를 갖고 있다.
6. **depute** [dipjú:t] de PUT e *v.* 대리인으로 하다, 위임하다
   to appoint as deputy or agent; to delegate
7. **deputation** [dèpjətéiʃən] de PUTAT ion *n.* 대리, 대표
   appointment to office of deputy; delegation
8. **deputy** [dèpjəti] de PUT y *n.* 대리자
   one appointed to substitute for another; as, a deputy hostess
   예 My sister will be my *deputy* while I am away.
   내가 없는 동안 내 여동생이 나의 대리자 역할을 할 것이다.
9. **deputize** [dèpjətàiz] de PUT ize *v.* 대리를 보다 to appoint as deputy
10. **dispute** [dispjú:t] dis PUT e *v.* 논쟁하다. 토의하다 *n.* 논의, 토론
    to disagree about a matter; argue; quarrel; argument
    예 The two governments *disputed* the ownership of the territory.
    두 정부는 그 영토의 소유권에 대하여 논했다.
11. **disputation** [dìspjutéiʃən] dis PUTAT ion *n.* 논쟁 a formal debate
12. **disputants** [dispjú:təntz] dis PUT ants *n.* 논쟁자 the debaters
13. **disputatious** [dìspjutéiʃəs] dis PUTAT ious *adj.* 논쟁을 좋아하는
    argumentative; quarrelsome

14. **disputable** [dispjúːtəbəl] dis PUT able *adj.* 의심스러운, 논의할 여지가 있는 debatable
15. **impute** [impjúːt] im PUT e *v.* 전가하다 ascribe to; charge with; accuse
16. **imputation** [ìmpjutéiʃən] im PUTAT ion *n.* 비난, 책망, 전가
    accusation; insinuation; as, imputation of bribery
17. **repute** [ripjúːt] re PUT e *n.* 명성, 세평 esteem, as, held in good repute
18. **reputable** [répjətəbəl] re PUT able *adj.* 이름 높은, 존경할만한 honorable; estimable
19. **reputation** [rèpjətéiʃən] re PUTAT ion *n.* 명성, 평판 public opinion

● 연습문제

Ⅰ. disputants와 imputation을 분석하시오.

Ⅱ. 다음의 ______ 부분을 채우시오.

(1) He was well known for his _________ character, and he always welcomed an argument at the drop of a hat.
그는 논쟁을 좋아하는 성격을 잘 알려져 있었고 그는 언제나 어떠한 자극에도 논쟁할 태세를 갖추고 있었다.

(2) He had an excellent _________ and no one would ________ base motives to him.
그는 훌륭한 명성을 누리고 있었고 아무도 그에게 비열한 동기를 돌리지 않는다.

The chief glory of every people arizes from its authours.
각 민족의 큰 영광은 그 작가들로부터 온다.

No. 109 PUNCT

point, dot(지점, 점)

해설 어근 PUNCT는 POINT, DOT를 의미하는 라틴어 punctum에서 파생된 것이다.

기본 어휘

1. **punct** [pʌ́ŋkt] PUNCT *n.* 점 a point; an element in discussion
2. **punctuate** [pʌ̀ŋktʃuèit] PUNCT uate *v.* 구두점을 찍다, 가끔 중단시키다.
   to place a point at the end of a sentence
   예 The children have not yet learned to *punctuate* correctly.
   아이들은 아직 올바르게 구두점을 찍는 법을 배우지 않았다.
   The announcement was *punctuated* by cheers and applause from the crowd.
   그 안내는 관중들의 환호성과 박수에 의해 가끔 중단되었다.
3. **punctuation** [pʌ̀ŋktʃuéiʃən] PUNCT uation *n.* 구두점 찍기, 구두법
   the act of punctuating
4. **punctuative** [pʌŋktjuéitiv] PUNCT uative *adj.* 구두점의
   relating to punctuation
5. **punctuator** [pʌŋktjueitər] PUNCT uator *n.* 구두점을 찍는 사람
   one who punctuates a text
6. **punctilio** [pʌŋktíliòu] PUNCT ilio *n.* 쓸데없는 일에 형식을 차리기, 딱딱함
   exactness; precision in form
7. **punctilious** [pʌŋktíliəs] PUNCT ilious *adj.* 딱딱한, 형식을 차리는, 꼼꼼한
   most particular; very precise
8. **compunction** [kəmpʌ́ŋkʃən] com PUNCT ion *n.* 양심의 가책
   remorse; twinges of guilt
9. **punctual** [pʌ́ŋktʃuəl] PUNCT ual *adj.* 시간을 엄수하는
   being exactly on time
10. **punctuality** [pʌŋktjuǽləti] PUNCT uality *n.* 시간엄수
    the quality of being exactly on time
11. **puncture** [pʌ́ŋktʃər] PUNCT ure *v.* 찌르다, 꿰뚫다 *n.* 찌르기, 구멍
    to pierce with a pointed instrument
12. **punctate** [pʌŋkteit] PUNCT ate *adj.* 반점이 있는
    ending in a point

● 연습문제

Ⅰ. punctuate를 분석하시오.

Ⅱ. 다음의 ______ 부분을 채우시오.

(1) Correct __________ of a sentence is necessary to comprehend it.
문장을 이해하기 위해서는 올바른 <u>구두법</u>이 필요하다.

(2) The ____________ sentences are not always easy to understand.
<u>구두점이 찍히지 않은</u> 문장들은 언제나 이해하기 쉽지 않다.

(3) John is always __________ when he makes an appointment, and he is ___________ about details.
John은 약속을 할 때에는 언제나 <u>시간을 엄수하고</u> 그는 세부사항에 대해서는 <u>꼼꼼하다.</u>

Covetousness is always filling a bottomless vessel.
바다는 메워도 사람의 욕심은 못 채운다.

No. 110

ROG, ROGAT

ask, beg(묻다, 요청하다)

해설 어근 ROG, ROGAT는 ASK, BEG을 뜻한다. 이것은 라틴어 rogare, rogatus (p.p.)에서 파생되었다.

기본어휘

1. **arrogate** [ǽrəgèit] *v.* 사칭하다, 가로채다(=claim for oneself; presume)
"to"를 의미하는 라틴 접두사 ar-와 "to ask"를 뜻하는 라틴 어근 rogat-로 이루어진 것이다.

   예 The dictator *arrogated* to himself the right to change the law.
   그 독재자는 자기에게 법을 바꿀 권리가 있다고 주장했다.

2. **derogate** [dérougèit] *v.* 훼손하다, 떨어뜨리다(=to lessen, to diminish)
"down, from"의 뜻을 지닌 라틴 접두사 de-와 "to ask"를 의미하는 라틴 어근 rogat-에서 파생되어 이루어진 것이다.

   예 His bad behavior *derogates* from his reputation.
   그의 나쁜 행실은 그의 명성을 훼손한다.

3. **interrogate** [intérəgèit] *v.* ~에게 질문하다, 심문하다(=to question formally; ask the reason)
"between"을 뜻하는 inter-와 "to ask"의 뜻을 지닌 rogat-로 되어 있다.

   예 Bob was *interrogated* by the police all night.
   Bob은 밤새도록 경찰들에게서 심문을 받았다.

보충어휘

1. **rogation** [rougéiʃən] ROGA tion *n.* 기도 petition; prayer
2. **arrogation** [æ̀rəgéiʃən] ar ROGA tion *n.* 사칭, 가로챔
the act of claiming for oneself
3. **arrogant** [ǽrəgənt] ar ROGA nt *adj.* 건방진, 거만한 proud; presume

   예 Ever since he became a congressman, he's been quite *arrogant*.
   그가 국회의원이 되고나서부터 그는 매우 거만해졌다.

4. **arrogance** [ǽrəgəns] ar ROGA nce *n.* 거만, 오만 pride; presumption
5. **abrogate** [ǽbrəgèit] ab ROGA te *v.* 폐기하다
do away with; annul; as, abrogate a treaty

6. **abrogative** [æbrəgèitiv] ab ROGA tive *adj.* 폐기시키는
causing annulment
7. **abrogation** [æbrəgéiʃən] ab ROGA tion *n.* 폐기
annulment; cancellation
8. **derogative** [dirɔ́gətiv] de ROGA tive *adj.* 가치를 훼손하는
tending to belittle; to derogate
9. **derogatory** [dirɑ́gətɔ̀:ri] de ROGA tory *adj.* 손상하는, 경멸적인
making a thing appear to be less important
10. **interrogation** [intèrəgéiʃən] inter ROGA tion *n.* 질문, 심문
questioning; the act of questioning
11. **prerogative** [prirɔ́gətiv] pre ROGA tive *n.* 대권, 특권
a privilege; superiority
12. **prorogate** [prirɔ́geit] pro ROGA te *v.* 정회하다, 연기하다
to delay; postpone
13. **supererogatory** [sù:pərərɑ́gətɔ̀:ri:] supere ROGA tory *adj.* 필요 이상의, 직무 이상의 일을 하는
more than needed; nonessential; superfluous
14. **supererogative** [sju:pərerɔgeitiv] supere ROGA tive *adj.* 직무이상의 일을 하는
supererogatory
15. **supererogation** [sù:pərèrəgéiʃən] supere ROGA tion *n.* 직무이상으로 일하기
act of performing the nonessential
16. **surrogate** [sʌ́rəgìt] sur ROGA te *n.* 감독대리, 대용물
a substitude; as, a surrogate judge

예 When Nancy's mother died, her aunt became a *surrogate* for her mother.
Nancy의 어머니가 죽자, 그녀의 이모가 어머니의 역할을 대신하였다.

● 연습문제

Ⅰ. surrogate를 분석하시오.

Ⅱ. 다음의 _______ 부분을 채우시오.

(1) People who consider themselves superior to others often _________ to themselves _________ to which they are entitled.

자신이 남들보다 뛰어나다고 여기는 사람들은 종종 받을 자격이 없는 특권들이 자기에게 있다고 주장한다.

(2) An ________ dictator will not hesitate to ________ a treaty if he finds it convenient to do so.

거만한 독재자는 자기가 그렇게 하는 것이 좋다면 망설이지 않고 협약을 폐기할 것이다.

No. 111 SANG, SANGUI

blood(피, 혈액, 건장함)

해설 어근 SANG, SANGUI는 BLOOD를 뜻하는 라틴어 sanguis, sanguin -에서 파생된 것이다.

기본 어휘

1. **sanguine** [sǽŋgwin] SANGUI ne *adj.* 다혈질의, 쾌활한, 낙관적인
   red, like blood; ardent; confident

   예 We were not very *sanguine* about our chances of success.
   우리는 우리가 성공할 가능성에 대해 별로 낙관적이지 않았다.

2. **sanguinary** [sǽŋgwinəri] SANGUI nary *adj.* 피비린내 나는, 잔인한
   bloody; bloodthirsty
3. **sanguineless** [sǽŋgwinlis] SANGUI neless *adj.* 혈색이 없는, 빈혈의
   pale; lacking blood; anemic
4. **sanguineous** [sæŋgwíniəs] SANGUI neous *adj.* 피의, 낙천적인
   abounding with bloodshed; as, "sanguineous histories of queen"
5. **sanguinolent** [sæŋgwínələnt] SANGUI nolent *adj.* 피에 얼룩진
   tinged with blood
6. **sanguinous** [sǽŋgwinəs] SANGUI nous *adj.* 피묻은, 피를 포함한
   containing blood; bloodthirsty
7. **sanguisuge** [sǽŋgwisuʤ] SANGUI suge *n.* 거머리, 피빨아 먹는(것)
   a bloodsucker; leech
8. **sanguisugent** [sǽŋgwisúʤənt] SANGUI sugent *adj.* 피를 빨아먹는
   bloodsucking
9. **sangfroid** [sæŋfrwáː] SANG froid *n.* 태연자약, 냉정, 침착
   cold-bloodedness; calmness; nonchalance

   예 He faced the enemy's attack with amazing *sangfroid.*
   그는 적의 공격을 놀라운 침착함으로 맞섰다.

10. **sanguify** [sǽŋgwifai] SANGUI fy *v.* 피를 만들다, 조혈하다
    to make blood; as using foods containing iron
11. **sanguimotor** [sǽŋgwimɔtər] SANGUI motor *adj.* 혈액순환의(에 관한)
    relating to the circulation of the blood

12. **sanguinaceous** [sæŋgwinéiʃəs] SANGUI naceous *adj.* 피로 가득찬, 열성적인
full-blooded; ardent; sanguine
13. **sanguinity** [sæŋgwíniti] SANGUI nity *n.* 다혈질, 쾌활
the quality of full-bloodedness; ardor; enthusiasm
14. **consanguinity** [kɔ̀nsæŋgwínəti] con SANGUI nity *n.* 같은 피를 가진 것
blood-relationship; having ancestors in common

● 연습문제

Ⅰ. sanguisugent와 consanguinity를 분석하시오.

Ⅱ. 다음의 ______ 부분을 채우시오.

(1) Thackeray refers to the region of Henry VIII, when so many queens were killed off, as the "__________ history of Queens."
Thackeray는 많은 여왕들이 죽임을 당한, Henry 8세의 통치기간을 "여왕들의 <u>피의</u> 역사"라고 일컫는다.

(2) When harsh laws inflict the death penalty for small offenses, those laws are as __________ war itself.
가혹한 법들이 경범죄에도 사형선고를 내린다면, 그 법들도 전쟁만큼이나 <u>피비린내 나는</u> 것이다.

Poetry is the art of uniting pleasure with truth, by calling imagination to the help of reason.
시(詩)는 상상력을 불러내고 이성의 도움으로 즐거움과 진리를 결합하는 예술이다.

No. 112 SAT, SATIS

enough(충분한, 만족스러운)

해설 어근 SAT, SATIS는 ENOUGH를 뜻하는 라틴어 satis에서 파생된 것이다.

기본어휘

1. **satiable** [séiʃiəbəl] *adj.* 만족시킬 수 있는(=can be fully satisfied)
   "enough"의 뜻을 가진 라틴 접미사 -able로 된 단어이다.

   예 If a scientist's quest for knowledge is *satiable*, he will never make new discoveries.
   과학자의 지식에 대한 탐구가 만족될 수 있다면, 그는 어떠한 새로운 발명도 이루어내지 못할 것이다.

2. **satisfy** [sǽtisfài] *v.* 뜻을 충족시키다, 만족시키다(=to give pleasure to; to give as much as is needed)
   "enough"를 의미하는 라틴 어근 satis-와 "to make, cause to"를 뜻하는 라틴 접미사-fy의 결합이다.

   예 Some people are almost impossible to *satisfy*.
   어떤 사람들은 만족시키는 것이 거의 불가능하다.

3. **saturate** [sǽtʃərèit] *v.* 흠뻑 적시다(=soak throughly; fill completely)
   "enough"를 의미하는 라틴 어근 satis-와 동족인 "full"을 "cause, make"의 뜻을 지닌 라틴 접미사 -at로 된 것이다.

   예 His clothes were *saturated* with sweat.
   그의 옷은 땀에 흠뻑 젖어있었다.

보충어휘

1. **sate** [seit] SAT e *v.* 실컷 만족시키다, 물리게 하다
   to satisfy; as, sate with food
2. **satiate** [séiʃièit] SAT iate *v.* 충분히 만족시키다, 싫증나게 하다 satisfy fully
3. **insatiable** [inséiʃəbəl] in SAT iable *adj.* 만족할 줄 모르는
   cannot be satisfied
4. **satiability** [seʃiəbíləti] SAT iability *n.* 물리게 할 수 있음
   the quality of being able to be satisfied
5. **insatiability** [inseiʃjəbíləti] in SAT iability *n.* 싫증나게 할 수 없음
   the quality of not being able to be fully satisfied

6. **satisfier** [sǽtisfàiər] SATIS fier *n.* 만족시키는 사람(물건)
   one who or that which satisfies
7. **satisfactory** [sæ̀tisfǽktəri] SATIS factory *adj.* 만족스러운, 더할 나위 없는
   giving what is wanted
8. **satisfaction** [sæ̀tisfǽkʃən] SATIS faction *n.* 만족하기, 소원성취
   pleasure; gratification
9. **unsatisfactory** [ʌ̀nsætisfǽktəri] un SATIS factory *adj.* 불만족스러운
   not giving what is wanted
10. **dissatisfaction** [dissæ̀tisfǽkʃən] dis SATIS faction *n.* 불만족
   the state of not being pleased
11. **unsatisfactorily** [ʌnsætisfǽktərili] un SATIS factorily *adv.* 불만족스럽게
   in a manner which does not satisfy
12. **insatiably** [inséiʃiəbli] in SAT iably *adv.* 만족할 줄 모르고
   never able to be satisfied
13. **satient** [séiʃənt] SAT ient *adj.* 만족을 주는, 만족하는
   giving pleasure; satisfying
14. **saturation** [sæ̀tʃəréiʃən] SAT uration *n.* 침윤, 포화
   state of being thoroughly filled
15. **saturant** [sǽtʃərənt] SAT urant *n.* 침윤제
   a substance used to cause saturation
16. **unsaturated** [ʌ̀nsǽtʃərèitid] un SAT urated *adj.* 가득 채워지지 않은, 불포화의
   not completedly filled

● 연습문제

Ⅰ. satiability와 satisfy를 분석하시오.

Ⅱ. 다음의 ______ 부분을 채우시오.

(1) Nutritionists have decided that __________ fats are the most healthful.
영양 전문가들은 <u>불포화</u>지방이 가장 건강에 좋다고 판단했다.

(2) She had an ____________ craving for sweets.
그녀는 사탕에 대한 <u>만족할 줄 모르는</u> 욕구를 지니고 있었다.

(3) His frustration was at the __________ point.
그의 욕구불만은 <u>포화</u> 단계에 다다랐다.

No. 113
SCOPE

watch, see(보다, 관찰하다, 감시하다)

해설 어근 SCOPE는 WATCH, SEE를 뜻하는 희랍어 skopos에서 온 것이다. Scope를 포함하는 단어는 특히 과학 용어가 많다.

기본 어휘

1. **periscope** [péraskòup] *n.* 잠망경(=an optical instrument with mirrors and lenses so arranged that the observer can see over an obstacle)
   "around"를 뜻하는 접두사 peri-와 "see"를 의미하는 그리스어 어근 scope로 이루어졌다.
   예 A viewer in a submarine may use *periscope* to get a view.
   잠수함에서 밖을 내다보려면 잠망경을 사용할 수 있다.
2. **thermoscope** [θəːrməskòup] *n.* 온도측정기(=instrument used to measure changes of temperature)
   "heat"를 의미하는 thermo-와 "watch, see"를 의미하는 그리스어 어근 scope로 이루어졌다.
   예 Indicating temperature the *thermoscope* differs from the ordinary thermometer in that it does not accurately measure the change by degrees.
   온도를 가리키는 데에 있어서 온도측정기가 보통 온도계와 다른 점은 변화를 눈금의 도로 정확히 측정하지 않는 데에 있다.
3. **microscope** [máikrouskòup] *n.* 현미경(=instrument to view ~ the naked eye)
   "small, minute"를 의미하는 희랍어 어근 micro-와 "see"를 뜻하는 희랍어 어근 scope로 되어 있다.
   예 He looked at the slides under the *microscope*. 그는 현미경으로 슬라이드 판들을 관찰하였다.

보충 어휘

1. **horoscope** [hɔ́ːrəskòup] horo SCOPE *n.* 점성, 성점
   a chart used by an astrologer to tell fortunes
2. **hydroscope** [háidrəskòup] hydro SCOPE *n.* 수중 안경, 잠시경
   a device to view the depths of the sea
3. **kaleidoscope** [kəláidəskòup] kaleido SCOPE *n.* 만화경
   an instrument showing various scenes

4. **photoscope** [fóutəskoup] photo SCOPE *n.* 입술의 움직임을 찍는 기구
   instrument for taking photos of lip movements in rapid succession
5. **seismoscope** [sáizməskòup] seismo SCOPE *n.* 지진계
   instrument to record occurrence and time of earthquakes
6. **spectroscope** [spéktrəskòup] spectro SCOPE *n.* 분광기
   instrument for viewing the sun's spectrum
7. **helioscope** [híːliəskòup] helio SCOPE *n.* 태양관측 망원경
   instrument to view the sun without eye injury
8. **telescope** [téləskòup] tele SCOPE *n.* 망원경 instrument for viewing distant objects

   예 He bought his daughter a *telescope* for her to look at the stars more closely.
   그는 자기 딸이 별을 더 자세히 관찰할 수 있도록 망원경을 사주었다.

9. **radioscope** [rèidiɔ́skòup] radio SCOPE *n.* 방사선물질 탐지기
   instrument for detecting the presence of radioactive substances
10. **stethoscope** [stéθəskòup] stetho SCOPE *n.* 청진기
    instrument for hearing sounds produced within the body, as, heartbeats and murmurs
11. **fluoroscope** [flúərəskòup] fluoro SCOPE *n.* 형광 투시경
    instrument used to observe the interior of something opaque, as, the human body
12. **baroscope** [bǽrəskòup] baro SCOPE *n.* 기압계
    instrument showing changes in atmospheric pressure
13. **autoscope** [ɔːtoskoup] auto SCOPE *n.* 자기의 신체기관을 보는 기구
    an instrument for seeing one's own organs
14. **bioscope** [báiəskòup] bio SCOPE *n.* (초기의) 영화영사기
    instrument which projects motion pictures
15. **chronoscope** [krɔ́nəskòup] chrono SCOPE *n.* 광속따위를 재는 분초시계
    instrument for measuring time
16. **endoscope** [éndəskòup] endo SCOPE *n.* 직달경(인체내부를 관찰하는)
    instrument for showing the internal organs
17. **gyroscope** [dʒáiərəskòup] gyro SCOPE *n.* 자이로스코프
    a wheel mounted on an axis capable of spinning rapidly

● 연습문제

Ⅰ. helioscope과 chronoscope을 분석하시오.

Ⅱ. 다음의 ______ 부분을 채우시오.

(1) Sunlight and shadow made the landscape a ____________ of colour.
햇빛과 그림자가 풍경을 색채의 분광기로 만들었다.

(2) An instrument used by doctors for listening to the beating of the heart is called ____________.
의사들이 심장의 박동 소리를 듣기 위해 사용하는 기구는 청진기라고 한다.

No. 114

SCRIB, SCRIPT

write(쓰다, 작문하다)

해설 어근인 SCRIB, SCRIPT는 WRITE를 의미하는 라틴어 scribere, scriptus로부터 유래된 말이며 후자는 전자의 p.p.형이고 명사형은 주로 후자의 형을 택한다.

기본 어휘

1. **describe** [diskráib] *v.* 기술하다, 묘사하다(=to write something down; to present something in spoken or written words; to give an account of something)
   "down"을 의미하는 라틴 접두사 de-와 "to write"를 의미하는 scrib-로 되어 있다.

   예 He *described* what he had seen on his trip. 그는 여행하면서 본 것들을 기술하였다.
   Can you *describe* the burglar's appearance? 너는 그 도둑의 인상착의를 묘사할 수 있니?

2. **inscribe** [inskráib] *v.* 새기다, 파다, 명심하다, 증정하다(=to write words, names, etc., on something for a public or formal purpose; to write in a book or on a photograph, etc., as when autographing or dedicating it)
   "in; on"을 뜻하는 라틴 접두사 in-과 "to write"를 뜻하는 scrib-로 되어 있다.

   예 The monument was *inscribed* with the names of the war dead.
   그 기념비에는 전쟁에서 죽은 이들의 이름들이 새겨져 있었다.
   The author *inscribed* a copy of his book to his best friend.
   그 작가는 자기가 쓴 책 1부를 가장 친한 친구에게 증정하였다.

3. **prescribe** [priskráib] *v.* 명령하다, 처방하다, …의 처방을 적다(=to write before someone else acts, as when giving an order; to set something down as a rule to be followed; to order the use of a medicine or treatment for a patient)
   "before"를 의미하는 pre-와 "to write"를 의미하는 scrib-로 되어 있다.

   예 The engraved invitation *prescribed* formal dress.
   그 인쇄된 초대장은 정장 착용을 지시했다.
   The doctor *prescribed* an antibiotic. 의사는 항생제를 처방했다.

보충 어휘

1. **scribable** [skráibəbl] SCRIB able *adj.* 쓸 수 있는
   can be written upon; can receive the markings of a stylus or pen
2. **scribacious** [skribéiʃəs] SCRIB acious *adj.* 쓰기를 좋아하는
   addicted to writing; fond of writing

3. **scribble** [skríbəl] SCRIB ble *n.* 갈겨쓰기, 자문 meaningless marks on paper
4. **subscription** [sʌ́bskrípʃən] sub SCRIP tion *n.* 신청, 응모, 예약 구독
   a purchase order; sign one's name for acceptance
5. **ascribe** [əskráib] a SCRIB e *v.* 돌리다, …의 탓으로 하다
   to refer to; attribute; as, ascribe success to hard work
6. **circumscribe** [sə́ːrkəmskráib] circum SCRIB e *v.* …의 주위를 둘러싸다. 제한하다
   to draw a line around; set limits to

   예 His activities have been *circumscribed* since his accident.
   그의 사고가 일어난 이후로 그의 활동은 제한되었다.
7. **conscript** [kɔ́nskrípt] con SCRIP t *v.* 징집하다, *n.* 신병, 징병
   to enroll into military service; to draft
8. **manuscript** [mǽnjəskrìpt] manu SCRIP t *adj.* 필사의
   written by hand or typed
9. **description** [diskrípʃən] de SCRIP tion *n.* 기술, 묘사, 서술
   a representation in words of something seen
10. **inscription** [inskrípʃən] in SCRIP tion *n.* 비명, 비문
    words engraved on a stone or monument
11. **scrivener** [skrívnər] SCRIV ener *n.* 필경, 공증인 a public writer ; a scribe
12. **prescription** [priskrípʃən] pre SCRIP tion *n.* 규정, 법규, 처방
    written directions from a doctor for preparation of a medicine by a druggist
13. **script** [skript] SCRIP t *n.* 손으로 쓴 것, 대본, 서체
    written characters; also short for manuscript, used in the theater
14. **scribe** [skráib] SCRIB e *n.* 필기자, 대서인 a public writer acting as a clerk
15. **scrip** [skrip] SCRIP *n.* 가주권, 증서, 서류 a list; paper money; a means
16. **Scripture** [skríptʃər] SCRIP ture *n.* 성경
    any sacred writings; especially, the Bible
17. **transcript** [trǽnskript] tran SCRIP t *n.* 사본, 복사, 필기
    a copy of something in writing, typing, or printing

● 연습문제

Ⅰ. subscription와 transcript을 분석하시오.

Ⅱ. 다음의 ______ 부분을 채우시오.

(1) I cancelled my __________ to that computer magazine.
나는 그 컴퓨터 잡지 <u>구독을</u> 취소하였다.

(2) The politician ________(d) the failing economy to high taxes.
그 정치가는 파산해가는 경제를 높은 세금의 <u>탓으로 돌렸다</u>.

No. 115 SIGN, SIGNI

sign, mark, seal(표시하다, 의미하다, 봉인하다)

해설 어근 SIGN, SIGNI는 SIGN, MARK, SEAL을 뜻하는 라틴어 signum에서 파생된 것이다. sign의 여러 가지 발음에 유의하기 바란다.

기본어휘

1. **signal** [sígnəl] *n.* 신호, 암호(=a gesture to call attention)
   "sign, mark"를 의미하는 라틴 어근 sign-에서 파생되었다.

   예 Every driver must obey traffic *signals*.
   모든 운전자는 교통 신호를 따라야만 한다.

2. **signify** [sígnəfài] *v.* 나타내다, 뜻하다, 발표하다(=to show; to make evident)
   "sign, mark"를 뜻하는 라틴 어근 sign-와 "to make"를 의미하는 라틴 접미사 -ify의 결합이다.

   예 A smile usually *signifies* that a person is happy or satisfied.
   대부분의 경우 미소는 그 사람이 행복하거나 만족한 상태에 있다는 것을 나타낸다.

3. **design** [dizáin] *n.* 도안, 설계, 계획(=a plan of something to be done; intention)
   "off"를 의미하는 라틴 접두사 de-와 "mark, sign"을 뜻하는 라틴 어근 sign-이 합쳐진 단어이다.

   예 I was very satisfied with the *design* for our new house.
   나는 우리 새집의 설계에 무척 만족했다.

보충어휘

1. **sign** [sain] SIGN *v.* 서명하다.
   to affix a mark, or a seal, or a name; as, sign a will
2. **signable** [sáinəble] SIGN able *adj.* 서명할 수 있는 can be signed
3. **signaler** [sígnələr] SIGN aler *n.* 신호원, 신호기 one who signals
4. **signalist** [sígnəlist] SIGN alist *n.* 신호원, 신호기 a signaler
5. **signalize** [sígnəlàiz] SIGN alize *v.* 유명하게 만들다. 신호하다
   to mark; to make known; to point out
6. **signate** [sígneit] SIGN ate *adj.* 지적된, 신호된, 구별된
   pointed out; distinguished; designated

7. **signation** [signéiʃən] SIGN ation *n.* 서명, 신호 act of signing
8. **signatory** [sígnətəri] SIGN atory *n.* 서명자, 조인자 one who signs with another in a joint agreement; as, signatory to a peace pact
9. **signature** [sígnətʃər] SIGN ature *n.* 서명, 사인
   the name of a person written in his own handwriting
10. **signet** [sígnət] SIGN et *n.* 도장, 인장
   sign or seal expressing authority; a signet ring
11. **significant** [signífikənt] SIGN ificant *adj.* 중요한, 뜻있는
   showing full importance; expressive
12. **significance** [signífikəns] SIGN ificance *n.* 중요, 중요성 value; importance

   예 The landing on the moon was an event of a great *significance.*
   달에 착륙한 것은 매우 중요한 사건이었다.

13. **insignificant** [insignífikənt] in SIGN ificant *adj.* 대수롭지 않은
   having no importance
14. **significantly** [signífikəntli] SIGN ificantly *adv.* 뜻있는 듯이 importantly
15. **designation** [dézignèiʃən] de SIGN ation *n.* 지시, 임명, 명명
   selection; appointment for an aim
16. **designated** [dézignèitid] de SIGN ated *adj.* 칭명된, 뽑힌
   selected; as, for high honors
17. **insignia** [insígniə] in SIGN ia *n.* 훈장
   distinguishing marks; as, insignia of authority

● 연습문제

Ⅰ. signalize와 significant를 분석하시오.

Ⅱ. 다음의 ______ 부분을 채우시오.

(1) At a __________ the cab pulled up to the curb.
누군가가 <u>신호</u>를 보내자, 그 택시는 보도 옆에 섰다.

(2) An _________ detail in the _________ of the latest will aroused suspicions that there had been a change of __________.
최근 유언장의 <u>서명</u>에서 <u>대수롭지 않은</u> 세부점은 <u>서명자</u>가 바뀌었다는 의심을 불러일으켰다.

No. 116

SIMIL, SIMUL

like, resembling(유사한, 닮은)

해설

어근 SIMIL, SIMUL은 LIKE, RESEMBLING을 의미하는 라틴어 similis에서 유래된 것이며, 이것의 동사형이 to copy, feign의 뜻인 simulare이다.

기본 어휘

1. **simile** [síməliː] SIMIL e *n.* 직유(=a figure of speech that compares two things that are unlike)
"like, resembling"의 뜻을 지닌 라틴 어근 simil-에서 유래한 것이다.

예 "I wandered lonely as a cloud" is an example of a *simile.*
"나는 구름과도 같이 홀로 유랑하며 다녔다"는 직유의 한 예이다.

2. **simulate** [símjəlèit] *v.* 흉내내다, 가장하다(=pretend; put on ~ impression)
"like, resembling"을 뜻하는 라틴어근 simul-과 "cause, make"를 의미하는 라틴 접미사 -ate로 되었다.

예 In movies, they use red paint or ketchup to *simulate* blood.
영화에서, 사람들은 피흘리는 것을 가장하기 위해 빨간 페인트나 케첩을 사용한다.

3. **assimilate** [əsíməlèit] *v.* 동화시키다, 동화하다, 이해하다(=to make similar to)
"to"를 의미하는 라틴 접두사 as-와 "like, resembling"을 라틴 어근 simil과 "cause, make"를 의미하는 라틴 접미사 -ate로 구성된 단어이다.

예 America has *assimilated* many people from all over the world.
미국은 세계 도처에서 온 많은 사람들을 동화시켰다.

보충 어휘

1. **similar** [símələr] SIMIL ar *adj.* 비슷한, 유사한 resembling in many respects
2. **similarity** [simələ́rəti] SIMIL arity *n.* 유사, 닮음 resemblance; as, similarity in views
3. **similative** [símileitiv] SIMIL ative *adj.* 유사성을 나타내는 indicating a likeness
4. **similitude** [simílətjùːd] SIMIL itude *n.* 비교, 유사, 비슷함 resemblance
5. **similitudenize** [similitjúdənaiz] SIMIL itudenize *v.* 유사하게 만들다.
to make resemblances
6. **similize** [síməlàiz] SIMIL ize *v.* 직유를 써서 설명하다. to compare; to copy
7. **simultaneous** [sìməltéiniəs] SIMUL taneous *adj.* 동시에 일어나는
happening at the same time

예 Both the flash of lightning and the *simultaneous* crash of thunder frightened the children. 번개의 번쩍임과 동시에 일어난 천둥소리가 어린 아이들을 놀라게 하였다.

8. **simulacrum** [sìmjəléikrəm] SIMUL acrum *n.* 모습, 상, 환영
an image; a likeness of an image
9. **simulacral** [sìmjuléikrəl] SIMUL acral *adj.* 환영과 같은 resembling a simulacrum
10. **simulator** [símjəlèitər] SIMUL ator *n.* 가장하는 것 one who simulates
11. **simulation** [sìmjəléiʃən] SIMUL ation *n.* 흉내냄, 가장 pretence; counterfeit; display
12. **simulatory** [símjulətəri] SIMUL atory *adj.* 흉내내는, 가장하는
pretending; putting up a show
13. **simulative** [símjəlèitiv] SIMUL ative *adj.* 흉내내는, 가장하는
showing a tendency to simulation
14. **simulant** [símjələnt] SIMUL ant *n.* 흉내내는 사람, 닮은 물건
one who puts on an act
15. **verisimilar** [vèrəsímələr] veri SIMIL ar *adj.* 그럴싸한
having the appearance of truth; probable
16. **dissimilar** [dissímələr] dis SIMIL ar *adj.* 상이한 not showing any resemblance

● **연습문제**

Ⅰ. similitude와 simulant를 분석하시오.

Ⅱ. 다음의 ______ 부분을 채우시오.

(1) The ________ between the sisters was remarkable. One was frank and simple, and the other ________ friendliness with those she did not like.
그 두 자매들간의 차이는 두드러졌다. 한 명은 솔직하고 순진했으나 다른 한 명은 그녀가 좋아하지 않는 사람들과 마치 친한 사이인양 가장했다.

(2) No ________ could be found between the two sisters.
그 두 자매들 사이에 어떠한 유사점도 찾을 수 없었다.

Ⅲ. 다음의 핵심어를 보고 그 핵심어에 해당하는 뜻을 오른쪽 목록에서 고르시오.

a. port	________	(1) many
b. pro	________	(2) hang
c. pello	________	(3) throught
d. poly	________	(4) love
e. per	________	(5) push
f. pre	________	(6) foot
g. pend	________	(7) forward
h. pos	________	(8) before
i. philo	________	(9) carry
j. ped	________	(10) place

No. 117 STA, STIT, SIST

stand(서다, 유지하다)

해설 어근 STA, STIT, SIST는 STAND를 의미한다. 그리고 이렇게 여러 형태를 취하고 있는 이유는 라틴어와 희랍어에 관계되는 여러 단어로부터 유래되었기 때문이다. 즉 stare, sistere, stitute, status로부터 유래되었다.

기본어휘

1. **assist** [əsíst] *v.* 도와주다, 원조하다(=to stand by with help)
   "to"를 뜻하는 라틴 접두사 as-와 "to cause, to stand"를 의미하는 라틴 어근 sist-의 결합이다.

   예 I *assist* my brother in doing his homework sometimes.
   나는 때때로 내 남동생이 숙제를 하는데 있어서 도와준다.

2. **desist** [dizíst] *v.* 그만두다, 삼가다(=cease; discontinue; quit)
   "away"를 뜻하는 라틴 접두사 de-와 "to cause, to stand"를 의미하는 라틴 어근 sist-가 합쳐진 단어이다.

   예 The judge told the man to *desist* from abusing his wife.
   판사는 그 남자에게 아내를 폭행하는 것을 그만두라고 명령했다.

3. **subsist** [səbsíst] *v.* 생존하다, 존속하다(=to endure, to persist, to exist)
   "under"를 뜻하는 라틴 접두사 sub-와 "to stand"라는 뜻을 지닌 라틴 어근 sist-로 되어 있다.

   예 During the famine, they *subsisted* on roots and wild fruit.
   기근 동안에 그들은 뿌리와 야생과일로 생존해 나갔다.

보충어휘

1. **circumstance** [sə́:rkəmstəns] circum STA nce *n.* 상황, 처지
   a situation; a happening
2. **stamina** [stǽmənə] STA mina *n.* 체력, 끈기, 정력, 원기
   power to withstand, to endure
3. **constant** [kɔ́nstənt] con STA nt *adj.* 꾸준한
   fixed; steady; as, constant as a star
4. **distant** [dístənt] di STA nt *adj.* 먼 standing far off; as, a distant hill

5. **ecstasy** [ékstəsi] ec STA sy *n.* 환희, 열정
   a state of being out of oneself for joy; rapture
6. **interstice** [intə́:rstis] inter STI ce *n.* 째진틈, 틈새기
   space between; crack; as, the interstices of a wall
7. **obstacle** [ɔ́bstəkəl] ob STA cle *n.* 장애, 방해
   that which stands in the way; a hindrance
8. **obstinate** [ɔ́bstənit] ob STI nate *adj.* 고집센, 완고한 standing against; stubborn
9. **persist** [pə:rsíst] per SIST *v.* 고집하다, 주장하다 stand firmly; unyielding; continue
10. **resist** [rizíst] re SIST *v.* 저항하다, 반항하다 withstand; as, resist all obstacles
11. **consist** [kənsíst] con SIST *v.* 이루어지다, 존재하다
   to have the quality of; to be made of
12. **stanchion** [stǽnʃən] STA nchion *n.* 기둥, 버팀기둥 a standing brace or support
13. **stage** [steiʤ] STA ge *n.* 무대 a platform for actors to stand on
14. **substance** [sʌ́bstəns] sub STA nce *n.* 물질, 요지
   the real nature of a thing which keeps it what it is
15. **substitute** [sʌ́bstitjù:t] sub STIT ute *v.* 대치하다, 대용하다
   to stand in for another; take the place of
   예 Many people *substitute* margarine for butter. 많은 사람들은 버터 대신 마가린을 쓴다.

● **연습문제**

Ⅰ. ecstasy와 persist를 분석하시오.

Ⅱ. 다음 ______ 부분을 채우시오.

In the last few yards of a race it is __________ that counts.
경주의 마지막 몇 야드에서 중요한 것은 체력이다.

Ⅲ. 다음 핵심어가 뜻하는 사항을 골라 번호로 쓰시오.

a. capit	_________	(1) stand
b. lic	_________	(2) earth
c. mis	_________	(3) cause
d. mov	_________	(4) answer
e. hum	_________	(5) head
f. cus	_________	(6) permit
g. per	_________	(7) move
h. apo	_________	(8) through
I. spond	_________	(9) away from
j. sta	_________	(10) hate

No. 118 STEREO

solid(견고한)

해설 어근 STEREO는 SOLID를 의미한다. 이것은 "a solid body"를 뜻하는 희랍어 stereos에서 파생된 것이다.

기본 어휘

1. **stereo** [stériòu] STEREO *n.* 입체음, 스테레오
   a abbreviated way of referring to a stereotype or stereophonic system
2. **stereotype** [stériətáip] STEREO type *v.* 고정시키다, 정형화하다
   to fix in lasting form
   - 예 Women are frequently *stereotyped* as being as crying more easily than men.
     여자는 남자보다 더 연약하고 눈물을 더 잘 흘린다고 종종 고정화된다.
3. **stereogram** [stériəgræ̀m] STEREO gram *n.* 입체화, 투영도
   a picture of objects in relief
4. **stereotomy** [stériɔtəmi] STEREO tomy *n.* 고체를 자르는 기술
   the art of cutting solids
5. **stereometry** [stèriɔ́mətri] STEREO metry *n.* 체적측정, 구적법
   art of finding the volume of a solid figure
6. **stereotype** [stériətàip] STEREO type *n.* 스테레오타입, 상투적인 문구
   anything reproduced without variation
   - 예 Movies tend to perpetuate many racist and sexist *stereotypes*.
     영화들은 많은 인종 차별론자와 성차별론자의 스테레오타입들을 영속시키는 경향이 있다.
7. **stereopticon** [stèriɔ́ptikən] STEREO pticon *n.* 입체환등
   an instrument to put the images produced by transparent slides on a screen
8. **stereoscope** [stériəskòup] STEREO scope *n.* 입체경
   instrument which gives to pictures the impression of solidity
9. **stereoscopic** [stèriəskɔ́pik] STEREO scopic *adj.* 입체경의 like a stereoscope
10. **stereoscopy** [stèriəskəpi] STEREO scopy *n.* 입체경 연구
    science which deals with stereoscopic effects and methods
11. **stereopsis** [stèriɔ́psis] STEREO psis *n.* 입체영상 stereoscopic vision
12. **stereoscopism** [stiəriɔskoupism] STEREO scopism *n.* 입체경 효과
    stereoscopic effects

13. **stereoscopist** [stiəriɔskoupist] STEREO scopist *n.* 입체경 연구가
a person skilled in stereoscopy
14. **stereotyper** [stíəriətaipər] STEREO typer *n.* 연판 인쇄업자
one who stereotypes
15. **stereoplasm** [stíəriəplazm] STEREO plasm *n.* 원형세포의 외피
the solid part of cell protoplasm
16. **stereochemistry** [stèrioukémistri] STEREO chemistry *n.* 입체화학
a science dealing with the arrangement of atoms and molecules in space
17. **stereomatrix** [stiəriəmǽtriks] STEREO matrix *n.* 연판인쇄에 사용되는 틀
mold used in stereotyping
18. **stereome** [stíəriəm] STEREO me *n.* 식물의 늘어진 조직
strengthening tissue in plants
19. **stereograph** [stériəgræ̀f] STEREO graph *n.* 입체화 stereographic art
20. **stereography** [stèriɔ́grəfi] STEREO graphy *n.* 입체화법
picture prepared for the stereoscope

● 연습문제

Ⅰ. stereotype와 stereoscopist를 분석하시오.

Ⅱ. 다음의 ________ 부분을 채우시오.

(1) Pictures taken by a ________ seem to have three dimensions instead of being flat like pictures taken by an ordinary camera.
입체경으로 찍은 사진들은 보통 사진기로 찍은 사진들처럼 평평해 보이지 않고 3차원으로 된 것처럼 보인다.

(2) ________ (ic) movies are very exciting.
입체경으로 찍어서 만든 영화들은 매우 흥미진진하다.

Ⅲ. 다음 핵심어의 뜻을 의미하는 단어를 고르시오.

a. re	________	(1) rank
b. rect	________	(2) together
c. ridi, risi	________	(3) back, again
d. ship	________	(4) answer
e. spond	________	(5) wisdom
f. scrib	________	(6) under
g. sym, syn, sys	________	(7) right
h. soph	________	(8) write
i. sub	________	(9) resemble
j. simil, simul	________	(10) laugh

No. 119
SPOND, SPONS

pledge, answer(서약하다, 대답하다)

해설 어근 SPOND, SPONS는 PLEDGE, ANSWER를 의미한다. 그리고 이것은 라틴어 spondere, sponsus로부터 유래된 단어이다.

기본 어휘

1. **sponsor** [spɔ́nsər] SPONS or *n.* 보증인, 후원자
   one who assumes responsibility for a project; as a sponsor of a charity
2. **sponsor** [spɔ́nsər] SPONS or *v.* 후원하다, 발기하다
   to assume responsibility; to promise support
3. **sponsorship** [spɔnsərʃip] SPONS orship *n.* 보증인임, 후원
   the state of being a sponsor
4. **respond** [rispɔ́nd] re SPOND *v.* 대답하다, 응하다
   to answer in kind; as, respond to an appeal
5. **response** [rispɔ́ns] re SPONS e *n.* 반응, 응답
   an answer; as, an immediate response
6. **responsive** [rispɔ́nsiv] re SPONS ive *adj.* 대답하는, 민감한
   causing to answer; as a responsive nature
   예 Kelly is more *responsive* to praise than to criticism.
   Kelly는 비판보다 칭찬에 더 민감하다.
7. **respondent** [rispɔ́ndənt] re SPOND ent *n.* 응답자 one who responds
8. **responsible** [rispɔ́nsəbəl] re SPONS ible *adj.* 책임있는, …을 초래한
   answerable; trustworthy to carry out obligations
9. **responsibility** [rispɔ̀nsəíləti] re SPONS ibility *n.* 책임감, 의무
   reliability; as, seeing one's responsibility
10. **correspond** [kɔ̀rəspɔ́nd] corre SPOND *v.* 일치하다, 조화하다, 통신하다
    to communicate by letter; sending and receiving letters
11. **correspondence** [kɔ̀:rəspɔ́ndəns] corre SPOND ence *n.* 서신, 편지, 일치
    state of corresponding; letters
12. **correspondent** [kɔ̀:rəspɔ́ndənt] corre SPOND ent *n.* 통신원
    one who communicates with another

13. **unresponsive** [ʌ̀nrispɔ́nsiv] unre SPONS ive *adj.* 대답하지 않는
not answering

14. **irresponsible** [ìrispɔ́nsəbəl] irre SPONS ible *adj.* 책임이 없는
not reliable; does not respond to the call of duty

● 연습문제

Ⅰ. sponsorship과 respond를 분석하시오.

Ⅱ. 다음 ______ 부분을 채우시오.

(1) The __________ to his appeal was excellent and he was asked to be the __________ and assume complete __________.
그의 호소에 대한 반응이 매우 좋았고 사람들은 그에게 후원자가 되어 책임을 완전히 떠맡도록 권유했다.

(2) The article in the news paper does not ___________ exactly to what the politician actually said.
신문기사는 그 정치가가 실제로 한 말과 정확하게 일치하지는 않는다.

Everything demands some work.
No pains, no gains.
노력이 있어야 결실도 있다.

No. 120

SOPH

wisdom(지혜, 지식)

해설 어근 SOPH는 WISDOM을 의미한다. 이것은 희랍어 sophos에서 파생된 것이다.

기본 어휘

1. **sophism** [sɔ́fizəm] *n.* 궤변(=an argument deceptively reasonable, but hiding a fallacy) "wisdom"을 뜻하는 희랍어 어근 soph-와 "doctrine, system"의 뜻을 지닌 접미사 -sm의 결합이다.

   예 John won the argument by using *sophisms*.
   John은 궤변을 사용하여 논쟁에서 이겼다.

2. **philosophy** [filɔ́səfi] *n.* 철학, 인생관(=the study of theories about the nature of existence, knowledge, thought, etc)
   "to love"를 뜻하는 희랍어 어근 philo-와 "wisdom"을 의미하는 희랍어 어근 soph-의 결합이다.

   예 Our professor is an expert on the kantian *philosophy*.
   우리 교수님은 칸트 철학에 관한한 전문가이다.

보충 어휘

1. **sophic** [sɔ́fik] SOPH ic *adj.* 지성적인, 현명한
   full of wisdom; intellectual
2. **sophical** [sɔfikəl] SOPH ical *adj.* 지혜의 relating to wisdom
3. **sophiology** [sɔfiɔləʤi] SOPH iology *n.* 인간사상학
   the science of human ideas
4. **sophist** [sɔ́fist] SOPH ist *n.* 학자, 궤변가 one who reasons falsely
5. **sophistry** [sɔ́fistri] SOPH istry *n.* 궤변법 deceptive reasoning
6. **sophistical** [sɔfístikəl] SOPH istical *adj.* 궤변의, 억지쓴
   in the nature of sophistry; deceptive
7. **sophisticate** [səfístəkèit] SOPH isticate *v.* 세속에 물들게 하다, 세련되게 하다
   falsify; to make worldly-wise
8. **sophisticated** [səfístəkèitid] SOPH isticated *adj.* 고도로 세련된, 순진하지 않은, 복잡한
   worldly-wise; artificial

9. **sophistication** [səfìstəkéiʃən] SOPH istication *n.* 억지 이론, 세파에 물들기
a state of worldliness; artificiality
10. **unsophisticated** [ʌ̀nsəfístəkèitid] un SOPH isticated *adj.* 순진한
not artificial; not worldly-wise
11. **sophisticator** [səfístikeitər] SOPH isticator *n.* 궤변론자
one who falsifies, sophisticates
12. **unsophisticatedness** [ʌnsəfistikéitidnis] un SOPH isticatedness *n.* 순진함 naturalness
13. **sophomore** [sɔ́fəmɔ̀:r] SOPH omore *n.* 대학 2년생
student in the second year of high school or college
14. **sophomoric** [sɔ̀fəmɔ́:rik] SOPH omoric *adj.* 건방진, 미숙한
like a sophomore; immature
15. **sophoclean** [sɔfəkliən] SOPH oclean *adj.* 소포클레스 풍의
relating to the great Greek playwright called "The wise one."
16. **philosopher** [filɔ́səfər] philo SOPH er *n.* 철학자 one who loves wisdom
17. **philosophism** [filəsəfìzəm] philo SOPH ism *n.* 사이비 철학, 궤변
sophistry; falsification
18. **unsophisticate** [ʌnsəfístikeit] un SOPH isticate *n.* 순진한 사람
a person who is not sophisticated

● 연습문제

Ⅰ. sophomore와 philosopher를 분석하시오.

Ⅱ. 다음의 _______ 부분을 채우시오.

(1) The specious reasoning of the ________ makes wrong seem right and right, seem wrong.
궤변가의 그럴듯한 추리는 잘못된 것을 올바른 것처럼 보이게 하고 올바른 것을 잘못된 것처럼 보이게 한다.

(2) If you read a book carefully, you can find the writer's _______ in it.
신중하게 책을 읽으면 그 안에서 작가의 철학을 발견해낼 수 있다.

(3) Being a ___________ woman, Nicole always wears elegant clothes.
세련된 여자인 Nicole은 언제나 우아한 옷을 입는다.

No. 121
SPEC, SPECT, SPECTRO

watch, see, observe(보다, 관찰하다, 감시하다)

해설 어근 SPEC, SPECT, SPECTRO는 WATCH, SEE, OBSERVE의 의미. 이것들은 라틴어 spectare, spectrus에서 유래된 것이다.

기본어휘

1. **expect** [ikspékt] *v.* 기대하다, 의지하다(=to look forward; to anticipate)
   "out"을 뜻하는 라틴어 접두사 ex-와 "to look, look at"의 뜻인 spect-로 이뤄졌다.

   예 He *expected* to be paid for his trouble.
   그는 자신의 수고에 대한 대가를 받기 기대했다.

2. **inspect** [inspékt] *v.* 조사하다, 검사하다(=to view closely in critical appraisal)
   "in, into"의 뜻인 라틴어 접두사 in-과 "to look, look at"의 뜻인 spect-로 이루어졌다.

   예 The man was nervously *inspecting* his fingernails.
   그 남자는 초조해하며 자신의 손톱을 점검했다.

3. **respect** [rispékt] *v.* 존경하다(=to consider worthy of high regard)
   "back, again"의 뜻인 라틴어 접두사 re-와 "to look, look at"의 의미인 spect-로 되어 있다.

   예 Parents should be held in *respect.*
   부모님들은 존경을 받아야 한다.

4. **spectacle** [spéktəkəl] *n.* 광경, 구경거리(=something exhibited to public view; an unusual sight or grand display)
   "to look, look at"의 의미인 spect-에서 유래한 것이다.

   예 John drank too much at the party and made a *spectacle* of himself.
   John은 파티에서 술을 너무 많이 마셔서 우스운 꼴을 보였다.

보충어휘

1. **spectacular** [spektǽkjələr] SPECT acular *adj.* 장관인, 눈부신
   appealing to the sight; thrilling
2. **spectator** [spékteitər] SPECT ator *n.* 구경꾼, 방관자
   one who looks on; an observer

   예 The football stadium was full of excited *spectators.*
   축구 경기장은 흥분한 관중들로 가득차 있었다.

3. **specter** [spéktər] SPECT er *n.* 유령, 허깨비 a disembodied spirit; a ghost

   예 Lucy told a scary story about a headless *specter.*
   Lucy는 머리가 없는 유령에 대한 무서운 얘기를 해주었다.

4. **spectral** [spéktrəl] SPECT ral *adj.* 기괴한, 무시무시한
   relating to a specter; ghostlike
5. **spectrogram** [spéktrəgræ̀m] SPECTRO gram *n.* 분광사진 a photograph
6. **spectrum** [spéktrərm] SPECT rum *n.* 스펙트럼
   wavelengths of color, from red to violet; an afterimage
7. **spectroscope** [spéktrəskòup] SPECTRO scope *n.* 분광기
   an instrument used to analyze spectra
8. **spectrophone** [spéktroufoun] SPECTRO phone *n.* 스펙트럼 분석학
   the science of analyzing spectra
9. **spectrology** [spektrɔ́lədʒi] SPECTRO logy *n.* 스펙트럼(분석)학
   the science of spectrums
10. **spectrohelioscope** [spèktrouhí:liouskòup] SPECTRO helioscope *n.* 단광태양 망원경
    an instrument for the observation of the sun
11. **spectroheliograph** [spèktrouhí:liougræ̀f] SPECTRO heliograph *n.* 단광태양 사진기
    an instrument which combines use of spectroscope, camera and telescope
12. **spectrometry** [spektrɔmitri] SPECTRO metry *n.* 분광계측
    the measuring of wavelengths of rays
13. **specimen** [spésəmən] SPEC imen *n.* 견본, 대표적인 예 a sample

● 연습문제

I. spectator와 spectroscope을 분석하시오.

II. 다음 ________ 부분을 채우시오.

(1) This is a fine ___________ of Renaissance art.
이것은 르네상스 미술의 훌륭한 견본이다.

(2) We saw a _________ display of fireworks at the Fourth of July celebration.
우리는 독립기념일 축제에서 굉장한 불꽃놀이를 보았다.

No. 122 SPHERE

ball, sphere(둥근 공, 구(球))

해설 어근 SPHERE는 BALL, SPHERE를 뜻한다. 이것은 희랍어 sphaira에서 파생된 것이다.

기본 어휘

1. **geosphere** [ʤíːousfiər] *n.* 지각(=the solid earth)
   "earth"를 의미하는 희랍어 어근 geo-와 "ball, sphere"를 뜻하는 희랍어 어근 sphere-로 되어 있다.

   예 The students learned about the *geosphere* in science class.
   학생들은 과학 수업 시간에 지각에 대해 배웠다.

2. **biosphere** [báiousfiər] *n.* 생물권(=the area of organisms)
   "life"의 뜻을 지닌 희랍어 어근 bio-와 "ball, sphere"를 의미하는 희랍어 어근 sphere-의 결합이다.

   예 We are destroying the *biosphere* with industrial pollution.
   우리는 산업공해로 생물권을 파괴해가고 있다.

보충 어휘

1. **sphere** [sfiər] SPHERE *n.* 구, 전체 a planet; a globe
2. **spherical** [sférikəl] SPHER ical *adj.* 구의, 둥근
   relating to a sphere; having the form of a sphere
3. **spheration** [sfiréiʃən] SPHER ation *n.* 구 형성과정
   the process of forming a sphere
4. **spheroid** [sfíərɔid] SPHER oid *adj.* 구체의 resembling a sphere; globular
5. **spherics** [sfériks] SPHER ics *n.* 구면기하학
   the details of the science of spheres
6. **spheriform** [sférifɔːrm] SPHER iform *adj.* 구형의
   having the shape of a sphere
7. **spherometer** [sfiərɔ́mitər] SPHER ometer *n.* 구면계
   an instrument to measure the curvature of spherical surfaces
8. **atmosphere** [ǽtməsfiər] atmo SPHERE *n.* 대기, 분위기
   the mass of air surrounding the earth

9. **stratosphere** [strǽtəsfìər] strato SPHERE *n.* 성층권
the upper portion of the atmosphere
10. **troposphere** [trɔ́pəsfìər] tropo SPHERE *n.* 대류권
the portion of the atmosphere below the stratosphere
11. **astrosphere** [ǽstrəsfìər] astro SPHERE *n.* 별의 가장자리
a star except for its central portion
12. **pyrosphere** [pɑirəsfíər] pyro SPHERE *n.* 열층(지구의)
the hot central portion of the earth
13. **photosphere** [fóutousfiɔr] photo SPHERE *n.* 광구(태양, 항성의), 광층
the layer of light which surrounds the sun
14. **lithosphere** [líθəsfìər] litho SPHERE *n.* 암석권
the solid part of the earth
15. **leucosphere** [ljúkəsfiər] leuco SPHERE *n.* 코로나 the inner corona
16. **chromosphere** [króuməsfiər] chromo SPHERE *n.* 채층
the ruddy, gaseous layer surrounding the sun
17. **hydrosphere** [háidrəsfiər] hydro SPHERE *n.* 수권
all the water and the vapor in the atmosphere
18. **hemisphere** [hémisfiər] hemi SPHERE *n.* 반구 half of the earth

예 More people live in the Northern *hemisphere* than in the Southern hemisphere.
남반구보다 북반구에 더 많은 인구가 살고 있다.

● 연습문제

Ⅰ. atmosphere과 astrosphere을 분석하시오.

Ⅱ. 다음의 ______ 부분을 채우시오.

Man seems bent on getting out of the ________ in which he finds himself. He strains through the ________, the ________ and the ________, and he is determined to reach the ________ and find new worlds.

인간은 자기가 살고 있는 지각에서 벗어나고 싶어하는 것처럼 보인다. 그는 대기권, 대류권과 성층권에서 벗어나려고 노력하고 별의 가장자리에 도달하여 새로운 세계를 발견할 결심을 한다.

No. 123 STRU, STRUCT

build(짓다, 건설하다)

해설 어근 STRU, STRUCT는 BUILD를 의미하는 라틴어 struere, structus(p.p.)에서 온 것이다.

기본어휘

1. **structure** [strʌ́ktʃər] *n.* 구조, 구조물(=a building; an arrangement)
"build"를 의미하는 라틴 어근 struct-와 "state of, act"라는 뜻을 지닌 라틴 접미사 -ure의 결합이다.
예 The Great Wall of China is a tremendous *structure*.
중국의 만리장성은 거대한 건축물이다.

2. **industrious** [indʌ́stiəs] *adj.* 부지런한(=hard-working, diligent, zealous)
"in"을 뜻하는 라틴 접두사 in-과 "build"를 의미하는 라틴어 stru-와 "full of, having"이라는 의미를 가진 라틴 접미사 -ous의 결합이다.
예 John is the most *industrious* worker in the company.
John은 회사에서 가장 부지런히 일하는 사람이다.

보충어휘

1. **structural** [strʌ́ktʃərəl] STRUCT ural *adj.* 구조의, 구성의
relating to structure; as, a structural error
2. **construction** [kənstrʌ́kʃən] con STRUCT ion *n.* 건설, 구성
the act of bringing together all the elements of a building
3. **destructive** [distrʌ́ktiv] de STRUCT ive *adj.* 파괴적인
tending to hinder; to destroy
4. **industry** [índəstri] indu STRY *n.* 근면, 산업
diligence at one's job; productive business
5. **construe** [kənstrúː] con STRU e *v.* 해석하다, 분석하다
to explain; to arrange words and phrases so as to make sense
6. **industrial** [indʌ́striəl] indu STRI al *adj.* 산업의, 공업의
of or relating to industry
7. **instructor** [instrʌ́ktər] in STRUCT or *n.* 교사 one who teaches; a teacher

8. **instruction** [instrʌ́kʃən] in STRUCT ion *n.* 교수, 교육
   teaching; information; education
9. **instructive** [instrʌ́ktiv] in STRUCT ive *adj.* 유익한, 교육적인
   tending to teach; enlightening
10. **instrument** [ínstrəmənt] in STRU ment *n.* 도구, 악기, 수단
   a tool to build with
11. **instrumental** [ìnstrəméntl] in STRU mental *adj.* 도구의, 수단이 되는, 유용한
   relating to an instrument helpful in building
12. **instrumentalist** [instrəméntlist] in STRU mentalist *n.* 기악 연주가
   one who plays on a musical instrument
13. **obstruct** [ɔbstrʌ́kt] ob STRUCT *v.* 막다, 방해하다
   build against; prevents building
14. **obstruction** [əbstrʌ́kʃən] ob STRUCT ion *n.* 차단, 장애(물)
   that which blocks; clogs; hinders
15. **obstructive** [əbstrʌ́ktiv] ob STRUCT ive *adj.* 방해하는
   hindering; opposing; blocking
16. **reconstruct** [rí:kənstrʌ́kt] recon STRUCT *v.* 재건하다.
   build over again; make over
17. **reconstruction** [rì:kənstrʌ́kʃən] recon STRUCT ion *n.* 재건, 개축
   rebuilding; remaking

● 연습문제

Ⅰ. obstruct와 reconstruction를 분석하시오.

Ⅱ. 다음의 ______ 부분을 채우시오.

(1) Hurricanes and earthquakes are __________ forces of nature.
폭풍과 지진은 자연의 파괴적인 세력들이다.

(2) Jane's good grades were _______ in getting her a scholarship to Yale.
Jane의 좋은 성적은 Yale대학의 장학생으로 뽑히는 데에 도움이 되었다.

No. 124 SUME, SUMP

take, use, waste(사용하다, 낭비하다)

해설 어근 SUM, SUMP는 TAKE, USE, WASTE를 뜻한다. 이것은 라틴어 sumere, sumptus(p.p.)에서 유래한 것이다.

기본 어휘

1. **consumption** [kənsʌ́mpʃən] *n.* 소비, 소모, 폐결핵(=the act of consuming or using up; a disease of the lungs; tuberculosis or wasting away)
   "with"를 뜻하는 접미사 con-과 "use or waste away"를 뜻하는 라틴어 어근 sump-와 "act of"를 뜻하는 접미사 -tion으로 이루어졌다.

   예 The *consumption* of beer increases every year.
   맥주의 소비는 매년 증가한다.

2. **assumption** [əsʌ́mpʃən] *n.* 가정(=the act of laying claim to; the supposition that something is true)
   "to, toward"의 뜻인 ad-의 변형인 as-와 "to take"의 뜻인 sumere의 p.p. 꼴인 sumpt-에 명사형어미 -ion이 붙어서 이루어진 단어이다.

   예 The theory is based on a series of incorrect *assumptions*.
   그 이론은 일련의 옳지 않은 가정에 근거를 두고 있다.

보충 어휘

1. **assume** [əsjúːm] as SUM e *v.* ~라고 가정하다.
   to take; to use; to suppose; as, I assume it is so
2. **assuming** [əsjúːmiŋ] as SUM ing *adj.* 건방진, 주제넘은
   taking for granted; arrogant
3. **assumed** [əsjúːmd] as SUM ed *adj.* 가장한, 가정의
   taken; as, under an assumed name

   예 She wrote the controversial book under an *assumed* name.
   그녀는 그 논쟁의 대상이 되는 책을 가명을 써서 냈다.

4. **assumptive** [əsʌ́mptiv] as SUMP tive *adj.* 가설의, 건방진
   assuming, supposing
5. **consume** [kənsúːm] con SUM e *v.* 소비하다
   to use up; as, Americans consume millions of cigarettes

6. **consumer** [kənsú:mər] con SUM er *n.* 소비자
   one who consumes goods of some kind
7. **consumptive** [kənsʌ́mptiv] con SUMP tive *adj.* 소비의, 폐병의
   affected by consumption; a wasting away of the body
8. **consumable** [kənsú:məbəl] con SUM able *adj.* 소비할 수 있는
   can be used up
9. **consumedly** [kənsjú:midli] con SUM edly *adv.* 크게, 엄청나게
   excessively
10. **presume** [prizú:m] pre SUM e *v.* 추정하다, 감히 …하다
   to take upon oneself without leave
11. **presumably** [prizú:məbli] pre SUM ably *adv.* 추측상, 아마 supposedly
12. **presumption** [prizʌ́mpʃən] pre SUMP tion *n.* 추측, 주제넘음
   arrogance; audacity
13. **presumptuous** [prizʌ́mptʃuəs] pre SUMP tuous *adj.* 주제넘은
   arrogant; audacious
14. **presumptive** [prizʌ́mptiv] *adj.* 추정의
   giving grounds for reasonable opinion or belief
15. **resume** [rizjú:m] re SUM e *v.* 다시 시작하다.
   take up again; as, after intermission the play will resume
   예 Let's *resume* our tennis match after a short rest.
   잠깐 휴식을 취하고 나서 이 테니스 시합을 다시 시작합시다.
16. **sumpter** [sʌ́mptər] SUMP ter *n.* 짐 싣는 노새 a beast of burden
17. **sumption** [sʌ́mpʃən] SUMP tion *n.* 대전제
   a major premise; an assumption
18. **sumptuous** [sʌ́mptʃuəs] SUMP tuous *adj.* 사치스러운, 화려한 lavish; luxurious
19. **sumptuously** [sʌmptjuɔsli] SUMP tuously *adv.* 화려하게 lavishly; expensively

● 연습문제

Ⅰ. assume과 presumptuous을 분석하시오.

Ⅱ. 다음의 ______ 부분을 채우시오.

(1) They planned a series of lectures on the ________ that many people would come. However, there were not many, as ________ they were not interested in the subject.
많은 사람들이 올거라는 가정하에서 그들은 일련의 강연을 계획했다. 하지만, 별로 많은 사람들이 오지는 않았다. 아마 그들은 주제에 별로 흥미를 느끼지 않았을 것이다.

(2) The ___________ fancy dress ball caused much comment.
그 화려한 가장 무도회는 많은 비평을 자아냈다.

No. 125 TACT, TANG, TIG, TAG, TING

touch(만지다)

해설

어근 TACT, TANG, TIG, TAG, TING는 TOUCH를 뜻한다. 각각 라틴어 tangere, tactus가 변화한 것이다.

기본어휘

1. **contact** [kɔ́ntækt] *n.* 접촉, 관계(=union or junction of surfaces; apparent touching) *v.* 접촉하다(=to get in touch with)

   "together"의 뜻인 라틴 접두사 con-과 "to touch"의 뜻인 tact-로 이루어졌다.

   예 If these electric wires *contact*, the fuse will be blown.
   이 전선들이 접촉하면, 퓨즈가 끊어질 것이다.
   His hand came into *contact* with a cold surface. 그의 손은 차가운 표면과 접촉했다.

2. **contingent** [kəntíndʒənt] *adj.* 혹 있을 수 있는, 부수적인, ~에 의해서 결정되는(=likely but not certain to happen; not logically necessary)

   "together"의 뜻인 라틴 접두사 con-과 "to touch"의 뜻인 ting-과 접미사 -ent로 이루어졌다.

   예 Our trip is *contingent* upon good weather. 우리의 여행은 날씨가 좋으냐에 따라 결정된다.

3. **tangent** [tǽndʒənt] *adj.* 접하는, 닿는, 관계없는(=diverging from an original purpose or course; irrelevant) *n.* 접선, 접면(=a line, curue or surface that touches but does not intersect)

   "to touch"의 뜻인 tang-과 라틴어 접미사 -ent로 됐다.

   예 He is an interesting speaker, but tends to go off at a *tangent*.
   그는 말을 흥미롭게 하지만, 말을 하다가 갑자기 옆길로 새는 경향이 있다.

4. **tangible** [tǽndʒəbl] *adj.* 만져서 알 수 있는, 명백한(=capable of being perceived esp. by the sense of touch; palpable)

   "to touch"의 뜻인 tang-과 "able to be, capable of being"의 뜻인 라틴 접미사인 -ible로 이루어졌다.

   예 The oasis wasn't *tangible*; it was just a mirage.
   그 오아시스는 실체가 있는 것이 아니라, 신기루일 뿐이었다.

보충어휘

1. **tact** [tækt] TACT *n.* 재치 a feeling of what is appropriate
2. **tactful** [tǽktfəl] TACT ful *adj.* 재치있는, 솜씨좋은 having tact

3. **tactics** [tǽktiks] TACT ics *n.* 전술, 용병학, 책략
   clever maneuvering; strategy in management

   예 Napoleon was an expert in military *tactics.*
   나폴레옹은 전술에 관한 한 전문가였다.

4. **tactician** [tæktíʃən] TACT ician *n.* 전술가, 책사
   an expert at tactics
5. **tactical** [tǽktikəl] TACT ical *adj.* 전술의
   relating to tactics; as, a tactical error
6. **tactile** [tǽktɑil] TACT ile *adj.* 촉각의, 촉각이 있는
   pertaining to the sense of touch
7. **tactus** [tǽktəs] TACT us *n.* 촉감 the sense of touch
8. **tangential** [tænʤénʃəl] TANG ential *adj.* 접하는
   touching at one point
9. **contiguous** [kəntígjuəs] con TIG uous *adj.* 접촉하는 연속하는
   touching; as, contiguous property
10. **tangled** [tǽŋgld] TANG led *adj.* 엉킨, 혼란한
    intertwined; snarled; as, tangled in lies
11. **contingency** [kəntínʤənsi] con TING ency *n.* 우연성
    uncertainty; possibility
12. **contagion** [kəntéiʤən] con TAG ion *n.* 전염병
    transmission of disease
13. **contagious** [kəntéiʤəs] con TAG ious *adj.* 전염성의, 만연하는
    catching; as, a contagious disease

    예 Measles is a highly *contagious* illness.
    홍역은 매우 전염성이 강한 병이다.

14. **intangible** [intǽnʤəbəl] in TANG ible *adj.* 만질 수 없는
    cannot be touched; as spiritual matters are intangible
15. **intangibility** [intænʤəbíləti] in TANG ibility *n.* 불가촉, 만질 수 없음
    the quality of not being touchable

● 연습문제

Ⅰ. tactician와 intangibility를 분석하시오.

Ⅱ. 다음 ______ 부분을 채우시오.

"What a ________ web we weave when first we practice to deceive." "Do not build certain rules on the _________ of human actions."(Aristotle)

우리가 거짓말을 처음 실행할 때 얼마나 <u>복잡하게 얽힌</u> 계략을 엮어내는가.

인간행동의 <u>우연성</u> 위에 확실한 법칙들을 세우지 말라.

No. 126 TEN, TENT, TAIN, TIN

hold, together hold(붙들다, 지탱하다)

해설 어근 TEN, TENT는 HOLD의 뜻을 지니며 라틴어 tenere, tentus(p.p.)에서 온 것이며, TAIN형은 위의 라틴어형 불어를 거쳐서 영어에 차용된 것이다. TIN은 모음 약화형이다.

기본어휘

1. **contain** [kəntéin] *v.* 함유하다, 수용하다(=to hold something together in a holder)
   "together"를 뜻하는 라틴 접두사 con-과 "to hold"를 뜻하는 tain으로 되어 있다.

   예 That bottle *contains* a quart of milk. 저 병은 우유 1쿼트를 담고 있다.
   A foot *contains* twelve inches. 1푸트는 12인치와 같다.

2. **continent** [kɔ́ntənənt] *n.* 대륙(=a mass of land that is holding together; one of the large land masses of the earth)
   "together"를 뜻하는 라틴 접두사 con-과 "to hold"를 뜻하는 tin- 그리고 여기에 영어의 -ing와 같은 구실을 하는 라틴 접미사 -ent가 더해진 것이다.

   예 Englishmen and Americans sometimes refer to Europe as "the *Continent*."
   영국인들과 미국인들은 때때로 유럽을 그냥 "대륙"이라고 부르기도 한다.

3. **detain** [ditéin] *v.* 붙들다, 억류하다(=to hold away from someone that which belonged to him; to withhold freedom from someone)
   "away"를 뜻하는 라틴 접두사 de-와 "to hold"를 뜻하는 tain-으로 이루어진 단어이다.

   예 The police *detained* the suspect for further questioning.
   경찰들은 그 용의자를 추가 심문하기 위해 붙잡아 두었다.

4. **lieutenant** [lu:ténənt] *n.* 중위, 부관, 대리관(=holding the place of another or acting in lieu of another)
   "place"를 의미하는 불어 lieu와 "to hold"를 의미하는 라틴어근 ten-, 여기에 영어에서 -ing와 같은 라틴 접미사 -ant가 더해져 이루어진 단어이다.

   예 His most reliable *lieutenant* managed the business in his absence.
   그의 가장 믿음직한 대리관이 그가 없는 동안 사업을 경영했다.

보충어휘

1. **tenant** [ténənt] TEN ant *n.* 소작인, 주거인
   one who holds a lease on a house or apartment; occupant
2. **tenable** [ténəbl] TEN able *adj.* 지킬 수 있는, 주장할 수 있는 able to be held, defended

3. **tenacity** [tinǽsəti] TEN acity *n.* 고집, 불요불굴
   the quality of holding together; as, tenacity of purpose
4. **tenacious** [tinéiʃəs] TEN acious *adj.* 고집하는, 끈기 있는 tending to hold together firmly
   예 The millionaire kept a *tenacious* grip on his possessions.
   그 갑부는 자기 재산을 꽉 쥐고 놓지 않으려고 했다.
5. **content** [kəntènt] con TENT *n.* 내용
   what is held together; contained; as the contents of a room
6. **contented** [kənténtid] con TENT ed *adj.* 만족하고 있는 easy in mind; as contented with one's lot
7. **contentment** [kənténtmənt] con TENT ment *n.* 만족(하기) satisfaction with one's lot
8. **intent** [intént] in TENT *n.* 의사, 의도 *adj.* 열중하는
   holding one's mind on the matter at hand; engrossed; as, intent on the work
9. **intention** [inténʃən] in TENT ion *n.* 의도, 취지, 개념
   aim; resolve; as it is my intention to study medicine
10. **maintain** [meintéin] main TAIN *v.* 유지하다. to keep up; uphold firmly
11. **maintenance** [méintənəns] main TEN ance *n.* 유지 support; as, maintenance of a family
12. **entertain** [èntərtéin] enter TAIN *v.* 환대하다
    to show hospitality; to keep, hold, or maintain in mind
13. **obtain** [əbtéin] ob TAIN *v.* 얻다, 달성하다 to gain or attain, by planned action or effort
14. **sustain** [səstéin] sus TAIN *v.* 떠받치다, 기르다. to give support or relief to
15. **abstain** [əbstéin] abs TAIN *v.* 삼가다. to refrain deliberately
16. **retain** [ritéin] re TAIN *v.* 보유하다, 유지하다 to keep; to hold secure; as, retain control of
    예 Despite the rumors, she managed to *retain* her dignity and pride.
    그 유언비어들에도 불구하고 그녀는 자신의 품위와 자존심을 유지하는 데에 성공했다.
17. **retentive** [riténtiv] re TENT ive. *adj.* 보유하는 tending to hold; as, a retentive memory
18. **continue** [kəntínjuː] con TIN ue *v.* 계속하다 to carry on; to keep on; continue to beg
19. **pertinent** [pə́ːrtənənt] per TIN ent *adj.* 적절한, ~에 관한
    having a clear decisive relevance to the matter in hand

● 연습문제

Ⅰ. abstain을 분석하시오.

Ⅱ. 아래 ______ 부분을 채우시오.

(1) If you ______ to work toward your goal, you are sure to achieve it.
너의 목표를 향해 계속 노력하기를 <u>의도하면</u>, 분명히 그것을 이룩해낼 수 있을 것이다.

(2) Many windows were broken while the ________ were away on vacation.
<u>입주자들</u>이 휴가를 간 사이에 많은 창문들이 깨어지게 되었다.

No. 127
TECHNI, TECHNY, TECHNIC

skill, art(기술, 예술)

해설 어근 TECHNI, TECHNY, TECHNIC은 모두 희랍어 technikos에서 온 것으로 SKILL과 ART를 의미한다.

기본 어휘

1. **technical** [téknikəl] TECHNIC al *adj.* 공업의, 기술의, 전문의
   relating to the mechanical arts
   예 They don't have the *technical* knowledge to develop nuclear weapons.
   그들은 핵무기를 개발해낼 전문지식을 가지고 있지 않다.
2. **technician** [tekníʃən] TECHNIC ian *n.* 전문가, 기술자
   one who is skilled in the mechanical arts
3. **technicality** [tèknəkǽləti] TECHNIC ality *n.* 전문적임, 전문적 사항
   a detail of skill and procedure
4. **technicon** [téknəkɔ̀n] TECHNIC on *n.* 숙달연습
   an exercising device for developing the hands
5. **technic** [téknik] TECHNIC *n.* 과학기술, 공예학, 전문어
   the science of mechanical skills and arts
6. **electrotechnics** [ilèktroutékniks] electro TECHNIC s *n.* 전기공학
   the science of electro-mechanical skills
7. **pyrotechnics** [pàiroutékniks] pyro TECHNIC s *n.* 꽃불 제조술
   display of fireworks
8. **technique** [tekníːk] TECHNI que *n.* 기술, 기교
   expert method in executing technical details, especially in the arts.
   예 This book explains the *techniques* of making a film.
   이 책은 영화 제작 기술에 대해 설명한다.
9. **technocracy** [teknɔ́krəsi] TECHN ocracy *n.* 기술가 정치, 기술주의
   management of a society by technical experts
10. **technocrat** [téknəkræ̀t] TECHN ocrat *n.* 테크노크라시 주의자, 기술주의자
    an expert technician
11. **technology** [teknɔ́lədʒi] TECHN ology *n.* 공예학, 공업기술, 과학기술
    science of the industrial arts

12. **technologist** [teknɔ́ləʤist] TECHN ologist *n.* 공예학자, 과학기술연구가
one versed in the industrial arts
13. **hydrotechny** [hɑidrətékni] hydro TECHNY *n.* 물이용 전문가
one versed in the use of water in industry

● 연습문제

Ⅰ. technicality과 hydrotechny을 분석하시오.

Ⅱ. 다음의 _______ 부분을 채우시오.

The skills of the modern ________ have been raised to the level of art because of the delicacy and precision which modern _________ demands in every ________. He is no longer a ________, but an artist.

현대 기술주의가 모든 전문적 사항에서 요구하는 정교함과 정확함으로 인해서 그 현대 과학기술연구가의 기교는 예술의 경지까지 올라가게 되었다. 그는 더 이상 테크노크라시 기술주의자가 아니라, 예술가이다.

First impressions are the most lasting.
The first blow is half the battle.
열매 될 꽃은 첫 삼월부터 안다.

No. 128 TEND, TENS, TENT

stretch, strain(뻗치다, 잡아당기다)

해설 어근 TEND, TENS, TENT는 STRETCH, STRAIN을 뜻하는 라틴어로부터 왔으며, 그 라틴 어근은 tendere, tentus, tensus이다.

기본 어휘

1. **intend** [inténd] *v.* ~할 작정이다(=to plan; aim to do)
   "toward"를 의미하는 라틴 접두사 in-과 "to stretch"를 뜻하는 라틴 어근 tend-의 결합이다.
   예 I *intend* to succeed soon. 나는 머지않아 성공할 작정이다.
2. **tense** [tens] *adj.* 팽팽한, 긴장한(=strained; nervous)
   "to stretch"를 뜻하는 라틴 어근 tens-에서 파생된 단어이다.
   예 Her face grew *tense* when she heard the news.
   소식을 듣고 나서 그녀의 얼굴은 긴장되었다.
3. **attention** [əténʃən] *n.* 주의(=concentration upon)
   "to"를 뜻하는 라틴 접두사 at-와 "to stretch"의 뜻을 지닌 어근 tent-와 "state of"의 의미를 지닌 라틴 접미사 -tion이 합쳐진 것이다.
   예 Please pay *attention* to what I am about to say right now.
   지금 내가 하려는 말에 주의를 기울어주세요.

보충 어휘

1. **intendance** [inténdəns] in TEND ance *n.* 자제, 감독
   control; management; superintendence
2. **intendancy** [inténdənsi] in TEND ancy *n.* 감독관의 직
   the office of a manager
3. **intention** [inténʃən] in TENT ion *n.* 세기, 긴장
   purpose; as, the intention is honorable
4. **intently** [inténtli] in TENT ly *adj.* 일사 불란하게
   with concentration; as, listening intently
5. **intendment** [inténdmənt] in TEND ment *n.* 진의
   the true meaning; insight; as, the intendment of the law

6. **tension** [ténʃən] TENS ion *n.* 긴장, 흥분상태 strain; nervousness
7. **intensity** [inténsəti] in TENS ity *n.* 강도, 세기 quality of strain
8. **intensify** [inténsəfài] in TENS ify *v.* 강화하다. make more intense; strengthen
9. **intensifier** [inténsəfàiər] in TENS ifier *n.* 격렬하게 하는 것 one who intensifies
10. **intensification** [intènsəfikéiʃən] in TENS ification *n.* 격화, 강화
    the state of increased tension
11. **intent** [intént] in TENT *adj.* 열중하여, 몰두한
    absorbed; earnest; as intent on the problem

    예 Carrie was so *intent* on what she was doing, she didn't hear me come into the room.
    Carrie는 자신이 하는 일에 너무 몰두하고 있어서 내가 방안으로 들어가는 것을 듣지 못했다.
12. **intensive** [inténsiv] in TENS ive *adj.* 강한, 집중적인
    emphasizing; as, the intensive pronoun himself
13. **inattention** [ìnəténʃən] inat TENT ion *n.* 부주의 lack of attention
14. **unintentionally** [ʌninténʃənəli] unin TENT ionally *adv.* 일부러 한 것이 아닌, 무심코
    without meaning to; as, unintentionally rude
15. **distend** [disténd] dis TEND *v.* 뻗히다 stretch out
16. **detention** [diténʃən] de TENT ion *n.* 지연, 구류
    the holding back; as, detention in jail
17. **detente** [ditént] de TENT e *n.* 긴장완화, 데탕트
    relaxation of strained relations

● 연습문제

Ⅰ. intensification와 detention를 분석하시오.

Ⅱ. 다음 ______ 부분을 채우시오.

(1) Her name was __________ omitted from the guest list.
그녀의 이름은 고의가 아닌 실수로 손님 목록에서 빠졌다.

(2) She was furious and paid no heed to our ___________ efforts at conciliation.
그녀는 몹시 화가 나서 우리가 달래려고 집중적으로 노력했지만 그녀는 신경 쓰지 않았다.

No. 129

TEMPO, TEMPOR

time(시간)

해설 어근 TEMPO, TEMPOR은 TIME을 의미한다. 이것은 라틴어 tempus, tempor에서 파생됐다. temper, tempt와 혼동하지 말아야겠다.

기본 어휘

1. **contemporary** [kəntémpərəri] *n.* 동시대인(=those who live at the same time) *adj.* 동시대의(=belonging to the same time)
   "with, together"를 의미하는 접두어 con-과 "time"을 뜻하는 어근 tempor-와 "relating to"의 뜻을 지닌 접미사 -ary의 결합이다.
   예 Hitler was a *contemporary* of Mussolini.
   Hitler는 Mussolini와 동시대인이었다.
2. **extempore** [ikstémpəri] *adv.* 즉석에서(=on the spur of the moment) *adj.* 즉석의(=impromptu, unprepared)
   "out of"를 의미하는 라틴 접두사 ex-와 "time"을 뜻하는 어근 tempor-로 되었다.
   예 Overcome with emotion, he began to pray *extempore*.
   그는 감정이 복받쳐 올라 즉석에서 기도하기 시작했다.

보충 어휘

1. **tempo** [témpou] TEMPO *n.* 속도, 박자 rate of speed
2. **protem** [proutem] pro TEM *adv.* 일시적으로, 임시로
   protempore; for the time being
3. **temporal** [témpərəl] TEMPOR al *adj.* 일시적인 세속의 limited by time; earthly life
4. **temporality** [témpərǽləti] TEMPOR ality *n.* 임시적인, 덧없음
   the quality of being limited by time
5. **temporary** [témpərəri] TEMPOR ary *adj.* 임시의, 덧없는
   for the time being; as, a temporary job
6. **temporize** [témpəráiz] TEMPOR ize *v.* 임시변통하다.
   to comply with the time or circumstance
7. **temporariness** [témpərərinis] TEMPOR ariness *n.* 일시성
   impermanence; as, the temporariness of life

8. **temporizer** [témpəraizər] TEMPOR izer *n.* 기회주의자
   one who temporizes
9. **temporization** [tempəraizéiʃən] TEMPOR ization *n.* 임시변통
   the act of temporizing
10. **temporarily** [témpərərili] TEMPOR arily *adv.* 임시적으로
   for the present; as, she lives here temporarily
11. **contemporaneous** [kəntèmpəréiniəs] con TEMPOR aneous *adj.* 동시적인
   happening at the same time
12. **contemporaneously** [kɔntèmpɔréiniɔsli] con TEMPOR aneously *adv.* 동시에
   at the same time
13. **extemporaneous** [ikstèmpəréiniəs] ex TEMPOR aneous *adj.* 즉흥적인
   unprepared; improvised
14. **extemporaneously** [ikstèmpəréiniəsli] ex TEMPOR aneously *adv.* 즉석에서
   impromptu

● **연습문제**

Ⅰ. temporal과 temporization를 분석하시오.

Ⅱ. 다음의 ______ 부분을 채우시오.

(1) When the President has a __________ disability the vice-president becomes President __________.
대통령이 <u>일시적인</u> 병에 걸리게 되면 부대통령이 <u>임시로</u> 대통령의 역할을 수행한다.

(2) He had a remarkable facility for __________ speaking.
그는 <u>즉흥적으로</u> 연설하는 데에 두드러진 재능을 보였다.

Good swimmers are at length drowned.
The best swimmers are the oftenest drowned.
나무에 잘 오르는 놈이 떨어지고 헤엄 잘치는 놈이 빠져 죽는다.

No. 130 TEST

to bear witness(증거하다, 증언하다)

해설 어근 TEST는 TO BEAR WITNESS를 뜻하는 라틴어 testari에서 유래된 말이며, 여기서는 examination을 뜻하지 않는다.

기본 어휘

1. **testimony** [téstəməni] *n.* 증언, 증거(=a solemn declarant)
   "to bear witness"의 뜻을 지닌 어근 test-와 "result, state"를 의미하는 라틴 접미사 -mony의 결합이다.

   예 According to his *testimony*, you were present when the crime was committed.
   그의 증언에 따르면, 당신은 그 범죄가 일어나고 있을 때 현장에 있었다.

2. **testify** [téstəfài] *v.* 증언하다, 입증하다 to bear witness
   "a witness"를 의미하는 어근 test-와 "make, become"의 뜻을 지닌 라틴 접미사 -ify로 되었다.

   예 Harry was summoned to *testify* in court. Harry는 법정에서 선서증언하도록 소환되었다.

3. **attest** [ətést] *v.* 증언하다, 증명하다(=certify; affirm; bear witness to)
   "to, toward"를 뜻하는 라틴 접두사 at-와 "to bear witness"를 의미하는 어근 test-가 합해진 단어이다.

   예 Their luxurious house and expensive clothing *attested* the family's wealth.
   그들의 호화로운 집과 값비싼 의류가 그 가족의 부유함을 증명했다.

보충 어휘

1. **testate** [tésteit] TEST ate *adj.* 유언서를 남기고 있는
   leaving a valid will which has been witnessed
2. **testament** [téstəmənt] TEST ament *n.* 성약, 유언서
   a will; an agreement of faith
3. **testamur** [testéimər] TEST amur *n.* 시험 합격증서
   a certificate attesting to proficiency; as, a diploma
4. **testate** [tésteit] TEST ate *v.* 유언을 하다 to make a will
5. **intestate** [intésteit] in TEST ate *adj.* 유언장을 남기지 않은
   not leaving a will; as, dying intestate

6. **testation** [testéiʃən] TEST ation *n.* 유언을 남김 the act of making a will
7. **testator** [tésteitər] TEST ator *n.* 유언자
   one who bequeaths his property by a will
8. **testatrix** [testéitriks] TEST atrix *n.* 여성 유언자
   a female testator
9. **testatory** [testéitəri] TEST atory *adj.* 증언의
   of the nature of testimony
10. **testification** [tèstəfikéiʃən] TEST ification *n.* 증언
    the act of bearing witness
11. **testimonial** [tèstəmóuniəl] TEST imonial *n.* 증명서 evidence; testimony
12. **detest** [ditést] de TEST *v.* 몹시 싫어하다, 혐오하다
    to loathe; to abhor; as, we detest evil
13. **attestant** [ətéstənt] at TEST ant *n.* 증언자
    one who bears witness to; affirms
14. **contest** [kɔ́ntest] con TEST *v.* 다투다, 경쟁하다
    argue against; as, they are going to contest the will
15. **contestable** [kəntéstəbəl] con TEST able adj 논쟁이 되는
    can be argued against; challengeable
16. **protest** [prətést] pro TEST *v.* 항의하다, 주장하다
    bear witness against; as, protest the verdict

    예 The workers *protested* against the unfair treatment.
    노동자들은 불공평한 대우에 대해 항의했다.

17. **protestant** [prɔ́təstənt] pro TEST ant *adj.* 항의하는, *n.* 신교도
    one who makes or enters protest; a Christian not of a Catholic or Eastern church

● 연습문제

Ⅰ. testify와 attestant를 분석하시오.

Ⅱ. 다음 ______ 부분을 채우시오.

The will was bitterly ________(ed). In sworn ________ the records of the forgery were disclosed and the witness ________(ed) to the validity of the dead man's last will.

사람들은 그 유언을 무효라고 심하게 주장을 내세웠다.

선서 증언에서 위조의 기록들이 드러났고 증인은 고인의 유언의 합법성을 증언했다.

No. 131 THE THEO

god(신(神))

해설 어근 THE, THEO는 GOD을 뜻하는 희랍어 theos에서 파생된 것이다. THEO의 -o-는 별의미가 없이 영어에서 자주 사용되는 결합어이다.

기본어휘

1. **theocracy** [θiɔ́krəsi] *n.* 신권정치(=government directed by priests or clergy representing God)
   "god"의 뜻을 지닌 희랍어 어근 theo-와 "to rule"을 의미하는 어근 -cracy의 결합이다.
   예 A *theocracy* is ruled by priests who represent a god.
   신권정치는 하나의 신을 대행하는 성직자들이 통치하는 것이다.
2. **theology** [θiːɔ́lədʒi] *n.* 신학(=the study of the elements of religion)
   "god"을 의미하는 희랍어 어근 theo-와 "study, science"를 뜻하는 희랍어 접미사 -ology로 되어 있다.
   예 The minister studied *theology* at college.
   목사는 대학에서 신학 공부를 하였다.
3. **pantheist** [pǽnθiːist] *n.* 범신론자(=one who equates that all universe is God)
   "all"을 의미하는 희랍어 접두사 pan-과 "god"의 뜻을 지닌 the-와 "one who does"를 뜻하는 접미사 -ist로 이루어진 단어이다.
   예 There were many *pantheists* in ancient societies and religions.
   고대 사회와 종교에는 범신론자들이 많았다.

보충어휘

1. **thearchy** [θíːɑːrki] THE archy *n.* 신정 government under God
2. **theocentric** [θiːəséntrik] THEO centric *adj.* 신중심의
   assuming God to be the center
3. **theocrat** [θíːəkræt] THEO crat *n.* 신정자 one who favors a theocracy
4. **theocratic** [θiːəkrǽtik] THEO cratic *adj.* 신권 정치의
   relating to a theocracy
5. **theodicy** [θiːɔ́dəsi] THE odicy *n.* 신의 옹호 a defence of God's justice

6. **theody** [θiɔdi] THE ody *n.* 신 찬송가 a hymn in praise of God
7. **theogamy** [θiɔgɑmi] THEO gamy *n.* 신의 결혼 the marriage of gods
8. **theolatry** [θiɔlətri] THEO latry *n.* 신의 경배 worship of God
9. **theonomous** [θiɔnəməs] THEO nomous *adj.* 신이 다스리는
governed by God; subject to God's authority
10. **theophany** [θiːɔ́fəni] THEO phany *n.* 신의 출현
a visible manifestation of a deity
11. **theoloist** [θiɔləʤist] THEO logist *n.* 신학자
one versed in the study of religion
12. **theologize** [θiːɔ́ləʤàiz] THEO logize *v.* 신학적으로 하다.
be occupied with religion
13. **theomania** [θiːouméinjə] THEO mania *n.* 위신자
a condition in which the patient imagines himself to be God
14. **theosophy** [θiːɔ́səfi] THEO sophy *n.* 견신론, 신지학
teaching about God and world based on mystical insight
15. **atheist** [eiθiist] a THE ist *n.* 무신론자
one who does not believe in the existence of God

● **연습문제**

Ⅰ. thearchy과 atheist를 분석하시오.

Ⅱ. 다음의 ______ 부분을 채우시오.

(1) The ________ and the ________ have no common ground for __________ discussion.
무신론자와 신학자는 신학적인 토론을 할 때에 아무런 공통 기반을 가지고 있지 않다.

(2) The service concluded with a beautiful ________ sung by the choir.
예배는 성가대가 부른 아름다운 신 찬송가로 끝났다.

No. 132 TRAH, TRACT

drag, draw, pull(끌다, 당기다)

해설 어근 TRAH와 TRACT는 to DRAG, DRAW, PULL을 의미하며 라틴어 trahere, tractus에서 왔다.

기본 어휘

1. **attract** [ətrǽkt] *v.* 매혹하다(=to draw something or someone to or toward oneself, as by magnetism; to gain the admiration or attention of someone)
"to, toward"를 뜻하는 라틴 접두사 인 at-(=ad-)와 "to draw; pull"을 의미하는 tract-로 되어 있다.

   예 A magnet will *attract* iron. 자석은 철을 끌어당긴다.
   The pretty girl *attracted* the attention of all the man.
   그 아름다운 아가씨는 모든 남성들의 주목을 끌었다.

2. **contract** [kɔ́ntrækt] *n.* 계약, 약혼(=an agreement) *v.* 계약하다, 초대하다, 줄이다(=to draw together; to shrink or become more compact; to cause something to draw together; to take on or become affected with, as a debt or a disease; to make a legal agreement)
"together"를 의미하는 라틴 접두사 con-과 "to draw; pull"을 의미하는 tract-로 되어 있다.

   예 The pupils of his eyes *contracted* in the bright light. 그의 눈의 동공은 환한 빛에서 수축되었다.
   Mr. Vernon *contracted* large debts in his business.
   Vernon씨는 그의 사업에 있어서 큰 빚을 지게 되었다.

3. **detract** [ditrǽkt] *v.* 줄이다, 손상시키다(=to draw or take away a part of something, as part of one's good reputation, enjoyment, etc)
"away"를 의미하는 라틴 접두사 de-와 "to draw"를 의미하는 tract-로 되어 있다.

   예 His laziness *detracts* from his efficiency. 그의 나태함은 능률을 떨어뜨린다.
   The rainy weather *detracted* from our enjoyment of the scenery.
   비오는 날씨는 풍경을 감상하는 즐거움을 줄어들게 했다.

4. **distract** [distrǽkt] *v.* 돌리다, 흩뜨리다, 괴롭히다(=to draw away or divert the mind, attention, etc, in a different direction; to bewilder)
"away"를 뜻하는 dis-와 "to draw"를 뜻하는 tract-로 되어 있다.

   예 He went to a movie to *distract* his mind from his worries.
   그는 자신의 고민들에서 마음을 돌리기 위해 영화를 보러갔다.
   The speed and roar of the traffic *distracted* the student driver.
   교통의 빠른 속도와 요란한 소리가 운전 교습생의 정신을 산란하게 했다.

보충 어휘

1. **tractable** [trǽktəbl] TRACT able *adj.* 유순한, 다루기 쉬운 can be handled
2. **tractile** [trǽktɑil] TRACT ile *adj.* 잡아 늘릴 수 있는 can be drawn out; tensile
3. **tractability** [trkæ̀təbíləti] TRACT ability *n.* 온순, 유순함
   the quality which makes handling possible
4. **intractable** [intrǽktəbl] in TRACT able *adj.* 다루기 어려운
   cannot be handled; inflexible
5. **traction** [trǽkʃən] TRACT ion *n.* 끌기, 견인 the act of pulling, hauling
6. **extract** [ikstrǽkt] ex TRACT *v.* 끌어내다, 발췌하다 to draw out
   예 The dentist *extracted* his tooth. 치과의사는 그의 이빨을 뽑아냈다.
7. **retract** [ritrǽkt] re TRACT *v.* 쑥 들어가게 하다. to draw back; as, retract the accusation
8. **subtract** [səbtrǽkt] sub TRACT *v.* 빼다, 공제하다 to take away
9. **subtrahend** [sʌ́btrəhènd] sub TRAH end *n.* [수학] 감수
   the number to be drawn away from another
10. **protract** [proutrǽkt] pro TRACT *v.* 연장하다, 뻗다
    draw further; drag out; as, protract a case
11. **protractive** [proutrǽktiv] pro TRACT ive *adj.* 오래 끄는
    causing delay; as, protractive tactics in court
12. **attractive** [ətrǽktiv] at TRACT ive *adj.* 매력 있는 alluring; as attractive beauty
13. **tractor** [trǽktər] TRACT or *n.* 끄는 사람, 트랙터
    an automotive machine for farm work that pulls equipment
14. **abstract** [æbstrǽkt] abs TRACT *v.* 추상하다, 요약하다, 제지하다
    to draw away; as, to abstract the wallet from the purse
15. **contractual** [kəntrǽktʃuəl] con TRACT ual *adj.* 계약상의
    relating to an agreement signed
16. **contraction** [kəntrǽkʃən] con TRACT ion *n.* 수축, 축약 a drawing together; shrinkage

● 연습문제

Ⅰ. tractile와 abstract를 분석하시오.

Ⅱ. 다음 ______ 부분을 채우시오.

(1) __________ of teeth is a painful experience.
이빨을 뽑는 것은 고통스런 경험이다.

(2) The claim could not be established because all __________ evidence had been __________(ed) from the files.
그 주장은 증명될 수 없었다, 왜냐하면 모든 계약서상의 증거는 기록에서 제거되었기 때문이다.

No. 133 TRIB

pay, bestow(지불하다, 주다)

해설 어근 TRIB는 라틴어 tribuere, tributus(p.p.)에서 파생된 것으로 TO PAY, BESTOW를 뜻한다.

기본어휘

1. **attribute** [ətríbjuːt] *v.* ~에 돌리다(=to regard as the cause of; blame for; ascribe to)
   "to"를 의미하는 라틴 접두사 at-와 "to bestow, to give"를 뜻하는 라틴 어근 trib-의 결합이다.

   예 Harry *attributes* his failure to bad luck.
   Harry는 자기가 실패한 이유를 운이 나쁘다는 것에 돌린다.

2. **contribute** [kəntríbjut] *v.* 기부하다, 공헌하다(=to give money to a cause, or give service)
   "with, together"의 의미를 지닌 라틴 접두사 con-과 "to pay, to give"의 뜻을 지닌 라틴 어근 trib-로 된 단어이다.

   예 Eating healthful food and exercising *contributed* to his health.
   건강에 좋은 음식을 섭취한 것과 운동한 것이 그의 건강에 기여했다.

3. **distribute** [distríbjuːt] *v.* 분배하다, 분류하다(=to divide among many; to allot; to deal out)
   "away, apart"의 뜻을 지닌 라틴 접두사 dis-와 "to bestow, to give"를 의미하는 라틴 어근 trib-로 이루어졌다.

   예 The government will *distribute* free food to the poor and homeless.
   정부는 가난하고 집이 없는 자들에게 무료급식을 배급할 것이다.

보충어휘

1 **tribute** [tríbjuːt] TRIB ute *n.* 공물, 감사 a fine paid to a conquering power
2. **tributary** [tríbjətəri] TRIB utary *n.* 공물을 바치는 사람, 속국, 지류
   (of a state, ruler) paying tribute to another; (of a river) flowing into another
3. **attribute** [ətríbjuːt] at TRIB ute *n.* 속성, 특질 a high quality

   예 The *attribute* for which he is noted is honesty.
   그에게서 두드러진 속성은 정직함이다.

4. **attributive** [ətríbjətiv] at TRIB utive *adj.* 속성의, 한정적인 ascribing a characteristic
5. **contributory** [kəntríbjətəri] con TRIB utory *adj.* 이바지하는
giving to an endeavor; as contributory labor
6. **contribution** [kɔ̀ntrəbjú:ʃən] con TRIB ution n. 공헌, 투고
an offering; a tax; a thing given to a cause
7. **contributional** [kəntribjú:ʃənəl] con TRIB utional *adj.* 공헌의
relating to a contribution
8. **contributorial** [kəntribjútəriəl] con TRIB utorial *adj.* 공헌자의
of or relating to a contributor
9. **distribution** [dìstrəbjú:ʃən] dis TRIB ution *n.* 배분 the sharing; the allotment
10. **distributive** [distríbjutiv] dis TRIB utive *adj.* 배포의
tending to deal a share to each one
11. **distributively** [distríbjutivli] dis TRIB utively *adj.* 제각기
separately; giving to each his portion
12. **distributor** [distríbjutər] dis TRIB utor *n.* 배급업자 one who distributes
13. **redistribute** [rì:distríbju(:)t] redis TRIB ute *v.* 다시 분배하다.
to distribute over again
14. **redistribution** [rí:distríbju:ʃən] redis TRIB ution *n.* 재구획 a sharing over again
15. **redistributor** [rí:distríbjutər] redis TRIB utor *n.* 재분배자
one who apportions, distributes again
16. **retribution** [rètrəbjú:ʃən] re TRIB ution *n.* 보답, 응보 act of paying back

예 The murderer was sent to prison in *retribution* for his crimes.
살인자는 자기가 저지른 범죄에 대한 응징으로 감옥으로 보내졌다.

● 연습문제

I. distributor와 retribution를 분석하시오.

II. 다음의 ______ 부분을 채우시오.

(1) Doctors __________(d) lung cancer to smoking.
의사들은 폐암의 원인을 흡연으로 돌렸다.

(2) The driver was charged with ___________ negligence.
그 운전사는 기여과실로 고발되었다.

(3) The Mississippi River has many ____________(ies).
미시시피강은 많은 지류들을 지니고 있다.

(4) The death of the heir caused a ____________ of the estate.
상속인의 죽음으로 인해 재산이 다시 분배되어야만 했다.

No. 134
TUI, TUIT, TUT

guard, teach(방어하다, 가르치다)

해설 어근 TUT, TUIT, TUI는 TEACH, GUARD를 뜻하는 라틴어 tueri, tuitus(p.p.)에서 파생됐다. 접두사 IN은 not을 뜻하므로 INTUITion은, "learning without instruction"의 뜻이 된다.

기본 어휘

1. **tutor** [tjúːtər] TUT or *n.* 가정교사
   one who teaches a pupil and supervises his progress
   예 The *tutor* helped many foreign students to become fluent in English.
   그 가정교사는 많은 외국 학생들이 영어를 유창하게 하도록 도와주었다.
2. **tutorial** [tjuːtɔ́ːriəl] TUT orial *adj.* 개인지도의
   relating to a tutor; as, tutorial duties
3. **tutoriate** [tjuːtɔ́ːrieit] TUT oriate *n.* 교수단
   a body of tutors; as, the tutoriate of a college
4. **tuition** [tjuːíʃən] TUI tion *n.* 교수, 수업료
   act of teaching; payment for instruction, as tuition fees
   예 In the USA, the cost of *tuition* at private colleges is very high.
   미국에서는 사립대학의 학비가 매우 비싸다.
5. **tuitional** [tjuːíʃənəl] TUIT ional *adj.* 교수의, 수업료의
   relating to teaching or to the payment for it
6. **intuition** [ìntjuíʃən] in TUIT ion *n.* 직감, 직관
   knowledge obtained without instruction; insight
7. **intuent** [intjú(ː)ənt] in TU ent *adj.* 직관으로 아는 knowing by intuition
8. **intuit** [íntjú(ː)it] in TUIT *v.* 직관으로 알다 to know directly, by intuition
9. **intuitive** [intjúːitiv] in TUIT ive *adj.* 직관적인 having the quality of insight
10. **intuitively** [intjú(ː)itivli] in TUIT ively *adv.* 직관적으로
    in the manner of intuition; as, we understood his fear intuitively
11. **intuitionism** [ìntjuíʃənìzəm] in TUIT ionism *n.* 직관론
    the doctrine that basic truths are understood intuitively
12. **intuitionist** [intju(ː)íʃənist] in TUIT ionist *n.* 직관론자
    one who believes in intuitionism

13. **intuitivism** [intjúːitivìzəm] in TUIT ivism *n.* 직관론
intuitive power

● **연습문제**

Ⅰ. tuitional와 intuitionism를 분석하시오.

Ⅱ. 다음 ______ 부분을 채우시오.

He had not only wisdom but also ________. The __________ believes that moral and ethical values come to man __________ and that man is intuitent and can receive them.

그는 지혜뿐만 아니라 <u>직관</u>도 지니고 있었다.
<u>직관론자</u>는 도덕적이고 윤리적인 가치는 인간에게 <u>직관적으로</u> 찾아온다고 믿는다. 또한 인간은 직관력이 뛰어나서 그것들을 받아들일 수 있다고 믿는다.

He that is silent, gathers stones.
소리 없는 벌레가 벽 뚫는다.

No. 135 ULTIMA

last(최후의, 마지막)

해설 어근 ULTIMA는 LAST를 뜻한다. 이것은 "come to the end"를 뜻하는 라틴어 ultimare, "last"의 뜻인 ultimus에서 파생됐다.

기본어휘

1. **ultima** [ʌ́ltəmə] ULTIMA *adj.* 최후의, 마지막의
   last; final; most remote
2. **ultimaration** [ʌltimə-réiʃiou] ULTIMA ration *n.* 마지막 담판, 최후수단
   (latin) the last and final argument
3. **ultimate** [ʌ́ltəmit] ULTIMA te *adj.* 최후의, 근본적인
   last; as, man's ultimate destiny
   예 The sun is the *ultimate* source of energy in our solar system.
   우리 태양계에서는 태양이 에너지의 궁극적인 근원이다.
4. **ultimately** [ʌ́ltimitli] ULTIMA tely *adv.* 최후로, 결국
   at the last
5. **ultimatum** [ʌltiméitəm] ULTIMA tum *n.* 최후의 말(제언), 최후통첩
   the final offer that can be made
   예 Mary gave an *ultimatum* that either he stop drinking or leave.
   Mary는 그에게 술을 그만 마시든지 떠나든지 하라는 최후통첩을 전했다.
6. **ultimo** [ʌ́ltəmòu] ULTIM o *adv.* 지난달의
   last month; the month preceding the present
7. **ultimo geniture** [ʌ́ltəmòu ʤénitʃər] ULTIM o geniture *n.* 말자 상속제도
   a law by which the youngest son, the last born, inherits the estate
8. **penult** [pínʌlt] pen ULT *n.* 끝에서 두 번째 음절
   next to the last syllable of a word
9. **penultimate** [pinʌ́ltəmit] pen ULTIMA te *adj.* 끝에서 두 번째 음절의
   next to the last
10. **antepenult** [æntipínʌlt] antepen ULT *n.* 끝에서 세 번째 음절
    the syllable before the last two
11. **antepenultimate** [æntipinʌltimit] antepen ULTIMA te *adj.* 끝에서 세 번째 음절의
    relating to the antepenult

12. **ultima Thule** [ʌltəmə-θjúːliː] ULTIMA Thule *n.* 세계의 끝, 극한, 아득한 목표 (라틴어) the last inhabitable place; a remote goal

● 연습문제

Ⅰ. ultimate과 antepenult을 분석하시오.

Ⅱ. 다음의 _____ 부분을 채우시오.

(1) The law of _________, by which the last born child becomes the heir, is the direct opposite of _________, by which the first son becomes heir.
막내 아이가 상속자가 되는 말자 상속제도는 첫째 아들이 상속자가 되는 장자상속권의 정반대이다.

(2) In the word timatum the accent is on the _________.
"timatum"이란 단어에서 강세는 끝에서 두 번째 음절에 온다.

Hunger is the best sauce.
Nothing comes amiss to a hungry man.
시장이 반찬이다.

No. 136 UNI

one(하나)

해설 어근 UNI는 ONE을 의미하는 라틴어 unus에서 유래된 말이다.

기본 어휘

1. **unify** [júːnəfài] *v.* 단일화하다, 통일하다(=make into one)
"one"을 뜻하는 라틴 어근 uni-와 "to make"를 의미하는 라틴 접미사 -fy로 되어 있다.
예 Spain was *unified* in the 16th century.
스페인은 16세기에 통일되었다.

2. **unilateral** [jùːnəlǽtərəl] *adj.* 일방적인(=one-sided)
"one"을 의미하는 라틴 어근 uni-와 "side"의 뜻을 지닌 라틴 어근에서 파생된 lateral의 결합이다.
예 Despite the protests of the workers, the owner made a *unilateral* decision to shut own the factory.
노동자들의 항의에도 불구하고 주인은 공장을 폐쇄한다는 일방적인 결정을 내렸다.

3. **unanimity** [jùːnənímәti] *n.* 만장일치, 합의(=the state or quality of agreement)
"one"을 뜻하는 라틴 어근 un-과 "mind"의 의미를 지닌 어근 anim-과 "state of, quality"의 뜻을 가진 접미사 -ity가 합해진 단어이다.
예 The discussions have led to a remarkable *unanimity*.
그 토론들은 보기 드문 만장일치를 이뤄냈다.

보충 어휘

1. **unicorn** [júːnəkɔ̀ːrn] UNI corn *n.* 일각수(전설의 동물)
a legendary creature with one horn
2. **unification** [jùːnəfikéiʃən] UNI fication *n.* 통일, 단일화 the act of making into one
3. **unifoliate** [juːnifóulieit] UNI foliate *adj.* 잎사귀가 하나인 bearing one leaf
4. **unique** [juːníːk] UNI que *adj.* 독특한, 유일의
one of a kind; having no equal; as, unique in excellence
5. **unimanual** [juːnimǽnjuəl] UNI manual *adj.* 한 손으로 하는 done with one hand
6. **union** [júːnjən] UNI on *n.* 단결, 화합, 노동조합
the joining of many into one; as, a trade union

7. **uniparous** [ju:nípərəs] UNI parous *adj.* 한번에 새끼 하나만 낳는
producing one child or egg at a time
8. **unison** [jú:nəzən] UNI son *n.* 조화, 일치, 제창
singing all the parts in one pitch; the chorus sang in unison
9. **unitarian** [jù:nətέəriən] UNI tarian *n.* 일신론자
one who believes that the deity exists only in one person
10. **unity** [jú:nəti] UNI ty *n.* 단일, 통일, 조화 oneness; togetherness; harmony

    예 The figure in the background spoils the *unity* of the painting.
    뒷배경에 있는 인물이 그림의 통일성을 깨뜨린다

11. **unanimous** [ju:nǽnəməs] UN animous *adj.* 만장일치의, 합의의
having one opinion held by all; as, a unanimous vote
12. **universe** [jú:nəvə̀:rs] UNI verse *n.* 우주 all parts of the world as one; the Cosmos
13. **universal** [jù:nəvə́:rsəl] UNI versal *adj.* 일반적인, 보편적인, 우주의
relating to the whole world
14. **universality** [jù:nəvə:rsǽləti] UNI versality *n.* 일반성, 보편성
the quality of appealing to all the world
15. **university** [jù:nəvə́:rsəti] UNI versity *n.* 종합대학, 대학교
an institution of learning whose program includes all branches of knowledge
16. **reunification** [ri:ju:nifikéiʃən] re UNI fication *n.* 재결합, 재통일
the state of being one again

● 연습문제

Ⅰ. unanimous를 분석하시오.

Ⅱ. 다음 _____ 부분을 채우시오.

(1) Part singing is more interesting than singing in _________.
제창하는 것보다 여러 성부로 나누어서 합창하는 것이 더 재미있다.

(2) "In __________ there is strength" is a ____________ truth.
"단결은 힘이다"라는 것은 보편진리이다.

(3) Everyone in the world is a __________ human being.
세계의 모든 이들은 각자 독특한 인간이다.

No. 137 VAC

empty(빈, 공허한)

해설 어근 VAC는 TO BE EMPTY를 뜻하는 라틴어 vacare, vactus에서 파생된 것이다. 프랑스 사람이나 영국 사람에게 empty는 일에서의 자유를 뜻한다.

기본 어휘

1. **vacate** [vəkéit] VAC ate *v.* 비게 하다 to make empty; to leave
2. **vacant** [véikənt] VAC ant *adj.* 공허한, 빈 empty; not occupied
3. **vacancy** [véikənsi] VAC ancy *n.* 공허, 빔 the state of being empty
4. **evacuant** [ivǽkjuənt] e VAC uant *n.* 설사약 a purgative
5. **vacation** [vəkéiʃən] VAC ation *n.* 방학, 휴가 a rest from work; a holiday
6. **vacational** [vəkéiʃənəl] VAC ational *adj.* 방학의 relating to a vaction
7. **vacationist** [vəkéiʃənist] VAC ationist *n.* 피서객 one who is on vacation
8. **vacuum** [vǽkjuəm] VAC uum *n.* 진공
   a space entirely devoid of matter; an emptiness; as, nature abhors a vacuum
9. **vacual** [vǽkjuəl] VAC ual *adj.* 진공의 relating to a vacuum
10. **vacuous** [vǽkjuəs] VAC uous *adj.* 빈, 마음이 공허한, 어리석은
    empty of thought or activity; inane

    예 He just sat there with a *vacuous* expression on his face.
    그는 얼빠진 표정으로 거기 가만히 앉아 있기만 했다.
11. **vacuist** [vǽkjuist] VAC uist *n.* 진공론자
    one who believes that a vacuum can exist
12. **vacuometer** [vǽkjuəmitər] VAC uometer *n.* 저압측정기
    an instrument to measure low pressures
13. **evacuee** [ivækjuíː] e VAC uee *n.* 퇴거자
    one who has been withdrawn from a bombing zone
14. **evacuate** [ivǽkjuèit] e VAC uate *v.* 비우다, 철거하다
    to remove troops or people; to make empty

    예 When the fire broke out, everyone *evacuated* the building.
    화재가 발생했을 때, 모든 사람들은 그 건물 밖으로 물러났다.
15. **evacuation** [ivǽkjuéiʃən] e VAC uation *n.* 철수, 배설
    the act of removing troops or people

16. **evacuator** [ivǽkjueitər] e VAC uator *n.* 소개자
one who removes people from the danger zone

● **연습문제**

Ⅰ. vacational과 evacuation을 분석하시오.

Ⅱ. 다음의 ______ 부분을 채우시오.

(1) It has been accepted that "Nature abhors a __________."
"자연이 진공을 싫어한다"는 것은 받아들여졌다.

(2) The ______ however, maintains that there are _______(s) in nature.
그러나 진공론자는 자연에 진공이 있다고 주장한다.

(3) It is hard to find a _________ parking space in the city.
도시에서 빈 주차 자리를 찾기란 쉽지 않다.

If you can't stand the heat, get out of the kitchen.
중이 절 보기 싫으면 떠나야지

No. 138 VALE, VALID, VALU

strength, worth, valor(힘, 가치, 용기)

해설 어근 VALE, VALID, VALU는 STRENGTH, WORTH, VALOR을 의미한다. 라틴어의 valere, validus에서 파생되었다.

기본 어휘

1. **valetude** [vǽlətjud] VALE tude *n.* 건강상태
   health; strength; state of health
2. **valedictory** [vǽlədíktəri] VALE dictory *n.* 고별사
   a farewell address at graduation
3. **valedictorian** [vǽlədiktɔːriən] VALE dictorian *n.* 고별사 낭독자
   the one who gives the valedictory
4. **valediction** [vǽlədíkʃən] VALE diction *n.* 고별 a farewell
5. **valiant** [vǽljənt] VAL iant *adj.* 용감한 brave; honorable; courageous
6. **equivalent** [ikwívələnt] equi VAL ent *adj.* 동가의
   of equal value; as a dime is the equivalent of ten pennies
7. **valiancy** [vǽljənsi] VALI ancy *n.* 용감, 용감한 행동
   the quality of bravery; valor
8. **valid** [vǽlid] VALID *adj.* 확실한, 타당한 strong; legally correct
   예 John had *valid* excuse for arriving late at school.
   John은 학교에 지각한 것에 대한 정당한 변명을 가지고 있었다.
9. **validity** [vəlídəti] VALID ity *n.* 정당함, 유효성 truth; legal strength
10. **validate** [vǽlədéit] VALID ate *v.* 유효하게 하다.
    make valid; approve legally; declare
11. **validation** [vǽlədéiʃən] VALID ation *n.* 확인, 비준 the act of declaring validity
12. **validatory** [vælídətəri] VALID atory *adj.* 확인의 relating to a validation
13. **valor** [vǽlər] VAL or *n.* 용기, 용맹 value; worth
14. **valorous** [vǽlərəs] VAL orous *adj.* 용감한, 용맹한
    having the quality of valor; brave
15. **valorization** [vǽlərizéiʃən] VAL orization *n.* 물가안정책
    government subsidy for support of the prices of a commodity

16. **value** [vǽlju] VAL ue *n.* 가치, 가격
    purchasing price; actual worth
17. **evaluate** [ivǽljuèit] e VAL uate *v.* 평가하다.
    find out value; appraise actual worth

● 연습문제

Ⅰ. valedictory과 evaluate를 분석하시오.

Ⅱ. 다음의 ______ 부분을 채우시오.

(1) The ________ soldier won a Medal of Honor for his _______ in war.
그 용감한 병사는 전쟁에서의 용감한 행동으로 명예훈장을 받았다.

(2) Teachers _________ their students' progress by taking exams.
선생님들은 시험을 치러 학생들의 진전을 평가한다.

It is impossible to stand on ceremony.
가마 타고 시집가기는 다 틀렸다.

No. 139 VEN, VENT

come(오다)

해설 어근인 VEN, VENT는 각각 라틴어의 venire, ventus에서 유래된 것으로써 COME을 의미한다.

기본 어휘

1. **circumvent** [sə̀rkəmvént] *v.* 우회하다, 함정에 빠뜨리다(=to come around or get around something.; to avoid something, especially by using one's wit)
   "around"를 뜻하는 라틴어 접두사 circum-과 "to come"을 뜻하는 vent-에서 유래됨.
   예 Many morden highways *circumvent* large towns. 많은 현대적인 주요 도로들은 큰 읍 주위를 우회한다.
2. **convenient** [kənvíːnjənt] *adj.* 편리한(=coming or fitting together so as to be proper or easy for a person, suited to what one needs; within easy reach, handy)
   "together"를 뜻하는 접두사 con-과 "to come"를 뜻하는 -ven과 접미사 -ient로 되었다.
   예 Let's discuss this matter at a more *convenient* time.
   이 문제에 대해서는 더 형편이 좋을 때에 논의합시다.
3. **invent** [invént] *v.* 발명하다(=to think up or make something new; originate or create; make something up)
   "on"을 뜻하는 라틴어 접두사 in-과 "to come"을 의미하는 vent로 이루어졌다.
   예 King Sejong *invented* Hangeul. 세종대왕이 한글을 발명했다.
4. **prevent** [privént] *v.* 방지하다(=to make something come before something else in order to keep it from happening; to keep something from doing something by taking measures beforehand)
   "before"를 뜻하는 라틴어 접두사 pre-와 "to come"을 뜻하는 vent-로 이루어졌다.
   예 You can help *prevent* forest fires by dousing your campfire.
   당신은 모닥불을 끔으로서 산불을 방지하는 것을 도울 수 있다.
5. **convene** [kənvíːn] *v.* 모으다, 소집하다(=to call or come together; assemble)
   "together"를 뜻하는 con-과 ven-으로 이루어졌다.
   예 The president *convened* an emergency session of Congress.
   대통령은 의회의 긴급회의를 소집했다.

보충 어휘

1. **venture** [véntʃər] VENT ure *n.* 모험, 상업상의 모험
   entering a project which implies a risk

예 The two companies have embarked one joint *venture* to produce microchips.
그 두 회사들은 마이크로칩을 생산하는 합작투자에 나섰다.

2. **venturesome** [véntʃərsəm] VENT uresome *adj.* 모험적인 bold; daring; unafraid
3. **convention** [kənvénʃən] con VENT ion *n.* 집회, 관습 a coming together; a congress
4. **advene** [ɑdviːn] ad VEN e *v.* 도달하다 to come to; to reach to
5. **advent** [ǽdvənt] ad VENT *n.* 도착 the coming
6. **adventure** [ədvéntʃər] ad VENT ure *n.* 모험 a remarkable experience
7. **adventurer** [ædvéntʃərər] ad VENT urer *n.* 모험가 one who undertakes risky experiences
8. **adventuress** [ədventʃəris] ad VENT uress *n.* 여성 모험가
   a women who makes a living by dangerous and doubful means
9. **adventitious** [ǽdvəntíʃəs] ad VENT itious *adj.* 우연의, 외래의 not usual; accidential
10. **adventurous** [ədvéntʃərəs] ad VENT urous *adj.* 모험을 즐기는 venturesome
11. **event** [ivént] e VENT *n.* 사건
    a happening; a result; an occurrence; as, a blessed event
12. **eventful** [ivéntfəl] e VENT ful *adj.* 사건이 많은 full of excitement and importance

    예 The children listened to their grandfather telling them about his *eventful* life.
    아이들은 할아버지가 자기의 파란 만장한 일생에 대해 얘기해 주는 것을 들었다.

13. **eventually** [ivéntʃuəli] e VENT ually *adv.* 결국에는
    finally; as, eventually we shall know
14. **covenant** [kʌ́vənənt] co VEN ant *n.* 계약, 맹약 a written agreement or promise
15. **convenience** [kənvíːnjəns] con VENI ence *n.* 편리, 편의
    personal comfort; as, at your convenience
16. **conventional** [kənvénʃənəl] con VENT ional *adj.* 인습적인 the usual thing; not original
17. **intervention** [ìntərvénʃən] inter VENT ion *n.* 개재, 중재
    a coming between; an interruption
18. **prevention** [privénʃən] pre VENT ion *n.* 방지 coming before to stop something

● 연습문제

Ⅰ. event와 intervention을 분석하시오

Ⅱ. 다음 ______ 부분을 채우시오.

(1) "An ounce of ________ is worth a pound of cure."
유비무환(有備無患)

(2) Sometimes, in the late fall, when the weather is springlike, we may find ________ buds on flower stalks.
가을에 봄 날씨와 같은 날씨가 보일 때면, 우리는 때때로 꽃줄기에 부정아(不定芽)를 볼 수가 있다.

No. 140

VERS, VERT

turn(회전하다, 돌다)

해설 어근 VERS, VERT는 TURN을 의미하며, 라틴어 vertere, versus(p.p.)에서 나왔다.

기본어휘

1. **avert** [əvə́:rt] *v.* 피하다, 돌리다(=prevent; avoid; turn away; turn aside)
"away"를 의미하는 라틴어 접두사인 a-와 "to turn"을 뜻하는 vert-로 이루어졌다.

예 The driver *averted* her an accident by a quick turn of his car.
그 운전사는 자신의 자동차를 급하게 방향 전환함으로써 사고를 막았다.
She *averted* her eyes from the wreck. 그녀는 그 사고의 잔해에서 눈을 돌렸다.

2. **convert** [kənvə́:rt] *v.* 바꾸다, 전향시키다, 개종시키다(=change; turn; cause to change from one belief to another or from lack of belief to faith; person who has been converted)
"thoroughly; completely"를 뜻하는 라틴어 접두사 con-과 "to turn"을 의미하는 vert-로 구성됐다.

예 These machines *convert* cotton into cloth. 이 기계들은 솜을 물로 바꾼다.
When I reached France, I had to *convert* my dollars to francs.
내가 프랑스에 도착했을 때, 나는 달러를 프랑으로 환전해야만 했다.
The missionary *converted* many Indians. 그 선교사는 많은 인디언들을 개종 시켰다.

3. **divert** [daivə́:rt] *v.* 돌리다, 전환하다, 기분을 풀다(=to turn in a different direction; turn aside from a set course; to distract; to entertain)
"apart, indifferent directions"의 뜻인 라틴어의 접두사 di-(=dis)와 "to turn"을 뜻하는 vert-로 되었다.

예 A ditch *diverted* water from the stream into the fields. 도랑은 시내에서 들판으로 물의 진로를 바꾸었다.
Traffic was *diverted* to a side road because of an accident.
교통은 사고 때문에 골목으로 방향을 바꾸게 되었다.
We were *diverted* by the clown's tricks. 우리는 그 광대의 곡예를 보고 즐겼다.

보충어휘

1. **versatile** [və́:rsətàil] VERS atile *adj.* 재주가 많은, 만능의
having aptitude for many skills; able to turn from one thing to another

예 She is a *versatile* musician who can play many instruments.
그녀는 여러 악기를 다룰 줄 아는 재주가 많은 음악가이다.

2. **versatility** [və̀:rsətíləti] VERS atility *n.* 다재, 다예 the quality of skill along many lines

3. **versation** [vərséiʃən] VERS ation *n.* 전환 a turning; twisting
4. **versative** [vərsətiv] VERS ative *adj.* 적응할 수 있는 adaptable; versatile
5. **version** [və́ːrʒən] VERS ion *n.* 번역, 번역문, 의견 a changed form; an adaptation; a translation
6. **versus** [və́ːrsəs] VERSUS *prep.* …대 against; as, in a legal action of Jones versus Smith
7. **vortex** [vɔ́ːrteks] VOR tex *n.* 소용돌이 a double motion of whirling and pulling down; a whirlpool
8. **controversial** [kɔ̀ntrəvə́ːrʃəl] contro VERS ial *adj.* 논쟁의 open to dispute; as, a controversial issue
9. **averse** [əvə́ːrs] a VERS e *adj.* 싫어하여, 반대하여 turned against; as, averse to seeing him

   예 I am *averse* to cruelty to animals. 나는 동물 학대에 반대한다.
10. **advertise** [ǽdvərtàiz] ad VERT ise *v.* 광고하다. turn attention toward; as, advertise a sale
11. **invert** [invə́ːrt] in VERT *v.* 내향하다, 거꾸로 하다
    turn upside down; as, to divide by a fraction, invert and multiply
12. **conversant** [kənvə́ːrsənt] con VERS ant *adj.* 정통하고 있는
    acquainted with; as, conversant with the subject
13. **obverse** [ɔ́bvəːrs] ob VERS e *adj.* 표면의, 이면의 facing the opponent
14. **reversible** [rivə́ːrsəbl] re VERS ible *adj.* 되돌릴 수 있는 can be reversed
15. **vertigo** [və́ːrtigòu] VERT igo *n.* 현기증 a dizzy spell when everything seems to be turning
16. **subversive** [səbvə́ːrsiv] sub VERS ive *adj.* 전복하는 *n.* 전복하는 사람
    trying to destroy established ideas
17. **universal** [jùːnəvə́ːrsəl] uni VERS al *adj.* 우주의, 보편적인
    of everyone of everything, widespread; general

● 연습문제

Ⅰ. controversial과 obverse을 분석하시오.

Ⅱ. 다음 _______ 부분을 채우시오.

(1) It is necessary to eliminate all _______ activities in order to have security.
안전하기 위해서는 기성체제를 <u>전복하려는</u> 모든 활동을 제거할 필요가 있다.

(2) Peace is _________ hope.
평화는 <u>모든 이들이 공통으로 가지는</u> 희망이다.

(3) In the division of fractions we _________ and multiply.
분수의 나눗셈에서 우리는 그것을 <u>거꾸로 하고</u> 곱한다.

No. 141 VER, VERI

true, genuine(진실한, 진짜의)

해설 어근 VER, VERI는 TRUE, GENUINE을 의미하는 라틴어 verus에서 파생한 것이다.

기본 어휘

1. **veracious** [vəréiʃəs] *adj.* 진실을 말하는, 성실한(=truthful; accurate)
"true"를 의미하는 라틴 어근 ver-와 "quality of"를 뜻하는 라틴 접미사 -acious의 결합이다.

예 Julie is quite *veracious*; she always tells the truth.
Julie는 꽤 정직하다. 그녀는 언제나 진실을 말한다.

2. **verdict** [və́:rdikt] *n.* 평결, 판단(=the opinion of the jury in a court of law)
"true"를 뜻하는 라틴 어근 ver-와 "say, declare"의 뜻을 지닌 라틴 어근 dict-로 되어 있다.

예 The jury arrived at a *verdict* of "guilty." 배심은 "유죄"라는 판결에 도달했다.

3. **verify** [vérəfài] *v.* 입증하다, 증명하다(=to prove to be true; confirm)
"true"의 의미를 지닌 라틴 어근 ver-와 "to make"를 뜻하는 라틴 접미사 -fy가 합해진 단어이다.

예 The prisoner's statement was *verified* by several witnesses.
죄수의 진술은 여러 증인들에 의해 입증되었다.

보충 어휘

1. **veracity** [verǽsəti] VER acity *n.* 정직, 진실임 truth; accuracy
2. **verificate** [vérifikeit] VERI ficate *v.* 확증하다 to confirm; to verify
3. **verifiable** [vérəfàiəbəl] VERI fiable *adj.* 입증될 수 있는 can be verified
4. **verily** [vérəli] VERI ly *adv.* 참으로, 진실로 it is truly the truth; certainly
5. **verification** [vèrɔfikéiʃən] VERI fication *n.* 확인, 검증
proof; the act of proving to be true
6. **verisimilar** [vèrəsímələr] VERI similar *adj.* 진실 같은 having the appearance of truth
7. **verisimilitude** [vèrəsimílətjù:d] VERI similitude *n.* 정말 같음
the likeness of truth; probability

예 The drawings show the artist's concern for *verisimilitude*.
그 그림들은 그 화가가 얼마나 진짜 같아 보이는 것을 중요하게 여기는지 보여준다.

8. **veridical** [verídikəl] VERI dical *adj.* 속이지 않는, 정직한
   truthful; veracious; as, a veridical statement
9. **veridity** [veríditi] VERI dity *n.* 진실 genuineness; truth
10. **veridicality** [verədikǽləti] VERI dicality *n.* 진실임 quality of being veridical
11. **verism** [víərizəm] VERI sm *n.* 현실주의
    the doctrine that the ordinary is preferable to the heroic in artistic terms
12. **verist** [víərist] VERI st *n.* 현실주의자 one who believes in verism
13. **veritable** [vérətəbəl] VERI table *adj.* 진실의, 진정한 true
14. **veritability** [véritəbiləti] VERI tability *n.* 진실임 the quality of truthfulness
15. **veritas** [véritɑs] VERI tas *n.* 진리 latin word for truth
16. **aver** [əvə́:r] a VER *v.* 단언하다 to alledge or assert in pleading
17. **verifier** [vérəfàiər] VERI fier *n.* 증언자 one who verifies the truth

● 연습문제

Ⅰ. verifiable과 verisimilitude을 분석하시오.

Ⅱ. 다음의 _____ 부분을 채우시오.

(1) You must _________ your statement with illustrations and examples.
당신은 당신의 진술을 설명과 실례를 이용하여 <u>증명해야</u>만 한다.

(2) There was a __________ landslide in favor of the old candidate.
나이든 후보자가 <u>진정한</u> 압도적 승리를 거두었다.

Many a little makes a mickle.
Many drops make a flood.
Little strokes fell great oaks.
가랑비에 옷 젖는 줄 모른다.

No. 142 VIC, VICIS

change, substitute, deputy(변화하다, 대치하다, 부(副))

해설 어근 VIC, VICIS는 라틴어 vicis에서 온 것으로 CHANGE, SUBSTITUTE, DEPUTY를 뜻한다.

기본 어휘

1. **vicar** [víkər] VIC ar *n.* 교구목사, 주교대리
   one who serves as assistant, substitute, or deputy to a rector
2. **vicarly** [víkərli] VIC arly *adv.* 대리로서 in the manner of a vicar
3. **vicarage** [víkəridʒ] VIC arage *n.* 목사관 the residence of a vicar
4. **vicaress** [víkəris] VIC aress *n.* 여목사 a female vicar or the wife of a vicar
5. **vice-president** [váis prézidənt] VICE president *n.* 부통령
   an officer next in rank to a president
6. **vicarial** [vaikέəriəl] VIC arial *adj.* 대리의 relating to a vicar; delegated
7. **vicarship** [víkərʃip] VIC arship *n.* 대리직
   the state and dignity of the office of a vicar
8. **vicarianism** [vikəríənizəm] VIC arianism *n.* 임무 대행 가능론
   the belief that one man can substitute for another in the performance of religious duties
9. **vicariate** [vikέərièit] VIC ariate *v.* 대신하다
   to assume the duties and to serve in the place of another
10. **vicarious** [vaikέəriəs] VIC arious *adj.* 대리의, 대상의
    being substituted; as a vicarious pleasure
    예 She felt *vicarious* pleasure when her daughter received her doctorate.
    자신의 딸이 박사학위를 받았을 때 그녀는 대리만족을 느꼈다.
11. **vicariously** [vaikέəriəsli] VIC ariously *adv.* 대리로
    substituting for another; experiencing through another's experience
12. **vicariousness** [vikǽriəsnis] VIC ariousness *n.* 대리의 상태
    the state of substitution for another
13. **vicissitude** [visísətjù:d] VIC issitude *n.* 변화, 변천 change in fortune
14. **vicissitous** [visísituəs] VIC issitous *adj.* 변화를 겪는
    experiencing changes in fortune

15. **vicissitudinary** [visìsitú:dinəri] VIC issitudinary *adj.* 변천하는
characterized by changes of fortune

● 연습문제

Ⅰ. vicar을 분석하시오.

Ⅱ. 다음의 _____ 부분을 채우시오.

In his poem "The Deserted Village." Oliver Goldsmith describes the __________ of the church and the _________ where he lived, After many __________ he enjoyed a prosperous old age, not _________ but actually.

그의 시 "버려진 마을"에서, Oliver Goldsmith는 교회의 교구목사와 그가 살았던 목사관을 묘사한다. 많은 변화를 겪고 나서 그는 대리로가 아니라 실제로 부유한 노후를 즐기게 되었다.

Old fish, old oil, and old friends are the best.
옷은 새 옷이 좋고 사람은 옛 사람이 좋다.

No. 143 VIS, VID

see(보다)

해설 어근 VIS, VID는 TO SEE를 의미한다. 라틴어 videre, visus(p.p.)에서 파생되었다.

기본어휘

1. **evident** [évidənt] *adj.* 명확한, 명백한(=seeing something out in the open; easily seen or recognized; clear)
"out"을 의미하는 라틴 접두사 e-(=ex-)와 "to see"를 의미하는 vid-와 그리고 여기에 영어에서 -ing와 같은 라틴 접미사 -ent가 더해진 것이다.
   예 It is *evident* that you are learning many new words.
   네가 새로운 단어를 많이 배우고 있다는 것은 명백하다.

2. **provide** [prəváid] *v.* 공급하다, 주다(=to foresee; to prepare or supply beforehand; to furnish necessary food, clothing, and shelter; support)
"before"를 의미하는 라틴 접두사 pro-와 "to see"를 의미하는 vid-로 되어 있다.
   예 The government cannot *provide* all young people with a job.
   정부는 모든 젊은이들에게 직장을 제공할 수는 없다.

3. **television** [téləviʒən] *n.* 텔레비전(=the transmission of visual images over a distance as a series of electrical impulses; the television broad casting industry; a television receiver)
"far; at a distance"를 의미하는 tele-와 "to see"를 의미하는 어근에서 파생된 vision으로 되어 있다.
   예 *Television* has replaced radio in popularity. 텔레비전이 라디오의 인기를 대신하게 되었다.
   Last night there was an old movie on *television*.
   어제 밤에 텔레비전에 옛날 영화가 방영되었다.

4. **video** [vídiòu] *n.* 비디오, 영상(=the picture portion of television)
"see"를 뜻하는 어근 vid-에 근원을 둔 라틴어로부터 온 말이다.
   예 Television shows are filmed on *video* tape. 텔레비전 쇼들은 비디오 테이프에 촬영된다.
   In our television set, the sound is good, but the *video* needs adjusting.
   우리의 텔레비전기는 소리는 잘 나오지만 영상은 조정을 할 필요가 있다.

보충어휘

1. **visa** [ví:zə] VIS a *n.* 사증, 비자
an endorsement on a passport giving the bearer the right to proceed

2. **vis-a-vis** [víːzɑːviː] VIS-a-VIS *n.* 마주보고 있는 사람
   one who is face to face with another
3. **visage** [vízidʒ] VIS age *n.* 얼굴, 용모 the face or look of a person
   예 His gloomy *visage* always depresses me. 그의 침울한 얼굴은 언제나 나를 우울하게 한다.
4. **visible** [vízəbl] VIS ible *adj.* 눈에 보이는, 분명한 can be seen
5. **visile** [vízɑil] VIS ile *adj.* 영상의 relating to vision; recalls visual impressions
6. **vision** [víʒən] VIS ion *n.* 시력, 비전, 통찰력, 이상
   something seen; the ability to see; eyesight
7. **visionary** [víʒənəri] VIS ionary *n.* 환상의 one who sees visions; a dreamer
8. **envision** [invíʒən] en VIS ion *v.* 상상하다, 마음에 그리다 to see in one's mind
9. **visit** [vízit] VIS it *n.* 방문 the act of visiting; as, an official visit
10. **visitor** [vízitər] VIS itor *n.* 방문객 one who makes a visit; a guest
11. **visitation** [vìzətéiʃən] VIS itation *n.* 공식방문 an official visit; something that visits
12. **improvise** [ímprəvàiz] impro VISE *v.* 즉석에서 만들다
    to compose, recite, or sing extemporaneously
13. **vista** [vístə] VIS ta *n.* 경치, 전망 a view from a distance
14. **supervision** [sùpərvíʒən] super VIS ion *n.* 감독 a critical watching and directing
15. **visualize** [víʒuəlàiz] VIS ualize *v.* 보이게 하다.
    to make visible; to bring into the mind the face of one not present
16. **invisible** [invízəbəl] in VIS ible *adj.* 보이지 않는 cannot be seen
17. **provision** [prəvíʒən] pro VIS ion *n.* 준비, 대비, 양식
    that which was provided beforehand
18. **providential** [prɔ̀vədénʃəl] pro VID ential *adj.* 섭리의
    provided by divine guidance; opportune; lucky

● 연습문제

Ⅰ. improvise와 providential을 분석하시오.

Ⅱ. 다음 _____ 부분을 채우시오.

(1) The lake was barely _________ in the fog.
호수는 안개 속에서 겨우 <u>눈에 보였다</u>.

(2) She was able to _________ what the author of the book intended his readers to see.
그녀는 그 책의 저자가 독자들이 보도록 의도한 것을 생생히 <u>머리속에서 그려낼 수 있었다</u>.

(3) He was an excellent _________(r). He stocked up _______ for the journey.
그는 훌륭한 <u>준비자였다</u>. 그는 여행을 위해서 <u>식료품을</u> 비축해 두었다.

No. 144

VIV, VIVI, VITA

alive, life(살아 있는, 생명)

해설 어근 VIV, VIVI, VITA는 ALIVE, LIFE를 뜻한다. 이것은 라틴어 vita, vivus에서 파생된 것으로 앞에서 나온 그리이스 어원의 bios와 같은 계통이다.

기본 어휘

1. **vitality** [vaitǽləti] *n.* 생명력, 활기(=state and quality of being alive)
   "life"를 의미하는 라틴어근 vita-와 "state of quality"의 뜻을 지닌 접미사 -ity가 합해진 단어이다.

   예 Sally has great *vitality* and is always doing something.
   Sally는 매우 원기 왕성하여 언제나 무언가를 하고 있다.

2. **vivacious** [vivéiʃəs] *adj.* 쾌활한, 명랑한(=full of life, sprightly)
   "life"의 뜻을 지닌 라틴어근 viv-와 "abounding in"의 의미를 지닌, 라틴 접미사 -acious의 결합이다.

   예 kelly's *vivacious* laugh brightened the atmosphere of the room.
   Kelly의 쾌활한 웃음은 방안의 분위기를 즐겁게 해 주었다.

3. **revive** [riváiv] *v.* 되살아나다, 생기가 넘치다(=bring back to life)
   "backward, again"의 뜻을 지닌 라틴 접두사 re-와 "life"를 뜻하는 viv-의 결합이다.

   예 He tried to *revive* her, but she was already dead.
   그는 그녀가 의식을 회복시킬려고 노력했으나, 그녀는 이미 죽은 후였다.

보충 어휘

1. **vital** [váitl] VITA l adj, 생명의, 치명적인 relating to life; as, vital power
2. **vitaglass** [váitəglàs] VITA glass *n.* 자외선 투과유리 a trademark for glass which allows ultraviolet rays to pass through it
3. **vitalize** [váitəlàiz] VITA lize *v.* 활력을 부여하다 endow with life; revive; vivify
4. **vitals** [váitəlz] VITA ls *n.* 주요부, 핵심
   the vital organs; essential parts; as heart, lungs, brain, liver, etc
5. **vitamin** [váitəmin] VITA min *n.* 비타민 one of the essential constituents of foods

6. **vitaminize** [váitəminàiz] VITA minize *v.* 비타민을 공급하다.
enrich foods by adding vitamins
7. **vitaminology** [vàitəminɔ́lədʒi] VITA minology *n.* 비타민학
knowledge treating of the nature of vitamins
8. **vitascope** [váitəskòup] VITA scope *n.* 영사기 a motion picture projector
9. **vivace** [vivá:tʃei] VIV ace *adj.* 활발한 in a brisk; lively; spritied manner
10. **vivacity** [vivǽsəti] VIV acity *n.* 발랄, 쾌활 vital force; animation
11. **vivarium** [vaivέəriəm] VIV arium *n.* 자연동물 사육장
a box, enclosed with glass, in which plants and animals are kept alive indoors
12. **vivid** [vívid] VIV id *adj.* 생생한, 생동하는, 뚜렷한
having the appearance of vigorous life or freshness
13. **viviparous** [vivípərəs] VIVI parous *adj.* 태생(胎生)의, 모체발아의
bearing live young, not eggs
14. **vivisect** [vívəsékt] VIVI sect *v.* 산채로 해부하다. cut for investingation
15. **vivisection** [vívəsékʃən] VIVI section *n.* 생체해부 the act of vivisecting for science
16. **convivial** [kənvíviəl] con VIVI al *adj.* 연회의, 쾌활한
relating to, occupied with, or fond of feasting, drinking, and, good company
17. **survive** [sərváiv] sur VIV e *v.* 생존하다, 잔존하다
live through and beyond an ordeal

● **연습문제**

Ⅰ. vivisection과 survive를 분석하시오.

Ⅱ. 다음의 ________부분을 채우시오.

(1) One of the wonders among creatures is the guppy, which is _______
생물체중 놀라운 것 중 하나는 태생(胎生)의 작은 열대어이다.

(2) People who are against cruelty to animals oppose _________
동물학대에 반대하는 사람들은 생체 해부에 대항한다.

(3) She is one of the lucky ones who ________(d) the fire.
그녀는 화재에서 살아남은 운 좋은 사람들 중 한 명이다.

No. 145

VOC, VOK

voice, call(음성, 부르다)

해설 어근 VOC, VOK는 VOICE를 뜻하는 라틴 vox, vocis로부터 유래 되었고 vocare는 CALL을 의미하며 VOICE는 인간의 소리에 관계되는 단어이다.

기본 어휘

1. **advocate** [ǽdvəkèit] *v.* 옹호하다(=to speak or write in favor one someone or something) *n.* 대변자, 주창자(=a person who pleads the cause of another or who defends a cause)
"to"를 의미하는 라틴 접두사인 ad-와 "to call"을 뜻하는 voc-와 접미사인 -ate로 되어있다.

   예 Dr. Smith is an *advocate* of strenuous exercise. Smith박사는 격렬한 운동을 주장하는 사람이다.

2. **evoke** [ivóuk] *v.* 불러내다, 불러일으키다(=to call out or summon forth something, such as memories; to produce a reaction, response, etc)
"out"을 의미하는 라틴 접두사 e-와 "to call"을 의미하는 vok-로 되어 있다. 그러므로 다음과 같은 뜻이 된다.

   예 His sarcastic letter *evoked* an angry reply. 그의 빈정거리는 편지는 화난 답신을 쓰게 했다.
   This place *evokes* memories of happier years.
   이곳은 지금보다 더 행복했던 시절의 추억들을 되살려준다.

3. **invoke** [invóuk] *v.* 빌다, 호소하다, 염원하다, 불러내다(=to call upon someone or something, especially a spirit or god, for aid, protection, etc; appeal to a law, power, etc., for aid or support; ask or call for something, especially a blessing)
"in"을 의미하는 라틴 접두사 in-과 "to call"을 의미하는 vok-로 구성되어 있다.

   예 The priest *invoked* God's blessing on the congregation.
   신부는 회중에게 하나님의 축복을 기원했다.
   The poet *invoked* the muses to inspire him.
   그 시인은 자기에게 영감을 달라고 시신(詩神)에게 호소했다.

4. **provoke** [prəvóuk] *v.* 약올리다, 자극하다(=to call forth or anger in someone; irritate; stir up; to arouse or cause some action or reaction)
"forward, forth"를 의미하는 라틴 접두사 pro-와 "to call"을 의미하는 vok-로 되어 있다. 그리하여 아래와 같은 뜻이 된다.

   예 Their disagreement over politics *provoked* a serious quarrel.
   정치에 관한 그들의 의견 차이는 심각한 언쟁을 일으켰다.

보충 어휘

1. **vocable** [vóukəbəl] VOC able *n.* 말, 언어 a human sound; a word
2. **vocal** [vóukəl] VOC al *adj.* 소리의, 구두의 relating to the voice; oral

   예 The tongue is one of the *vocal* organs. 혀는 발성기관 중 하나이다.

3. **vocabulary** [voukǽbjələri] VOC abulary *n.* 어휘 a collection of words and phrases
4. **vocalize** [vóukəlàiz] VOC alize *v.* 발음하다, 말하다 to sing; to give utterance
5. **vocation** [voukéiʃən] VOC ation *n.* 적성, 직업 a call to serve in a particular profession
6. **vociferant** [vousífərənt] VOC iferant *adj.* 큰 소리로 외치는 noisy; loud
7. **vociferous** [vousífərəs] VOC iferous *adj.* 고함치는, 소란한 clamorous; making an outcry
8. **avocation** [æ̀voukéiʃən] a VOC ation *n.* 부업, 여가, 취미 a second calling; a hobby
9. **revoke** [rivóuk] re VOK e *v.* 철회하다. to bring or call back; rescind
10. **convocation** [kɑ̀nvəkéiʃən] con VOC ation *n.* 소집, 집회 a calling together; an assembly
11. **invocation** [ìnvəkéiʃən] in VOC ation *n.* 기도, 기원 solemn prayer; divine blessing
12. **evocative** [ivóukətiv] e VOC ative *adj.* 불러일으키는 causing to recall the past

    예 The smell of apple pie is *evocative* of my childhood.
    사과파이 냄새는 어린 시절에 대한 기억을 불러일으킨다.

13. **provocation** [prɔ̀vəkéiʃən] pro VOC ation *n.* 화나게 함, 도발, 분개 something that makes someone angry

● 연습문제

Ⅰ. vociferous을 분석하시오.

Ⅱ. 다음 _____ 부분을 채우시오.

(1) The play ________(d) a time long gone.
그 연극은 먼 옛날의 기억들을 불러 일으켰다.

(2) Electra had ample _________ for anger and she _________ (d) the curses of the gods.
Electra는 화나게 할 만한 자극을 충분히 제공했고 그녀는 신들의 저주를 불러내었다.

No. 146

VOLCAN, VULCAN

fire, volcano(불, 화산)

해설 어근 VOLCAN, VULCAN 은 FIRE를 뜻한다. 이것은 로마 신화의 불과 대장일의 신인 Vulcanus 또는 Volcanus 라는 이름에서 유래된 것이다.

기본 어휘

1. **vulcan** [vʌ́lkən] VULCAN *n.* 벌칸(불과 대장일의 신) roman god of fire
2. **vulcanist** [vʌ́lkənist] VULCAN ist *n.* 암석 화성론자, 화산학자 a metal worker
3. **vulcanization** [vʌ́lkənizeiʃən] VULCAN ization *n.* 경화
   act of treating with chemicals to produce the qualities of rubber
4. **volcano** [vɔlkéinou] VOLCAN o *n.* 화산 a mountain erupting molten lava
5. **volcanic** [vɔlkǽnik] VOLCAN ic *adj.* 화산의, 폭발성의
   like a volcano; characteristic of a volcano
6. **volcanism** [vɔ́lkənìzəm] VOLCAN ism *n.* 화산현상, 화산활동 the power of a volcano
7. **volcanist** [vɔlkənist] VOLCAN ist *n.* 화산 연구가
   one versed in the study of volcanic phenomena
8. **volcanology** [vɔ̀lkənɔ́lədʒi] VOLCAN ology *n.* 화산학 the study of volcanic eruptions
9. **volcanologist** [vɔlkənɔlɔdʒist] VOLCAN ologist *n.* 화산학자
   a specialist in the area of volcanology
10. **volcanite** [vɔlkənit] VOLCAN ite *n.* 신기한 돌 a rare rock from a specific volcano
11. **volcanize** [vɔ́lkənàiz] VOLCAN ize *v.* …에 화산열의 작용을 받게 하다.
   to undergo volcanic heat
12. **volcanologize** [vɔlkænɔlɔdʒaiz] VOLCAN ologize *v.* 화산작용을 연구하다.
   to study volcanic phenomena
13. **vulcanian** [vʌ́lkéiniən] VULCAN ian *adj.* 철공의
   relating to work done with iron and other metals
14. **vulcanize** [vʌ́lkənàiz] VULCAN ize *v.* 경화하다, 수리하다
   to treat with chemicals in such a way as to produce the qualities of rubber

연습문제

Ⅰ. volcanist를 분석하시오.

Ⅱ. 다음의 ______ 부분을 채우시오.

(1) The Roman god _________, who was represented by the violence of the _________, was, under the Greeks, the peaceful god Hephaestus.
폭발하는 화산으로 상징된 로마의 신 불칸은, 그리스에서는 온화한 신 헤파이스투스였다.

(2) The __________ dust in the air causes red sunsets.
대기에 있는 화산의 먼지로 인해 붉은 노을이 생겨나는 것이다.

Poets are born, not made.
시인은 태어나는 것이지 만들어지는 것은 아니다.

제2부

접두어

(PREFIX)

No. 1 AB, ABS

away, from, separation (떨어져서, ~로부터, 분리)

해설 접두어 AB, ABS는 AWAY, FROM, SEPARATION을 의미한다. 그리고 t앞에서는 AB에 S가 첨가된다. 예를 들면 AB tain보다 ABStain이 발음하기에 더 쉽기 때문이다.

기본 어휘

1. **abduct** [æbdʌ́kt] *v.* 유괴하다(=to lead or carry away wrongfully; to kidnap)
"away"를 뜻하는 ab-와 "to lead"를 의미하는 어근 duct-로 되어 있다.
예 The kidnaper *abducted* the baby. 납치자는 아기를 유괴했다.

2. **abhor** [əbhɔ́:r] *v.* 매우 싫어하다(=to hate or loathe; shrink away from with horror; feel disgust for; hate very, very much)
"from"을 의미하는 ab-와 "to shudder"를 의미하는 라틴어 horrere로 되어 있다.
예 Jane *abhors* spiders. Jane은 거미를 몸서리치도록 싫어한다.
Many people *abhor* snakes. 많은 사람들은 뱀을 몹시 싫어한다.

3. **abjure** [əbdʒúər] *v.* 맹세코 버리다, 공공연히 버리다(=to swear away an opinion or belief; to renounce or repudiate something under oath)
"away"를 의미하는 ab-과 "to swear"를 의미하는 라틴어 jurare에서 유래되었다.
예 The convert *abjured* his old beliefs. 그 개종자는 자기가 전에 믿던 것들을 버렸다.

4. **abnormal** [æbnɔ́:rməl] *adj.* 비정상의, 예외적인(=unusual; irregular; not as it should be; very different from the ordinary condition; unusual)
"away"를 의미하는 ab-과 "rule"을 뜻하는 라틴어 어근 norm-으로 되어 있다.
예 A bodily temperature of 102°F is *abnormal.* 몸의 온도가 102°F인 것은 비정상이다.

5. **abort** [əbɔ́:rt] *v.* 유산하다, 퇴화하다(=to be born away from the right time; to miscarry; to end something prematurely or unsuccessfully)
"away, form"을 뜻하는 ab-과 "to be born"을 뜻하는 라틴어 어근 ort-로 되어 있다.
예 The mother cat *aborted* after being frightened by a dog. 개 때문에 놀란 어미 고양이는 유산했다.
The space flight was *aborted* after only one orbit. 우주 비행은 한번만의 궤도 후에 중지되었다.

보충 어휘

1. **aberration** [æ̀bəréiʃən] AB erration *n.* 탈선, 빗나감
act of wandering away; unsoundness of mind

2. **abolish** [əbɔ́liʃ] AB olish *v.* 폐지하다 do away with; completely destroy

예 They *abolished* capital punishment in that country.
그 나라에서는 사형제도를 폐지하였다.

3. **abortion** [əbɔ́:rʃən] AB ortion *n.* 실패작, 발육정지, 실패
failure to attain full development
4. **abrasion** [əbréiʒən] AB rasion *n.* 박리, 벗어짐, 마멸, 마손
a rubbing or scraping away
5. **abrogate** [ǽbrougéit] AB rogate *v.* 폐기하다 to repeal; to do away with
6. **abscond** [æbskɔ́nd] AB scond *v.* 도망하다, 실종하다
to steal away and hid; to decamp
7. **ablate** [æbléit] AB late *v.* 제거하다 to remove; to cut away
8. **ablution** [əblú:ʃən] AB lution *n.* 목욕, 세정식
the act of washing away; often in a rite
9. **abnegate** [ǽbnigèit] AB negate *v.* 끊다, 거부하다
to relinquish; give up forever
10. **abbreviate** [əbrí:vièit] AB breviate *v.* 약어로 쓰다, 줄이다 to shorten; make brief
11. **abdicate** [ǽbdikèit] AB dicate *v.* 포기하다, 버리다
to give up; as abdicate a throne
12. **absolve** [əbzɔ́lv] AB solve *v.* 사면하다 to free from blame; exonerate
13. **abstain** [əbstéin] AB stain *v.* 끊다, 삼가다
hold off from; as abstain from voting
14. **abstract** [æbstrǽkt] ABS tract *v.* 추상하다, 발췌하다
draw away; separate from association
15. **absorb** [əbsɔ́:rb] AB sorb *v.* 흡수하다, 병합하다
suck in; drink in; as a sponge will absorb water

● 연습문제

Ⅰ. abdicate을 분석하시오.

Ⅱ. 다음 ______ 부분을 채우시오.

(1) The Belgians forced the king to __________ in favor of his son.
벨기에 사람들은 그의 아들이 왕에 오르기 위해 왕이 퇴위하도록 시켰다.

(2) The jury agreed to _________ the prisoner of all blame.
배심원들은 그 죄수에게서 모든 책임을 사면해 주기로 동의했다.

(3) Before the treasurer could _________ with the money, he was arrested.
회계 담당자가 돈을 갖고 도망가기 전에 그는 체포되었다.

No. 2

AD

to, toward(~로, ~을 향하여)

해설 접두어 AD는 TO, TOWARD, NEAR, AT을 뜻한다. ACcept ARrange, ASsure, ATtract와 같이 c, r, s, t 앞의 d가 동화되어 C, R, S, T 등 여러 가지로 동화된다(이외에도 AF, AG, AL, AN, AP가 있다).

기본 어휘

1. **adapt** [ədǽpt] *v.* 적응시키다, 응용하다, 각색하다(=to fit for a new use; adjust; make fit or suitable)

   "to"를 뜻하는 ad-와 "to fit"를 의미하는 apt-로 이루어졌다.

   예 The author *adapted* his novel for the stage.
   그 작가는 자신의 소설은 무대에 올릴 수 있도록 각색했다.
   He *adapted* himself easily to his new job.
   그는 자신의 새 직장에 쉽게 적응했다.
   The boys *adapted* the old barn for use by the club.
   소년들은 클럽이 사용할 수 있도록 낡은 헛간을 개조했다.

2. **adjacent** [ədʒéisənt] *adj.* 인접한(=lying or located near or next to something; near, adjoining)

   "near; at"을 뜻하는 ad-와 "to lie"를 뜻하는 라틴어의 어근 jac-와 접미사인 -ent로 이루어진 단어다.

   예 Alaska is *adjacent* to Canada. 알래스카는 캐나다에 인접해 있다.

3. **admire** [ədmáiər] *v.* 감탄하다, 칭찬하다(=to have esteem for; regard with wonder, pleasure, and satisfaction)

   "at"을 뜻하는 ad-와 "to wonder"를 뜻하는 라틴어 어근 -mir로 형성된 것이다.

   예 They *admired* the courage of the astronauts. 그들은 우주 비행사들의 용기에 감탄했다.

보충 어휘

1. **adaptable** [ədǽptəbəl] AD aptable *adj.* 적응할 수 있는
   is able to fit in; pliable
2. **addict** [ədíkt] AD dict *n.* (마약 따위의)상용자, 중독자
   one who is given over to a habit, often drugs
3. **adequate** [ǽdikwit] AD equate *adj.* 적절한 equal to the need; sufficient

4. **adhere** [ædhíər] AD here *v.* 들러붙다, 고집하다 stick to; be faithful

   예 A piece of gum *adhered* to my shoe.
   껌 한 조각이 신발에 들러붙었다.

5. **adjunct** [ǽdʒʌŋkt] AD junct *n.* 부가물, 부속물 one thing joined to another
6. **adulterate** [ədʌ́ltərèit] AD ulterate *v.* …의 품질을 떨어뜨리다
   to change to an impure quality; as to put sand in the cement
7. **advance** [ədvǽns] AD vance *v.* 나아가다 to go forward
8. **advantage** [ədvǽntidʒ] AD vantage *n.* 유리, 이익 a favorable condition
9. **advertise** [ǽdvərtàiz] AD vertise *v.* 광고하다, …에 알리다.
   to notify about; bring to public attention
10. **announce** [ənáuns] AN nounce *v.* 고지하다, 발표하다
    make known to the public
11. **aggravate** [ǽgrəvèit] AG gravate *v.* 악화시키다. to make heavy; to make worse
12. **applaud** [əplɔ́ːd] AP plaud *v.* 칭찬하다. to express approval of; praise

● 연습문제

Ⅰ. adhere와 aggravate를 분석하시오.

Ⅱ. 다음 ______ 부분을 채우시오.

(1) His ________ manner made him unpopular.
그의 공격적인 태도 때문에 그는 사람들에게 인기가 없다.

(2) Do not ________ any further; if you continue in that direction you will encounter danger.
더 이상 앞으로 나아가지 마시오. 계속 그 방향으로 나아가면 위험에 직면하게 될 것이오.

Patience is the best buckler against affronts.
Patience is a virtue.
참을 인(忍) 자 셋이면 살인도 피한다.

No. 3
A, AN

not, absence of, without(없는, 아닌, 무(無))

해설 접두어 A, AN은 NOT, ABSENCE OF를 의미한다. A는 h 이외의 자음 앞에, AN는 모음과 h앞에서 주로 사용된다. UN-과 용법과 의미가 같다. 형용사를 만드는 A-와는 구별하기 바란다.

기본어휘

1. **apathy** [ǽpəθi] *n.* 냉담, 무감동(=lack of feeling or emotion; impassiveness)
"not, without"을 뜻하는 희랍어 접두사 a-와 "feeling"의 뜻을 지닌 희랍어 어근 pathos에서 파생된 pathy의 결합이다.
예 Extreme poverty and hardships reduced him to a state of *apathy*.
극빈과 고난이 그로 하여금 냉담한 상태에 빠지도록 했다.

2. **anesthesia** [æ̀nəsθíːziə] *n.* 마취, 무감각증(=absence of feeling; numbness)
"not, without"을 의미하는 희랍어 접두사 an-과 "sensation"을 뜻하는 어근에서 파생된 -esthesia로 된 단어이다.
예 The mother did not want *anesthesia* during childbirth.
그 임산부는 출산할 때 마취하기를 바라지 않았다.

3. **anonym** [ǽnənìm] *n.* 익명, 가명(=a person or a writer who keeps his name unknown)
"without"의 뜻을 지닌 an-과 "name"을 의미하는 희랍어 어근에서 파생된 onym으로 된 단어이다.
예 She writes her novels under an *anonym*. 그녀는 가명으로 소설을 쓴다.

보충어휘

1. **anecdote** [ǽnikdòut] AN ecdote *n.* 일화
a story or personal item not generally known
2. **anecdotage** [ǽnikdòutidʒ] AN ecdotage *n.* 일화집
a collection of anecdotes
3. **achromatic** [æ̀krəmǽtik] A chromatic *adj.* 무색의
possessing no hue; neutral
4. **anemia** [əníːmiə] AN emia *n.* 빈혈증
a condition in which there are not enough red blood cells

5. **amnesia** [æmníːʒə] A mnesia *n.* 건망증 loss of memory
6. **amorphous** [əmɔ́ːrfəs] A morphous *adj.* 형태 없는
having no definite form; shapeless
7. **anesthetize** [ənésəətàiz] AN esthetize *v.* 마취시키다
to induce anesthesia
8. **anesthetist** [ənésəətist] AN esthetist *n.* 마취의사
the physician who administers the anesthetic
9. **anodyne** [ǽnoudàin] AN odyne *n.* 진통제
creating an absence of pain; a narcotic
10. **atomise** [ǽtəmàiz] A tomise *v.* 원자로 하다
to reduce to minute particles
11. **anomaly** [ənɔ́məli] AN omaly *n.* 변칙, 예외
irregularity; anomalous thing
12. **anomalous** [ənɔ́mələs] AN omalous *adj.* 변태적인
irregular; uncomfortable
13. **anonymous** [ənάnəməs] AN onymous *adj.* 익명의
without a name; as an anonymous donation
14. **asymmetric** [æ̀simétrik] A symmetric *adj.* 불균형의
not symmetrical
15. **atypical** [eitípikəl] A typical *adj.* 격식을 벗어난
not typical; irregular
16. **anomy** [ǽnəmi] A nomy *n.* 사회적 무질서, 아노미 현상
state of absence of law and order

● 연습문제

Ⅰ. amnesia과 anomy을 분석하시오.

Ⅱ. 다음 ______ 부분을 채우시오.

(1) His conversation is vivacious because he usually has a good __________ to relate.
대개의 경우 그는 이야기해줄 재미있는 일화를 갖고 있기 때문에 그의 대화는 쾌활하다.

(2) The penguin, a flightless bird, is an __________.
날지 못하는 새인 펭귄은 변칙이다.

(3) She has been __________ for years but does nothing about it.
그녀는 몇 년 동안이나 빈혈증세를 보였지만 그것에 대해 아무런 조치를 취하지 않는다.

No. 4
AMPHI

two, both(둘의, 양쪽)

해설 접두어인 AMPHI는 TWO, BOTH를 뜻한다. 라틴어 AMBI의 희랍어 원형이다.

기본 어휘

1. **amphibia** [æmfíbiə] AMPHI bia *n.* 양서류
   a class of vertebrates having characteristics of both fish and reptiles
2. **amphibian** [æmfíbiən] AMPHI bian *n.* 양서동물 *a.* 양서류의
   a type of animal that can live both in water and or land
   예 The military uses *amphibians* for landing troops on beaches.
   군대는 해변에 군인들을 상륙시키기 위해 수륙양용전차를 사용한다.
3. **amphibious** [æmfíbiəs] AMPHI bious *adj.* 수륙 양서의
   capable of living on both land and water
4. **amphibiology** [æmfibiɔ́ləʤi] AMPHI biology *n.* 양서류학, 양서동물론
   that branch of zoology which is concerned with animals that live on both land and water
5. **amphibiotic** [æmfibɑiətik] AMPHI biotic *adj.* 수륙 양서의
   living in water in the early stage, on land in adult life
6. **amphibology** [æ̀mfəbɑ́ləʤi] AMPHI bology *n.* 모호한 말투, 다의성
   ambiguity arising from a phrase which can have two constructions
7. **amphibolous** [æmfíbələs] AMPHI bolous *adj.* 뜻이 모호한, 뜻이 명확치 않은
   capable of having two meanings
8. **amphicarpic** [æmfíkɑːrpik] AMPHI carpic *adj.* 두 가지 과실이 있는
   producing two kinds of fruit
9. **amphichroic** [æmfikruik] AMPHI chroic *adj.* 양 색 반응의 producing two colors
10. **amphibolic** [æ̀mfəbɑ́lik] AMPHI bolic *adj.* 모호한, 변동하는
    uncertain; critical stages in disease
11. **amphilogism** [æ̀mfilóʤizm] AMPHI logism *n.* 애매한 말투
    double talk; ambiguity of speech; equivocation
12. **amphiscians** [æmfíʃiəns] AMPHI scians *n.* 열대 거주자
    inhabitants of the tropics

13. **amphitheater** [ǽmfiθìətər] AMPHI theater *n.* 투기장, 원형 경기장
arena theater in which the audience sits around the stage

예 The Coliseum in Rome is a famous *amphitheater*.
로마의 콜로세움은 유명한 원형경기장이다.

● 연습문제

Ⅰ. amphibious와 amphilogism을 분석하시오.

Ⅱ. 다음의 _____ 부분을 채우시오.

(1) Frogs and toads are ___________.
개구리와 두꺼비는 양서 동물이다.

(2) They gave the performance in the new ____________.
그들은 새로 지은 원형 극장에서 공연을 가졌다.

Rise all and gain all.
Nothing venture, nothing win[have].
산에 가야 범을 잡는다.

No. 5 ANA

up, back, again, excessive, too much(위로, 뒤로, 다시, 과도한)

해설 접두어 ANA는 여러 가지 중요한 뜻이 있는데 UP, BACK, AGAIN, EXCESSIVE, TOO MUCH 등이 있다.

기본 어휘

1. **anabasis** [ənǽbəsis] ANA basis *n.* 진군, 원정
   a journey upward; a military advance; the unsuccessful military expedition of Cyrus the Younger to overthrow Artaxerxes Ⅱ; a book about this by Xenophon; any large military expedition
2. **anabiosis** [æ̀nəbɑióusis] ANA biosis *n.* 소생
   the state of suspended animation
3. **anachronism** [ənǽkrənìzəm] ANA chronism *n.* 기시착오, 시대착오
   an error in order of time
4. **anagoge** [ǽnəgoudʒi] ANA goge *v.* 해석하다.
   interpretation of a word, passage, or text beyond its meaning
5. **analogy** [ənǽlədʒi] ANA logy *n.* 유사, 유추
   a resemblance between two situation

   예 The teacher drew an *analogy* between the human mind and a reservoir.
   선생님은 사람의 정신과 저수지 사이의 유사성을 끌어내었다.
6. **anamnesis** [ænəmnésis] ANA mnesis *n.* 회상
   a recalling to mind; reminiscence
7. **analogous** [ənǽləgəs] ANA logous *adj.* 비슷한, 유사한
   corresponding to; as, an analogous case

   예 This summer is *analoqous* to last summer, which was also hot and rainy.
   이번 여름은 무덥고 비가 많이 온 지난 여름과 비슷하다.
8. **analyze** [ǽnəlɑiz] ANA lyze *v.* 분해하다, 분석하다
   examine all elements; as, analyze a word; to separate (a thing, idea, etc.) into its parts so as to find out their nature, proportion, function, interrelationship, etc
9. **analysis** [ənǽləsis] ANA lysis *n.* 분해, 분석
   separation into elements

10. **analytic** [ænəlítik] ANA lytic *adj.* 분석적인, 해석의 treating of analysis
11. **anaphoric** [ænəfóurik] ANA phoric a. 구절 반복의
    referring to a preceding word
12. **anatomy** [ənǽtəmi] ANA tomy *n.* 해부, 해부학
    dissection; a branch that deals with the structure of organisms
    - 예 Is the *anatomy* of a frog similar to that of a toad?
      개구리의 해부가 두꺼비의 해부와 유사한가요?

● 연습문제

Ⅰ. anachronism과 analogous를 분석하시오.

Ⅱ. 다음의 _____ 부분을 채우시오.

(1) some people regard the monarchy as an ________ in modern society.
어떤 사람들은 군주정치는 현대사회에서 시대착오적이라고 생각한다.

(2) Susan has an _______ mind and solves difficult problems with ease.
Susan은 분석적인 머리를 가져서 어려운 문제들도 쉽게 해결해낸다.

Standing pools gather filth.
The used key is always bright.
부지런한 물방아는 얼 새도 없다.

No. 6 ANTE

before(앞의, 이전의)

해설 접두어 ANTE는 BEFORE를 의미한다. 그리고 아래 목록에 있는 단어의 대부분은 순수한 라틴어이지만 지금은 영어라고 생각하고 있으며 ANTE를 against를 의미하는 ANTI와는 혼동하지 않아야 한다.

기본어휘

1. **antebellum** [æ̀ntibéləm] *adj.* 전쟁 전의(=before the war; before the Civil War or made or done before the Civil War)
   "before"를 의미하는 ante-와 "war"를 뜻하는 라틴어 bellum으로 되어 있다.
   예 Many beautiful *antebellum* mansions still stand in the South.
   남북 전쟁이전에 지은 아름다운 대저택들이 아직도 많이 남부에 남아있다.
2. **antecede** [æ̀ntəsíːd] *v.* …보다 앞서다(=to go before, in time, rank, order, etc)
   "before"를 뜻하는 ante-와 "to go"를 뜻하는 라틴 어근 cede-로 되어 있다.
   예 World War II *anteceded* the Korean War. 제2차 세계 대전이 한국 전쟁보다 앞서 일어났다.
3. **anterior** [æntíəriər] *adj.* 전면의, 앞선(=preceding in time or place)
   "before"를 뜻하는 ante-의 비교급에서 파생되었다.
   예 The head of an animal is usually located on the *anterior* part of its body.
   동물의 머리는 대개는 몸의 앞부분에 위치하고 있다.

보충어휘

1. **antebrachium** [æ̀ntibréikiəm] ANTE brachium *n.* 전박(팔꿈치부터 팔목 또는 손가락 끝까지) the forearm
2. **antecedent** [æ̀ntəsíːdənt] ANTE cedent *n.* 선행자, 전례, 선행사
   the word preceding the pronoun to which the pronoun refers
3. **anteroom** [ǽntirùm] ANTE room *n.* 대기실, 곁방
   a room before another; as a waiting room
4. **antedate** [ǽntidéit] ANTE date *v.* 먼저 일어나다, 앞선 날짜로 하다
   to precede in time; to date something earlier than its creation
   예 The discovery of Africa *antedated* that of America.
   아프리카 발견은 아메리카 발견보다 앞섰다.

5. **antediluvian** [æ̀ntidilúːviən] ANTE diluvian *adj.* 노아의 홍수 이전의, 태고의 belonging to the time before the Flood
6. **antenuptial** [æ̀ntinʌ́pʃəl] ANTE nuptial *adj.* 결혼 전의 coming before marriage
7. **antemeridiem** [ǽntimərídiəm] ANTE meridiem *adj.* 오전 A.M; before noon
8. **antemortem** [æntimɔ́rtəm] ANTE mortem *adj.* 죽기 전의 coming before death

● 연습문제

Ⅰ. antecedent와 antemortem를 분석하시오.

Ⅱ. 다음의 _____ 부분을 채우시오.

(1) In the sentence "I looked at Mary and spoke to her." Mary is the ________ of her.
"나는 Mary를 바라보며 그녀에게 말했다"라는 문장에서 "Mary"가 "그녀"의 선행사이다.

(2) The invention of the radio _________ (d) the invention of the television.
라디오의 발명이 텔레비전의 발명보다 먼저 일어났다.

Stretch your arm no further than your sleeve will reach.
이불 깃 보아가며 발 뻗친다.

No. 7 ANTI, ANT

against(반, 반대, 거부)

해설 접두어 ANTI, ANT는 AGAINST를 의미한다. 앞에 나온 "before" 뜻의 ANTE와는 조심스레 구별되어야겠다.

기본 어휘

1. **antagonism** [æntǽgənìzəm] *n.* 적대, 대립(=actively expressed opposition, hostility; opposition in physiological action)
"against"를 의미하는 ant-와 "struggle"을 의미하는 agon-에 명사형어미 -ism이 붙어서 이루어졌다.
   - 예 The *antagonism* of democracy to dictatorship is essential.
   독재에 대한 민주주의의 적대는 필수적인 것이다.

2. **antonym** [ǽntənìm] *n.* 반대말(=a word of opposite meaning)
"against"를 의미하는 ant-와 "name"의 뜻인 그리스어 onym-으로 이루어져 있다.
   - 예 The usual *antonym* of good is bad, of hot is cold.
   "선"의 반대말은 대게 "악"이고 "뜨거운"의 반대말은 "차가운"이다.

3. **antidote** [ǽntidóut] *n.* 해독제, 교정수단(=something given against something else; anything that will counteract; medicine that acts against a poison or a disease; a remedy)
"against"를 뜻하는 anti-와 그리스어의 어근인 "given"을 뜻하는 dot-로 되어 있다.
   - 예 What is the *antidote* for arsenic? 비소의 해독제는 무엇인가?
   Milk is an *antidote* for this poison. 이 독에 대한 해독제는 우유이다.
   Work is a good *antidote* for self-pity. 일은 자기 연민에 대한 좋은 해독제이다.

4. **antipathy** [æntípəθi] *n.* 반감(=a feeling against someone or something; an instinctive dislike, or the object of such a dislike; strong dislike)
"against"를 뜻하는 anti-와 "to feel"을 의미하는 그리스어의 어근 path-로부터 파생되었다.
   - 예 She had a strong *antipathy* for cats. 그녀는 고양이에 대한 강한 반감을 갖고 있었다.
   I have an *antipathy* to snakes. 나는 뱀을 혐오한다.

보충 어휘

1. **antacid** [æntǽsid] ANT acid *n.* 산중화제
a remedy for acidity of the stomach; a counteracting agent
   - 예 John took an *antacid* for his stomachache. John은 위통 때문에 산중화제를 복용했다.

2. **antagonist** [æntǽgənist] ANT agonist *n.* 적대자 one that opposes another
3. **antalkaline** [æntǽlkəlàin] ANT alkaline *adj.* 알카리성을 중화하는
   an agent against alkalinity
4. **antarctic** [æntáːrktik] ANT arctic *n.* 남극
   the opposite of the north pole; the south pole
5. **anthelmintic** [ænθelmíntik] ANT helmintic *adj.* 구충의
   expelling worms from the system
6. **antibiosis** [æ̀ntibaióusis] ANTI biosis *n.* 항생
   antagonism between organisms in the body
7. **antibody** [ǽntibɔ̀di] ANTI body *n.* 항체
   a substance in the body which opposes foreign substances
8. **anticlimax** [æ̀ntikláimæks] ANTI climax *n.* 점강법, 용두사미
   the movement from a great event to one of lesser importance; a let down
9. **antifreeze** [ǽntifríːz] ANTI freeze *n.* 부동제, 부동액
   a substance which slows up the freezing process
10. **antipodes** [æntípədìːz] ANTI podes *n.* 대척지, 정반대
    parts of the world which are opposite to each other
11. **antithesis** [æntíθəsis] ANTI thesis *n.* 대조, 정반대 a contrast of ideas
12. **antisepsis** [æ̀ntəsépsis] ANTI sepsis *n.* 방부, 방부법
    prevention of infection; acting like an antiseptic
13. **antitoxin** [ǽntitɔ́ksin] ANTI toxin *n.* 항독소
    an agent which counteracts poison in the body

● 연습문제

Ⅰ. anthelmintic를 분석하시오.

Ⅱ. 다음 ____ 부분을 채우시오.

(1) "They are ________ of each other in temper and endowment."(Lowell)
그들은 서로 기질과 자질에 있어서 <u>정반대</u>이다.

(2) The __________ between the two countries has lasted for centuries.
그 두 나라간의 <u>반감</u>은 몇 세기동안이나 지속되어 왔다.

(3) Children are given ____________ to prevent some diseases.
어떠한 질병들을 막기 위해 사람들은 아이들에게 <u>항독소</u>를 준다.

No. 8 APO

away from(~에서 떨어져서)

해설 접두어 APO는 AWAY FROM을 의미한다. APO는 가장 현대적인 단어이면서도 가장 고전적인 단어이다.

기본 어휘

1. **apocalypse** [əpɔ́kəlíps] *n.* 묵시, 계시(=religious literature; a revelation)
   "from"을 의미하는 희랍어 접두사 apo-와 "to cover"를 의미하는 어근에서 파생된 calypse-가 합쳐진 단어이다.

   예 When the earthquake occurred, we thought that the apocalypse had come.
   지진이 발생했을 때 우리는 세상의 종말이 닥쳐온 줄 알았다.

2. **apoplexy** [ǽpəplèksi] *n.* 졸도(=sudden loss of consciousness; a stroke)
   "away from"을 뜻하는 희랍어 접두사 apo-와 "to strike"를 의미하는 어근 plexy-의 결합이다.

   예 Mark was so furious we thought he would be seized with *apoplexy*.
   Mark가 너무 격분하여 우리는 그가 졸중에 걸릴거라고 생각했다.

3. **apotheosis** [əpɔ̀θəióusis] *n.* 신성화 숭배(=release from earthly life; deification)
   "away from (what he was)"를 의미하는 apo-와 "god"을 뜻하는 어근에서 파생된 theosis로 되었다.

   예 The Arthurian legend represents the *apotheosis* of chivalry of those times.
   Arthur왕의 전설은 그 시대의 기사도의 이상화를 나타낸다.

보충 어휘

1. **apocope** [əpɔ́kəpi] APO cope *n.* 어미(語尾) 소실
   a cutting off; as, the end letters of a word
2. **apocrypha** [əpɔ́krifə] APO crypha *n.* 경외성서, 가짜문서
   writings of doubtful authority
3. **apocryphal** [əpákrəfəl] APO cryphal *adj.* 위경의, 경외서의 relating to the Apocrypha
4. **apogee** [ǽpəʤìː] APO gee *n.* 극점, 원지점
   the point in the orbit of a heavenly body farthest from the earth
5. **apology** [əpáləʤi] APO logy *n.* 사죄, 변명
   an attempt to make amends; an excuse

6. **apologetic** [əpàlədʒétik] APO logetic *adj.* 사과하는, 변명의
in the nature of an apology
7. **apoplectic** [æ̀pəpléktik] APO plectic *adj.* 졸도성의
in the nature of a stroke; highly excited
8. **apostasy** [əpástəsi] APO stasy *n.* 배교, 배신
a defection from one's faith
9. **apostate** [əpáːstit] APO state *n.* 배교자, 변절자
one who abandons his faith
10. **apostle** [əpɑsl] APO stle *n.* 사도
one who is sent away on a mission; as the disciples of Jesus
11. **apostrophe** [əpɔ́strəfi] APO strophe *n.* 생략부호
a mark used to indicate the omitting of letter; as, in the contraction "can't"
12. **apothegm** [æpəθèm] APO thegm *n.* 경구, 격언
a short saying that teaches; as "Man proposes and God disposes" or "Time and tide wait for no man."
13. **apodictic** [æ̀poudíktik] APO dictic *adj.* 필연적인
expressing or of the nature of necessary truth or absolute certainty
14. **apodosis** [əpádəsis] APO dosis *n.* (조건문의) 귀결절
the main clause of a conditional sentence

● 연습문제

Ⅰ. apocope과 apostasy을 분석하시오.

To judge rightly of the present we must oppose it to the past, for all judgment is comparative.
현재를 올바르게 판단하기 위해서 우리는 현재를 과거와 대립시켜야만 한다.
왜냐하면 모든 판단은 비교적이기 때문이다.

No. 9

BI, BIN, BIS

two, twice(둘, 두번)

해설 접두어 BI는 TWO와 관련된 여러 뜻을 나타낸다. 즉 COMING OR OCCURRING EVERY TWO, INTO TWO PARTS, TWICE 등의 뜻이 있다.

기본 어휘

1. **bicameral** [baikǽmərəl] *adj.* 양원제의(=consisting of two legislative chambers, houses, or branches)
   "having two"를 뜻하는 bi-와 "chamber"를 의미하는 라틴어 camera로 되어 있고 "relating to"의 뜻인 라틴 접미사인 -al이 더해진다.

   예 The United States congress is *bicameral*. 미국 의회는 양원제이다.

2. **bicycle** [báisikəl] *n.* 자전거(=a two wheeled vehicle)
   "having two"를 의미하는 bi-와 "wheel"을 의미하는 그리스어의 어근 cycle-로 되어 있다.

   예 You ride a *bicycle* by pushing two pedals with your feet.
   발로 두 페달을 밀면서 자전거를 탄다.

3. **bigamy** [bígəmi] *n.* 중혼(=the act of being doubly married; the offense of being married to two wives or two husbands at the same time)
   "twice; doubly"를 의미하는 bi-와 "marriage"를 뜻하는 그리스어의 어근 gam-으로 이루어진 단어이다.

   예 *Bigamy* is a crime in the United States. 미국에서 중혼은 범죄에 속한다.

4. **bilateral** [bailǽtərəl] *adj.* 두 면이 있는, 쌍방의(=having two sides; arranged symmetrically on two sides; binding on two parties as an agreement)
   "having two"를 뜻하는 접두사 bi-와 "side"를 나타내는 라틴어 Latus로 되어 있다.

   예 The senator proposed a *bilateral* system of wage and price controls.
   그 상원 의원은 임금과 가격 통제의 두 가지 면이 있는 제도를 제안했다.
   The two countries signed a *bilateral* disarmament pact.
   그 두 나라는 쌍방 무장 해제 계약에 서명했다.

보충 어휘

1. **biennial** [baiéniəl] BI ennial *adj.* 2년 마다의, 2년간 계속되는
   something that occurs at two-year intervals, or lasts two years

2. **bimonthly** [báimʌ́nəli] BI monthly *adj.* 두 달에 한번의, 격월의
something that occurs every two months; as, a bimonthly magazine
3. **biweekly** [báiwíːkli] BI weekly *adj.* 격주의
something that occurs every two weeks
4. **bifocal** [báifóukəl] BI focal *adj.* 두 개의 초점이 있는
having two lenses; as bifocal glasses
5. **biceps** [báiseps] BI ceps *n.* 이두근 large muscle fastened in two places
예 My *biceps* have grown stronger due to exercise.
운동 덕분에 나의 이두근이 더 힘이 세졌다.
6. **binary** [báinəri] BI nary *adj.* 이분법의 something made of two things or parts
7. **bifurcate** [báifərkèit] BI furcate *v.* 두 갈래로 가르다
to divide into two branches or parts
8. **bipedal** [bàipédl] BI pedal *adj.* 두 발의 having two feet; as man
9. **bimanual** [baimǽnjul] BI manual *adj.* 양손으로 하는 done with both hands
10. **bindentate** [baidénteit] BIN dentate *adj.* 이가 두 개 있는 having two teeth
11. **bilabial** [bailéibiəl] BI labial *adj.* 두 입술로 발음되는
using both lips, as in pronouncing the letters b, m, and p
12. **binomial** [bainóumiəl] BI nomial *n.* 2항식
an expression in mathematics consisting of two terms connected by a plus or a minus
13. **bilingual** [bailíŋgwəl] BI lingual *adj.* 2개 국어를 말하는 using two language
예 Canada is a *bilingual* country. 캐나다는 2개 국어를 사용하는 나라이다.
14. **bipartisan** [baipáːrtəzən] BI partisan *adj.* 두 당을 대표하는 representing two parties
15. **bisect** [baisékt] BI sect *v.* 둘로 가르다 cut into two parts
16. **binocular** [bainɔ́kjələr] BIN ocular *n.* 쌍안경
an instrument with two eyes, as an opera glass

● 연습문제

Ⅰ. biennial과 binocular를 분석하시오.

Ⅱ. 다음 ______ 부분을 채우시오.

(1) My grandmother wears __________ glasses.
할머니께서는 두 개의 초점이 있는 안경을 쓴다.

(2) Laws which get __________ support are truly the will of the people.
두 당에게서 지지를 받는 법률들은 정말 국민들의 뜻이다.

(3) The __________ letters are called labials.
두 입술로 발음되는 문자들은 순음이라고 불린다.

No. 10

CATA

down(아래로)

해설 접두어인 CATA는 DOWN을 의미하는데 up의 뜻을 지니고 있는 ANA와는 서로 반대가 된다.

기본 어휘

1. **catachresis** [kæ̀təkríːsis] CATA chresis *n.* 용어의 오용, 부자연스러운 말씨
   a misuse of words; mixed metaphor
2. **cataclysm** [kǽtəklìzəm] CATA clysm *n.* 큰 홍수, 이변
   a downward sweep of water; flood; disaster
3. **cataclysmic** [kæ̀təklízmik] CATA clysmic *adj.* 격변하는, 대이변의
   in the nature of a cataclysm
4. **catacomb** [kǽtəkoum] CATA comb *n.* 지하 매장소
   underground burial place
5. **catafalque** [kǽtəfæ̀lk] CATA falque *n.* 관대
   a raised platform for the coffin of one deceased
6. **catalyst** [kǽtəlist] CATA lyst *n.* 촉매
   a combination which starts a reaction

   예 The invention of the celluar phone is a great catalyst in improving communications.
   휴대전화의 발명은 의사소통을 개선하는데 커다란 촉매제이다.
7. **cataract** [kǽtəræ̀kt] CATA ract *n.* 큰 폭포, 홍수, 백내장
   a large waterfall; a clouding of the lens of the eye

   예 The snow melted and came rushing down the mountain in *cataracts*.
   눈이 녹아서 큰 폭포가 되어 산 밑으로 흘러내렸다.
8. **catalepsy** [kǽtəlèpsi] CATA lepsy *n.* 강직증, 강경증(強硬症)
   a nervous disorder which keeps limbs rigid
9. **catapult** [kǽtəpʌ̀lt] CATA pult *n.* 투석기
   an ancient apparatus for hurling stones
10. **catastrophe** [kətǽstrəfi] CATA strophe *n.* 큰 재앙, 파국, 대단원
    a moment of tragedy

    예 The flood was a terrible *catastrophe* and claimed many lives.
    그 홍수는 끔찍한 재앙이었고 많은 생명들을 앗아갔다.

11. **catalogue** [kǽtəlɔ̀g] CATA logue *n.* 목록
    lists of names set down; registered
12. **catatonia** [kæ̀tətóuniə] CATA tonia *n.* 긴장병
    a severe type of mental disorder
13. **catarrh** [kətɑ́ːr] CATA rrh *n.* 유행성 감기
    inflammation of the mucous membrane
14. **catastrophic** [kæ̀təstrɔ́fik] CATA strophic *adj.* 큰 재앙의
    in the nature of a great disaster

● 연습문제

Ⅰ. catastrophe와 catalogue을 분석하시오.

Ⅱ. 다음의 _____ 부분을 채우시오.

(1) Shakespeare is guilty of using a mixed metaphor or __________.
when he lets Hamlet say, "… take up arms against a sea of troubles …" *Arms* and *sea* do not belong together.
햄릿이 "곤경의 바다에 대항하여 병기를 들다"라고 말할 때 세익스피어는 혼합된 은유 또는 용어 오용의 잘못을 저지르고 있다.
"병기"와 "바다"는 같이 쓰이기에 알맞지 않다.

(2) Julius Caesar suffered from ________, commonly called "falling sickness."
줄리어스 시저는 보통 "긴장병"이라고 불리는 강경증으로 괴로워했다.

The more a man has, the more he desires.
말 타면 경마 잡히고 싶다.

No. 11 CIRC, CIRCUM

around(주위, 주변의)

해설 접두어 CIRC, CIRCUM은 AROUND를 뜻한다. 또한 "on all sides"도 나타내며 이러한 뜻은 CIRCUM이 "circle"의 뜻인 circus에서 파생되었다는 것을 알면 쉽게 이해가 될 것이다.

기본 어휘

1. **circumambulate** [sə̀ːrkəmǽmbjulèit] *v.* 순행하다(=to walk around; especially to walk around an object as part of a religious ritual or as a form of worship)
"around"를 뜻하는 circum-과 "to walk"를 뜻하는 ambulate로 이루어져 있다.

   예 The pilgrims *circumambulated* the holy shrine. 순례자들은 성지 주위를 순행했다.

2. **circumlocution** [sə̀ːrkəmloukjúːʃən] *n.* 넌지시 둘러 말하기, 완곡한 표현(=an indirect, round about way of saying something)
"around"를 뜻하는 circum-과 "phrase or saying; an expression"을 뜻하는 locution으로 이루어져 있다.

   예 The speech was full of ponderous *circumlocutions*.
   연설은 답답한 완곡한 표현들로 가득했다.

3. **circumscribe** [sə̀ːrkəmskráib] *v.* …의 주위를 둘러싸다, 구획하다(=to draw a line around something; to mark the limits of or restrict something)
"around"의 circum-과 "write"의 scribe로 됨.

   예 The triangle was *circumscribed* by a circle.
   원이 삼각형 주위를 둘러싸고 있었다.

4. **circumference** [sərkʌ́mfərəns] *n.* 둘레, 주변, 원주(=the boundary line of a circle or any closed curve; the length of such a line or the distance around it)
"around"의 circum-과 "carry"의 ferre로 됨.

   예 The equator is the largest *circumference* that can be drawn around the earth.
   적도는 지구 둘레에 그려질 수 있는 가장 큰 원주이다.

5. **circumspect** [sə́ːrkəmspèkt] *adj.* 신중한, 조심성 있는(=watchful in all directions, as for danger or error; being careful about one's reputation)
"around"의 circum-과 "look"의 spec으로 됨.

   예 Politicians should be quite *circumspect* in their behavior.
   정치가들은 그들의 행동에 있어서 매우 신중해야 한다.

보충 어휘

1. **circumnavigate** [sə̀ːrkəmnǽvəgèit] CIRCUM navigate *v.* 배로 일주하다.
   to go around, especially in a ship
2. **circumaviate** [sə̀ːrkəmnævieit] CIRCUM aviate *v.* 비행기로 일주하다.
   to fly around in an airplane
3. **circumcise** [sə́ːrkəmsàiz] CIRCUM cise *v.* 잘라내다, 깨끗이 하다. to cut around
4. **circumfluous** [sərkʌ́mfluəs] CIRCUM fluous *adj.* 물로 둘러싸인
   flowing around; as the circumfluous ocean
5. **circumvolve** [sə́ːrkəmvάlv] CIRCUM volve *v.* 회전하다.
   to wind about; to turn around
6. **circumstance** [sə́ːrkəmstəns] CIRCUM stance *n.* 사정, 상황
   a condition of a fact; a situation
7. **circuit** [sə́ːrkit] CIRC uit *n.* 주위, 순회구역
   the distance around an area or a space
8. **circuitous** [səːrkjúːitəs] CIRC uitous *adj.* 돌아가는, 완주하는
   having round about ways; sly

   예 We walked slowly along the *circuitous* road.
   우리는 우회로를 따라 천천히 걸어갔다.
9. **circumvallation** [sə̀ːrkəmvæléiʃən] CIRCUM vallation *n.* 둘러싼 성벽
   trenches to protect a besieged army

● 연습문제

Ⅰ. circumfluous를 분석하시오.

Ⅱ. 다음의 _____ 부분을 채우시오.

Do you know all the _________ of their fight?
그들의 싸움에 대한 모든 사정을 아십니까?

I gnorance, when it is voluntary, is criminal.
무지는 그것이 자발적일 때는 범죄이다.

No. 12

COM, CO

with, together(함께, 더불어)

해설 접두어이며, COM은 WITH와 TOGETHER를 의미하며 CON, COR, COL 등 여러 형태를 지닌다. M은 b, p, m앞에, L은 l앞에 R은 r앞에 그 외에는 주로 N이 쓰인다.

기본 어휘

1. **combat** [kʌ́mbæt] *v.* 싸우다(=to fight with; fight against; oppose in battle; resist battle; fighting) *n.* 전투, 싸움(=a battle or fight)
"with"를 뜻하는 com-과 "to fight"를 뜻하는 라틴어 어근 bat-에서 유래된 단어이다.
예 We must *combat* disease with better health programs.
우리는 더 나은 보건 계획들로 질병과 싸워야만 한다.
Did you see much *combat* during the war? 전쟁동안 많은 전투를 봤습니까?

2. **compatriot** [kəmpǽtriət] *n.* 동포, 겨레(=a fellow countryman)
"together"를 뜻하는 com-과 "countryman"을 뜻하는 라틴어 patriota로 구성되어 있다.
예 I saw many of my *compatriots* in Europe last summer.
나는 작년 여름에 유럽에서 우리 동포들을 많이 만났다.

3. **concede** [kənsí:d] *v.* 양보하다, 사양하다, 인정하다(=to yield thoroughly on some point; to admit; to give up or grant as a right or privilege)
"thoroughly"를 뜻하는 con-과 "to yield; withdraw"를 의미하는 라틴어 ced-로 되어 있다.
예 After a long argument, Bob *conceded* that Jim was right.
긴 논쟁 끝에, Bob은 Jim이 옳다고 인정했다.
Even before the votes were counted, the senator *conceded* the election to his opponent.
개표하기도 전에, 그 상원 의원은 자신의 상대에게 당선을 양보했다.

보충 어휘

1. **connect** [kənékt] CON nect *v.* 연결하다, 관련시키다
to link together; create a relationship
2. **connection** [kənékʃən] CON nection *n.* 관계 the state of being connected; union
3. **congress** [kɔ́ŋgris] CON gress *n.* 회의, 학술대회 the act of coming together; a meeting
4. **congregate** [kɔ́ŋgrigèit] CON gregate *v.* 모이다, 뭉치다
to gather with others in one place

5. **congregation** [kɔ̀ŋgrigéiʃən] CON gregation *n.* 집회, 회중 a gathering of persons
6. **cohere** [kouhíər] CO here *v.* 결합하다, 일치하다 to stick together
7. **coherence** [kouhíərəns] CO herence *n.* 밀착, 통일 a sticking together; a union of parts
8. **cooperate** [kouápərèit] CO operate *v.* 협동하다 to work together for a common cause
9. **cooperation** [kouápərèiʃən] CO operation *n.* 협력 a joint effort or labor
10. **collect** [kəlékt] COL lect *v.* 수집하다 to gather into one place; to assemble
11. **collide** [kəláid] COL lide *v.* 충돌하다 to clash; as, many interests collide
12. **collision** [kəlíʒən] COL lision *n.* 충돌 a clash; a violent coming together
13. **combine** [kəmbáin] COM bine *v.* 결합하다, 섞다 to mix together
14. **combatant** [kʌ́mbætənt] COM batant *n.* 전투원 one who engages in battle
15. **commend** [kəménd] COM mend *v.* 맡기다, 칭찬하다 to entrust with; to mention with praise

   예 The solider was highly *commended* for his bravery. 그 군인은 그의 용기로 격찬을 받았다.

16. **commendation** [kɔ̀məndéiʃən] COM mendation *n.* 추천, 찬양 an act of mentioning with praise
17. **compound** [kámpaund] COM pound *n.* 혼합물 something made of several parts

   예 Water is a *compound* made from hydrogen and oxygen. 물은 수소와 산소로 된 화합물이다.

18. **correct** [kərékt] COR rect *v.* 정정하다 to remove faults or errors
19. **correlate** [kɔ́ːrəléit] COR relate *v.* 서로 관련되다 to establish a relationship with
20. **corroborate** [kərɔ́bərèit] COR roborate *v.* 확증하다 to support with evidence or authority
21. **coordinate** [kouɔ́ːrdənèit] CO ordinate *adj.* 동등의 equal in rank, quality, or significance

● 연습문제

Ⅰ. cooperation과 corroborate를 분석하시오.

Ⅱ. 다음______ 부분을 채우시오.

(1) English and Social Studies are __________ subjects.
영어와 사회과는 서로 관련된 과목들이다.

(2) _______ is a necessity in a large family.
협력은 대 가족에서 필수적인 것이다.

(3) ________ has a big legislative job to do.
의회는 입법상으로 중요한 일을 한다.

Ⅲ. 아래 단어의 root에 적합한 접두사 CON의 형태를 알맞게 변형시켜서 빈칸을 채우시오.

1. ____________ nection
2. ____________ mand
3. ____________ plaint
4. ____________ operate
5. ____________ lect
6. ____________ relate
7. ____________ rect
8. ____________ pound
9. ____________ pany
10. ____________ lide

No. 13 DE

away, from(에서 벗어나, 떨어져)

해설 접두어 DE는 AWAY, REMOVE FROM을 의미한다.

기본 어휘

1. **debark** [dibά:rk] *v.* 상륙시키다, 양륙하다(=to go away from; or off, a ship; to put something off a ship; to go ashore; to unload; disembark)
   "away; off"를 뜻하는 de-와 "ship"를 뜻하는 고어 bark로부터 파생되었다.

   예 The ship docked at noon and we *debarked* immediately.
   배는 정오에 선착장에 들어갔고 우리는 그 즉시 상륙했다.

2. **declare** [dikléər] *v.* 선언하다, 나타내다(=to make completely clear; to say something emphatically; to reveal or prove)
   "completely"를 뜻하는 de-와 "to make clear"를 뜻하는 라틴어 어근 clar-로 되어 있다.

   예 He *declared* that he was completely innocent. 그는 자기가 완전히 무죄라고 선언했다.
   The judges *declared* Sam the winner of the race.
   심판원들은 Sam이 경주에서 우승했다고 선언했다.

3. **dehumidify** [dí:hju(:)mìdəfài] *v.* 건조시키다(=to make less humid)
   "the reversal of an action"을 의미하는 de-와 "to make humid"를 나타내는 humidify로 구성되어 있다.

   예 An air conditioner both cools and *dehumidifies* the air.
   에어컨은 공기를 시원하게 하면서 건조시키기도 한다.

보충 어휘

1. **defenseless** [difénslis] DE fenseless *adj.* 방어할 길이 없는
   without protection; without a defender
2. **debus** [di:bʌ́s] DE bus *v.* 내려주다, 부리다 to get off a bus
3. **debunk** [di:bʌ́ŋk] DE bunk *v.* 비난하다, 정체를 폭로하다
   to expose as false; talk truth
4. **decay** [dikéi] DE cay *v.* 부패하다
   to fall into ruin; rot; spoil; as, fruit will decay.

5. **decadence** [dékədəns] DE cadence *n.* 쇠퇴, 퇴락
   the state of falling into low conduct

   예 The minister preached about the moral *decadence* of modern society.
   목사는 현대사의 도덕성의 타락에 대해 설교를 했다.

6. **deform** [difɔ́:rm] DE form *v.* 흉하게 하다, 모양이 없이 하다
   to ruin the form of; to cripple
7. **deceive** [disí:v] DE ceive *v.* 속이다 to be false; to cheat
8. **degenerate** [diʤénərèit] DE generate *v.* 타락하다
   having declined from an ancestral or formal state
9. **depend** [dipénd] DE pend *v.* 의지하다, 신뢰하다
   to rely upon; to place trust in
10. **dependent** [dipéndənt] DE pendent *adj.* 의지하고 있는
    relying upon; as, dependent on welfare
11. **independent** [ìndipéndənt] in DE pendent *adj.* 독립의
    relying only on one's self
12. **deprive** [dipráiv] DE prive *v.* 박탈하다
    to take away; as, deprive of one's rights

    예 The judge *deprived* the criminal of his right to raise his children.
    그 판사는 그 범인에게서 자녀들을 키울 권리를 박탈했다.

13. **depose** [dipóuz] DE pose *v.* 쫓아내다. to remove from a position
14. **deride** [diráid] DE ride *v.* 조소하다, 비웃다 to make fun of; laugh at
15. **delude** [dilú:d] DE lude *v.* 어리벙벙하게 하다, 속이다
    to cheat; as, delude with false promises
16. **delinquent** [dilíŋkwənt] DE linquent *adj.* 태만한
    offending by neglect or violation of duty or law
17. **defend** [difénd] DE fend *v.* 방어하다. to keep the enemy away; to protect
18. **defender** [diféndər] DE fender *n.* 수비자
    one who keeps the enemy away; protector

● 연습문제

Ⅰ. independent를 분석하시오.

Ⅱ. 다음 ______ 부분을 채우시오.

(1) Eating too much candy or sugar will __________ your teeth.
사탕이나 설탕을 너무 많이 먹으면 이빨이 썩을 것이다.

(2) When we wish to believe something, we often __________ ourselves.
우리는 무언가를 믿고 싶어할 때면 종종 마음대로 착각하는 경우가 있다.

No. 14 DIS

take away, not, deprive of(가져가다, 뺏아가다)

해설 접두어 DIS는 TAKE AWAY; NOT(Negative); DEPRIVE OF 등을 의미하는데, dis-는 접두사 de-와 가깝다. 그러나 이 두 핵심어의 차이점은 de는 "down"을 의미하는 뜻을 가지기도 하고 약한 부정을 의미하는 반면에 dis는 강한 부정을 나타낸다는 점이다.

기본어휘

1. **disable** [diséibəl] *v.* 무능하게 하다, 불구로 만들다(=to make unable; to cripple)
   "not"을 의미하는 dis-와 able로 되어 있다.
   - 예 He was *disabled* by the car accident. 그는 교통사고로 인해 불구가 됐다
2. **disconnect** [dìskənékt] *v.* 끊다(=to break the connection of, or between, things or persons)
   "the reversal or undoing of an action"을 의미하는 dis-와 connect로 구성된 단어이다.
   - 예 They *disconnected* the electricity because I forgot to pay the bills.
     내가 청구서 요금을 내는 것을 잊어버렸기 때문에 전기가 끊겼다.
3. **discontinue** [dìskəntínju:] *v.* 그만두다, 정지하다(=to break off or cease from doing, using, producing, etc; to stop)
   "not"을 의미하는 dis-와 continue로 되어 있다.
   - 예 They have *discontinued* publication of the paper. 그들은 그 신문 발행을 그만두었다.
     With regret, the two men *discontinued* their friendship.
     유감스럽게도 그 두 남자는 우정 관계를 끝냈다.
4. **dislocate** [dísloukéit] *v.* … 의 위치를 바꾸다(=to put something out of its proper place)
   "away from; apart"를 뜻하는 dis-와 locate로 구성된 단어이다.
   - 예 Thousands of flood victims were *dislocated* last spring.
     수 천명의 홍수 피해자들은 작년 봄에 집을 잃게 되었다.
     The quarterback *dislocated* his shoulder during the game.
     그 쿼터백은 경기 도중에 어깨가 탈구되었다.

보충어휘

1. **disarm** [disá:rm] DIS arm *v.* 무장을 해제하다
   to take away a weapon; leave defenseless
2. **disagree** [dìsəgrí:] DIS agree *v.* 다르다, 의견이 맞지 않다
   not to have the same opinion
3. **disaster** [dizǽstər] DIS aster *n.* 재앙, 재난 a mishap; absence of your lucky star

4. **disabled** [diséibld] DIS abled *adj.* 불구가 된 to be deprived of use, as by an injury
5. **disadvantage** [dìsədvǽntidʒ] DIS advantage *n.* 손실, 불편
   a loss; a detriment; a handicap
6. **disbar** [disbá:r] DIS bar *v.* …에게서 변호사의 자격을 박탈하다
   to keep away; as, to disbar a lawyer
7. **discourage** [diskʌ́ridʒ] DIS courage *v.* 낙심하다
   to take away hope; to cause to lose heart
8. **disease** [dizí:z] DIS ease *n.* 병 not in normal state of health; sickness
9. **dishonor** [disɔ́nər] DIS honor *v.* 불명예스럽게 하다 to take away honor
10. **disgrace** [disgréis] DIS grace *n.* 불명예, 망신
    shame; loss of the good opinion of others

    예 His irresponsible behavior brought *disgrace* on his family.
    그의 무책임한 행실이 가족에게 불명예를 가져왔다.

11. **disgusting** [disgʌ́stiŋ] DIS gusting *adj.* 지긋지긋한, 메스꺼운
    away from good taste; sickening
12. **discredit** [diskrédit] DIS credit *v.* 신용하지 않다, 의심하다
    to refuse to accept; disbelieve
13. **disloyal** [dislɔ́iəl] DIS loyal *adj.* 불성실한 unfaithful
14. **distrust** [distrʌ́st] DIS trust *n.* 불신용, 의혹 lack of trust; doubt
15. **disconcerted** [dìskənsə́:rtid] DIS concerted *adj.* 당황한, 혼란한
    deprived of control; upset; disturbed
16. **dissolved** [dizɔ́lvd] DIS solved *adj.* 분해된, 녹은 melted away; broken up
17. **disregard** [dìsrigá:rd] DIS regard *v.* 무시하다 to pay no attention to
18. **dispose** [dispóuz] DIS pose *v.* 배치하다, 처분하다 to be inclined to; to throw away

    예 The murder *disposed* of the body in the lake. 그 살인자는 시체를 호수에 버려서 처분했다.

19. **disapprove** [dìsəprú:v] DIS approve *v.* 찬성하지 않다 to regard as wrong
20. **disinherit** [dìsinhérit] DIS inherit *v.* 폐적하다 to deprive of an inheritance

● 연습문제

Ⅰ. disaster와 disease를 분석하시오.

Ⅱ. 다음 ______ 부분을 채우시오.

(1) The lawyer ________(d) of the will because it _________(d) the younger son.
그 유언이 차남을 <u>폐적하였기</u> 때문에 변호사는 그것에 <u>찬성하지</u> 않았다.

(2) Because he was _________ he was repaid by ________ and he was __________(ed) at the bank.
그가 <u>불성실했기</u> 때문에 사람들은 그를 <u>신용하지 않았고</u> 은행에서도 그의 <u>신용이 떨어졌다</u>.

No. 15 DIA

through, across(~을 통해서, ~을 가로질러)

해설 접두어 DIA는 THROUGH를 뜻한다. 이것은 기하학, 음악, 약학, 화학, 공산주의를 나타내는 단어에서 많이 볼 수 있다.

기본 어휘

1. **diameter** [daiǽmitər] DIA meter *n.* 직경
   the length of a straight line drawn through the center of a circle
2. **diagram** [dáiəgræ̀m] DIA gram *n.* 도형, 도식
   a combination of lines drawn to explain an idea
3. **diabolic** [dàiəbɔ́lik] DIA bolic *adj.* 악마의, 잔인한
   of, relating to, or characteristic of the devil
   예 Having a *diabolic* mind, he always commits cruel and evil acts.
   악마와 같은 마음을 가진 그는 언제나 잔인하고 사악한 행동들을 저지른다.
4. **diagnose** [dáiəgnòuz] DIA gnose *v.* 진단하다
   recognize a disease through symptoms
   예 Doctors *diagnose* illnesses.
   의사들은 질병들을 진단한다.
5. **diaphanous** [daiǽfənəs] DIA phanous *adj.* 투명한
   characterized by extreme delicacy of permit seeing through
6. **diachronic** [dàiəkrɔ́nik] DIA chronic *adj.* 통시적인
   dealing with phenomena of changing over a period of time
7. **dialogue** [dáiəlɔ̀g] DIA logue *n.* 대화
   conversation between two or more persons
   예 When the fighting is stopped, a *dialoque* between the two enemies can begin.
   싸움이 멈출 때 두적들 사이의 대화가 시작될 수 있다.
8. **diatribe** [dáiətràib] DIA tribe *n.* 신랄한 비난
   a long and bitter discussion or lecture which is usually abusive
9. **diaspora** [daiǽspərə] DIA spora *n.* 사방으로 흩어짐, 이산
   a scattering among the nations
10. **dialectic** [dàiəléktik] DIA lectic *adj.* 변증적인
    argument through critical discussion

11. **diacritical** [dàiəkrítikəl] DIA critical *adj.* 구별적인, 구분적인
serving to distinguish; as, diacritical marks on words aid pronunciation

12. **diadem** [dáiədem] DIA dem *n.* 왕관 crown

예 Her royal *diadem* was handed down over the centuries.
그녀의 왕관은 몇 세기 동안 전해져 내려온 것이다.

● 연습문제

Ⅰ. diachronic과 diaspora를 분석하시오.

Ⅱ. 다음의 ______ 부분을 채우시오.

(1) When the doctor _________(d) my illness as cancer, I was devastated.
의사가 내 병을 암이라고 <u>진단했을</u> 때 나는 망연자실하였다.

(2) His notebook is full of ________ to demonstrate his laboratory experiments.
그의 공책은 그의 실험실 실험을 증명하기 위한 <u>도식들로</u> 가득차 있다.

The hunchback does not see his own hump, but sees his companion´s.
남의 눈 속의 티만 보지 말고 자기 눈 속의 대들보를 봐라.

No. 16

DYN, DYNAMO

power(힘, 동력)

해설 접두어 DYN, DYNAMO는 희랍어 dynamis에서 온 것으로 POWER를 뜻한다. 이 접두어는 어디에든지 힘의 의미를 가진다.

기본 어휘

1. **dynagraph** [dáinəgræ̀f] DYNA graph *n.* 궤도 시험기
   apparatus for recording the condition of a line of track
2. **dynameter** [dainǽmitər] DYNA meter *n.* (망원경의) 배율계
   instrument for determining a telescope's magnifying power
3. **dynamotor** [dáinəmòutər] DYNA motor *n.* 직류발전발동기
   a special kind of electric generator
4. **dynamic** [dainǽmik] DYNAM ic *adj.* 동력의, 정력적인
   forceful; powerful

   예 Having a *dynamic* personality, Kelly always has a new schedule prepared.
   정력적인 성격을 지닌 Kelly는 언제나 새로운 계획을 세워놓고 있다.
5. **dynamism** [dáinəmizəm] DYNAM ism *n.* 역본설, 동력설
   the quality of forcefulness
6. **dynamist** [dáinəmist] DYNAM ist *n.* 역본설 논자, 동력학자
   one who believes in dynamism
7. **dynamite** [dáinəmàit] DYNAM ite *n.* 다이너마이트
   an explosive
8. **dynamo** [dáinəmòu] DYNAMO *n.* 발전기
   a machine for converting mechanical energy to electrical energy

   예 His father is a restless human *aynamo.*
   그의 아버지는 쉴줄 모르는 인간 발전기이다.
9. **dynast** [dáinəst] DYN ast *n.* 주권자, 군주
   an especially powerful ruler
10. **dynasty** [dáinəsti] DYN asty *n.* 왕조, 왕가
    an especially powerful line of kings

    예 The Kennedys had a *dynasty* in American politics.
    캐네디가는 미국정치에서 하나의 왕조를 이루었다.

● 연습문제

Ⅰ. dynamist를 분석하시오.

Ⅱ. 다음의 ______ 부분을 채우시오.

(1) They used ________ to blow up the bridge.
그들은 다이너마이트를 사용하여 다리를 폭파하였다.

(2) This vase is from the Ming __________.
이 항아리는 명조 시대의 것이다.

Necessity is the mother of invention.
궁하면 통한다.

No. 17 DI

two, double, separate(둘, 이중의, 분리된)

해설 접두어 DI는 TWO, DOUBLE, SEPARATE를 의미한다. DIvide, DIvorce, DIvulsion의 DI는 SEPARATE를 뜻한다. DI는 어려운 핵심어이다.

기본어휘

1. **divert** [daivə́:rt] *v.* 전환시키다, 돌리다, 위로하다(=to turn aside, as from a set course; to distract the attention of; to amuse)
   "away from; apart"를 뜻하는 di-와 "to turn"을 의미하는 라틴어 어근 -vert로 이루어졌다.
   예 The dam *diverted* the course of the river.
   댐은 강 진로의 방향을 바꾸었다.
   The clowns *diverted* the children.
   광대들이 아이들을 즐겁게 해주었다.
2. **dichromatic** [dàikroumǽtik] *adj.* 이색의(=having two colors; of two colors)
   "two"를 뜻하는 di-와 "color"를 뜻하는 그리스어 어근 chromat와 like를 뜻하는 접미사 -ic으로 이루어졌다.
3. **divide** [diváid] *v.* 나누다, 분배하다(=to separate into two or more parts)
   "asunder"를 의미하는 라틴어 접두사 di-와 "to separate"를 뜻하는 vide-의 결합이다.
   예 If we *divide* the work between ourselves, we could finish it faster.
   일을 우리들 사이에서 분배하면 더 빨리 끝낼 수 있을 것이다.

보충어휘

1. **dicotyledon** [daikɔ̀təlí:dən] DI cotyledon *n.* 쌍떡잎식물
   a plant that has two seed leaves
2. **dichotomy** [dikɔ́təmi] DI chotomy *n.* 양분법
   a separation into two parts
   예 They have a *dichotomy* of poinion about what to do : she wants to go and he wants to stay.
   그들은 무엇을 할까에 대해 의견이 양분되고 있다 : 그녀는 가기를 원하고 그는 남기를 원하고 있다.
3. **dimeter** [dímitər] DI meter *n.* 이보격
   a line of verse with two metrical feet

4. **dilemma** [dilémə] DI lemma *n.* 진퇴양난
 a situation which poses two or more difficult choices
5. **diphthong** [dífθɔŋ] DI phthong *n.* 이중모음, 복모음
 a sound made by joining two vowels
6. **dioxide** [daiɔ́ksaid] DI oxide *n.* 이산화물
 a compound containing two atoms of oxygen
7. **digraph** [dáigræf] DI graph *n.* 2중 글자(두 글자가 한 소리를 냄)
 two vowels written together and making one sound
8. **divorce** [divɔ́:rs] DI vorce *n.* 절연, 이혼 separation, one from the other

 예 Her parents got a *divorce* when she was a child.
 그녀가 어렸을 때 그녀의 부모가 이혼했다.

9. **divulsion** [divʌ́sʃən] DI vulsion *n.* 잡아떼기 a tearing apart

● **연습문제**

Ⅰ. dilemma를 분석하시오.

Ⅱ. 다음 ______ 부분을 채우시오.

(1) "A strong ________ in a desperate case, To act with infamy or quit the place."(Swift)
 절망적인 경우에 있어서의 진퇴양난은 불명예스럽게 행동하거나 자리를 뜨는 것이다.

(2) In the name AEsop the AE is a ______ pronounced as a very long e.
 이솝이란 이름에서 "AE"는 매우 긴 "E"으로 발음되는 이중모음이다.

When lightning is frequent, thunder will follow.
번개가 잦으면 천둥을 한다.

No. 18 E, EC, EF

out, from(밖으로, 밖)

해설 E, EC, EF는 모두 EX의 변형으로, OUT의 의미를 지닌다. EF는 f로 시작되는 단어 앞에서 사용된다.

기본 어휘

1. **elaborate** [ilǽbərèit] *v.* 정성들여 만들다, 다듬다(=to work out carefully) *a.* 공들여 만든, 정교한(=complex, detailed)
   "from"을 뜻하는 라틴 접두사 e-와 "work"를 의미하는 라틴 어근에서 파생된 labor-와 "cause, make"를 뜻하는 라틴 접미사 -ate의 결합이다.

   예 He *elaborated* his plan to build a new department store.
   그는 새로운 백화점 건물을 세울 계획을 공들여서 마무리했다.
   There was a tapestry with an *elaborate* pattern on the wall.
   벽에는 정교한 무늬로 짜여진 태피스트리가 걸려 있었다.

2. **ecstasy** [ékstəsi] *n.* 황홀경(=out of control; overwhelming emotion)
   "from"을 의미하는 희랍어 접두사 ec-와 "to make to stand"를 뜻하는 희랍어 어근에서 파생된 stasy가 합쳐진 단어이다.

   예 My daughter went into *ecstasies* when I bought her tickets for the rock concert.
   내가 락 콘서트 표를 사주자 내 딸은 기뻐서 어쩔 줄 몰라 했다.

3. **effulgent** [ifʌ́ldʒənt] *adj.* 찬란한, 눈부시게 빛나는(=shining out; brilliant)
   "out"를 뜻하는 라틴 접두사 ef-와 "to shine"을 뜻하는 라틴 어근에서 파생된 fulgent으로 된 단어이다.

   예 The *effulgent* rays of the sun made me squint.
   태양의 찬란한 광선들이 눈을 가늘게 뜨도록 만들었다.

보충 어휘

1. **eject** [idʒékt] E ject *v.* 추방하다, 쫓아내다 to throw out
2. **ejaculate** [idʒǽkjəlèit] E jaculate *v.* 별안간 외치다. to call out; exclaim
3. **emanate** [émənèit] E manate *v.* 발산하다, 퍼지다
   to flow out; as fragrance from roses

   예 I knew what my mother was cooking for dinner by the smells *emanating* from the kitchen.
   부엌에서 퍼져나오는 냄새를 맡고 나는 어머니가 저녁 식사로 무슨 요리를 하는지 알았다.

4. **eccentric** [ikséntrik] EC centric *adj.* 상도를 벗어난, 괴짜의
   having a different center; odd ways
5. **eclipse** [iklíps] EC lipse *v.* 어둡게 하다, 빛을 잃게 하다
   darken; to hide; as, an eclipse of the sun
6. **eczema** [éksəmə] EC zema *n.* 습진
   a breaking out of the skin
7. **effect** [ifékt] EF fect *n.* 결과, 효과
   the outcome; result
8. **effete** [efí:t] EF fete *adj.* 무력해진, 쇠퇴한
   lacking fertility; worn out; tired
9. **effort** [éfərt] EF fort *n.* 노력, 수고
   exertion of strength; an attempt
10. **efflux** [éflʌks] EF flux *n.* 발산, 유출 a flowing out
11. **effusion** [efjú:ʒən] EF fusion *n.* 유출, 발로
   a pouring out; an escape of fluids
12. **effusive** [efjú:siv] EF fusive *adj.* 넘쳐흐르는, 심정을 토로하는
   pouring forth freely; gushing
13. **effervesce** [èfərvés] EF fervesce *v.* 거품이 일며 나오다, 흥분하다
   to bubble; display liveliness
14. **effervescent** [èfərvésənt] EF fervescent *adj.* 흥분한, 활기 있는
   bubbling; lively
15. **effeminate** [ifémənit] EF feminate *adj.* 나약한, 사내답지 못한
   wanting in manliness; having qualities that are feminine
16. **efficient** [ifíʃənt] EF ficient *adj.* 유효한, 실력 있는
   very capable; produces results

● 연습문제

Ⅰ. eccentric과 efficient를 분석하시오.

Ⅱ. 다음 ______ 부분을 채우시오.

(1) Although he was ________ in many ways he was, really, a lovable old man.
그는 여러모로 괴짜였지만 사실은 정이 가는 노인이었다.

(2) She was so ________ that the ________ of her welcome was a bit embarrassing.
그녀는 지나치게 넘칠 듯하게 감정을 표현하여 그녀의 환영은 결과적으로 우리를 약간 당혹스럽게 하였다.

No. 19 EN, EM

into, in(안으로, 안에)

해설 EN, EM은 IN의 뜻, 명사나 형용사를 동사로 전성시켜, PUT INTO, CAUSE TO BE, PROVIDED WITH 등의 뜻을 갖게 한다. EM형은 b, p, m으로 시작되는 단어 앞에서 사용된다.

기본 어휘

1. **embrace** [imbréis] *v.* 포옹하다, (주의를) 받아들이다, 포함하다(=to clasp in one's arms; to accept a concept or belief willingly, as if by jugging it; to include or contain)
   "in"을 뜻하는 em-과 "arm"을 의미하는 라틴어에서 나온 어근 brac-에서 형성된 것이다. 그러므로 아래와 같은 뜻이 된다.
   예 This plan *embraces* the ideas you suggested.
   이 계획은 당신이 제안한 견해들을 포함한다.
2. **enclose** [inklóuz] *v.* 에워싸다, 동봉하다(=to shut in all sides; to send something inside an envelope; to contain)
   "in"을 의미하는 en-과 "to shut"를 의미하는 라틴어로부터 파생된 어근 clos-로 되어 있다.
   예 He *enclosed* the yard with shrubs. 그는 마당을 관목들로 에워쌌다.
   His clenched fist *enclosed* the coins. 그의 꽉 쥔 주먹 안에 동전들이 있다.
3. **entangle** [entǽŋgl] *v.* 얽히게 하다, 혼란시키다(=to make tangled, complicated or confused.; to involve in a tangle)
   "cause to be"의 뜻인 en-과 "to hamper, confuse"의 뜻인 tangle로 이루어진 단어이다.
   예 His explanation only served to *entangle* the question further.
   그의 설명은 그 문제를 더 혼란시키게 만들 뿐이었다.

보충 어휘

1. **encamp** [enkǽmp] EN camp *v.* 야영하다. set up camp; as, on maneuvers
2. **encourage** [enkʌ́ridʒ] EN courage *v.* 용기를 복돋우다, 격려하다
   put heart into one; encourage with hope, spirit
3. **endanger** [endéindʒər] EN danger *v.* 위태롭게 하다. put into danger
   예 Drunk drivers *endanger* not only themselves but also others.
   음주 운전자들은 자신뿐만 아니라 다른 사람들도 위험에 빠뜨린다.

4. **enroll** [enróul] EN roll *v.* 명부에 올리다, 등록하다 to enter; register
5. **enslave** [ensléiv] EN slave *v.* 노예로 만들다, 사로잡다
   put into slavery; make a slave of
6. **entrap** [entrǽp] EN trap *v.* 함정에 빠뜨리다 to catch in a trap
7. **envenom** [invénəm] EN venom *v.* 독을 넣다
   to poison; as, by a snake bite
8. **environ** [inváiərən] EN viron *v.* 포위하다, 둘러싸다
   to put a ring around; to encircle
9. **environment** [inváiərənmənt] EN vironment *n.* 주위, 환경, 포위
   the life that surrounds one; as, a neighborhood
10. **embark** [imbá:rk] EM bark *v.* 배에 태우다, 승선하다, 시작하다
    get into a train or a ship for a journey
11. **embitter** [imbítər] EM bitter *v.* 격분시키다, 고통을 가중시키다
    to make bitter

    예 She was *embittered* by her husband's betrayal. 그녀는 남편의 배신으로 인하여 괴로워했다.
12. **employ** [implɔ́i] EM poly *v.* 고용하다 to find a use for
13. **embody** [imbɔ́di] EM body *v.* 형체를 주다, 구현하다
    to give a body to something; as, a law must embody freedom
14. **employee** [implɔ́ii:] EM polyee *n.* 고용인
    one who works for wages from an employer
15. **employer** [implɔ́iər] EM ployer *n.* 고용주
    one who hires others to work for him for wages
16. **employable** [implɔ́iəbl] EM ployable *adj.* 고용하기에 적합한 able to hold a job
17. **unemployable** [ʌ̀nimplɔ́iəbəl] un EM ployable *adj.* 고용하기 부적합한
    not able to hold a job
18. **embroider** [embrɔ́idər] EM broider *v.* 수놓다 to make fancy with stitching
19. **embellish** [imbéliʃ] EM bellish *v.* 장식하다 to decorate; to make beautiful

● 연습문제

Ⅰ. endanger와 unemployable을 분석하시오.

Ⅱ. 다음 _____ 부분을 채우시오.

(1) Some scientists believe that the most important factor in a child's development is __________.

어떤 과학자들은 아이의 발달에서 가장 중요한 요인은 주위 환경이라고 믿는다.

(2) The soldiers reached the port and ________(ed) for France and the war.

군인들은 항구에 도착하여 프랑스와 전쟁을 향해 배를 탔다.

No. 20 EPI, EP

upon, beside, among(위에, 옆에, 가운데)

해설 접두어 EPI, EP는 UPON, BESIDE, AMONG의 뜻을 지니고 있다.

기본 어휘

1. **epigraph** [épigræ̀:f] *n.* 비명, 비문, 제명, 표어(=a quotation placed at the beginning of a work to suggest theme)
   "upon"을 뜻하는 희랍어 접두사 epi-와 "to write"를 의미하는 희랍어 어근 -graph로 된 단어이다.

   예 The *epigraph* of the book caught my eye.
   그 책 첫머리의 표어가 나의 눈에 띄었다.

2. **epitome** [ipítəmi] *n.* 개략, 초록, 전형(=an abridged summary of a topic or work; typical example)
   "upon"을 의미하는 희랍어 접두사 epi-와 "cut"을 뜻하는 희랍어 어근 tome-의 결합이다.

   예 He is the *epitome* of a selfish, inconsiderate person.
   그는 이기적이고 남을 배려치 않는 인간의 전형이다.

3. **ephemeral** [iféməral] *adj.* 하루밖에 안가는, 덧없는(=lasting one day only; lasting a very short time)
   "on, for"를 의미하는 희랍어 접두사 ep-와 "day"를 뜻하는 어근 hemera-와 "relating to"를 의미하는 접미사 -al로 된 단어이다.

   예 The small delights of childhood are *ephemeral*.
   어린 시절의 작은 즐거움들은 잠깐일 뿐이다.

보충 어휘

1. **epicarp** [épəkɑ̀:rp] EPI carp *n.* 외과피 the outer layer of the fruit
2. **epidemic** [èpədémik] EPI demic *adj.* 유행성의 *n.* 유행병
   a spreading among the people; as, a disease that is contagious
3. **epidermis** [èpədə́:rmis] EPI dermis *n.* 표피, 외피 outer layer of skin
4. **epiglottis** [èpəglɔ́tis] EPI glottis *n.* 후두개
   a thin cartilage behind the tongue

5. **epigram** [épigræ̀m] EPI gram *n.* 경구 a clever, pithy saying
6. **epigraphy** [epígrəfi] EPI graphy *n.* 비명연구
science of interpreting ancient writings
7. **episode** [épisoud] EPI sode *n.* 삽화
a separate incident in a long narrative
8. **epistle** [ipísl] EPI stle *n.* 편지, 서한
piece of writing in the form of a letter

예 St. Paul's *Epistle* to the Romans is one of the most - read parts of the Bible.
로마인들에게 보내는 사도 바울의 서한(로마서)은 성경에서 사람들이 가장 많이 읽는 부분 중 하나이다.

9. **epistemology** [ipìstəmɔ́lədʒi] EPI stemology *n.* 인식론
the study or of a theory of the nature and grounds of knowledge
10. **epilepsy** [épilèpsi] EPI lepsy *n.* 간질
a disease of the nervous system that is revealed by convulsions and loss of consciousness
11. **epithet** [épiθèt] EPI thet *n.* 형용사어구, 별명, 욕설
an expression which gives a good description

예 Everyone agrees that Mary deserves the *epithet* of generous.
모두들 Mary가 관대하다는 형용사를 얻을 자격이 있다는 것에 동의한다.

12. **epitaph** [épitæ̀:f] EPI taph *n.* 비문, 비명 an inscription on a gravestone
13. **epitomize** [ipítəmàiz] EPI tomize *v.* 요약하다
to make an epitome of; abridge
14. **epilogue** [épilɔ̀:g] EPI logue *n.* 끝맺음말
the concluding section of a work
15. **epithalamium** [epəθəléimiəm] EPI thalamium *n.* 결혼 축시
a poem in honor of bride and groom
16. **epoch** [épək] EP och *n.* 신기원 a memorable event or date

예 The Internet marks an *epoch* in the communication industry.
인터넷은 통신산업에 있어서의 신기원을 이룩한다.

17. **eponym** [épounìm] EP onym *n.* 이름의 시조
the person for whom something is named

● 연습문제

Ⅰ. epidemic을 분석하시오.

Ⅱ. 다음의 _____ 부분을 채우시오.

(1) Oscar wilde was famous for his brilliant _______.
오스카 와일드는 그의 훌륭한 <u>경구들</u>로 유명했다.

(2) A cholera _________ swept over the country.
콜레라 <u>전염병</u>이 전국을 휩쓸어 지나갔다.

No. 21

EU

pleasant, well, good(좋은, 즐거운, 건강한)

해설 접두어 EU는 PLEASANT, WELL, GOOD을 뜻한다.

기본 어휘

1. **eulogy** [jú:lədʒi] EU logy *n.* 칭찬, 찬사
words of praise, especially for the dead
예 The President gave the *eulogy* at the general's funeral.
대통령은 장군의 장례식에서 찬사를 했다.
2. **euphony** [jú:fəni] EU phony *n.* 듣기 좋은 음조 a pleasant sound
3. **euphonious** [ju:fóuniəs] EU phonious *adj.* 듣기 좋은
full of pleasing sound; harmonious
4. **euphemism** [jú:fəmìzəm] EU phemism *n.* 완곡어법
the use of a pleasant word instead of one that is harsh or offensive
예 "Pass away" is a *euphemism* for the word "die".
'돌아간다'는 '죽는다'는 말의 완곡어법이다.
5. **euphemistic** [jú:fəmístik] EU phemistic *adj.* 완곡한
in the manner of euphemism "passing on" instead of "dying"
6. **euphemistically** [jú:fəmístikəli] EU phemistically *adv.* 완곡하게
in the manner of euphemism
7. **eugenics** [ju:dʒéniks] EU genics *n.* 우생학
breeding for race improvement
8. **euphoria** [ju:fɔ́:riə] EU phoria *n.* 행복증, 도취
a feeling of well-being
예 She was full of *euphoria* when she heard the good news.
그녀는 좋은 소식을 들었을 때 행복감으로 가득차 있었다.
9. **Eumenides** [ju:ménədí:z] EU menides *n.* 복수의 여신
the gracious ones, The Greek euphemism for the Furies, used in an attempt at appeasing them
10. **eupepsia** [ju(:)pépsiə] EU pepsia *n.* 소화 정상 good digestion

11. **euthanasia** [jùːθənéiʒiə] EU thanasia *n.* 안락사

painless putting to death; mercy killing

예 Although *euthanasia* is illegal in most countries, many people think it should be made legal.
안락사는 거의 대부분의 나라들에서 불법이지만 합법적으로 해야 한다고 생각하는 사람들도 많다.

● 연습문제

Ⅰ. euphony와 euthanasia를 분석하시오.

Ⅱ. 다음의 ______ 부분을 채우시오.

Should the science of ________ be applied to human beings as well as to the breeding of horses?

우생학의 기술이 말의 품종개량에서와 마찬가지로 인간에게도 적용되어야 하는가?

To seek a hare in a hen's nest.
산에서 물고기 찾기

No. 22 HYPER

over, above, excessive(위에, 위로, 과도한)

해설 접두어 HYPER는 OVER, ABOVE, EXCESSIVE를 의미한다. 라틴어 super에 대응하는 희랍어형이다.

기본 어휘

1. **hyperacidity** [hàipərəsídəti] *n.* 위산 과다(=an excess of stomach acid)
"excessive"를 의미하는 hyper-와 단어 acidity로 이루어졌다.
2. **hypercorrect** [hàipərkərékt] *adj.* 지나치게 까다로운(=excessively correct or finicky, especially in regard to such things as manners, appearance, writing, speaking, etc)
"excessive or over"를 의미하는 hyper-와 단어 correct로 되어 있다.

예 A *hypercorrect* person can be hard to live with.
지나치게 까다로운 사람과는 살기 힘들 수가 있다.

3. **hypersensitive** [hàipərsénsətiv] *adj.* 민감한, 과민증의(=excessively sensitive or touchy; too easily insulted, angered, disappointed, etc)
"over or excessive"를 뜻하는 hyper-와 단어 sensitive로 되어 있다.

예 Nancy is so *hypersensitive* that a tiny rebuke makes her cry.
Nancy는 너무나도 민감하여 조금만 책망하여도 울음을 터뜨린다.

보충 어휘

1. **hyperkinesia** [haipərkainísia] HYPER kinesia *n.* 이상 근육운동
abnormal muscular movement
2. **hyperbole** [haipə́:rbəli:] HYPER bole *n.* 과장법 a figure of speech; exaggeration

예 She used *hyperbole* by describing the wrestler as a giant of a man.
그녀는 그 레슬링 선수를 거인 같은 인간이라고 묘사함으로써 과장법을 사용하였다.

3. **hypercritical** [háipərkrítikəl] HYPER critical *adj.* 혹평하는
too demanding; finding too much to criticize
4. **Hyperion** [haipiəriən] HYPER ion *n.* 우라누스와 가이아의 아들
a greek god, identified with Apollo, the ideal of manly character and beauty
5. **hypermeter** [haipə́mitər] HYPER meter *n.* 음절 과잉 시구
verse which exceeds the common measure

6. **hypermnesia** [haipərmniziə] HYPER mnesia *n.* 기억과민증
   abnormally vivid or complete memory or recall of the past
7. **hyperpnea** [haipərpni:ə] HYPER pnea *n.* 심호흡증
   abnormally rapid or deep breathing
8. **hypersonic** [hàipərsɔ́nik] HYPER sonic *adj.* 초음속의
   of or relating to speed five or more times that of sound in air

   예 Jet fighters are hypersonic aircraft.
   제트 전투기들은 초음속 항공기이다.

● 연습문제

Ⅰ. hypermnesia와 hypersonic을 분석하시오.

Ⅱ. 다음의 ______ 부분을 채우시오.

(1) Paul Bunyan's tall tales make abundant use of __________.
Paul Bunyan에 관한 과장된 이야기들은 과장법을 많이 사용한다.

(2) In Shakespeare's Hamlet the murdered King is likened to ________ and his brother to a Satyr.
셰익스피어의 햄릿에서 살해당한 왕은 히페리온에 비유되고 그의 동생은 반인반수의 숲의 신 사티로스에 비유된다.

(3) People with asthma often suffer from __________.
천식에 걸린 사람들은 종종 심호흡증을 경험한다.

Utilize a person when his service is needed, and keep him at a distance when he is no longer wanted.
달면 삼키고 쓰면 뱉는다.

No. 23 HYPO

sub, under, less(아래, 아래로, ~덜한)

해설 접두어 HYPO는 SUB, UNDER, LESS의 뜻이다. HYPO는 놀랄 만큼 풍부한 핵심어여서, 해부학, 동물학, 음악, 약학, 식물학 등과 같은 많은 분야에 접할 수 있게 해준다.

기본 어휘

1. **hypodermic** [hàipədə́ːrmik] *adj.* 피하의(=of or pertaining to the area under the skin) *n.* 피하주사(=a syringe for giving under-skin injections)
"beneath"를 뜻하는 hypo-와 "skin"을 뜻하는 그리스어 어근 derm-과 "pertaining to"를 뜻하는 계통의 접미사 -ic가 합해져서 형성됐다.

   예 The doctor sterilized the *hypodermic* needle before giving me the flu shot.
   나에게 유행성 감기 예방 주사를 놓기 전에 의사는 피하 주사 바늘을 살균하였다.

2. **hypotenuse** [haipɔ́tənjùːz] *n.* 직각 삼각형의 빗변(=the side of a right triangle that stretches under(or lies opposite) the right angle)
"under"를 뜻하는 hypo-와 "stretching"을 뜻하는 그리스어 어근 tenus-로부터 왔다.

3. **hypothetical** [hàipəθétikəl] *adj.* 가설의(=of the nature of a hypothesis; based on an assumption)
"sub; under; less"를 의미하는 hypo-와 "subject"를 뜻하는 그리스어 어근 that(=thesis)와 "like"를 뜻하는 접미사 ic-와 "relating to"를 뜻하는 접미사인 -al로 이루어졌다.

   예 There is no longer anything *hypothetical* about man's ability to reach the moon.
   인간이 달에 도달하는 능력에 대해 이제는 더 이상 가설적인 것이 아무것도 없다.

4. **hypothesis** [haipɔ́θəsis] *n.* 가설, 가정(=something which is assumed to be true for the sake of argument or as a starting-point for an enquiry, although its truth has not been proved)
"sub; under; less"를 뜻하는 hypo-와 "subject"를 뜻하는 그리스어 어근 thesis(=thet)로 이루어졌다.

   예 On the *hypothesis* that the world was round, Columbus hoped to reach the East Indias by sailing westward.
   지구가 둥글다는 가정하에 콜럼버스는 서쪽으로 항해함으로써 동인도 제도에 도착하기를 바랐다.

보충 어휘

1. **hypo** [há:ipou] HYPO *n.* 피하주사 short for hypodermic
2. **hypochondria** [hàipəkɔ́ndriə] HYPO chondria *n.* 심기증, 우울증
   morbid anxiety about one's health
3. **hypomania** [háipoumǽiniə] HYPO mania *n.* 경호병
   a mild manic excitement
4. **hypoplasia** [háipoupleizjə] HYPO plasia *n.* 발육 불안전
   a condition farrested development of limber organ
5. **hypocotyl** [háipoukɔ̀tl] HYPO cotyl *n.* 배축
   that part of the plant below the cotyledons; the stem
6. **hypocrisy** [hipɔ́krəsi] HYPO crisy *n.* 위선
   outward show; deceit
7. **hypocrite** [hípəkrìt] HYPO crite *n.* 위선자
   one who plays a part to win favor; a dissembler
   예 He's such a *hypocrite*; he pretends he loves children but he ignores his own daughters
   그는 위선자이다; 자기가 어린 아이들을 사랑하는 척하지만 자기 자신의 딸들에 대해서 신경쓰지도 않는다.
8. **hypoderma** [háipədə̀:rmɑ] HYPO derma *n.* 피하층, 피하
   the tissue under the epidermis that strengthens it

● 연습문제

Ⅰ. hypomania를 분석하시오.

Ⅱ. 다음 ______ 부분을 채우시오.

(1) "____________ is the homage which vice pays to virtue."(La Rochefoucauld)
위선은 악덕이 미덕에게 표하는 경의이다.

(2) The ___________(c) suffers from imaginary ailments.
심기증 환자는 상상의 병에 시달린다.

(3) Hypothetical is the adjective form of ___________.
"가설의"는 "가설"의 형용사형이다.

No. 24 IL, IR

not(아닌(부정))

해설 접두어 IL과 IR은 NOT의 의미를 지닌다. IL과 IR은 접두어인 IN이 l와 r로 시작되는 어근의 동화를 받은 것으로 듣기와 말하기에 편하다.

기본 어휘

1. **illiterate** [ilítərit] *adj.* 무식한, 문맹의(=unable to read and write; uneducated) *n.* 문맹자(=a person who is unable to read and write; showing lack of culture)
   "not"을 뜻하는 il-과 "able to read and write; educated"를 뜻하는 literate로 형성됐다.

   예 Twenty percent of the population are virtually *illiterate*.
   인구의 20퍼센트가 사실상 글을 읽고 쓸 줄 모른다.
   Can you imagine what it's like to be an *illiterate*. 문맹자라면 어땠을까라고 상상해 볼 수 있는가?

2. **irresistible** [ìrizístəbəl] *adj.* 저항할 수 없는, 억누를 수 없는(=not capable of being resisted; fascinating or enchanting)
   "not"을 뜻하는 ir-와 resistible이 합쳐져서 형성되었다.

   예 On this hot day the sea was *irresistible*. 이 더운 날에는 바다의 유혹을 이겨낼 수가 없다.

3. **irreparable** [irépərəbəl] *adj.* 돌이킬 수 없는, 수리할 수 없는(=cannot be repaired)
   "not"을 의미하는 접두어 ir-과 "again"을 뜻하는 접두어 re-와 "to prepare"라는 의미를 지닌 어근 par-와 "can do"를 뜻하는 접미사 -able이 합쳐진 단어이다.

   예 The wrecked car was *irreparable*. 그 망가진 자가용은 수리 불능 상태였다.

4. **irrevocable** [irévəkəbəl] *adj.* 고칠 수 없는, 취소할 수 없는(=cannot be recalled)
   "not"을 의미하는 접두어 ir-과 "back"을 뜻하는 접두어 re-와 "to call"을 뜻하는 어근 voc-와 "can do"를 의미하는 접미사 -able의 결합이다.

   예 The past is *irrevocable*, so make wise decisions.
   과거는 돌이킬 수 없으므로 현명한 결정을 내려야 한다.

보충 어휘

1. **illegal** [ilí:gəl] IL legal *adj.* 불법의, 비합법적인 not according to law
2. **illegible** [iléʤəbl] IL legible *adj.* 읽기 힘든 not able to be read
3. **illiteracy** [ilítərəsi] IL literacy *n.* 무식, 문맹
   the state of being uneducated; inability to read or write

4. **illusion** [ilúːʒən] IL lusion *n.* 환영, 환상, 착각 an unreal image

예 They were under the *illusion* that their parents were in love with each other, but in fact they were on the brick of separation.
그들은 부모가 서로 사랑하고 있다고 잘못 생각하고 있었으나, 사실상 그들은 헤어지기 일보 직전이었다.

5. **illogical** [ilɔ́ʤikəl] IL logical *adj.* 불합리한, 비논리적인
not having sense

6. **illiberal** [ilíbərəl] IL liberal *adj.* 인색한, 도량이 좁은
not open minded; being a bigot

7. **illicit** [ilísit] IL licit *adj.* 불법의, 불의의 not allowed; not lawful

8. **irreclaimable** [ìrikléiməbəl] IR reclaimable *adj.* 돌이킬 수 없는
cannot be claimed again

9. **irregular** [irégjələr] IR regular *adj.* 불규칙한, 무효의
not as it shoud be

10. **irreligious** [irilíʤəs] IR religious *adj.* 무종교의, 신앙심이 없는
lacking religious feelings

11. **irreverent** [irévərənt] IR reverent *adj.* 불손한
showing a lack of respect about holy matters

12. **irresolute** [irézəlùːt] IR resolute *adj.* 결단력이 없는
cannot make up his mind

13. **irreproachable** [iripróutʃəbəl] IR reproachable *adj.* 비난의 여지가 없는
cannot be blamed in any way

14. **irresponsible** [irispánsəbəl] IR responsible *adj.* 책임을 지지 않는
not having a sense of duty

15. **irrational** [irǽʃənəl] IR rational *adj.* 이성이 없는 unreasonable; illogical

예 It is *irrational* to belive in superstitions. 미신을 믿는 것은 불합리한 짓이다.

16. **irrelevant** [iréləvənt] IR relevant *adj.* 관계없는, 부적절한
has nothing to do with the case; unrelated

● 연습문제

Ⅰ. illegal과 illogical을 분석하시오.

Ⅱ. 다음 ______ 부분을 채우시오.

(1) The spoken word is ________ and the harm it may do is _______.
입으로 하는 말은 취소할 수 없고 그것이 끼칠 수 있는 해는 돌이킬 수 없다.

(2) Her manners were _________ and her charm was ___________.
그녀의 예의범절은 비난의 여지가 없었고 그녀의 매력에는 저항할 수 없는 무언가가 있었다.

No. 25

IN, IM

in, into(안, 안으로)

해설 접두어 IN, IM은 IN, INTO를 뜻한다. IN, IM이 NOT을 의미하기도 하지만 여기서는 IN, INTO를 뜻한다. IN은 b, m, p앞에서 IM으로 변한다.

기본어휘

1. **incarnate** [ínkɑ́:rneit] *v.* …의 화신이 되다, 구체화하다(=to give a bodily form to) *adj.* 육체를 가진(=enbodied in a human form)
   "in"을 의미하는 in-과 "to make flesh; to give a body to"를 의미하는 라틴 동사로부터 온 어근 carnat-로부터 파생됐다.

   예 He was the Devil *incarnate*! 그는 악마의 화신이다.
   The artist *incarnated* her idea of perfect beauty in her painting.
   그 예술가는 완벽한 미에 대한 그녀의 생각을 그림에 구현하였다.

2. **impulsive** [impʌ́lsiv] *adj.* 충동적인, 추진적인(=driving onward, pushing, acting on sudden impulse; easily-moved)
   "in, into"를 뜻하는 접두사 in-과 "to push"를 뜻하는 라틴어 어근 puls-와 "causing"을 의미하는 접미사 -ive가 합해져서 이루어졌다.

   예 She is so *impulsive*! She never thinks twice about the consequence of her actions.
   그녀는 너무 충동적이다! 자기의 행동들의 결과에 대해 두 번 생각하는 적이 한 번도 없다.

3. **impinge** [impíndʒ] *v.* 충돌하다, 침해하다(=to dash, strike; to come into close contact with something)
   "into, against"의 뜻을 지닌 접두어 im-과 "to fix, to drive in"을 의미하는 어근 pinge-가 합쳐진 단어다.

   예 Whatever the reason, no one should be allowed to *impinge* on the right of another person.
   이유가 무엇이든지 간에, 누구라도 다른 사람의 권리를 침해하도록 내버려두어서는 안 된다.

보충어휘

1. **interior** [intíəriər] IN terior *n.* 내부, 실내 the inside; the inner part
2. **influx** [ínflʌks] IN flux *n.* 유입, 쇄도 an inward flow
3. **ingress** [íngres] IN gress *n.* 들어가기 act of entering; coming in
4. **inhale** [inhéil] IN hale *v.* 빨아들이다. to breathe in
5. **imbue** [imbjú:] IM bue *v.* 불어넣다 to inspire; as, to imbue with a love for books

6. **imbibe** [imbáib] IM bibe *v.* 섭취하다, 흡수하다
to drink in; to take into the mind
예 A child's mind *imbibes* knowledge faster than an adult's.
어린 아이의 머리는 성인의 머리보다 지식을 더 빨리 흡수한다.
7. **immure** [imjúər] IM mure *v.* 감금하다, 가두어 넣다
to wall in; build a wall around
8. **immigrate** [íməgréit] IM migrate *n.* 이주하다
to come into a country in order to settle
9. **immigrant** [ímigrənt] IM migrant *n.* 이주자
one who comes into a country as a settler
10. **immingle** [imíŋgl] IM mingle *v.* 합치다
mix with; join; blend
11. **important** [impɔ́:rtənt] IM portant *adj.* 중요한, 소중한
having significance
12. **impress** [imprés] IM press *v.* 감동시키다, 누르다
to leave a mark or an image on
13. **impression** [impréʃən] IM pression *n.* 느낌, 감명
the mark or image one leaves
예 First *impressions* are not always right, but they usually linger on regardless.
첫인상 언제나 맞는 것은 아니지만 그럼에도 불구하고 대부분의 경우 좀처럼 없어지지 않는다.
14. **impressionable** [impréʃənəbəl] IM pressionable *adj.* 감수성이 강한
easily impressed
15. **imprison** [imprízən] IM prison *v.* 수감하다
put into jail
16. **implosion** [implóuʒən] IM plosion *n.* 내파
a bursting inward
17. **imperil** [impéril] IM peril *v.* 위험에 빠뜨리다
to put into danger

● **연습문제**

Ⅰ. influx를 분석하시오.

Ⅱ. 다음 _____ 부분을 채우시오.

(1) Emigrant and _________ are one and the same person, leaving one country and entering another.
타국으로의 이주민이나 타국에서의 이주민은 한 나라를 떠나고 다른 나라로 입국하는 동일 인물이다.

(2) The children were _______(d) with love for the ______ values in life.
그 아이들은 인생에 있어서의 중요한 가치들에 대한 사랑으로 가득찼다.

No. 26 IN, IM

not(아닌, 아니다(부정))

해설 접두어 IN은 NOT을 의미한다. 그리고 b, m, p로 시작하는 단어 앞에서는 IM으로 변화된다.

기본 어휘

1. **imbalance** [imbǽləns] *n.* 불균형, 불안정(=the state or condition of being out of balance, inequality)
"not, without"을 뜻하는 im-과 단어 balance로 구성되어 있다.

예 There is an *imbalance* between our exports and imports.
우리의 수출과 수입 사이에 불균형이 존재한다.

2. **inaccessible** [inəksèsəbəl] *adj.* 접근하기 어려운(=not accessible)
"not"을 의미하는 접두사 in-과 "to"를 의미하는 접두사 ac-, 그리고 라틴 어근으로 "go"를 나타내는 cess-, "can do"를 뜻하는 접미사 ible, 이 모든 것이 합쳐져서 이루어진 것이다.

예 The palace is *inaccessible* to the public. 그 궁전에는 일반 사람들이 들어갈 수는 없다.

3. **improbable** [imprɔ́bəbəl] *adj.* 사실 같지 않은, 있을 법하지 않은(=not likely to occur or be true)
"not"을 의미하는 접두어 im-과 "to prove"라는 뜻의 어근에서 파생된 언어 probable이 합쳐진 단어이다.

예 His injury made his winning the game highly *improbable*.
그의 부상이 그가 경기에 이기는 것을 도저히 있을 법하지도 않도록 했다.

4. **immoderate** [imɔ́dərit] *adj.* 절제없는(=inclined to go beyond bounds)
"not"을 의미하는 접두어 im-과 "measure"의 뜻을 지닌 어근에서 파생된 단어 moderate가 합쳐진 것이다.

예 Your *immoderate* eating habits will ruin your health.
당신의 절제 없는 식습관이 건강을 해칠 것입니다.

5. **imminent** [ímənənt] *adj.* 절박한(=about to occur)
"into, upon"의 뜻을 지닌 접두어 im-과 "to project"를 의미하는 어근에서 파생된 minent-의 결합이다.

예 They say that in *imminent* danger of death, you can see your life flash by before our eyes.
절박한 죽음의 위험 앞에서는 당신의 인생이 눈앞에서 휙 지나가는 것을 볼 수 있다고 한다.

보충 어휘

1. **inability** [ìnəbíləti] IN ability *n.* 무능, 무력 state of not being able
2. **inadequate** [inǽdikwit] IN adequate *adj.* 부적당한
   not enough; insufficient
3. **immortal** [imɔ́ːrtl] IN mortal *adj.* 불사의, 영원한
   not subject to death; like Shakespeare's immortal poetry
4. **inarticulate** [ìnáːrtíkjəlit] IN articulate *adj.* 모호한, 분명치 않은
   not able to express oneself
5. **inclement** [inklémənt] IN clement *adj.* 험악한
   not mild, often said of the weather
6. **inhospitable** [ìnhάspítəbəl] IN hospitable *adj.* 불친절한
   unwilling to be host to others
7. **intolerable** [intάlərəbəl] IN tolerable *adj.* 견딜 수 없는 not to be endured

   예 The *intolerable* pain caused him to lose consciousness.
   견딜 수 없는 고통이 그가 의식을 잃도록 만들었다.

8. **insatiable** [inséiʃəbəl] IN satiable *adj.* 만족할 줄 모르는
   can never be satisfied; always wanting more
9. **invisible** [invízəbəl] IN visible *adj.* 눈에 보이지 않는 cannot be seen
10. **imperfect** [impə́ːrfikt] IM perfect *adj.* 불충분한 having errors; flawed
11. **impossible** [impάsəbəl] IM possible *adj.* 불가능한
    incapable of being or happening
12. **implacable** [implǽkəbəl] IM placable *adj.* 달래기 힘드는, 무자비한
    cannot be appeased; cannot forgive

    예 He felt an *implacable* hatred towards his enemies.
    그는 적들에 대해 달랠 수 없는 증오를 느꼈다.

13. **immature** [ìmətjúər] IM mature *adj.* 미성숙한 not full grown; still unripe
14. **immoral** [ìmɔ́(ː)rəl] IM moral *adj.* 부도덕한 not of good character
15. **immobilize** [imóubəlàiz] IM mobilize *v.* 고정하다
    to make immovable; like a stroke that makes a person incapable of movement

● 연습문제

Ⅰ. implacable과 immature를 분석하시오.

Ⅱ. 다음 ______ 부분을 채우시오.

(1) Of all his enemies the king was the most __________.
그의 모든 적들 중에서도 그 왕이 가장 무자비했다.

(2) Only time can cure _________ity.
시간만이 미숙함을 없앨 수 있다.

No. 27 INTER

between, among(사이에, 가운데)

해설 접두어인 INTER는 BETWEEN, AMONG를 의미한다.

기본 어휘

1. **interfere** [ìntərfíər] *v.* 방해하다, 참견하다(=to strike or come forcefully between; to get in the way; to take part in the affairs of others, especially when uninvited to do so; to meddle)
"between; with each other"을 뜻하는 inter-와 "to strike"를 뜻하는 라틴 어근 fer-로 되어 있다.

   예 If you'll stop *interfering*, I'll finish the job faster.
   네가 나를 더 이상 방해하지 않는다면, 나는 일을 더 빨리 끝낼 것이다.

2. **interbreed** [intərbríːd] *v.* 교배시키다(=to breed different stocks of animals with each other; crossbreed; hybridize)
"between"을 뜻하는 inter-와 breed로 됨

   예 He stocked his farm by *interbreeding* Jersey and Guernsey cattle.
   그는 저지종 젖소와 전지종 젖소를 교배시킴으로써 자신의 농장에 가축을 넣었다.

3. **interject** [ìntərdʒékt] *v.* 말하는 도중에 끼워 넣다(=to throw in a comment or a remark between other things; to introduce something abruptly)
"between"을 뜻하는 inter-와 "to throw"를 의미하는 라틴 동사로부터 온 라틴 어근 ject-로 구성되어 있다.

   예 I'd like to *interject* a few words before you go on.
   당신이 말을 계속하기 전에 몇 마디만 더 하겠습니다.

4. **interlude** [íntərlùːd] *n.* 막간극 사이에 생긴 일(=원래 "a short dramatic or comic act or a transitional piece of music performed between the acts of a play"를 의미했는데, 지금은 something that occurs in and divides up a longer, more important process; a feature that is put into a larger whole to break up the monotony)
"between"을 뜻하는 inter-와 "a play or game"을 뜻하는 라틴 어근 lud-로 되어 있다.

   예 Their love turned out to be only a brief *interlude*.
   그들의 사랑은 다만 다른 일들 사이에 생긴 짧은 일이 되었을 뿐이다.

보충 어휘

1. **interaction** [intərǽkʃən] INTER action *n.* 상호작용 action for mutual advantage
2. **intercede** [intərsí:d] INTER cede *v.* 중재하다
   to act between two parties in order to restore friendship
3. **interdependent** [intərdipéndənt] INTER dependent *adj.* 서로 의존하는
   dependent, each one upon the other
4. **interdict** [intərdíkt] INTER dict *v.* 금지하다
   to forbid; as, to interdict trade with certain nations
5. **intercept** [intərsépt] INTER cept *v.* 가로채다
   to take between sending and delivery; as, intercept a letter
6. **intermittent** [intərmítənt] INTER mittent *adj.* 간헐적인
   coming and going at intervals; not continuous
   예 There will be *intermittent* rain showers in the afternoon, so take your umbrella.
   오늘 낮에 간헐적으로 소나기가 올 것이므로 우산을 가져가시오.
7. **intercourse** [íntərkɔ̀:rs] INTER course *n.* 교제
   correspondence or trade between or among people
8. **interfaith** [intərféiθ] INTER faith *adj.* 서로 다른 종교 단체 사이의
   involving persons of various religions
9. **interpose** [intərpóuz] INTER pose *v.* 사이에 넣다
   to place between; to intrude
10. **interpolate** [intə́:rpəléit] INTER polate *v.* 수정어귀를 기입하다, 삽입하다
    to insert; as, to put into a book matter which changes the purpose of the author
11. **interlocution** [intərləkjú:ʃən] INTER locution *n.* 대화
    interchange of speech
12. **intervene** [intərví:n] INTER vene *v.* 개재하다, 방해하다
    come between; interfere
13. **interogate** [intərougeit] INTER ogate *v.* 질문하다
    question formally and systematically
14. **interrupt** [intərʌ́pt] INTER rupt *v.* 방해하다. to stop or hinder by breaking in

● 연습문제

Ⅰ. intercept와 intervene을 분석하시오.

Ⅱ. 다음 ______ 부분을 채우시오.

(1) I was forced to __________ to prevent them from fighting.
그들이 싸우는 것을 막기 위해 내가 <u>중재에 나설</u> 수밖에 없었다.

(2) It's rude to ____________ when someone is speaking.
누가 말하고 있을 때 말을 <u>중단하는</u> 것은 무례한 짓이다.

No. 28

INTRA

within(안, 내부의)

해설

접두사 INTRA는 WITHIN을 의미한다. INTRA와 반대 뜻을 가진 것에는 EXTRA가 있는데, 이것은 "outside, beyond"를 뜻한다.

기본 어휘

1. **intramural** [ìntrəmjúərəl] *adj.* 교내 안의, 도시 내의, 건물 안의(=occurring within the walls or confines of one place, such as a city, organization, school, etc)
"inside, within"을 의미하는 intra-와 "having to do with a wall or wall"을 뜻하는 mural-로 이루어졌다.
예 The coach scheduled an *intramural* football game between the freshmen and sophomores. 코치가 신입생들과 2학년생들 간의 교내의 축구 경기를 예정해 놓았다.
2. **intravenous** [ìntrəví:nəs] *adj.* 정맥 내의(=inside of or affecting the inside of a vein)
"inside of"를 의미하는 intra-와 "of or having to do with a vein or veins"를 의미하는 단어 venous로 이루어졌다.
예 Have you ever had an *intravenous* injection? 당신은 정맥 주사를 맞아 본적이 있나요?
3. **intraoral** [intrəourəl] *adj.* 구강의(=within the mouth)
"within, inside"를 뜻하는 접두어 intra-와 "mouth"를 의미하는 어근 oral-이 결합한 단어이다.
예 He suffered from the intraoral disease. 그는 구강내 질환으로 고통을 받았다.

보충 어휘

1. **intracollegiate** [intrəkəlídʒ:it] INTRA collegiate *adj.* 대학 내의 within the college
2. **intraschool** [intrəsku:l] INTRA school *adj.* 학교 내의
within the school
3. **intragroup** [intrəʒru:p] INTRA group *adj.* 그룹 내의 within the group
4. **intracoastal** [intrəkəstl] INTRA coastal *adj.* 연안 사이의
within coastal waters
5. **intracontinental** [intrəkántinéntl] INTRA continental *adj.* 대륙 사이의
within the continent

6. **intradepartmental** [intrədipártməntl] INTRA departmental *adj.* 부서 사이의
within the department
7. **intradistrict** [intrədístrikt] INTRA district *adj.* 지구 사이의
within the district
8. **intra-European** [intrəjùərəpíːən] INTRA European *adj.* 유럽 내의
within the boundaries of Europe
9. **intramarginal** [intrəmɑrʤinəl] INTRA marginal *adj.* 한계 내의
within the margins
10. **intranuclear** [intrənjúkliər] INTRA nuclear *adj.* 핵 내의
within a nucleus
11. **intrabred** [intrəbrèd] INTRA bred *adj.* 종족 내에서 짝을 짓는
mating within tribe or race
12. **intraglacial** [intrəgleiʃəl] INTRA glacial *adj.* 빙하 내의
within a glacier
13. **intramolecular** [intrəmoulékjələr] INTRA molecular *adj.* 분자 내의
within the molecule
14. **intramontane** [intrəmɑntein] INTRA montane *adj.* 산지 내의
within a mountainous region
15. **intramundane** [intrəmʌ́ndein] INTRA mundane *adj.* 현세 내의
within the material world
16. **intranational** [intrənǽʃənəl] INTRA national *adj.* 국가 내의
within the nation
17. **intraneural** [intrənjúərəl] INTRA neural *adj.* 신경 내의
within the nerve

● 연습문제

Ⅰ. intramundane을 분석하시오.

Ⅱ. 다음 ______ 부분을 채우시오.

(1) All the city schools participated in the __________ sports.
도시 안의 모든 학교들은 도시 내의 경기들에 참가했다.

(2) In the hospital she was given ____________ injections.
병원에서 그녀는 정맥 주사를 맞았다.

(3) The __________ affair was just a small dance.
대학 간의 그 일은 그저 소규모 댄스 파티 일 뿐이다.

No. 29

INTRO

into, inward(안으로, 내부로)

해설
접두사 INTRO는 INTO, INWARD를 뜻한다. 반대어는 EXTRO이다. INTER, INTRA, INTRO는 분명히 구별하고 이해해야 한다.

기본 어휘

1. **introduce** [intrədjú:s] INTRO duce *v.* 도입하다, 소개하다 lead into; present
   예 Tea was *introduced* into England from China. 차는 중국에서 영국으로 전해졌다.
2. **introduction** [intrədʌ́kʃən] INTRO duction *n.* 도입, 소개 act of presenting
3. **intromit** [intrəmít] INTRO mit *v.* 삽입하다 allow to pass in; insert
4. **introspect** [intrəspékt] INTRO spect *v.* 자기반성하다 to look within; inward
5. **introspection** [intrəspékʃən] INTRO spection *n.* 자기반성
   act of looking within; self-examination
6. **introspective** [intrəspéktiv] INTRO spective *adj.* 내성적인 seeing inwardly
7. **introvert** [íntrəvə̀:rt] INTRO vert *n.* 내성적인 사람 *adj.* 내향성의
   one who turns inward; draws in
8. **introversion** [intrəvə́:rʒən] INTRO version *n.* 내향 act of turning one's thoughts inward
9. **introversive** [intrəvə́:rsiv] INTRO versive *adj.* 내성적인 tending to turn inward
10. **introvert** [íntrəvə̀:rt] INTRO vert *v.* 내성시키다 to turn inward; to draw in
11. **introversible** [intrəvə́:rsəbəl] INTRO versible *adj.* 뒤집어서 안으로 집어넣을 수 있는
    capable of being turned inward

● 연습문제

Ⅰ. intromit과 introspection을 분석하시오.

Ⅱ. 다음의 ______ 부분을 채우시오.

(1) Glass in the window __________(s) light without cold.
유리창은 추위는 막아주면서 빛은 들어오도록 해준다.

(2) She was much given to __________ beyond her years.
그녀는 나이에 맞지 않게 자기 반성을 많이 하는 버릇이 있었다.

(3) The snail's eye stalks are __________.
달팽이의 눈 자루는 내향성이다.

No. 30

MACRO

large, excessive(큰, 과다한)

해설 접두어 MACRO는 LARGE, EXCESSIVE를 뜻한다. "small"의 뜻을 가진 접두사인 MICRO가 이것과 반대가 된다.

기본어휘

1. **macrometer** [məkrɔ́mitər] MACRO meter *n.* 측원기(測遠機)
   an instrument to measure size and distance of objects
2. **macrocosm** [mǽkroukɔ̀zəm] MACRO cosm *n.* 우주, 복합체
   the great world; universe
3. **macrocosmic** [mǽkroukɔ̀zəmik] MACRO cosmic *adj.* 전우주의
   relating to the great world
4. **macrobiosis** [mæ̀kroubaiòusis] MACRO biosis *n.* 장수
   length of life; longevity
5. **macrobian** [mæ̀kroubiən] MACRO bian *adj.* 수명이 긴
   having lived a long time
6. **macrograph** [mǽkrəgræ̀f] MACRO graph *n.* 육인도
   a photograph of an object magnified
7. **macrography** [məkrɔ́grəfi] MACRO graphy *n.* 이상대서(큰 글자를 쓰는 버릇)
   large size writing which shows a nervous disorder
8. **macrochemistry** [mæ̀kroukémistri] MACRO chemistry *n.* 거시화학
   chemistry which does not require a microscope

● 연습문제

Ⅰ. macrocosmic를 분석하시오.

Ⅱ. 다음의 ______ 부분을 채우시오.

(1) Today, due to a great interest in ______, the life span is much increased.
오늘날 장수에 대한 엄청난 관심 때문에 수명이 매우 길어졌다.

(2) Scientists study the human body as a ________.
과학자들은 인간의 몸을 하나의 복합체로서 연구한다.

No. 31

MAL MALE

bad, evil(나쁜, 악의)

해설

접두사 MAL(E)은 BAD, EVIL을 뜻한다. 그리고 bene과는 반대의 뜻을 나타낸다. 또한 아래 단어에서 mal-의 위치에 bene이 거의 쓰임을 알 수 있다.

기본 어휘

1. **maladroit** [mæ̀lədrɔ́it] *adj.* 솜씨없는, 재치없는(="clumsy or lacking in skill")
"bad or badly"를 의미하는 접두사 mal-과 "skillful or expert"를 뜻하는 adroit로 되어 있다.

예 That waiter is so *maladroit* that he dropped the ashtray into my soup.
저 웨이터는 너무나도 서툴러서 나의 수프안에 재털이를 떨어뜨렸다.
The young man's *maladroit* remarks about the hostess embarrassed everyone at the party.
그 젊은이의 여주인에 대한 재치 없는 발언들은 파티에 온 모든 사람을 거북하게 했다.

2. **malcontent** [mæ̀lkəntènt] *adj.* 불평의, 반항적인 *n.* 불평가(=barely content or not at all content with the existing of thing; a discontented or dissatisfied person, especially a habitually discontented person)
"bad or badly"를 뜻하는 mal-과 content로 되어진 단어이다.

예 Bill allied himself with a *malcontent* political faction.
Bill은 반항적인 정치적 당파와 결연했다.
A group of *malcontents* tried to disrupt the meeting.
한 무리의 불평가들이 집회를 방해하려고 했다.

3. **malediction** [mæ̀lədíkʃən] *n.* 저주(=the act of speaking ill, a curse or slander)
"ill or evil"을 뜻하는 male-과 "to say or speak"를 의미하는 어근 dict-, "the act of"를 의미하는 접미사 -ion으로 되어 있다.

예 Shylock heaped *maledictions* on the head of his daughter's lover.
Shylock은 자기 딸의 애인의 머리위에 저주를 퍼부었다.

4. **malignant** [məlígnənt] *adj.* 악의 있는, 해로운, 악성의(=tending to produce or inflict evil; tending to do great harm; deadly)
"to act maliciously or spitefully"를 의미하는 mal-을 근원으로 한 라틴어에서 온 단어이다.

예 A cancer is a *malignant* growth.
암은 악성 종양이다.

보충 어휘

1. **malady** [mǽlədi] MAL ady *n.* 병, 병폐 sickness; disease
2. **malapert** [mǽləpə̀ːrt] MAL apert *adj.* 경솔한 ill-bred; impuldent
3. **malapropos** [mæ̀læprəpóu] MAL apropos *adj.* 시기에 맞지 않는
   inappropriate; not fitting
4. **malapropism** [mǽləprɔ̀pizəm] MAL apropism *n.* 말의 오용
   humorous misuse of words
5. **malaria** [məlǽəriə] MAL aria *n.* 학질 a disease carried by a mosquito

   예 *Malaria* is a disease common in hot and humid countries.
   학질은 덥거나 습기 찬 나라들에서 자주 발생하는 질병이다.

6. **malefaction** [mǽləfǽkʃən] MAL efaction *n.* 나쁜 행동 an evil deed
7. **malefactor** [mǽləfǽktər] MAL efactor *n.* 악인
   one who commits an evil deed; evildoer
8. **malevolent** [məlévələnt] MAL evolent *adj.* 악의 있는 wishing evil to other
9. **malfeasance** [mælfíːzəns] MAL feasance *n.* 불법행위
   evil conduct; especially by a public official
10. **maltreated** [mæltríːtid] MAL treated *adj.* 학대받은 badly treated; abused
11. **malign** [məlάin] MAL ign *v.* 헐뜯다, 중상하다
    to utter slander of; to defame, unjustly
12. **malice** [mǽlis] MAL ice *n.* 악의, 원한
    ill-will; as, "with malice toward none."
13. **malicious** [məlíʃəs] MAL icious *adj.* 심술궂은 full of ill-will

    예 There was a *malicious* smile on the murderer's face.
    그 살인자의 얼굴에는 악의에 찬 미소가 떠올라 있었다.

14. **malpractice** [mælprǽktis] MAL practice *n.* 오진, 배임행위 professional misconduct

● **연습문제**

Ⅰ. malapert와 malevolent를 분석하시오.

Ⅱ. 다음 ______ 부분을 채우시오.

(1) The doctor was sued for _________.
그 의사는 오진으로 고소당했다.

(2) She was afraid that her _________ was _________.
그녀는 자기의 병이 악성일까봐 걱정했다.

(3) Someone broke my car window out of _________.
누군가가 악의로 나의 자동차 창문을 깨뜨렸다.

No. 32

NON

not(아닌, 비(非))

해설

접두어 NON은 거의 모든 말에서 NOT을 의미한다. Not을 의미하는 IN, IM과 UN만큼 강한 뜻을 지니고 있지는 않다.

기본어휘

1. **nonchalant** [nánʃəlá:nt] *adj.* 무관심한, 열의 없는(=showing a lack of interest or excitement; casually indifferent; self-confidently cool)
   "not"을 의미하는 non-과 "to be desirous"를 의미하는 chalant로 구성된 프랑스 말이다.

   예 You take a very *nonchalant* attitude toward your work.
   당신은 자기의 일에 대해 매우 열의 없는 태도를 보이는군요.

2. **nonconformist** [nɔ̀nkənfɔ́:rmist] *n.* 비국교도 *adj.* 비순응주의의, 비국교도의(=a person who does not think or behave like most other people)
   "not"을 의미하는 non-과 "a person who follows conventional behavior"를 의미하는 conformist로 구성되어 있다.

   예 Many writers and artists are *nonconformist.* 많은 작가들과 예술가들은 비순응적이다.
   A *nonconformist* is an English protestant who refuses to conform to the church of england.
   비국교도란 영국 국교회에 따르는 것을 거부하는 영국의 신도교이다.

3. **nonentity** [nɔnéntəti] *n.* 비실재, 보잘 것 없는 사람(=a mere nothing; a person or thing of little account)
   "not"을 의미하는 non-과 "something that really exists; a real being"을 뜻하는 entity로 되어 있다.

   예 Tom brags about his work, but his boss considers him a *nonentity.*
   Tom은 자신의 일에 대해 자랑하지만, 그의 고용주는 그를 보잘것없는 사람으로 여긴다.

보충어휘

1. **nonpartisan** [nɔnpá:rtəzən] NON partisan *adj.* 무소속의
   not belonging to any party
2. **nonstop** [nɔ́nstɔ́p] NON stop *adj.* 직행의 without stopping

   예 I'm taking a *nonstop* flight from Seoul to Paris.
   나는 서울에서 출발하여 정차하지 않고 파리로 가는 직행 비행기를 타고 있다.

3. **nonplus** [nɔnplʌ́s] NON plus *n.* 난처한 처지
   a state of uncertainty, perplexity
4. **nonsequitur** [nənsikwitər] NON sequitur *n.* 그릇된 결론
   in logic something that does not follow
5. **nonevil** [nənivl] NON evil *n.* 나쁘지 않은 일 not an evil thing
6. **non compos mentis** [nɔn kɔ́mpɔs mentis] NON compos mentis *adj.* 제정신이 아닌
   (relating) of unsound mind
7. **nonage** [nóunidʒ] NON age *n.* 미성년
   state of not being of legal age
8. **nonaggresion** [nɔnəgreʃən] NON aggression *n.* 불침략
   state of not being aggresive
9. **noncommissioned** [nɔ̀nkəmíʃənd] NON commissioned *adj.* 임명되지 않은 하사관
   an officer of minor rank
10. **nondescript** [nɔ̀ndiskrípt] NON descript *adj.* 정체모를
    not easily described
11. **nonsensical** [nɑnsénsikəl] NON sensical *adj.* 무의미한, 어리석은
    not making money
12. **nonprofit** [nɔ́nprɔ́fit] NON profit *adj.* 비영리의 having no equal
    예 Most churches and charities are *nonprofit* organization.
    대부분의 교회와 자선단체들은 비영리 단체들이다.
13. **nonpareil** [nɑ́npərél] NON pareil *adj.* 비할데 없는 having no equal
14. **nonsectarian** [nənséktəriən] NON sectarian *adj.* 무종파의
    not having a sectarian character
15. **noncommittal** [nɔ̀nkəmítl] NON committal *adj.* 언질을 안주는, 애매한
    giving no clear indication of attitude or feeling

● 연습문제

Ⅰ. nonpareil을 분석하시오.

Ⅱ. 다음 ______ 부분을 채우시오.

(1) The jury acquitted him on the grounds that he was _________.
배심은 그가 제정신이 아니었다는 이유로 그를 무죄 석방했다.

(2) In all questions of social justice he had a _________ attitude.
사회적 정의에 대한 모든 문제들에 있어서 그는 어느 편에도 속하지 않는 태도를 취했다.

No. 33 OB

against, facing(~에 거슬러, 대적하여)

해설 접두사 OB은 AGAINST, FACING을 의미한다. OB은 f, c, p앞에서 동화되어 각각 OF, OC, OP가 된다.

기본 어휘

1. **object** [ɔ́bdʒikt] *v.* 반대하다(=*v.* to throw criticism against something to oppose something, especialy with words) *n.* 물건, 목표(=something that can be seen or touched, something that is sought for, a purpose or goal)
   "against"를 뜻하는 ob-과 "to throw"를 뜻하는 라틴어 어근 ject-로 되어 있다.
   예 They spotted on unidentififed flying *object.* 그들은 미확인 비행물체를(UFO) 발견했다.
2. **obtrude** [əbtrúːd] *v.* 강요하다, 불쑥 내밀다(=to force or thrust oneself, on opinion, etc., upon another person without being asked)
   "against, toward"를 뜻하는 ob-과 "to thrust"를 뜻하는 어근 trud-로 되어 있다.
   예 Anne loudly *obtrudes* her beliefs into every conversation.
   Anne은 모든 대화에서 자신의 신념들을 큰소리로 억지로 주목하도록 한다.
3. **occupy** [ɑ́kjupɑi] *v.* 점령하다(=to take and hold possession of something, as by force or conquest; to hold or fill, as an office or post; to keep oneself busy at doing something)
   "against"를 뜻하는 oc-(=ob)과 "to take"를 뜻하는 라틴어 어근 cap-과 관련되어 있는 어근 -cupy로 되어 있다.
   예 Germany *occupied* France during World War II. 제2차 세계대전 동안 독일은 프랑스를 점령했다.
4. **offend** [əfénd] *v.* 화나게 하다(=to displease or anger someone; to be disagreeable to the sense of smell, sight, etc; to commit a crime or sin, or to err in some other way)
   "against"를 의미하는 of-(=ob)와 "to hit"를 뜻하는 어근 fend로 이루어졌다.
   예 The blaring music *offended* Sue's ears. 크게 울리는 음악소리가 Sue의 귀에 거슬렸다.
   She was *offended* by your inconsiderate behavior. 그녀는 너의 경솔한 행동에 감정이 상했다.
5. **oppress** [əprés] *v.* 억압하다(=to press or lie heavily upon someone, as a burden; to keep in subjugation by harsh use of force or authority)
   "against"를 뜻하는 op-(=ob)과 press로 이루어졌다.
   예 The atmosphere of uncertainty *oppressed* our spirits. 불확실한 분위기가 우리의 마음을 억압했다.

보충어휘

1. **obese** [oubíːs] OB ese *adj.* 뚱뚱한 excessively fat
2. **obituary** [oubítʃuèri] OB ituary *n.* 사망기사 a death notice
3. **oppressive** [əprésiv] OP pressive *adj.* 억누르는, 압제하는 harsh pressures
4. **obligee** [ɔ̀bləʤíː] OB ligee *n.* 채권자
   the one who must carry out the duty
5. **obligatory** [əblígətəri] OB ligatory *adj.* 필수의 binding; required
6. **oblige** [əbláiʤ] OB lige *v.* 강제하다
   to bind by a favor or service; force
7. **oblique** [əblíːk] OB lique *adj.* 비스듬한, 완곡한
   not straight; having a slanting position
8. **obliterate** [əblítərèit] OB literate *v.* 지우다. blot out

   예 The chalk marks on the side walk were *obliterated* by the rain.
   인도 위에 그려져 있던 분필 자국이 비에 아예 흔적도 없이 사라졌다.

9. **oblivious** [əblíviəs] OB livious *adj.* 잊기 쉬운 unaware; forgetful
10. **obscene** [əbsíːn] OB scene *adj.* 외설한, 추잡한, 역겨운
    against decency; disgusting to the senses; tasteless
11. **oppose** [əpóuz] OP pose *v.* 방해하다, 저항하다
    place oneself against; stand up against
12. **occult** [əkʌ́lt] OC cult *adj.* 신비로운
    kept hidden; dealing mysterious knowledge
13. **obloquy** [ɔ́bləkwi] OB loquy *n.* 악평, 욕설 condemnatory speech
14. **obnoxious** [əbnɔ́kʃəs] OB noxious *adj.* 불쾌한
    liable to hurtful influence; odiously objectionable

    예 Harry has an *obnoxious* habit of belching after every meal.
    Harry는 식사를 하고 나면 꼭 트림을 하는 불쾌한 버릇을 가지고 있다.

● 연습문제

Ⅰ. oblige와 obnoxious를 분석하시오.

Ⅱ. 다음 ______ 부분을 채우시오.

(1) He did not ________ to the hard work, but the ________ restrictions were intolerable, and he was _________(d) to them.
그는 힘든 노동을 반대하지는 않았지만 억누르는 속박들이 견딜 수 없었고 그는 그것들에 반대했다.

(2) The ________ man has a hard time going through narrow doorways.
그 뚱뚱한 남자는 좁은 출입구를 지나다닐 때 고생을 한다.

No. 34 PER

through(~통하여, 가로질러)

해설 접두사 PER는 THROUGH를 의미한다. 그리고 또한 by means of; by; thoroughly; completely; wrongly 등의 의미도 나타낸다.

기본 어휘

1. **perambulate** [pəræ̀mbjəlèit] *v.* 순회하다(=to walk through or around; to stroll)
   "through"를 뜻하는 per-와 "to walk"를 의미하는 ambulate로 되어 있다.

   예 Their vast garden is marvelous for *perambulating*.
   그들의 드넓은 정원은 어슬렁거리며 돌아다니기에 매우 좋다.

2. **percent** [pərsént] *n.* 퍼센트(=the number of parts in every hundred of something)
   "by"를 뜻하는 접두사 per-와 "hundred"를 의미하는 라틴 어근 cent-로 되어 있다.

   예 He lost nearly ten *percent* of his money.
   그는 자신의 재산의 거의 10%를 잃었다.

3. **perfect** [pə́:rfikt] *adj.* 완전한 *n.* 완성시키다(=done throughly; without fault or blemish; completely suitable)
   "thoroughly"를 의미하는 per-와 "to make or do"를 의미하는 라틴 어근 fect-로 되어 있다.

   예 Our architect has been *perfecting* plans for the new house.
   우리의 건축가는 새집에 대한 설계를 완성시키고 있었다.
   It's a *perfect* day for a picnic. 오늘은 소풍가기에 더할 나위 없이 좋은 날이다.

4. **perjure** [pə́:rʤər] *v.* 거짓맹세 시키다, 위증시키다(=to be guilty of swearing falsely or of giving false testimony while under oath)
   "wrongly"를 의미하는 per-와 "to swear"를 의미하는 라틴 어근 jur-로 되어 있다.

   예 The witness *perjured* himself by lying in a court of law.
   그 증인은 법정에서 거짓말을 함으로써 위증하였다.

보충 어휘

1. **percapita** [pərkæpitə] PER capita *adj.* 1인당
   for each head; by each unit of population
2. **perennial** [pəréniəl] PER ennial *adj.* 사철 그치지 않는
   through the years; year after year

3. **peradventure** [pərədvéntʃər] PER adventure *n.* 걱정, 우연
   a matter of chance; uncertainty; perhaps
4. **peregrinate** [pérəgrənèit] PER egrinate *v.* 여행하다
   to walk through; to travel; especially, on foot
5. **perspicacious** [pə̀:rspəkéiʃəs] PER spicacious *adj.* 통찰력 있는
   of acute mental vision or discernment
6. **percussion** [pə:rkʌ́ʃən] PER cussion *n.* 충격, 진동
   the striking of sound
7. **percussive** [pə:rkʌ́siv] PER cussive *adj.* 충격의, 타진의
   operated by percussion
8. **peremptory** [pərémptəri] PER emptory *adj.* 단호한
   final; with authority; as, a peremptory command

   예 He ordered us to do the work over in a *peremptory* tone of voice.
   그는 단호한 말투로 우리에게 일을 다시 해오라고 명령했다.

9. **perfection** [pərfékʃən] PER fection *n.* 완성
   thoroughly made; state of complete development
10. **perceive** [pərsí:v] PER ceive *v.* 지각하다, 인지하다
   to understand; to take cognizance of
11. **perorate** [pérərèit] PER orate *v.* 결론을 맺다
   to deliver a long or grandiloquent oration
12. **pernicious** [pə:rníʃəs] PER nicious *adj.* 유해한
   highly injurious or destructive

   예 All the sex and violence or television has a *pernicious* effect on children.
   텔레비전에 나오는 모든 성적인 내용과 폭력은 어린 아이들에게 해로운 영향을 끼친다.

● 연습문제

Ⅰ. perennial과 pernicious를 분석하시오.

Ⅱ. 다음 _____ 부분을 채우시오.

(1) Plants like cosmos and marigolds are called ________ because they bloom year after year without reseeding.
코스모스와 금잔화와 같은 식물들은 다시 씨를 뿌리지 않아도 매년 꽃을 피우기 때문에 다년생이라고 불리운다.

(2) The drum and the piano are __________ instruments.
북과 피아노는 타악기이다.

(3) The drumbeat has __________ force.
북소리는 진동력이 있다.

No. 35 PRE

before(이전에, 앞서)

해설 접두어 PRE는 BEFORE를 의미한다. 좀더 자세히 설명하면 "before in time or order; preceding; prior to; in front of"를 의미한다.

기본 어휘

1. **precaution** [prikɔ́ːʃən] *n.* 조심, 경계(=caution taken as a preparation for a possible emergency)
"before"를 뜻하는 pre-와 caution으로 형성된 단어이다.
예 Take the *precausion* of fastening your seat belt before starting.
출발하기 전에 안전벨트를 매는 예방수단을 취하도록 하시오.

2. **precursor** [priːkə́ːrsər] *n.* 선구자(=a person who runs before; a forerunner)
"before"를 뜻하는 pre-와 "to run"을 뜻하는 curs, 그리고 여기에 "a person who"를 의미하는 접미사인 -or가 더해진 것이다.
예 The first robin you see is a *precursor* of spring. 처음 보는 울새는 봄을 알리는 선구자이다.

3. **prefabricate** [priːfǽbrikèit] *v.* 미리 만들다, 조립부분품으로 집을 짓다(=to manufacture something beforehand; especially, to manufacture the parts of a house in standard sections that can be put together rapidly)
"before"를 뜻하는 pre-와 "to make; manufacture; build"를 의미하는 fabricate로 이루어진 단어이다.
예 The workers erected the *prefabricated* house in three days.
그 일꾼들은 3일 안에 조립식으로 주택을 만들어 냈다.

4. **prevail** [privéil] *v.* 우승하다, 유행하다(=to be or continue in use or fashion)
"before"를 뜻하는 pre-와 "to be strong"의 뜻인 vail로 이루어진 단어이다.
예 Old superstitions still *prevail* in some parts of the country.
오래된 미신들이 어떤 지역에서는 아직도 유행한다.

보충 어휘

1. **preamble** [priːǽmbəl] PRE amble *n.* 머리말 an introduction
2. **precocious** [prikóuʃəs] PRE cocious *adj.* 조숙한 having ripend very early
예 The *precocious* child started to play the piano when she was three years old.
그 조숙한 아이는 세 살 때부터 피아노를 치기 시작했다.

3. **precede** [pri:sí:d] PRE cede *v.* 먼저 일어나다 to go before
4. **precedent** [présədənt] PRE cedent *n.* 전례 something similar which happend before
5. **predecessor** [prédisèsər] PRE decessor *n.* 전임자
   one who preceded another in office
6. **predict** [pridíkt] PRE dict *v.* 예언하다. foretell

   예 Fortunetellers claim they can *predict* the future but I don't believe them.
   점쟁이들은 미래를 예언 할 수 있다고 주장하지만 난 그들을 믿지 않는다.

7. **precipitate** [prisípətèit] PRE cipitate *v.* 서두르게 하다, 재촉하다
   to act hurriedly; to throw headlong
8. **preeminent** [priémənənt] PRE eminent *adj.* 뛰어난
   supreme; above all others; as, a preeminent speaker

   예 She is the *preeminent* cellist of the twentieth century. 그녀는 20세기의 뛰어난 첼로 연주가이다.

9. **prelude** [prélju:d] PRE lude *n.* 서두 a musical or dramatic introduction
10. **premonition** [prì:məníʃən] PRE monition *n.* 전조 a forewarning; an omen
11. **preoccupied** [pri:ɔ́kjəpàid] PRE ocuupied *adj.* 몰두한 already occupied; very busy
12. **preparatory** [pripǽrətəri] PRE paratory *adj.* 예비의
    intorductory; as, a preparatory school
13. **prejudice** [prédʒədis] PRE judice *n.* 편견 judgment before proof is given
14. **presage** [présidʒ] PRE sage *v.* 예감이 들다 to predict; prophesy
15. **preside** [prizáid] PRE side *v.* 사회를 보다 to occupy the leading place
16. **preserve** [prizə́:rv] PRE serve *v.* 보존하다
    to keep secure from injury; to protect
17. **presume** [prizú:m] PRE sume *v.* 가정하다
    to take to oneself a right before it has been granted
18. **pretender** [priténdər] PRE tender *n.* 현학자, 왕위를 노리는 사람
    one who makes a claim; as, a pretender to a throne
19. **prevention** [privénʃən] PRE vention *n.* 방지
    the act of intervening before trouble; as, prevention of crime

● **연습문제**

Ⅰ. precede와 prevention을 분석하시오.

Ⅱ. 다음 _____ 부분을 채우시오.

(1) Education against _______ will help _______ religious persecution.
편견을 없애기 위한 교육은 종교적 박해를 방지하는데 도움이 될 것이다.

(2) An ounce of _______ goes a long way toward cure.
예방이 치료에 크게 도움이 된다.

No. 36 POST

after, behind, following(뒤에, 후에, 뒤따라)

해설 라틴 접두사 POST는 AFTER, BEHIND를 의미한다. 그리고 여기서의 post는 mailing, postage, post office와는 관계가 없는 단어이다. 즉 이 핵심어는 P.M. POST meridiem의 사용과 같이 after를 뜻한다든가, following 등과 같은 뜻을 나타낸다.

기본 어휘

1. **postgraduate** [póustgrǽʤueit] *adj.* 대학졸업 후의, 대학원의(=pertainning to academic studies that are taken up after a degree has been received)
"after"를 뜻하는 post-와 graduate로 구성되어진 단어이다.
예 My son did *postgraduate* work at Yale.
내 아들이 Yale 대학에서 대학원 공부를 했다.

2. **postmeridian** [póustmərídiən] *adj.* 오후의(=after the sun has passed the dividing line at noon)
"after"를 뜻하는 post-와 "a great circle or dividing line drawn from any point on the earth's surface and passing through both poles"를 뜻하는 meridian이 합쳐져서 이루어진 단어이다.
예 He works from 3 *p.m.* to 11 *p.m.* 그는 오후 3시에서 오후 11시까지 일한다.

3. **postpone** [poustpóun] *v.* 연기하다(=to put off untill afterward; delay)
"after"를 뜻하는 post-와 "to put; place"를 의미하는 라틴어근 pon-으로 이루어진 단어이다.
예 The game was *postponed* because of rain. 경기는 비가 와서 연기되었다.

4. **postponement** [poustpóunmənt] *n.* 연기(=the action or fact of postponing)
"after"를 의미하는 접두사 post-와 "place; set"을 의미하는 라틴어근 ponere에서 나온 pone, 또 "state of"를 뜻하는 접미사인 -ment로 구성된 단어이다.
예 His secretary called to tell him about the *postponement* of the meeting.
그의 비서는 회의가 연기되었다고 알려주기 위해 그에게 전화했다.

보충 어휘

1. **postern** [póustəːrn] POST ern *adj.* 뒷문의
situated at the back, rear; as, the postern gate

2. **posterity** [pɔstérəti] POST erity *n.* 자손
   those who come after; descendants
   예 Her name will be handed down to *posterity*. 그녀의 이름은 후세에 전해져 내려갈 것이다.
3. **postnuptial** [pòstnʌ́pʃəl] POST nuptial *adj.* 결혼 후의
   made or occurring after marriage or mating
4. **posthumous** [pɔ́stʃuməs] POST humous *adj.* 사후의
   after death; often said of writings published after the author's death
5. **posterior** [pɔstíəriər] POST erior *adj.* 뒤의 later in time; coming after
6. **postlude** [póustluːd] POST lude *n.* 후주곡 the closing piece on the prodram
7. **postmortem** [poustmɔ́ːrtəm] POST mortem *adj.* 죽은 뒤의
   after death; as, a postmortem examination
8. **postnatal** [pòustnéitl] POST natal *adj.* 출생 후의
   referring to the period immediately after birth
9. **postprandial** [pòustprǽndiəl] POST prandial *adj.* 식후의
   after the feast; after the meal
10. **postscript** [póustskrìpt] POST script *n.* 추신
    a note added to a letter after it has been signed
11. **post-obit** [póust-ɔ́bit] POST-obit *adj.* 사후에 효력을 발생하는
    happening after death; as, a post-obit gift

● 연습문제

Ⅰ. posterity와 postscript을 분석하시오.

Ⅱ. 다음 _____ 부분을 채우시오.

(1) Most of the author's works were published ________(ly) and he achieved _________ fame.
그 작가는 작품들은 대부분 사후에 출판되어 그는 죽은 뒤의 명성을 이룩하였다.

(2) The prelude and interlude were lovely but the ________ was the best.
전주곡과 간주곡도 아름다웠지만 후주곡이 가장 훌륭했다.

동의어 기본어 반의어

commence, start, initiate, begin ≠ end, finish, terminate, close
discharge, banish, discard, dismiss ≠ engage, employ, keep
emancipate, liberate, release, free ≠ bind, enslave, restrict
hinder, clog, fetter, check, bar, impede ≠ expedite, accelerate, hasten, hurry
relish, enjoy, love, approve, like ≠ hate, detest, loath, abhor
propose, volunteer, give, present, offer ≠ withdraw, revoke, recall
curtail, abridge, shorten, reduce ≠ increase, augment, enhance, enlarge
adjust, arrange, fix, establish, settle ≠ disturb, derange, confuse, disorder

No. 37 PRO

forward, forth(앞으로, 전진하여)

해설 접두사 pro는 FORWARD, FORTH를 의미하며 또한 PRO는 before, in place of or on behalf of; for 등으로 사용되기도 한다.

기본 어휘

1. **proceed** [prousí:d] *v.* 나아가다(=to go on forward, especially after a stop or interruption)
"forward"를 뜻하는 접두사 pro- 와 "to go"를 의미하는 라틴어 어근 ceed-로 파생되었다.

예 If there are no more questions, I'll *proceed* with the lecture.
더 이상 질문이 없으면 강연을 계속 하겠습니다.

2. **produce** [prədjú:s] *v.* 생산하다(=to lead or being forth; to yield, make, or bring about; to lead forward into view; to show or display)
"forward"를 의미하는 pro-와 "to lead"를 뜻하는 duc-으로 되어 있다.

예 An accusation of treachery always *produces* a violent reaction.
배반에 대한 고발은 언제나 격렬한 반응을 일으킨다.

3. **profane** [prəféin] *adj.* 불경스러운, 세속적인(=not religious or concerned with religious things; irreverent; coarse, as language. *v.* to treat it with irreverence)
"before"를 의미하는 pro-와 "temple"을 뜻하는 라틴어 어근 fan-으로 되어 있다. 그러므로 문자 그대로는 "outside the temple"를 의미하나 다음과 같은 뜻이 된다.

예 Cursing is sometimes called *profane* language.
욕을 하는 것은 때때로 불경스런 말이라고 불리기도 한다.

4. **profess** [prəfés] *v.* 고백하다, …을 가장하다(=to declare before others; to declare faith in; to pretend)
"before"를 의미하는 pro-와 "to confess; declare"를 의미하는 라틴어 어근 fess로 되어 있다. 그러므로 다음과 같은 뜻이 된다.

예 The accused man *professed* his innocence.
피고인은 자신이 무죄라고 분명히 말했다.
The young singer *professed* Islam and became a Muslim.
그 젊은 가수는 이슬람교를 공공연히 믿고 이슬람교도가 되었다.

보충 어휘

1. **prodigal** [prɔ́digəl] PRO digal *adj.* 낭비하는
   recklessly extravagant, lavish; yielding abundantly
2. **prodrome** [próudroum] PRO drome *n.* 증후
   a premonitory symptom of desease
3. **procrastinate** [proukrǽstənèit] PRO crastinate *v.* 지연하다
   to put off intentionally and habitually
   예 If you keep on *procrastinating*, you will never get anything done.
   네가 이렇게 계속 행동을 미루면 너는 아무것도 이루어내지 못할 것이다.
4. **progressive** [prəgrésiv] PRO gressive *adj.* 전진하는, 진보적인 causing the going forward
5. **profligate** [prɔ́fligit] PRO fligate *adj.* 방탕한 wildly extravagant; prodigal
6. **project** [prədʒékt] PRO ject *v.* 고안하다 to throw forward; to create a plan
7. **proliferate** [proulífərèit] PRO liferate *v.* 증식하다
   to bring forth by rapid production
8. **prolific** [proulífik] PRO lific *adj.* 다산의 bringing forth young or fruit
   예 Rabbits and rats are *prolific* animals. 토끼와 쥐는 다산동물이다.
9. **promote** [prəmóut] PRO mote *v.* 승진시키다
   to move forward; to advance in station
10. **prolix** [proúliks] PRO lix *adj.* 지루한 drawn out; needlessly prolonged
11. **proficient** [prəfíʃənt] PRO ficient *adj.* 능숙한 showing skill; adept
12. **profluent** [práflu:ənt] PRO fluent *adj.* 도도히 흐르는 flowing smoothly
13. **procedure** [prəsí:dʒər] PRO cedure *n.* 순서 method of going toward a goal
14. **proclaim** [prəkléim] PRO claim *v.* 선언하다 to bring before the public
15. **proclamation** [prɔ̀kləméiʃən] PRO clamation *n.* 선언 a notice officially declared
16. **procure** [prəkjúər] PRO cure *v.* 획득하다 to get; to gain
17. **provident** [prɔ́vədənt] PRO vident *adj.* 선견지명이 있는
    making provision for the future; prudent
18. **provide** [prəváid] PRO vide *v.* 제공하다 to give, to supply

● 연습문제

Ⅰ. prodrome과 provident를 분석하시오.

Ⅱ. 다음 ______ 부분을 채우시오.

(1) The Emancipation ______ was a ______ step in civilization.
노예 해방령은 문명사회에서의 진보적인 일보였다.

(2) A wise ________(r) will ______ himself with understudies so that no mishap will wreck his ________.
현명한 프로듀서라면 어떠한 사고도 자신의 작품을 망치지 않도록 대역들을 준비해 둘 것이다.

No. 38

PSEUDO

false, untrue(가짜의, 허위의)

해설 접두사 PSEUDO는 희랍어 pseudes에서 온 것으로 FALSE, UNTRUE를 뜻한다.

기본어휘

1. **pseudonym** [(p)sú:dənim] PSEUDO nym *n.* 익명, 필명
   a name adopted by an another for his writing; a pen name
2. **pseudonymal** [sú:dənímәl] PSEUDO nymal *adj.* 익명의
   relating to a pen name
3. **pseudonymity** [sù:dənímәti] PSEUDO nymity *n.* 익명사용
   the use of a pen name by an author
4. **pseudonymous** [(p)su:dɔ́nəməs] PSEUDO nymous *adj.* 아호로 쓰는
   using a fictitious name
5. **pseudomorph** [sú:dəmɔ̀rf] PSEUDO morph *n.* 가상
   an irregular or deceptive form
6. **pseudomania** [sú:douméiniə] PSEUDO mania *n.* 거짓광
   a mania for making false statements; also exaggerations
7. **pseudological** [sú:douláʤikəl] PSEUDO logical *adj.* 거짓을 말하는 falsified
8. **pseudologist** [sú:dolaʤist] PSEUDO logist *n.* 거짓말쟁이 a liar
9. **pseudoclassic** [sù:douklǽsik] PSEUDO classic *adj.* 의고전적인
   pretending to be a classic

● 연습문제

Ⅰ. pseudonym을 분석하시오.

Ⅱ. 다음의 ______ 부분을 채우시오.

(1) Authors who turn out a great many stories often use more than one ___________.
엄청나게 많은 소설들을 써내놓은 작가들은 종종 하나 이상의 필명을 사용한다.

(2) Sometimes ___________ complications arise for the critics.
때때로 비평가들에게 필명과 관련된 복잡한 사태들이 발생한다.

No. 39 RE

back, again(뒤로, 다시)

해설 접두어 RE는 BACK; AGAIN을 뜻한다.

기본 어휘

1. **rebel** [rébəl] *v.* 반역하다(=to make war again; resume fighting) *n.* 반역자(=a person who refuses to submit to the established authority or conventions)
   "against"을 뜻하는 접두사 re-와 "to make war"를 뜻하는 라틴 어근 bel-이 합쳐진 것이다.
   예 The army *rebelled* against the dictator. 군대가 그 독재자에 대해 반역했다.
2. **recall** [rikɔ́:l] *v.* 소환하다(=to call back; order to return or be returned; to take back; revoke; to call back to mind; remember)
   "again"을 뜻하는 접두사 re-와 "call back"을 뜻하는 라틴어 "revocare"로 만들어진 단어이다.
   예 The manufacturer *recalled* the defective cars. 제조업자는 결함이 있는 자동차들을 회수하였다.
3. **refrigerate** [rifrídʒərèit] *v.* 냉각시키다(=to make or keep thoroughly cool)
   "thoroughly"를 뜻하는 re-와 라틴 어근인 frigerate로 구성되었으며 "to cool"을 뜻한다.
   예 *Refrigerate* the milk so that it won't spoil. 상하지 않도록 우유를 냉동시켜라.

보충 어휘

1. **recede** [ri:sí:d] RE cede *v.* 물러나다. go back
   예 The tide will *recede* at 5 p.m. 썰물이 오후 5시에 빠져갈 것이다.
2. **reiterate** [ri:ítərèit] RE iterate *v.* 반복하다. say again; repeat
3. **reciprocal** [risíprəkəl] RE ciprocal *adj.* 서로의 inversely related; mutually corresponding
4. **recluse** [riklú:s] RE cluse *adj.* 속세를 떠난 marked by withdrawal from society
5. **recondite** [rékəndàit] RE condite *adj.* 심원한
   incomprehensible to one of ordinary understanding or knowledge
6. **recruit** [rikrú:t] RE cruit *v.* 보급하다, 보충하다, 모집하다
   a fresh or additional supply; a newcomer to a field
7. **redeem** [ridí:m] RED eem *v.* 다시 사다, 회수하다
   to buy back; to free from what distresses or harms
8. **redundant** [ridʌ́ndənt] RED undant *adj.* 중복된
   exceeding what is necessary or nomal; superfluous

9. **refractory** [rifrǽktəri] RE factory *adj.* 다루기 어려운
resisting control or authority; resistant to treatment or cure
10. **rehabilitate** [rìːhəbílətèit] RE habilite *v.* 복원하다. to restore to a former capacity
11. **rejuvenate** [ridʒúːvənèit] RE juvenate *v.* 도로 젊어지다
to make young or youthful again; reinvigorate
   예 The clear mountain air *rejuvenated* my grandparents.
   맑은 산 공기가 우리 할아버지와 어머니가 다시 젊어진 느낌을 갖도록 해주었다.
12. **relegate** [réləgéit] RE legate *v.* 추방하다. to sand into exile; banish
13. **relinquish** [rilíŋkwiʃ] RE linquish *v.* 철회하다. to withdraw or retreat from; renounce
14. **reluctant** [rilʌ́ktənt] RE luctant *adj.* 꺼리는 struggling against; averse
15. **renounce** [rináuns] RE nounce *v.* 포기하다
to give up, refuse, or resign usually by formal declaration
16. **reprove** [riprúːv] RE prove *v.* 꾸짖다. to express disapproval of; censure
17. **repugnant** [ripʌ́gnənt] RE pugnant *adj.* 불유쾌한 exciting distaste or aversion
18. **retrieve** [ritrív] RE trieve *v.* 만회하다. to get back again; to call to mind again
19. **revoke** [rivóuk] RE voke *v.* 철회하다. to annul by recalling or taking back

● 연습문제

Ⅰ. reiterate와 redundant를 분석하시오.

Ⅱ. 다음 _____ 부분을 채우시오.

(1) They __________(d) many young men during world war Ⅱ.
제 2차 세계 대전 때 많은 젊은이들이 신병으로 모집되었다.

(2) The __________ small forced me to run out of the room.
그 역겨운 냄새 때문에 나는 방밖으로 뛰쳐나올 수밖에 없었다.

Ⅲ. 아래에 있는 단어는 "back, again"을 뜻하는 접두사 re-로 시작되는 단어이다. 왼쪽의 단어와 가까운 뜻을 지닌 번호를 쓰시오.

a. reverberate
(1) to seperate into the original parts
(2) to echo or resound
(3) to regain one's energy
(4) to resume a former habit

b. remiss
(1) absentminded (2) careless
(3) sinful (4) sorrowful

c. recompense
(1) to remember (2) to reconcile
(3) to resume (4) to pay back

d. repulsive
(1) disgusting (2) attractive
(3) normal (4) conceited

e. reciprocal
(1) advantageous (2) reversible
(3) provisional (4) mutual

No. 40

SE

apart, aside, without(분리되어, 옆에, 없이)

해설 접두사 SE는 APART, ASIDE, WITHOUT을 뜻한다. 라틴어에서 SE는 sui의 탈격으로써 by itself, apart, aside를 의미한다.

기본 어휘

1. **secede** [sisíːd] *v.* 탈퇴하다(=to go apart; to withdraw from an association, especially for political or religious reasons)
"apart"를 뜻하는 se-와 "to go"를 뜻하는 라틴어 어근 ced-로 이루어졌다.
예 The confederacy was composed of southern states that *seceded* from the Union.
남부 연맹은 합중국에서 탈퇴한 남부주들로 구성되어 있었다.

2. **secure** [sikjúər] *adj.* 안전한, 확실한(=safe; certain; fixed firmly or strongly in place; so strong or well made as to make loss, breakage, escape or defeat impossible)
v. 보증하다, 확보하다(=to protect, fasten, or guarantee; to obtain)
"without"을 뜻하는 접두사 se-와 "care"를 뜻하는 라틴어 어근 cur-에서 파생됐다. 그러므로 아래와 같은 뜻을 가진다.
예 Little Joey feels *secure* only when he is with his parents.
어린 Joey는 부모님들과 같이 있을 때에만 안전하다는 느낌을 가진다.

3. **sedition** [sidíʃən] *n.* 선동(=language or action directed against public order, the encourage-ment of disorder or revolt against the state)
"aside"를 뜻하는 se-와 "a going"을 뜻하는 라틴어 어근 it-와 "the act or state of"를 뜻하는 접미사 -ion으로 이루어졌다.
예 In Stalin's Russia, *sedition* meant a certain death.
스탈린이 지배하던 러시아에서는, 선동을 일으키면 확실히 살해되었다.

4. **select** [silékt] *v.* 고르다(=to choose something apart from others; to make a choice)
adj. 선발한(=set aside as being the best, chosen for high quality; making careful, discriminating choices)
"apart"를 뜻하는 se-와 "to choose"를 의미하는 lect-로 형성됐다.
예 You may *select* any dress you wish. 네가 원하는 드레스를 아무거나 골라도 좋아.

보충 어휘

1. **seclude** [siklú:d] SE clude *v.* 차단하다. set apart; aside
2. **seclusion** [siklú:ʒən] SE clusion *n.* 은퇴, 격리 state of being shut apart; alone
3. **security** [sikjúəriti] SE curity *n.* 안전, 무사
   condition of being protected; apart from danger

   예 The orphan had never had the *security* of a loving family.
   그 고아는 사랑하는 가정이란 보호를 가진 적이 한번도 없었다.
4. **secret** [sí:krit] SE cret *n.* 비밀 a thing apart; hidden
5. **secrete** [sikrí:t] SE crete *v.* 숨기다. to hide away; store away
6. **secretion** [sikrí:ʃən] SE cretion *n.* 은닉 matter stored away for functional use
7. **secretive** [síkri:tiv] SE cretive *adj.* 은닉성의, 은닉하는 disposed to keep secrets

   예 My little sister is *secretive* by nature. 내 여동생은 선천적으로 말이 적다.
8. **sequestration** [sikwestreiʃən] SE questration *n.* 격리
   separation; retirement from society
9. **secretary** [sékrətri] SE cretary *n.* 서기, 비서
   one entrusted with secrets; a confidential employee
10. **secession** [siséʃən] SE cession *n.* 탈퇴 state of withdrawal from government
11. **seditionist** [sidiʃənist] SE ditionist *n.* 선동자 one who practices acts of sedition
12. **seduce** [sidjú:s] SE duce *v.* 유혹하다. to lead astray by fraud
13. **seductive** [sidʌ́ktiv] SE ductive *adj.* 유혹적인 attractive; causing to be led astray
14. **segregate** [ségrigèit] SE gregate *v.* 분리하다, 격리하다
    to cut off from the general mass; seclude
15. **separate** [sépərèit] SE parate *v.* 분리하다, 격리하다
    to disunite; to disconnect; to server from others

● 연습문제

Ⅰ. seclude와 seductive를 분석하시오.

Ⅱ. 다음 ________ 부분을 채우시오.

(1) Emily Dickinson, the poet, lived in __________ for many years. No one seems to know the reason for her _________ from society. That ____________ died with her.

시인인 에밀리 디킨슨은 여러해 동안 사람들과 떨어져서 은둔하며 살았다. 아무도 그녀가 세상사람들과 격리되어 살았던 이유를 모르는 듯하다. 그 비밀은 그녀의 죽음과 함께 동시에 묻혀졌다.

No. 41

SUB

under beneath(아래, 밑에)

해설

접두사 SUB는 under; beneath; below, secondary; subordinate, less than; almost or imperfectly, secretly 등을 의미한다.

기본어휘

1. **submarine** [sʌ́bməriːn] *adj.* 해저의(=existing or operating beneath the surface of the sea)
"under"를 뜻하는 sub-와 "of or having to do with the sea or ships; nautical"을 뜻하는 marine으로부터 파생되었다.
예 Skin divers can study *submarine* life. 스킨다이빙을 하는 사람들은 해저 생물을 관찰할 수 있다.

2. **submit** [səbmít] *v.* 복종시키다, 제시하다, 항복하다(=to place under or yield to the authority, will, or power of another; to surrender; to present for consideration; to present as one's opinion; suggest)
"under; beneath"를 의미하는 sub-와 "to send or place"를 의미하는 라틴 어근 mit-로 되어 있다.
예 The English tribes *submitted* to Caesar's legions. 영국의 부족들은 시저의 레기온 군단에게 항복하였다.

3. **suborbital** [sʌbɔ́ːrbitl] *adj.* 궤도(수준) 이하의(=not going into orbit; falling short of a complete revolution around the earth or another heavenly body; said of rockets)
"less than, almost, or imperfectly" 등을 의미하는 sub-와 "having to do with an orbit"을 뜻하는 orbital로부터 파생된 단어이다.
예 The missile had a *suborbital* flight, landing a thousand miles downrange from the launching pad.
그 미사일은 궤도에 오르지 않은 비행을 하여 발사대로부터 예정 비행 경로를 따라서 1000마일 되는 곳에 착륙했다.

4. **subordinate** [səbɔ́ːrdənit] *n.* 부하, *adj.* 예속된(=belonging to a lower position, class, or rank)
"under"를 뜻하는 sub-와 "to order"를 의미하는 어근 ordin- 그리고 여기 "characterized by"를 뜻하는 -ate가 더해진 것이다.
예 An officer is authorized to give orders to his *subordinates*.
장교는 자기의 부하들에게 명령을 내릴 권한을 가진다.

보충어휘

1. **subaltern** [sʌ́bltən] SUB altern *n.* 중위 *adj.* 부하의 inferior in rank
2. **subdivide** [sʌ̀bdiváid] SUB divide *v.* 세분하다. to cut up into small lots

3. **subdue** [səbdjúː] SUB due *v.* 정복하다. to overcome; vanquist; conquer
4. **subconscious** [sʌbkɔ́nʃəs] SUB conscious *adj.* 잠재의식의
under the conscious level of the mind
5. **subject** [səbʤékt] SUB ject *v.* 복종시키다. to place under control of another
6. **subject** [sʌ́bʤikt] SUB ject *n.* 주제, 신하
a topic to write about; the underling of a king
7. **submerge** [səbmə́ːrʤ] SUB merge *v.* 물 속에 넣다
to plunge under; as, submerge under a wave
8. **submersion** [səbmériʃən] SUB mersion *n.* 침수
the act of placing completely under a wave
9. **submission** [səbmíʃən] SUB mission *n.* 항복, 복종
the act of putting oneself under the control of another
10. **subscribe** [səbskráib] SUB scribe *v.* 기부하다, 서명하다
to underwrite; sign one's name under a contract; as, to subscribe to a magazine
11. **subsidize** [sʌ́bsidàiz] SUB sidize *v.* 보조금을 지급하다. to aid with public funds
   예 The rich man agreed to *subsidize* a national theater.
   그 부자는 국립 극장에 보조금을 내는 것을 승낙했다.
12. **substantiate** [səbstǽnʃièit] SUB stantiate *v.* 실증하다, 구체화하다
to make firm with support; as, substantiate the man's claims
13. **subterfuge** [sʌ́btərfjùːʤ] SUB terfuge *n.* 핑계, 구실 deception
   예 He escaped his duties by a *subterfuge*. 그는 자기의 의무들을 핑계를 대서 면하게 되었다.
14. **substitute** [sʌ́bstitjùːt] SUB stitute *n.* 대리인
someone who takes the place of another; as, a substitute teacher
15. **subterraneous** [sʌ̀btəréiniəs] SUB terraneous *adj.* 지하의, 숨은
under ground; as, a subterraneous passage
16. **subversive** [səbvə́ːrsiv] SUB versive *adj.* 파괴하는 *n.* 파괴분자
tending to undermine the government

● 연습문제

Ⅰ. subdue와 subterraneous를 분석하시오.

Ⅱ. 다음 ______ 부분을 채우시오.

(1) "In all __________ and humility York does present himself to your Highness." (Shakespeare)
모든 복종과 겸손으로 York가 전하께 배알 드립니다.

(2) The political was accused of being __________ and the leader was arrested.
그 정당은 파괴분자로 고발되어 지도자가 체포되었다.

No. 42 SUPER, SUPR

over, above, beyond, greater in quality(위에, 더 큰, 초(超))

해설 라틴 접두사 SUPER, SUPR은 OVER, ABOVE, BEYOND, GREATER IN QUALITY를 의미한다. 희랍어의 HYPER도 이와 같은 뜻이다. 그리고 super에서 형성된 라틴동사 superare는 surmount의 뜻이다.

기본 어휘

1. **superficial** [sù:pərfíʃəl] *adj.* 피상적인, 표면의, 천박한(=on or over thr surface; affecting only the surface; going no deeper than the ordinary or obvious)
   "over"를 뜻하는 super-와 "the face; surface"를 의미하는 어근 fic-, 그리고 여기에 "of or having to do with"를 뜻하는 -ial이 더해져서 이루어졌다.

   예 It was a *superficial* wound, not a serious one. 그것은 중상이 아니라 외상이었다.
   This student has only a *superficial* knowledge of his subject.
   그 학생은 자기가 배우는 과목에 대해 피상적인 지식밖에 가지고 있지 않다.

2. **supernatural** [sù:pərnǽtʃərəl] *adj.* 초자연적인, 불가사의한(=existing or occurring through some agency beyond the known forces of nature; lying outside the natural order; those forces, powers, or events that exist, operate, or occur outside the known or natural order)
   "above or beyond"를 뜻하는 super-와 단어 natural로 되어 있다.

   예 Ghosts are *supernatural* being. 유령들은 초자연적인 존재들이다.
   Poe wrote strange tales of the *supernatural*.
   포우는 초자연적인 것들에 대한 기이한 이야기들을 썼다.

3. **superhighway** [sù:pərhàiwei] *n.* 초고속도로(=a highway designed to handle more or faster traffic than a regular highway)
   "greater than; superior"를 의미하는 super와 highway로 된 단어이다.

   예 The new *superhighway* cuts our driving time to Cleveland by two hours.
   새로 지은 고속도로는 Cleveland로 가는 운전시간을 2시간이나 단축해 준다.

보충 어휘

1. **superable** [sú:pərəbəl] SUPER able *adj.* 이길 수 있는, 정복할 수 있는
   can be overcome; conquerable
2. **superabundant** [sù:pərəbʌ́ndənt] SUPER abundant *adj.* 과잉의
   above the needed amount; excessive

3. **supercilious** [sù:pərsíliəs] SUPER cilious *adj.* 불손한, 거만한
over-bearing; proud; haughty
4. **superfine** [sù:pərfáin] SUPER fine *adj.* 뛰어나게 좋은 of an exceptional quality
5. **superfluent** [supərfluənt] SUPER fluent *adj.* 지나치게 유창한, 풍부한
flowing freely, richly
6. **superintendent** [sù:pərinténdənt] SUPER intendent *n.* 감독자, 지휘자
one in charge; overseer
7. **superlunary** [sù:pərlú:nəri] SUPER lunary *adj.* 달 위의, 하늘의
in a position above the moon
8. **superhuman** [sù:pərhjú:mən] SUPER human *adj.* 초인적인, 신의적인
having powers beyond mankind

   예 The mother lifted the car off the ground by a *superhuman* effort to save her child.
   그 어머니는 자기의 아이를 구하기 위해 초인적인 노력에 의해 차를 땅에서 들어올렸다.

9. **superman** [sú:pərmæ̀n] SUPER man *n.* 초인 a man with extraordinary powers
10. **superiority** [sju(:)pìərió(:)rəti] SUPER iority *n.* 우월, 탁월 excellence; preeminence
11. **supremacy** [sju(:)préməsi] SUPR emacy *n.* 최고, 주권, 대권 state of being supreme
12. **superimpose** [sú:pərimpóuz] SUPER impose *v.* 겹쳐놓다, 부가하다
to place one thing over another
13. **supervise** [sú:pərvàiz] SUPER vise *v.* 감독하다, 지휘하다 to oversee; to superintend

   예 We need someone to *supervise* the children at the playground.
   놀이터에서 아이들을 감독할 사람이 필요하다.

14. **superlative** [sju(:)pə́:rlətiv] SUPER lative *adj.* 최고의, 최상의
in the highest degree; the best
15. **supreme** [sju(:)prí:m] SUPR eme *adj.* 최고 권위의, 가장 중요한
superior; of the highest quality

● 연습문제

Ⅰ. superfluent와 superimpose를 분석하시오.

Ⅱ. 다음 ______ 부분을 채우시오.

The ________ folly of mankind today is the vain race for ________ in spaceflight. It ________(s) (in) ________ burdens on man and makes for ________ attitudes in nations which have some success.

요즘 인류에게 있어서 더할 나위없는 어리석은 것은 우주 비행 분야에서 최고가 되려는 쓸데없는 경쟁이다. 그것은 극복하기 어려운 짐을 인간에게 부가하고 어느 정도의 성공을 거둔 국가들이 거만한 태도를 갖도록 한다.

No. 43 SUR

over, above, more(위에, 더 많이)

해설 접두사 SUR은 OVER, ABOVE, MORE를 의미한다. 이 접두어는 우수하다거나 뛰어난 것을 암시하지는 않는다.

기본 어휘

1. **surcharge** [sə́:rtʃɑ́:rdʒ] SUR charge *n.* 폭리, 과중(=an addition over and above the price) *v.* 지나치게 채우다(=to make an additional charge)
   "over"를 의미하는 라틴 접두어 sur-와 "to load"를 뜻하는 어근에서 파생된 charge이 결합한 단어이다.

   예 We had to pay a *surcharge* on our plane tickets because of our overweight luggage.
   우리는 중량초과의 짐 때문에 비행기 표에 추가요금을 내야만 했다.

2. **surmise** [sərmáiz] *v.* 추측하다, 억측하다(=to guess; to have superficial opinion based on little evidence)
   "over, upon"을 뜻하는 라틴 접두어 sur-와 "to send"를 의미하는 라틴 어근 -mise가 합쳐진 단어이다.

   예 We *surmised* that he was unable to come because of an emergency.
   우리는 그에게 어떤 긴급 사태가 일어나서 오지 못한 것이라고 추측했다.

3. **survive** [sərváiv] *v.* ~에서 살아남다, 생존하다(=remain alive longer than others)
   "more, beyond"를 뜻하는 라틴 접두어 sur-와 "to live"의 의미를 지닌 어근 vive-의 결합이다.

   예 Of all the passengers, Ken was the only one to *survive* the car accident.
   모든 승객 중에, Ken만이 교통사고에서 살아남았다.

보충 어휘

1. **surcingle** [sə́:rsìŋgəl] SUR cingle *n.* (말의)뱃대끈, 띠
   a belt drawn over the saddle to keep it on the horse
2. **surcoat** [sə́:rtkòut] SUR coat *n.* 일종의 겉옷 overcoat
3. **surface** [sə́:rfis] SUR face *n.* 표면, 외면, 외양 the top layer

   예 The *surface* of the water turned red as the sun set.
   해가 지면서 수면이 붉게 물들었다.

4. **surfeit** [sə́:rfit] SUR feit *v.* 과식, 과음, 범람
   to sicken with having too much, with excess
5. **surpass** [sərpǽs] SUR pass *v.* ~보다 뛰어나다, 능가하다
   to get ahead of; to transcend, excel
6. **surplice** [sə́:rplis] SUR plice *n.* 성직자가 입는 짧고 소매통이 넓은 흰옷
   a white linen vestment worn over the cassock of a priest
7. **surplus** [sə́:rplʌs] SUR plus *n.* 나머지, 여분 over plus; excess; abundance
8. **surprise** [səpráiz] SUR prise *v.* 놀래게 하다, 놀래다
   to take unawares; astonish
9. **surround** [səráund] SUR round *v.* 둘러싸다, 에워싸다
   to go aroud on all sides; encircle
10. **surtax** [sə́:rtæ̀ks] SUR tax *n.* 부가세 an additional tax
11. **surtout** [sərtú:t] SUR tout *n.* 남자용 외투 over all; a man's overcoat
12. **surveillance** [sə:rvéiləns] SUR veillance *n.* 감시, 감독
    supervision; the watch over all
13. **survey** [sə:rvéi] SUR vey *v.* 전망하다, 개관하다, 조사하다
    look over with an appraising eye; oversee
14. **surveyor** [sə:rvéiər] SUR veyor *n.* 감시자, 측량기사
    one who appraises; overseer
15. **survigrous** [sə(r)vígrəs] SUR vigrous *adj.* 지나치게 활동적인
    very active; enterprising
16. **survival** [sərváivəl] SUR vival *n.* 살아남기, 잔존, 생존
    continuing to live; keeping alive
17. **survivor** [sərváivər] SUR vivor *n.* 생존자, 유족
    one who remained alive

● 연습문제

Ⅰ. surface와 survigrous를 분석하시오.

Ⅱ. 다음의 _____ 부분을 채우시오.

(1) The __________ of the fittest is a theory in evolution.
적자생존은 진화론의 한 학설이다.

(2) In his early days George Washington worked as a __________.
조지 워싱턴은 젊었을 때 측량사로 일했었다.

(3) The judge asked for evidence, not __________.
판사가 요구한 것은 추측이 아니라 증거였다.

No. 44 SYS, SYL, SYM, SYN

with, together, along with(함께, 같이)

해설 접두사 SYS, SYL, SYM, SYN은 모두 WITH, TOGETHER, ALONG WITH를 의미한다. SYL은 l앞에서, SYM은 m, p, b 앞에서 SYN은 n, t, d 앞에서 사용된다. 이것은 발음상의 편의를 위한 음운 동화 현상이다.

기본 어휘

1. **syllable** [síləbəl] n, 음절, 철자, 한마디(=the part of a word that is spoken as single unit, consisting of a vowel alone or with one or more consonants)
"together"를 뜻하는 syl-과 "to take"를 뜻하는 어근 lab-으로 이루어졌다.

   예 The word vocabulary has five *syllables*:vo·cab·u·lar·y.
   "vocabulary"라는 단어에는 음절이 5개이다.

2. **sympathy** [símpəθi] n, 공감, 공명, 동정, 연민, 동감(=the quality of feeling with or feeling for someone else; a feeling of compassion for another's suffering; fellow feeling)
"with or together"를 뜻하는 접두사 sym-과 "to feel"을 뜻하는 그리스어 어근 path-와 "the quality or state of being"을 뜻하는 접미사 -y가 합해졌다.

   예 The neighbors expressed their *sympathy* to the widow.
   이웃사람들이 그 과부에게 조의를 표했다.

3. **synchronize** [síŋkrənàiz] *v.* 때를 같이하다, 동시에 일어나다(=to time things together; to adjust two or more things so that they agree with respect to time or speed; to work or cause to work in unison)
"together"를 뜻하는 접두사 syn-과 "time"을 뜻하는 그리스어 어근 chron-과 "to make"를 뜻하는 접미사 -ize로 이루어졌다.

   예 *Synchronize* your watches before you go to your posts.
   부서들을 지키러 가기 전에 당신들의 시계의 시간을 맞추시오.

4. **syntax** [síntæks] *n.* 문장 구조법, 구문론, 문장론(=the arrangement and relationship of words in phrases and sentences; sentence structure)
"together"를 의미하는 syn-과 "to arrange"를 의미하는 그리스어 어근 tax-로 이루어졌다.

   예 When learning a foreign language, you must study *syntax* as well as vocabulary and grammar.
   외국어를 배울 때, 당신은 어휘나 문법 뿐만 아니라 문장 구조법도 공부해야 한다.

보충 어휘

1. **monosyllable** [mɔ́nəsìləbəl] mono SYL lable *n.* 단음절, 단음절어
   a word of one syllable
2. **syllogism** [síləʤìzəm] SYL logism *n.* 삼단논법, 추론식
   a formal argument with a major and minor premise and a conclusion
3. **systematic** [sìstəmǽtik] SYS tematic *adj.* 조직적인, 체계적인
   arranged methodically according to a system
4. **symbol** [símbəl] SYM bol *n.* 상징, 표상, 기호, 부호
   something that stands as a visible sign of something else
   예 A lion is a *symbol* of courage. 사자는 용기를 상징한다.
5. **symbolize** [símbəlàiz] SYM bolize *v.* 상징하다, 나타내다
   to represent by a symbol
6. **symmetry** [símətri] SYM metry *n.* 균형, 조화, 대칭
   a balanced arrangement in size and form
7. **sympathetic** [sìmpəθétik] SYM pathetic *adj.* 동정하는, 인정 깊은
   having mutual feelings; as sympathy for others
8. **symphony** [símfəni] SYM phony *n.* 교향악, 화음, 조화
   a harmony of sound; musicians playing in harmony
9. **syncopation** [sìŋkəpéiʃən] SYN copation *n.* 절분법, 중략
   a temporary displacement of the regular accent
10. **syndicate** [síndikit] SYN dicate *n.* 기업조합, 주식인수조합
    an association of persons for business
11. **syndrome** [síndroum] SYN drome *n.* (병리) 증후군(症候群)
    signs and symptoms coming together at the same time
12. **synonym** [sínənim] SYN onym *n.* 동의어, 유사물
    two words which have practically the same meaning
    예 The words "system" and "method" are *synonyms.*
    "방식"과 "방법"이란 단어들은 동의어이다.
13. **synthesis** [sínθəsis] SYN thesis *n.* 종합, 통합, 합성
    a combination of parts to form a whole

● **연습문제**

Ⅰ. symmetry와 sympathetic을 분석하시오.

Ⅱ. 다음 ______부분을 채우시오.

The English language is partly a ________ of prefixes, suffixes and roots from the Latin and Greek.

영어는 일부분 라틴어와 희랍어에서 가져온 접두사, 접미사와 어근들의 합성이다.

No. 45 TRA, TRANS

across, through, over(가로질러, 통하여)

해설 접두어 TRA, TRANS는 ACROSS; THROUGH; OVER 등을 나타낸다. 또 한편으로는 "completely; surpassing"도 의미한다.

기본 어휘

1. **transact** [trænzǽkt] *v.* 집행하다, 처리하다, 해결하다(=perform, carry through)
"through"를 뜻하는 접두사 trans-와 "to do; drive"를 뜻하는 라틴 어근인 act로 형성되어진 것이다.
예 It took Philip ten minutes to *transact* his business at the bank.
Philip이 은행에서 볼 일을 처리하는데 10분이 걸렸다.

2. **transatlantic** [trǽnsətlǽntik] *adj.* 대서양을 횡단하는(=on the other side of the Atlantic Ocean; across or crossing the Atlantic Ocean)
"across, on the other side of"를 뜻하는 trans와 Atlantic이란 단어에서 파생된 것이다.
예 We've just heard from our *transatlantic* representative.
우리는 대서양 저편의 대표자에게서 방금 소식을 들었다.
The dispatch was sent by *transatlantic* cable.
그 급송은 대서양을 횡단하는 해외 전보로 보냈다.

3. **transfer** [trænsfə́ːr] *v.* 옮기다, 나르다, 양도하다, 전입하다 *n.* 옮기기, 운반하기, 전학(자)(=to carry across; to move or convey from one person, place, possessor, vehicle, etc., to another)
"across"를 뜻하는 trans-와 "to carry"를 뜻하는 라틴어근 fer-가 합쳐진 것이다.
예 He *transferred* his keys from his right hand to his left.
그는 열쇠들을 오른손에서 왼손으로 옮겼다.
Some of the new students were *transfers* from other colleges.
신입생 몇 명은 다른 대학에서 전학 온 사람들이었다.
Be sure to ask for a *transfer* to a cross-town bus at Fifth Street.
5가에서 시내횡단 버스로 갈아타는 표를 달라고 하는 것을 잊지 마세요.

4. **transcribe** [trænskráib] *v.* 복사하다, 보통 글자로 고쳐 쓰다(=to write over; copy from an original or from notes or to record a radio or television program for later broadcasting)
"over"를 뜻하는 trans-와 라틴 어근 "to write"를 의미하는 scrib-로 구성되어 있다.
예 The typist quickly *transcribed* the letter from her shorthand notes.
타자수는 속기로 씌어진 메모를 보고 재빨리 그 편지를 보통 글자로 고쳐 썼다.

보충 어휘

1. **transcontinental** [trӕ̀nzkɑntənéntl] TRANS continental *adj.* 대륙을 횡단하는
   across the continent
2. **transaction** [trænzǽkʃən] TRANS action *n.* 취급, 처리, 업무, 거래
   putting through of a business deal
3. **transferable** [trænsfə́:rəbəl] TRANS ferable *adj.* 옮길 수 있는 can be transferred
4. **transmit** [trænzmít] TRANS mit *v.* 인도하다. 송달하다
   send from person to person or place to place
5. **transmitter** [trænzmítər] TRANS mitter *n.* 전달하는 사람
   one who or that which sends across
6. **translate** [trænsléit] TRANS late *v.* 번역하다, 옮기다, 고치다
   to change from one form to another

   예 She *translated* my book into French. 그녀는 내 책을 불어로 번역했다.
7. **translator** [trænsléitər] TRANS lator *n.* 번역가, 통역
   one who translates from one language to another
8. **transport** [trænspɔ́:rt] TRANS port *v.* 수송하다, 운송하다
   to carry from place to place
9. **transportation** [trӕ̀nspɔ:rtéiʃən] TRANS portation *n.* 수송, 운반
   the act of carrying something from place to place
10. **transform** [trænsfɔ́:rm] TRANS form *v.* 변형시키다, 변화시키다
    change one form or structure to another
11. **transfusion** [trænsfjú:ʒən] TRANS fusion *n.* 이입, 주입, 침투
    passing from one to another

    예 Lucy needed a blood *transfusion* after the accident. Lncy는 사고 후에 수혈이 필요했다.
12. **transcend** [trænsénd] TRANS cend *v.* 초월하다, 능가하다
    cross to a higher level; surpass, excel

● 연습문제

Ⅰ. transport와 transcend를 분석하시오.

Ⅱ. 다음 ______부분을 채우시오.

(1) The variety of ways of ______ is a miracle of our times.
여러 가지 교통수단들은 우리 시대의 경이이다.

(2) Please ______ my luggage to the airport.
내림을 공항까지 옮겨 주십시오.

(3) The marvels of the universe ______ human comprehension.
우주의 경이는 인간의 이해 범위를 초월한다.

No. 46 ULTRA

beyond, exceeding, ulterior(초과의, 넘어서서)

해설 접두사 ULTRA는 BEYOND, EXCEEDING, ULTERIOR의 뜻을 지닌다. ULTRA와 비슷한 뜻을 가지고 있고 좀더 자주 사용되는 접두어에 super-와 trans-가 있다.

기본 어휘

1. **ultraconservative** [ʌ̀ltrəkənsə́ːrvətiv] *n. adj.* 초보수적인(사람)(=excessively conservative, especially in politics; reactionary. *n.* an excessively conservative person)
"exceedingly"의 뜻을 지닌 ultra-와 conservative로 이루어졌다.

   예 *Ultraconservatives* often believe that many changes are dangerous.
   초보수주의자들은 종종 많은 변화가 있으면 위험하다고 믿는다.

2. **ultraviolet** [ʌ̀ltrəváiəlit] *adj.* 자외선의(=lying beyond the violet end of the visible spectrum; said of high frequency wavelengths)
"beyond"를 의미하는 ultra-와 violet으로 이루어졌다.

   예 Sunburn is caused by exposure to the sun's *ultraviolet* rays.
   태양의 자외선에 노출되면 볕에 탄다.

3. **ultramontane** [ʌ̀ltrəmɔntéin] *adj.* 산너머의(=lying beyond the mountains)
"beyond"를 의미하는 라틴 접두사 ultra-와 "mountain"을 뜻하는 라틴 어근에서 파생된 montane가 합쳐진 단어이다.

보충 어휘

1. **ultra** [ʌ́ltrə] ULTRA *adj.* 극단적인, 과격한
Going beyond the range or limity
2. **ultraism** [ʌ́ltrəìzəm] ULTRA ism *n.* 극단론, 과격론
the principles of advocates of extremism
3. **ultraist** [ʌ́ltrəist] ULTRA ist *n.* 극단(과격)론자 an extremist; a radical
4. **ultramarine** [ʌ̀ltrəməríːn] ULTRA marine *adj.* 바다 저쪽의, 해외의, 군청색의 *n.* 군청색
beyond the sea; a blue pigment
5. **ultramicroscope** [ʌ̀ltrəmáikrəskòup] ULTRA microscope *n.* 초현미경
an instrument which renders visible particles not seen with an ordinary microscope

6. **ultramodern** [ʌltrəmɔ́dərn] ULTRA modern *adj.* 초현대적인
   extremely modern in ideas
7. **ultramundane** [ʌltrəmʌ́ndein] ULTRA mundane *adj.* 이 세계 밖의
   beyond the world
8. **ultrasonic** [ʌltrəsɔ́nik] ULTRA sonic *adj.* 초음파의, 초가청의
   supersonic; beyond sound

   예 Although people cannot hear the sound of an *ultrasonic* whistle, dogs can.
   사람들은 초음파 휘파람 소리를 들을 수는 없지만, 개는 들을 수 있다.
9. **ultra vires** [ʌ́ltrə-viriz] ULTRA vires *adv.* 권한을 넘어서, 월권으로
   beyond power; transcending authority
10. **ultrafashionable** [ʌltrəfǽʃənəbəl] ULTRA fashionable *adj.* 초유행의
    very fashionable

● 연습문제

Ⅰ. ultraism과 ultrasonic을 분석하시오.

Ⅱ. 다음의 ________ 부분을 채우시오.

(1) I read in the paper today that while __________ houses win prizes they do not win customers.
초현대적인 주택들은 상을 타오는 반면에 손님들을 끌어오지는 않는다고 오늘 신문에서 읽었다.

(2) Lapis lazuli is supposed to have the pure blue called ________ brought from Asia, beyond the sea.
청금석은 바다 건너서 아시아에서 가져온, 군청색이라고 불리는 순수한 청색을 지녀야 한다.

Weak things united become strong.
모기도 모이면 천둥소리 난다.

No. 47 UN

NOT(아닌)

해설
접두사 UN은 NOT을 의미한다. 그리고 부분적이고 불완전한 부정이 아니고 아주 흡족한 부정의 뜻을 지닌다. 즉 UN은 "not; opposed to; lacking; back"을 의미한다.

기본어휘

1. **un-American** [ʌnəmérikən] *adj.* 미국식이 아닌, 반미적인(=out of keeping with American character, spirit, ideals, etc, acting against the interests or objectives of the United States, lacking patriotism toward America)
"not; opposed to"를 뜻하는 un-과 American이란 단어로 되어 있다.
   예 The conferring of aristocratic titles is *un-American*. 귀족 계급의 작위를 수여하는 것은 미국식이 아니다.
2. **unbend** [ʌnbénd] *v.* 곧게 바로 펴다, 쉬게 하다(=to bend back into place again; straighten, to relax, as after tension, exertion, restraint, or formality)
행동의 역전을 나타내는"back"을 의미하는 un-과 여기에 bend가 합쳐진 것이다.
   예 I *unbend* myself after work by watching television. 나는 퇴근하고 나서 텔레비전을 보며 편안히 쉰다.
3. **uncouth** [ʌnkú:θ] *adj.* 무뚝뚝한, 거친, 야한, 괴상한(=unknowing hence; lacking refinement; crude; awkward; boorish)
"not"을 뜻하는 un-과 더 이상 사용되지 않는 좀 오래된 영어로 "known"을 뜻하는 "couth"로 형성되어 있다. 원래 unknown의 의미
   예 The peasant, though *uncouth* in manner and appearance, was nevertheless honest and hard-working. 그 농부는 몸가짐이나 용모로 보아서는 세련되지는 않았지만 그래도 정직하고 근면했다.

보충어휘

1. **unable** [ʌnéibəl] UN able *adj.* 할 수 없는, 하지 못하는 not having the srill to do something
2. **unabridged** [ʌnəbrídʒd] UN abridged *adj.* 생략되지 않은, 전부 실은
not shortened, given in full
3. **unwelcome** [ʌnwélkəm] UN welcome *adj.* 환영받지 못하는, 싫은
not received graciously; unwanted
   예 You will never be *unwelcome* at our house. 당신은 우리 집에서는 언제나 환영받을 것이다.
4. **unadvanced** [ʌnədvǽnst] UN advanced *adj.* 앞으로 나아가지 않은
not having gone forward

5. **unalloyed** [ʌ̀nəlɔ́id] UN alloyed *adj.* 합금이 아닌, 순수한, 진실한 not mixed
6. **unadorned** [ʌ̀nədɔ́ːrnd] UN adorned *adj.* 꾸미지 않은, 소박한 not fancy; simple; plain
7. **unambitious** [ʌ̀næmbíʃəs] UN ambitious *adj.* 야심이 없는, 수수한
   not eager to get ahead; modest
8. **unaffected** [ʌ̀nəféktid] UN affected *adj.* 움직이지 않는, 꾸밈없는
   not touched; unconcerned; natural; genuine
9. **unaltered** [ʌnɔ́ːltərd] UN altered *adj.* 변경이 없는 not changed
10. **uneducated** [ʌnéʤukèitid] UN educated *adj.* 교육을 받지 못한, 무식한 not learned
11. **unfinished** [ʌ̀nfíniʃt] UN finished *adj.* 완성되지 않은, 거칠게 다듬은
   not ended, as an unfinished story; rough
12. **unhurried** [ʌ̀nhʌ́rid] UN hurried *adj.* 서두르지 않은, 점잖은 not in a rush; slow
13. **unknown** [ʌ̀nnóun] UN known *adj.* 알려지지 않은, 미지의
   not recognized; strange; incalculable

   예 For some *unknown* reason, my brother quitted his job suddenly.
   어떤 분명치 않은 이유로 인해, 내 남동생이 갑자기 회사에 사표를 냈다.

14. **unloved** [ʌnlʌvd] UN loved *adj.* 귀여움을 못 받는, 사랑 받지 못하는 not cherished
15. **unread** [ʌ̀nréd] UN read *adj.* 읽히지 않는, 독서하지 않는
   not read; not perused; not scholarly
16. **unspoken** [ʌ̀nspóukən] UN spoken *adj.* 입밖에 내지 않은, 말하지 않은
   not stated orally; not said; unuttered
17. **untouched** [ʌ̀ntʌ́tʃt] UN touched *adj.* 다치지 않은, 감동하지 않은
   not touched; unmoed; not mentioned

   예 Not being hungry, he left his food *untouched*. 그는 배가 고프지 않아서 음식에 손도 대지 않았다.

18. **untouchable** [ʌ̀ntʌ́tʃəbəl] UN touchable *adj.* 손댈 수 없는, 금지의 cannot be touched; intangible

● 연습문제

Ⅰ. unabridged를 분석하시오.

Ⅱ. 다음 ______ 부분을 채우시오.

(1) "Of the ________ word thou art master. The spoken word is master of thee."
<u>입밖에 내지 않은</u> 말에 대해서는 당신이 마음대로 할 수 있지만 입 밖으로 낸 말은 당신을 지배한다.

(2) One who leaves books _________ is as one who is _________ and cannot read.
<u>책을 읽지 않는</u> 사람은 <u>교육을 받지 못하여</u> 읽지 못하는 사람과 마찬가지이다.

Ⅲ. 다음 접두어와 맞는 뜻을 고르시오.

a. un_________	(1) back	b. y_________	(2) under
c. ar_________	(3) not	d re_________	(4) tend to
e. sub_________	(5) with	f. syn_________	(6) across
g. trans_________	(7) one who		

제3부

접미어

(SUFFIX)

No. 1
ABLE, IBLE

able, can do(할 수 있는)

해설 접미사 ABLE, IBLE는 ABLE; CAN DO를 의미한다. 원래는 라틴어 어간 -a-, -i-에 -bilis(capable of의 뜻)가 붙은 것으로 현대영어에서는 구별되지 않으니 철자법에 주의해야 한다.

기본 어휘

1. **agreeable** [əgríːəbəl] *adj.* 기분 좋은, 뜻에 맞는(=able to please)
   "to"를 의미하는 라틴 접두사 a-(=ad)와 "pleasing"을 뜻하는 라틴 어근에서 파생된 gree -와 "can do"의 뜻을 지닌 접미사 -able이 결합한 단어이다.
   예 His *agreeable* manners made him a favorite of the ladies.
   그의 기분 좋은 태도 때문에 그는 숙녀들에게서 총애를 받았다.
2. **manageable** [mǽnidʒəbəl] *adj.* 다루기 쉬운, 처리하기 쉬운(=can be managed; easily controlled)
   "hand"를 의미하는 라틴 어근에서 파생된 단어 manage와 "can do"의 뜻을 지닌 접미사 -able으로 된 단어이다.
   예 Though the dog looks a little fierce, he is guite *manageable*.
   그 개는 생김새가 약간 험상궂어 보이지만 꽤 유순하다.
3. **transportable** [trænspɔ́rtəbl] *adj.* 수송할 수 있는(=can be carried across; that can be conveyed)
   "across"를 뜻하는 라틴 접두사 trans와 "to carry"를 의미하는 라틴 어근 port와 "can do"를 뜻하는 접미사 -able이 합쳐진 단어이다.
   예 A laptop computer is easily *transportable*. 휴대용 컴퓨터는 쉽게 들고 다닐 수 있다.

보충 어휘

1. **capable** [keipəbl] cap ABLE *adj.* 유능한, ~할 수 있는
   able to do things well; competent
2. **bearable** [bέərəbəl] bear ABLE *adj.* 참을 수 있는, 견딜 수 있는
   able to be endured; endurable
3. **acceptable** [ækséptəbəl] accept ABLE *adj.* 받아들일 수 있는
   able to be accepted; welcome

4. **comfortable** [kʌ́mfərtəbəl] comfort ABLE *adj.* 편리한, 마음 편한
able to give ease, strength: complacent
5. **enjoyable** [endʒɔ́iəbəl] enjoy ABLE *adj.* 즐길 수 있는, 만족을 주는
able to be enjoyed, able to give satisfaction
6. **transferable** [træsfə́:rəbəl] transfer ABLE *adj.* 옮길 수 있는
can be carried across; negotiable
7. **forcible** [fɔ́:rsəbəl] forc IBLE *adj.* 억지로 된, 강력한
can be powerful; as, a forcible writer; done by force
8. **horrible** [hɔ́:rəbəl] horr IBLE *adj.* 무서운, 지독한 able to shock; frightful; unpleasant
9. **laughable** [lǽfəbəl] laugh ABLE *adj.* 우스운, 재미있는
can be laughed at; as, a jore; amusing
10. **portable** [pɔ́:rtəbl] port ABLE *adj.* 운반할 수 있는
can be carried; as, a portable typewriter
11. **reliable** [riláiəbəl] reli ABLE *adj.* 믿을 수 있는, 신뢰할만한
can be depended on; trustworthy
12. **sociable** [sóuʃəbəl] soci ABLE *adj.* 사교적인, 상냥한
friendly; can get along with people
13. **tenable** [ténəbəl] ten ABLE *adj.* 지킬 수 있는, 이치에 맞는
can be held or defended; sensible; logical
14. **terrible** [térəbəl] terr IBLE *adj.* 무서운, 지독한, 굉장한
can excite terror; fearful; tremendous
15. **edible** [édəbəl] ed IBLE *adj.* 먹을 수 있는, 식용에 적합한 can be eaten; eatable
16. **transmissible** [trænzmísəbəl] transmiss IBLE *adj.* 보낼 수 있는
can be sent across; can be imparted hereditarily
17. **visible** [vízəbəl] vis IBLE *adj.* 눈에 보이는, 분명한, 명백한
can be seen; perceptible; manifest; obvious

예 No stars are *visible* tonight because of the clouds covering the sky.
구름이 하늘을 뒤덮고 있기 때문에 오늘밤에는 별이 보이지 않는다.

● **연습문제**

Ⅰ. comfortable과 edible을 분석하시오.

Ⅱ. 다음 ________ 부분을 채우시오.

If you remember the KEYS you will acquire a __________ vocabulary. You will be __________ of expressing yourself in __________ convincing and __________ language.

이 길잡이들을 기억하면 당신은 확실한 어휘를 획득하게 될 것이다. 당신은 강력하고 설득력 있고 일반적으로 용인되고 있는 언어로 자신을 표현할 수 있게 될 것이다.

No. 2 AGE

act of, state of, function, result of, collection of
(행위, 상태, 기능, 결과)

해설 접미사 AGE는 라틴어 접미사 -aticum이 불어를 거쳐서 영어에 차용된 것으로 ACT OF; STATE OF; FUNCTION; RESULT OF; COLLECTION OF를 뜻하는 명사형 어미이다.

기본어휘

1. **carriage** [kǽridʒ] *n.* 운반, 운송, 태도, 자세, 마차(=the actor manner of carrying oneself; bearing)
"to cart"를 의미하는 라틴 어근에서 파생된 carri-와 "act of state of"를 뜻하는 라틴 접미사 -age의 결합이다.
   예 People used to travel in horse-drawn *carriages* before the automobile was invented.
   자동차가 발명되기 이전에 사람들은 말이 끄는 마차를 타고 다녔다.
2. **damage** [dǽmidʒ] *n.* 손해, 손상 *v.* 손상시키다(=loss due to injury; harm; hurt)
"loss"를 뜻하는 라틴 어근 dam-과 "result of"를 의미하는 라틴 접미사 -age가 합쳐진 단어이다.
   예 How much *damage* was caused by the fire?
   화재로 인한 손상이 어느 정도 됩니까?
3. **salvage** [sǽlvidʒ] *v.* 구해내다, 구조하다(=save; make fit for use; the saving of something damaged)
"to save"를 의미하는 라틴 어근에서 파생된 salv-과 "act of, result of"의 뜻을 지닌 라틴 접미사 -age로 된 단어이다.
   예 Many valuable things were *salvaged* from the famous sunken ship, the Titanic.
   많은 값비싼 물건들이 그 유명한 침몰선 타이타닉호에서 구조 되었다.

보충어휘

1. **courage** [kʌ́ridʒ] cour AGE *n.* 용기, 담력 strength of mind and heart
2. **courageous** [kəréidʒəs] cour AGE ous *adj.* 용기있는, 대담한, 씩씩한
having strength; lacking fear; being brave
3. **outrageous** [ɑutréidʒəs] outr AGE ous *adj.* 포악한, 무례한
full of wild misdoing; abusive; immoral

4. **marriage** [mǽriʤ] marri AGE *n.* 결혼(식), 밀접한 결합
   state of wedlock; a wedding; a close union
5. **marriageable** [mǽriʤəbəl] marri AGE able *adj.* 결혼할 나이의
   can be married; old enough for marriage
6. **envisage** [invíziʤ] envis AGE *v.* 직시하다, 마음 속에 그려보다
   to see with the mind's eye; visualize
7. **outrage** [áutrèiʤ] outr AGE *n.* 난폭한 행위, 폭행, 무례
   wild wrong doing; abuse; insult
8. **outrageously** [autréiʤəsli] outr AGE ously *adv.* 잔인 무도하게, 무례하게
   wildly; abusively
9. **salvageable** [sǽlviʤəbl] salv AGE able *adj.* 구조할 수 있는
   worth saving; that can be salvaged
10. **forage** [fɔ́riʤ] for AGE *n.* 사료, 마초, 꼴
    food for horses and cattle
11. **forage** [fɔ́riʤ] for AGE *v.* 마초를 주다, 양말을 주다
    search for; as to secure food by stripping a farm
12. **storage** [stɔ́:riʤ] stor AGE *n.* 저장, 보관, 창고, 수용력
    act of storing; as, for safe-keeping
13. **pillage** [píliʤ] pill AGE *n.* 약탈, 강탈(물)
    act of robbery; plunder in war; booty; spoil

    예 Many villages were *pillaged* and burnt down by the enemy.
    적군이 많은 마을들을 약탈하고 불에 몽땅 태워버렸다.
14. **orphanage** [ɔ́:rfəniʤ] orphan AGE *n.* 고아원, 고아신세
    the state of being an orphan; an institution for the care of orphan

● 연습문제

Ⅰ. courage를 분석하시오.

Ⅱ. 다음 ________ 부분을 채우시오.

The farmer said that what they were doing was __________.
농부는 그들이 하는 짓은 무례한 짓이라고 말했다.

No. 3 AL

relating to action, process(~행위, 과정과 관계되는)

해설 접미사 AL은 라틴어 -alis, -ale에서 형용사화의 기능을 갖는 것과 ACTION, PROCESS의 뜻을 지닌 명사화의 기능을 갖는 것의 두 가지가 있다. 여기에서는 주로 형용사의 예만 들었다.

기본어휘

1. **sensual** [sénʃuəl] *adj.* 육감적인, 음란한(=relating to the senses; voluptuous, lewd)
   "to feel"의 뜻을 지닌 라틴 어근 sens-와 "relating to"란 의미를 지닌 라틴 접미사 -al으로 된 단어이다.
   예 The glamorous movie star had *sensual* charm. 그 매혹적인 영화배우는 관능미를 지니고 있었다.
2. **cerebral** [sérəbrəl] *adj.* 두뇌의, 대뇌의, 지적인(=relating to the brain)
   "brain"을 뜻하는 라틴 어근 cerebr-와 "relating to"를 의미하는 라틴 접미사 -al이 합쳐진 단어이다.
   예 Having suffered brain damage before birth, the baby was born with *cerebral* palsy. 태어나기 전에 뇌에 손상을 입은 그 아기는 뇌성소아마비를 갖고 태어났다.
3. **manual** [mǽnjuəl] *adj.* 손으로 하는, 수세공의, 편람식의(=relating to the hand)
   "hand"를 의미하는 라틴 어근 manu-와 "relating"을 뜻하는 접미사 -al이 결합하였다.
   예 This work requires *manual* skill. 이 일은 손재주를 요구한다.
4. **spiritual** [spíritʃuəl] *adj.* 영혼의, 정신적인, 숭고한(=relating to the spirit as opposed to the body)
   "breath"를 뜻하는 라틴 어근 spirit-과 "relating to"의 의미를 지닌 -al이 결합한 단어이다.
   예 The man experienced *spiritual* growth after he miraculously recovered from his illness. 그 남자는 기적적으로 병이 나아진 후 영혼의 발달을 경험하게 되었다.

보충어휘

1. **autumnal** [ɔːtʌ́mnəl] autumn AL *adj.* 가을의 relating to the autumn of the year
2. **animal** [ǽnəməl] anim AL *n.* 동물 relating to creatures which live and breathe
3. **aural** [ɔ́ːrəl] aur AL *adj.* 듣는, 청각의 relating to the ear; heard
4. **decimal** [désəməl] decim AL *adj.* 10진법의
   relating to the system of counting based on ten

5. **gradual** [grǽdʒuəl] gradu AL *adj.* 점차적인, 단계적인
relating to movement by steps or degrees
6. **intellectual** [ìntəléktʃuəl] intellectu AL *adj.* 지성적인, 지적인
relating to the power to think
7. **infernal** [infə́ːrnl] infern AL *adj.* 지옥의, 악마 같은, 극악한
relating to hell; devilish
8. **internal** [intə́ːrnl] intern AL *adj.* 내적인, 내부의 relating to the inside part of
   예 She suffered *internal* injuries when she fell out of her window.
   그녀는 창문에서 떨어졌을 때 내상을 입었다.
9. **mental** [méntl] ment AL *adj.* 마음의, 정신의, 지적인
relating to the mind; intellectual
10. **natural** [nǽtʃərəl] natur AL *adj.* 자연스러운, 타고난 relating to nature; unforced
11. **optional** [ɔ́pʃənəl] option AL *adj.* 선택할 수 있는, 임의의
relating to a matter of choice
12. **oral** [ɔ́ːrəl] or AL *adj.* 구두의, 입으로 하는 relating to the mouth; spoken
13. **reprisal** [ripráizəl] repris AL *n.* 앙갚음, 보복(수단)
related to the paying back of evil for evil
14. **technical** [téknikəl] technic AL *adj.* 기술의, 전문기술의, 학술적인
relating to mechanical arts
15. **usual** [júːʒuəl] usu AL *adj.* 평소의, 보통의, 일상의
relating to the common things; normal; ordinary
16. **phenomenal** [finɔ́minəl] phenomen AL *adj.* 이상한, 놀랄만한, 자연현상의
relating to what is unusual among its kind; marvellous

● 연습문제

Ⅰ. technical과 phenomenal을 분석하시오.

Ⅱ. 다음 ________ 부분을 채우시오.

(1) George Washington said, "It is ________ whether the United States will be respected and prosperous, or contemptible and miserable."
"미국이 존경을 받는 부유한 나라가 되느냐 아니면 경멸할 만한 비참한 나라가 되느냐하는 것은 <u>선택할 수 있는</u> 것이다."라고 조지 워싱톤이 말했다.

(2) ________ values are part of our religious training.
<u>영적</u> 가치들은 우리의 종교적 훈련의 일부분이다.

No. 4

AN, IAN

native of, relating to specialist(~출신의, 전문가와 관련된)

해설 AN, IAN은 라틴어 -anus에서 온 것으로 NATIVE OF; RELATING TO를 의미하는 접미사이다. 고유명사에 주로 붙어서 명사나 형용사를 만든다.

기본 어휘

1. **Freudian** [frɔ́idiən] freud IAN *adj.* 프로이트주의의
   of or relating to, the psychoanalytic theories or practices of Freud
2. **phonetician** [fòunətíʃən] phonetic IAN *n.* 음성학자
   a specialist in phonetics
3. **draconian** [dreikóuniən] dracon IAN *adj.* 드라콘식의, 엄격한
   extremely harsh or cruel, rigorous
4. **libertarian** [lìbərtɛ́əriən] libertar IAN *adj.* 자유주의자(의)
   an advocate of the doctrine of free will; one who uphold the principles of absolute and unrestricted liberty esp. of thought and action
5. **librarian** [laibrɛ́əriən] librar IAN *n.* 도서전문가
   a specialist in the care or management of a library
6. **electrician** [ilèktriʃən] electric IAN *n.* 전기학자, 전공 a specialist in electricity
7. **cosmopolitan** [kɑ́zməpɑ́lətən] cosmopolit AN *adj.* 세계주의자의
   worldwide rather than limited or provincial scope of bearing
   예 New York is a *cosmopolitan* city where you can meet people from many different parts of the world.
   뉴욕은 세계 곳곳에서 온 사람들을 만날 수 있는 국제도시이다.
8. **utopian** [juːtóupiən] utop IAN *adj. n.* 이상주의자(의)
   of or relating to the characteristics of a utopia
   예 Some people think that technology will bring a *utopian* world in the near future.
   어떤 사람들은 과학기술이 가까운 장래에 이상적인 세계를 가져오게 될 것이라고 생각한다.
9. **lesbian** [lézbiən] lesb IAN *adj. n.* 동성연애자(의)
   of or relating to homosexuality between females
   예 A *lesbian* is a female homosexual who is sexually attracted to other women.
   레즈비언은 다른 여자들에게 성적으로 매력을 느끼는 동성애를 하는 여성이다.

10. **Czechoslovakian** [tʃékouslouvǽkiən] Czechoslovak IAN *adj.* 체코(인)의
a native of Czechoslovakia, a Czechoslovakian
11. **Cuban** [kjúːbən] Cub AN *adj.* 큐바(인)의 a native of Cuba, a Cuban
12. **Dominican** [dəmínikən] Dominic AN *adj.* 도미니키(인)의
a native of the Dominican Republic, a Dominican
13. **Ethiopian** [iːəióupiən] Ethiop IAN *adj.* 이디오피아(인)의
a native of Ethiopia, an Ethipian
14. **Italian** [itǽljən] Ital IAN *adj.* 이태리(인)의
a native of Italy, an Italian
15. **Mongolian** [mɔŋgóuliən] Mongol IAN *adj.* 몽고(인)의
a native of Mongolia, a Mongolian
16. **Australian** [ɔːstréiljən] Austral IAN *adj.* 호주(인)의
a native of Australia, an Australian

● **연습문제**

Ⅰ. cosmopolitan과 utopian을 분석하시오.

Ⅱ. 다음 ________ 부분을 채우시오.

(1) Many __________ exiles wish to return to Cuba.
많은 큐바의 추방자들은 큐바로 돌아가고 싶어한다.

(2) Australia said, "Australia is for __________."
호주 대변인이 "호주는 호주 사람들을 위한 것이다."라고 말했다.

Who fears to suffer, suffers from fear.
길을 무서워하면 범을 만난다.

No. 5 ARY, ERY, ORY

relating to quality, place where(~의 성질을 가진, ~하는 장소)

해설 접미사 ARY, ERY, ORY는 명사와 형용사를 만드는 구실을 주로 하며 명사로 쓰일 경우는 QUALITY나 PLACE WHERE를 의미하며 형용사에서는 RELATING TO를 나타낸다.

기본어휘

1. **dictionary** [díkʃənəri] *n.* 사전(=a book of words and their meanings)
   "to say"를 뜻하는 라틴 어근 diction-과 "place where"를 의미하는 접미사 -ary의 결합이다.
   예 If you don't know the meaning of a word, look it up in the *dictionary*.
   어떤 단어의 의미를 모르면 사전에서 찾아보아라.
2. **primary** [práimәri] adj. 일차적인, 기본적인, 중요한(=relating to first things; important things)
   "first"를 의미하는 라틴 어근 prim-과 "relating to"의 뜻을 지닌 접미사 -ary로 된 단어이다.
   예 The *primary* colors are red, yellow and blue. 원색에는 빨간색, 노란색, 그리고 파란색이 있다.
3. **dormitory** [dɔ́:rmətəri] *n.* 기숙사(=a place where people sleep)
   "to sleep"을 의미하는 라틴 어근 dormit-와 "place where"의 뜻을 지닌 접미사 -ary가 합쳐진 단어이다.
   예 My daughter lives in the School *dormitory*. 내 딸은 학교기숙사에서 산다.

보충어휘

1. **burglary** [bə́:rgləri] burgl ARY *n.* 가택불법침입 강도죄
   the act of breaking into a place for theft
2. **dietary** [dáiətəri] diet ARY *adj.* 음식의, 규정식사, 음식조절의
   relating to diet; as, dietary laws
3. **necessary** [nésəsəri] necess ARY *adj.* 필요한, 필연적인
   relating to need; as, necessary food
4. **voluntary** [vɔ́ləntəri] volunt ARY *adj.* 자유의지의, 자발적인, 자원의
   relating to free will
   예 Kathy does *voluntary* work at a hospital. Kathy는 병원에서 자원봉사를 한다.

5. **bakery** [béikəri] bak ERY *n.* 제과점, 과자점
   a place where foods are baked or sold
6. **bindery** [báindəri] bind ERY *n.* 제본소 a place where books are bound
7. **bravery** [bréivəri] brav ERY *n.* 용기, 대담무쌍, 담력 the quality of courage
8. **bribery** [bráibəri] brib ERY *n.* 뇌물
   the act of influencing the act of another by a gift of money; as, bribery of a judge
9. **reformatory** [rifɔ́ːrmətəri] reformat ORY *n.* 교화, 교도
   a place where the young wrongdoer is helped to reform
10. **repertory** [répərtəri] repert ORY *n.* 창고, 모아둔 물건, 레파토리
    a place where something may be located; the plays presented in turn by a drama group; storehouse; collection
11. **witchery** [wítʃəri] witch ERY *n.* 마술, 마법, 매력
    the quality of witchcraft; charm; magic
12. **depository** [dipɔ́zitəri] deposit ORY *n.* 보관소, 저장소, 창고
    a place where valuable things are placed
13. **factory** [fǽktəri] fact ORY *n.* 공장
    a place where workers are employed to make goods
14. **memory** [mémәri] mem ORY *n.* 기억, 회상 the process of recalling
15. **obligatory** [əblígətəri] obligat ORY *adj.* 의무로 지고 있는
    relating to a duty; compulsory
    예 It is *obligatory* to wear a seat belt in the frontseat of the car.
    차 앞좌석에 앉으면 안전벨트를 매는 것을 의무로 한다.
16. **stationary** [stéiʃənéri] station ARY *adj.* 움직이지 않는, 정지한
    fixed in one place; not moving; at rest

● **연습문제**

Ⅰ. reformatory와 factory를 분석하시오.

Ⅱ. 다음 ________ 부분을 채우시오.

(1) It is foolish not to observe the simple ________ rules for good health.
좋은 건강을 위한 단순한 식이요법 규칙을 따르지 않는 것은 어리석은 것이다.

(2) ________ hurts the one who gives as well as the one who takes.
뇌물은 받는이 만큼이나 주는 이에게도 해를 끼친다.

(3) A good ________ is much to be desired for recalling facts.
사실들을 상기하는 데에는 기억력이 좋은 것이 요구된다.

No. 6 ATE

cause make(~원인이 되다, 만들다)

해설 접미사 ATE는 라틴어의 p.p. ending인 -atus에서 온 것으로 CAUSE; MAKE를 의미하는 동사를 만든다. 이외에도 act on, furnish with의 뜻도 가진다.

기본 어휘

1. **educate** [édʒukèit] *v.* 교육시키다, 가르치다(=to provide with schooling; to lead to knowledge)
"to rear"를 의미하는 라틴 어근에서 파생된 educ-와 "cause, make"를 의미하는 라틴 접미사 -ate가 합쳐졌다.
예 He went to college by *educating* himself. 그는 독학으로 대학에 입학했다.

2. **fascinate** [fǽsənèit] *v.* 매혹하다, 황홀하게 하다, 흥미를 끌다(=to put under aspell; charm; captivate)
"spell"을 의미하는 라틴 어근 fascin-과 "cause, make"를 뜻하는 라틴 접미사 -ate의 결합이다.
예 Greek mythology *fascinates* me. 그리스 신화는 나의 흥미를 끈다.

3. **liquidate** [líkwidèit] *v.* (손해, 부채를) 청산하다, 제거하다(=to end a debt by payment; to eliminate)
"liquid, clear"의 뜻을 지닌 라틴 어근 liquid-와 "cause, make"의 의미를 지닌 -ate로 된 단어이다.
예 He *liquidated* his company because he could not pay all the debts.
그는 빚을 다 갚을 수 없었기 때문에 자기의 회사를 정리했다.

보충 어휘

1. **dedicate** [dédikèit] dedic ATE *v.* 봉납하다, 헌납하다, 헌정하다
to set apart for a purpose; consecrate

2. **advocate** [ǽdvəkèit] advoc ATE *v.* 지지하다, 주창하다
to speak for; to defend; support
예 She *advocates* women's rights. 그녀는 여자의 권리를 지지한다.

3. **arrogate** [ǽrəgèit] arrog ATE *v.* 사칭하다, 횡령하다, 침해하다
to claim as one's own without right

4. **consecrate** [kɔ́nsikrèit] consecr ATE *v.* 봉납하다, 헌납하다
to put into religious office by a rite; to make sacred
예 The priest *consecrated* the new church.
신부는 새 교회를 봉헌했다.

5. **abbreviate** [əbríːvièit] abbrevi ATE *v.* 생략하다, 줄이다
make short; shorten

6. **deviate** [díːvièit] devi ATE *v.* 빗나가다, 일탈하다
to turn aside from the right way; cause to stray

7. **attenuate** [əténjuèit] attenu ATE *v.* 경감하다, 약화시키다
to make thin; to weaken

8. **enumerate** [injúːmərèit] enumer ATE *v.* 세다, 열거하다
to count; list one after the other

10. **exaggerate** [igzǽʤərèit] exagger ATE *v.* 과장하다
to cause to appear larger than reality

11. **integrate** [íntəgrèit] integr ATE *v.* 통합하다, 완성하다
to cause to become a whole; complete

12. **infiltrate** [infíltreit] infiltr ATE *v.* 침입(투)하다
to cause to slip through; as through enemy lines or a filter

13. **segregate** [ségrigèit] segreg ATE *v.* 갈라놓다, 격리하다
to keep apart; separate; isolate

14. **permeate** [pə́ːrmièit] perme ATE *v.* 침투하다, 스며들다
to go through and through; penetrate

15. **enervate** [énərvèit] enerv ATE *v.* 기운(력)을 빼앗다.
to take away strength; enfeeble; weaken

16. **emancipate** [imǽnsəpèit] emancip ATE *v.* 해발하다, 자유를 주다
to set free from control; release from slavery; liberate

17. **decimate** [désəmèit] decim ATE *v.* 10명에서 1사람씩 죽이다, 사람을 많이 죽이다
to kill every tenth man in a group; destroy large numbers

● 연습문제

Ⅰ. enervate와 emancipate를 분석하시오.

Ⅱ. 다음 ________ 부분을 채우시오.

Spies, knowing many languages, __________ the enemy lines.

여러 나라 말을 아는 스파이들은 방어전에 침투한다.

No. 7

CULE, ICLE, LING

very small young one(작은 것, 귀여운 것)

해설 접미사 CULE, ICLE, LING는 모두다 VERY SMALL을 의미한다.

기본 어휘

1. **articulate** [á:rtíkjuleit] *v.* 똑똑히 발음하다, 표현하다(=to pronounce each little sound carefully)
   "joint"를 의미하는 라틴 어근 arti-와 "very small"의 뜻을 지닌 접미사 -cule과 "cause, make"를 뜻하는 라틴 접미사 -ate의 결합이다.
   예 He *articulated* his words slowly because his grandmother was hard of hearing.
   어머니의 청력이 별로 좋지 않았으므로 그는 말을 천천히 똑똑히 발음했다.
2. **molecule** [mɔ́ləkjù:l] *n.* 분자, 미분자(=a tiny particle of matter)
   "mass"의 뜻을 지닌 라틴 어근 mole-과 "very small"의 의미를 지닌 -cule로 된 단어이다.
   예 Two atoms of hydrogen and one atom of oxygen make up a *molecule* of water.
   수소원자 두 개와 산소원자 하나가 합해져서 물분자 하나를 이룬다.
3. **sapling** [sǽpliŋ] *n.* 어린 나무, 풋내기(=a very young tree; youth)
   "juice"라는 의미를 지닌 어근에서 파생되어 "liquid in a tree"를 뜻하는 sap-와 "young one"를 뜻하는 -ling이 합쳐졌다.
   예 We planted *saplings* in the woods. 우리는 숲에 어린 나무를 심었다.

보충 어휘

1. **crepuscule** [kripʌ́skju:l] crepus CULE *n.* 땅거미, 황혼
   dim light; half light; twilight
2. **minuscule** [mínʌskjù:l] minus CULE *adj.* 소문자의(로 쓴), 작은
   very small; petty; insignificant
3. **article** [á:rtikl] art ICLE *n.* 기사, 한 개, 금품
   a small thing; a detail; a piece of writing on a particular topic
4. **animalcule** [ænəmǽlkju:l] animal CULE *n.* 극미동물, 작은동물
   a minute animal, usually microscopic

5. **reticule** [rétikjùːl] reti CULE *n.* 작은 그물모양의 주머니
   a small net handbag
6. **ridicule** [rídikjùːl] ridi CULE *n.* 조롱, 조소(거리) *v.* 조롱하다
   small, mocking laughter; derision

   예 He was held up to *ridicule* by his foolish behavior.
   그는 어리석은 행동으로 사람들에게 조롱당했다.
7. **molecular** [moulékjulər] mole CUL ar *adj.* 분자의, 분자로 된
   in the nature of a molecule
8. **funicle** [fjúːnikəl] fun ICLE *n.* 식물
   a small cord; a bundle of threadlike fibers
9. **darling** [dáːrliŋ] dar LING *n.* 귀여운 사람, 사랑하는 사람
   a dear one, favorite
10. **duckling** [dʌ́kliŋ] duck LING *n.* 새끼오리, 작은 오리
    a little baby duck
11. **fledgling** [flédʒliŋ] fledg LING *n.* 깃털이 갓난 새, 풋내기
    a baby bird; an inexperienced person
12. **gosling** [gɔ́zliŋ] gos LING *n.* 새끼거위, 애숭이
    a baby goose; foolish and inexperienced person
13. **hireling** [háiərliŋ] hire LING *n.* 돈만 주면 일하는 사람
    one hired to do a job for petty motives
14. **nestling** [nésliŋ] nest LING *n.* 날지 못하는 새의 새끼, 젖먹이
    a bird still in the nest, unable to fly; young child
15. **princeling** [prínsliŋ] prince LING *n.* 어린 임금, 소공자
    a prince of a small country
16. **underling** [ʌndərliŋ] under LING *n.* 하급직원, 부하
    an underdog; of the lowest status
17. **worldling** [wəːrldliŋ] world LING *n.* 속인, 속물
    one devoted to the world and its pleasures

● 연습문제

Ⅰ. minuscule과 animalcule을 분석하시오.

Ⅱ. 다음 __________ 부분을 채우시오.

(1) Richard Ⅲ had the two ________(s) murdered in the Tower.
Richard 3세는 런던 탑에서 두 명의 어린 왕자들을 살해하도록 했다.

(2) "It is not in our stars, but in ourselves that we are __________(s)." (Shakespeare).
"우리가 아랫사람들인 것은 타고난 운세 때문이 아니라, 우리 자신들 때문인 것이다."
(셰익스피어)

No. 8

EE

one who receives the action(~사람, ~인)

해설 접미사 EE는 ONE WHO를 뜻한다. 그러나 이것은 ER이나 OR의 ONE WHO와는 달리 행동을 받는 ONE WHO를 말한다.

기본 어휘

1. **alienee** [èiljəníː] alien EE *n.* 양수인
   one who receives property through a transfer
2. **donee** [douníː] don EE *n.* 기증 받은 사람, 수증자
   one who receives a gift
3. **appellee** [æ̀pəlíː] appell EE *n.* 피 공소인
   a person who has an appeal made against him
4. **assessee** [əsésíː] assess EE *n.* 평가 대상자
   one whose property is assessed
5. **assignee** [əsàiníː] assign EE *n.* 양수인, 수탁자
   one whom a duty is assigned
6. **biographee** [baiɔ̀grəfíː] biograph EE *n.* ~의 전기, ~의 일대기
   one whose life is written about
7. **devotee** [dèvoutíː] devot EE *n.* 귀의자, 열성자, 몰두자
   one who is devoted to a cause
   예 Mary is *devotee* of Mozart. Mary는 모차르트의 음악을 열렬히 좋아한다.
8. **deportee** [dìːpɔːrtíː] deport EE *n.* 피추방자 one who is deported
9. **employee** [emplɔ́iiː] employ EE *n.* 사용인, 고용인, 종업원
   one who is employed
10. **fiancee** [fiάːnsei] fianc EE *n.* 약혼녀 one who is engaged; affianced
11. **legatee** [lègətíː] legat EE *n.* 유산 수취인
    one who has a legacy bequeathed to him
12. **mortgagee** [mɔ̀ːrgədʒíː] mortgag EE *n.* 저당 채권자
    a person to whom a property is mortgaged
13. **nominee** [nɔ̀məníː] nomin EE *n.* 지명된 사람, 수취명의인
    one who is nominated; a candidate

14. **refugee** [rèfjudʒíː] refug EE *n.* 피난자, 망명자, 도망자
one who flees for safety

15. **referee** [réfəríː] refer EE *n.* 위임 받은 사람, 신원보증인, 심판
one who calls the game

예 The *referee* blew his whistle. 심판이 호각을 불었다.

16. **trustee** [trʌstíː] trust EE *n.* 피신탁인, 수탁자, 평의원
one who holds a position of trust

17. **expellee** [èkspelíː] expell EE *n.* 국외 추방인 one who is expelled

● 연습문제

Ⅰ. alience와 expellee를 분석하시오.

Ⅱ. 다음 ________ 부분을 채우시오.

(1) The ________ was fired for not coming to work on time often.
그 종업원은 지각을 너무 자주해서 해고되었다.

(2) He gave his ________ a ring.
그는 약혼녀에게 반지를 주었다.

(3) Many political ________(s) seek refuge in France or America.
많은 정치적인 망명자들은 프랑스나 미국으로 피난한다.

You can sound water ten fathoms deep, but you cannot sound the human heart a single fathom.
열 길 물속은 알아도 한 길 사람의 속은 모른다.

No. 9

EN

made of, make(만들다, 생성하다)

해설 접미사인 EN은 MADE OF; MAKE를 의미한다. 동사, 형용사를 만드는 접미사인데 동사화일 때는 MAKE의 뜻, 형용사화일 때는 MADE OF의 뜻이다.

기본 어휘

1. **brazen** [bréizən] *adj.* 동으로 된, 뻔뻔스러운(=made of brass, without shame)
"brass"를 뜻하는 어근 braze-와 "made of"를 의미하는 접미사 -en이 합쳐진 단어이다.
예 Bronze was used for making tools and weapons in the *Brazen* Age.
청동기시대에는 도구와 무기를 만드는데 청동을 사용하였다.

2. **dampen** [dǽmpən] *v.* 적시다, 의기소침하게 하다(=to check or diminish the activity or vigor of)
"vapor, steam"을 의미하는 어근 damp-와 "make"를 뜻하는 접미사 -en으로 되었다.
예 Nothing *dampens* his spirits for long.
그를 오랫동안 의기소침하게 하는 것은 아무것도 없다.
The dew *dampened* the ground. 이슬이 땅을 적셨다.

3. **heighten** [háitn] *v.* 높이다. 증가시키다(=make high; increase)
"high"를 뜻하는 어근 height-와 "make"를 의미하는 -en으로 된 단어이다.
예 He *heightened* her anger by making excuses. 그는 변명을 함으로써 그녀의 화를 더욱 돋구었다.

보충 어휘

1. **silken** [sílkən] silk EN *adj.* 비단으로 된 made of silk
2. **frozen** [fróuzən] froz EN *adj.* 언, 동결된 made icy; as frozed foods
3. **hempen** [hémpən] hemp EN *adj.* 대마로 만든 made of hemp; as rope
4. **molten** [móultən] molt EN *adj.* 녹은 made by melting
5. **enlighten** [enláitn] enlight EN *v.* 계몽하다
to furnish knowledge to; to give spiritual insight to
6. **denizen** [dénəzən] deniz EN *n.* 주민, 거류민
in habitant; one admitted to residence in a foreign country
7. **slacken** [slǽkən] slack EN *v.* 느슨해지다, 약해지다
to make less active; slow up

8. **steepen** [stíːpən] steep EN *v.* 가파르게 하다 to make steep
9. **brighten** [bráitn] bright EN *v.* 밝히다, 상쾌하게 하다 make bright

   예 He *brightened* up when he heard th good news.
   그는 좋은 소식을 듣고 명랑해졌다.

10. **hasten** [héisn] hast EN *v.* 서두르게 하다 make haste; put on speed
11. **lighten** [láitn] light EN *v.* 밝히다 make light; reduce
12. **roughen** [rʌ́fən] rough EN *v.* 거칠게 하다 make rough

    예 The hard work *roughened* her hands.
    힘든 노동은 그녀의 손을 거칠게 하였다.

13. **toughen** [tʌ́fn] tough EN *v.* 단단하게 하다 make tough; strengthen
14. **soften** [sɔ́(ː)fən] soft EN *v.* 부드럽게 하다 make soft
15. **smoothen** [smúːðən] smooth EN *v.* 원활히 하다 make smooth
16. **threaten** [θrétn] threat EN *v.* 위협하다
    to utter threats against; to give signs or warning of
17. **frighten** [fráitn] fright EN *v.* 겁나게 하다 make fearful
18. **whiten** [hwáitn] whit EN *v.* 희게 하다 make white

● 연습문제

Ⅰ. enlighten과 toughen을 분석하시오.

Ⅱ. 다음 ________부분을 채우시오.

(1) A good dentifrice will ________ your teeth, ________ your smile and ________ your charms.
좋은 치약은 치아를 희게 해주고, 미소를 더 밝게 해주고, 당신의 매력을 높여 줄 것이다.

(2) The ghost story ________(ed) the children.
무서운 이야기를 아이들에게 겁을 주었다.

The advice that is wanted is commonly unwelcome, and that which is not wanted is evidently impertinent.
필요한 충고는 보통 환영받지 못하고 필요하지 않은 충고는 명백하게 무례하다.

No. 10 FY

make cause to (~화하다, 만들다)

해설 접미사 FY는 MAKE의 뜻을 지닌 라틴어 facere에서 파생된 것으로, 어간에 붙어 동사형을 만들며 MAKE의 뜻을 지닌다.

기본 어휘

1. **transmogrify** [trænzmɔ́grəfài] *v.* 변형시키다(=to alter completely; to render grotesque or humorous)
   "across"를 뜻하는 접두사인 trans-와 "move"를 의미하는 어근 mogri-(migrate)와 "make"를 뜻하는 접미사 -fy로 이루어졌다.
   예 The wicked witch *transmogrified* him into a frog.
   사악한 마녀가 그를 개구리로 변형시켰다.
2. **fortify** [fɔ́:rtəfài] *v.* 요새화하다, 강하게 하다(=to strengthen)
   "strong"을 의미하는 라틴 어근 forti-와 "make"를 뜻하는 라틴 접미사 -fy의 결합이다.
   예 They *fortified* the cities against invasion.
   그들은 적의 침입에 대항하여 도시들을 방비했다.
3. **testify** [téstəfài] *v.* 증명하다, 증언하다(=to bear witness)
   "witness"의 뜻을 지닌 라틴 어근 testi-와 "make"를 의미하는 라틴 접미사 -fy가 합쳐진 단어이다.
   예 She *testified* that she had seen Bob come out of the victim's house.
   그녀는 Bob이 피해자의 집에서 나오는 것을 보았다고 증언했다.
4. **amplify** [ǽmpləfài] *v.* 확대하다(=to enlarge; expand)
   "large"를 의미하는 라틴 어근 ampli-와 "to make"가 결합한 단어이다.
   예 The amplifier *amplifies* sound. 증폭기는 소리를 크게 한다.

보충 어휘

1. **quantify** [kwɔ́ntəfài] quanti FY *v.* 양을 정하다
   to determine, express or measure the quality of
2. **qualify** [kwɔ́ləfài] quali FY *v.* 자격을 주다
   to characterize by naming an attribute

3. **identify** [aidéntəfài] identi FY *v.* 동일시하다, 확인하다
   to cause to be or become identical
4. **diversify** [daivə́ːrsəfài] diversi FY *v.* 다양하게 하다
   to make various in form or color
5. **dulcify** [dʌ́lsəfài] dulci FY *v.* 달게 하다, 유쾌하게 하다
   to make sweet; to render agreeable
6. **ramify** [rǽməfài] rami FY *v.* 분파하다
   to cause to branch; to separate into divisions
7. **sanctify** [sǽŋktəfài] sancti FY *v.* 신성하게 하다
   to set apart to a sacred purpose or to religious use
8. **ratify** [rǽtəfài] rati FY *v.* 비준하다
   to approve; to confirm; as, to ratify a treaty
9. **notify** [nóutəfái] noti FY *v.* 통지하다
   to give notice of or report the occurrence of
10. **mollify** [mɔ́lifài] molli FY *v.* 완화하다, 달래다
    to sooth in temper or disposition; appease
    예 His profuse apologies *mollified* his wife's anger.
    그가 말을 아끼지 않고 사과를 하자 그의 아내는 분노를 누그러뜨렸다.
11. **stultify** [stʌ́ltəfài] stulti FY *v.* 어리석어 보이게 하다
    to make appear stupid
12. **terrify** [térəfài] terri FY *v.* 겁나게 하다. to frighten
13. **verify** [vérəfài] veri FY *v.* 입증하다, 실증하다
    to affirm the truth of, with proof
14. **vilify** [víləfài] vili FY *v.* 비방하다
    to make lower in importance; to insult with abusive language
15. **unify** [júːnəfài] uni FY *v.* 통합하다, 통일하다 to make as one
16. **beatify** [biːǽtəfài] beati FY *v.* 축복하다 to make blissfully happy

● 연습문제

Ⅰ. sanctify와 vilify를 분석하시오.

Ⅱ. 다음의 ______ 부분을 채우시오.

(1) Congress must _____ treaties made between the U.S and other nations.
국회는 미국과 다른 국가들 간의 협정을 <u>비준하여야</u>만 한다.

(2) It is not wise to depend on facts which have not been __________(d).
<u>입증되지</u> 않은 사실들을 인용하는 것은 현명하지 못하다.

No. 11

MENT

act of, state of, result of an action(~의 상태, 행위)

해설 접미사 MENT는 라틴어 mentum에 RESULT OF AN ACTION을 의미하며 동사를 명사로 만든다.

기본 어휘

1. **amendment** [əméndmənt] *n.* 수정, 정정(=result of adding to a law)
"out of"를 의미하는 라틴 접두사 a-와 "fault"를 뜻하는 라틴 어근 mend-와 "result of an action"을 의미하는 라틴 접미사 -ment의 결합이다.

예 I suggested to him to make some *amendments* his plan.
나는 그에게 계획에 수정을 조금 가하라고 제안했다.

2. **achievement** [ətʃíːvmənt] *n.* 성취, 업적, 위업(=a thing accomplished with effort)
"to come to a head or end"를 뜻하는 어근에서 파생된 "accomplish"라는 뜻을 가진 단어 achieve-와 "result of an action"을 의미하는 접미사 -ment로 된 단어이다.

예 His many *achievements* gave him worldwide fame.
그의 수많은 업적들은 세계적인 명성을 가져다 주었다.

3. **indictment** [indáitmənt] *n.* 기소, 고발(=the result of an action in writing charging one with an offense)
"in"을 의미하는 라틴 접두사 in-과 "to declare"의 뜻을 지닌 라틴 어근 dict-와 접미사 -ment가 합쳐졌다.

예 He is under *indictment* for sexual harassment. 그는 성희롱 죄로 기소되어 있다.

4. **presentiment** [prizéntəmənt] *n.* 예감, 육감(=a forewarning of evil to come)
"before"를 의미하는 라틴 접두사 pre-와 "to feel"을 뜻하는 라틴 어근 senti-와 접미사 -ment으로 되었다.

예 I had an inexplicable *presentiment* of danger before the disaster.
나는 그 재난이 오기 전에 위험에 대한 설명을 할 수 없는 예감을 느꼈다.

보충 어휘

1. **contentment** [kənténtmənt] content MENT *n.* 만족(하기)
a state of being satisfied with one's lot

2. **aggrandizement** [ægrəndáizmənt] aggrandize MENT *n.* 증대, 확대, 강화
state of becoming greater
3. **alignment** [əláinmənt] align MENT *n.* 정렬, 제휴, 협력 result of setting in line
4. **apartment** [əpá:rtmənt] apart MENT *n.* 한가구의 방 a set of rooms to live in
5. **appeasement** [əpí:zmənt] appease MENT *n.* 진정시킴, 달램, 유화
act of quieting anger
6. **compliment** [kɔ́mpləmənt] compli MENT *n.* 찬사, 빈말
praise given as a result of an action
7. **attainment** [ətéinmənt] attain MENT *n.* 도달, 달성, 학식
the state of having reached a goal
8. **appointment** [əpɔ́intmənt] appoint MENT *n.* 임명, 관직, 약속
the result of an arrangement for a meeting
9. **excitement** [iksáitmənt] excite MENT *n.* 흥분 a state of being aroused
10. **ferment** [fə́:rmənt] fer MENT *n.* 발효, 동요, 흥분 a state of unrest; excitement
11. **instrument** [ínstrumənt] instru MENT *n.* 기구, 도구 a means to get a result; a tool
12. **nourishment** [nʌ́riʃimənt] nourish MENT *n.* 자양물, 기르기, 조장 food for the body

   예 Children need proper *nourishment* to grow.
   어린 아이들은 자라기 위해서 알맞은 영양을 섭취할 필요가 있다.

13. **postponement** [poustpóunmənt] postpone MENT *n.* 연기
the result of putting a thing off for later; a delay
14. **resentment** [rizéntmənt] resent MENT *n.* 분개, 원한
result of anger against another for cause
15. **statement** [stéitmənt] state MENT *n.* 진술, 성명서 an expression of fact or opinion
16. **testament** [téstəmənt] testa MENT *n.* 성약, 신과의 계약, 유언장
result of an expression of tribute; credo

● 연습문제

Ⅰ. attainment와 postponement를 분석하시오.

Ⅱ. 다음 ________ 부분을 채우시오.

(1) This ________ marks the ________ of his ambition.
이 직책임명은 그의 야망의 성취를 나타낸다.

(2) There was ________ among the press because in the ________ the winner left without making a ________.
우승자가 흥분해서 진술을 남기지 않고 떠나버렸기 때문에 분개하였다.

(3) He smiled with ________ after receiving all their ________.
그는 그들에게서 모두 칭찬을 받고 나서 만족스러운 미소를 띠었다.

No. 12 IC

nature of, like(~한, ~의 성질을 가진)

해설 접미사인 IC는 라틴어 -icus에서 온 것으로 NATURE OF; LIKE를 의미하는 형용사를 만드는 접미어이다.

기본 어휘

1. **drastic** [drǽstik] *adj.* 격렬한, 맹렬한, 철저한(=relating to rapid action)
   "to act, to do"의 뜻을 지닌 희랍어 어근 drast- "nature of, like"를 의미하는 접미사 -ic의 결합이다.

   예 He took *drastic* measures to protect his children.
   그는 자기의 아이들을 보호하기 위해 철저한 조치를 취했다.

2. **prosaic** [prouzéiik] *adj.* 산문의, 현실적인, 평범한(=related to the prose form; common place; dull)
   "forward"를 의미하는 라틴 접두사 pro-와 "to turn"이라는 뜻을 지닌 라틴 어근이 합쳐져서 된 "straightforward"라는 의미를 가진 단어 prose와 "nature of, like"를 의미하는 접미사 -ic으로 된 단어이다.

   예 Her book manages to show the *prosaic* details of every day life in a new perspcetive.
   그녀의 책은 단조로운 일상사를 새로운 시각으로 보여주는 데에 성공하고 있다.

3. **emphatic** [imfǽtik] *adj.* 힘준, 강조한, 명확한(=characterized by strong expression)
   "in"을 의미하는 희랍어 접두사 em-과 "to show"를 뜻하는 어근에서 파생된 phat-와 접미사 -ic이 합쳐진 단어이다.

   예 She was *emphatic* in her rejection of his offer. 그녀는 그의 제의를 강력하게 거절했다.

보충 어휘

1. **endemic** [endémik] endem IC *adj.* 한 지방에 고유한, 풍토의
   native to a particular people or country
2. **barbaric** [baːrbǽrik] barbar IC *adj.* 미개한, 지나치게 야한 like a barbarian
3. **caustic** [kɔ́ːstik] caust IC *adj.* 부식성의, 신랄한 characterized by burning, sharpness
4. **acidic** [əsídik] acid IC *adj.* 산을 내는 like an acid
5. **geologic** [ʤìəlɔ́ʤik] geolog IC *adj.* 지질학의, 지질상의 relating to geology

6. **metallic** [mətǽlik] metall IC *adj.* 금속의, 엄한 like metal
7. **heroic** [hiróuik] hero IC *adj.* 영웅의, 대담한 like a hero
8. **majestic** [məʤéstik] majest IC *adj.* 위엄있는, 장엄한, 고결한 like royalty

   예 We were speechless with admiration at seeing the *majestic* scenery.
   우리는 그 장엄한 광경을 보고 감탄하여 말을 잃었다.

9. **galactic** [gəlǽktik] galact IC *adj.* 젖의, 은하의 relating to the galaxy
10. **metaphoric** [mètəfɔ́(:)rik] metaphor IC *adj.* 은유적인, 비유적인
    like a metaphor, a figure of speech
11. **poetic** [pouétik] poet IC *adj.* 시적인, 시적인 정취가 풍부한 relating to poets or poetry
12. **patriotic** [pæ̀triɔ́tik] patriot IC *adj.* 애국의, 애국심이 강한
    characterized by love of one's country
13. **Semitic** [simítik] Semit IC *adj.* 셈 사람의 relating to the Semites
14. **strategic** [strətí:ʤik] strateg IC *adj.* 전략의, 전략상의
    relating to planning for defense
15. **satanic** [sətǽnik] satan IC *adj.* 악마의, 극악한 like Satan; devilish
16. **tragic** [trǽʤik] trag IC *adj.* 비극의, 비참한 like a tragedy; calamity
17. **realistic** [ri:əlístik] realist IC *adj.* 현실주의(자)의, 사실의
    like reality; like life as it is

● 연습문제

Ⅰ. endemic과 geologic을 분석하시오.

Ⅱ. 다음 ________ 부분을 채우시오.

(1) For __________ reasons he assumed the role of a spy, but actually he was a ________ soldier of his country and a ________ one.

전략상의 이유로 인해 그는 스파이의 역을 떠맡았지만 사실 그는 조국의 애국심이 강하고 영웅적인 병사였다.

(2) Many plays of Shakespeare have __________ endings.

셰익스피어의 연극들 중에는 비극적인 결말로 끝나는 것이 많다.

Ⅲ. 다음 구(phrase)를 접미사 ICALLY를 사용하여 단어를 완성하시오.

예 : Instead of saying "to use a metaphor," I can say "metapho rically speaking."

(1) like a poet ____________

(2) like a hero ____________

(3) in a violent manner ____________

(4) like a patriot ____________

(5) the play ended in tragedy ____________

(6) she spoke with emphasis ____________

No. 13 INE

nature of(~의 특성을 가진)

해설 접미사인 INE는 라틴어 -inus에서 온 것으로 NATURE OF를 뜻한다.

기본 어휘

1. **divine** [diváin] *adj.* 신의, 신성의(=godly; of the nature of God)
   "god"을 의미하는 라틴 어근 div-와 "nature of"를 뜻하는 라틴 접미사 -ine이 결합한 단어이다.

   예 To err is human, to forgive *divine*.
   잘못은 인간이 저지르고 용서는 신이 한다.

2. **masculine** [mǽskjəlin] *adj.* 남성의, 남자다운(=of the nature of a man)
   "male"을 뜻하는 라틴 어근에서 파생된 mascul-과 "nature of"를 의미하는 라틴 접미사 -ine의 결합이다.

   예 His *masculine* looks attracts many women.
   그의 남자다운 용모는 많은 여자들의 마음을 끈다.

3. **saline** [séilain] *adj.* 소금의, 염분이 있는(=consisting of salt)
   "salt"를 뜻하는 라틴 어근 sal-과 "nature of"의 뜻을 지닌 라틴 접미사 -ine으로 된 단어이다.

   예 I wash my contact lenses with *saline* solution before putting them on.
   나는 콘택트렌즈를 착용하기 전에 식염수로 씻는다.

보충 어휘

1. **columbine** [kɔ́ləmbàin] columb INE *n.* 비둘기의, 비둘기 같은
   of or of the nature of, a dove or pigeon
2. **elephantine** [èləfǽntain] elephant INE *adj.* 코끼리의, 거대한
   of the nature of an elephant; ponderous
3. **feminine** [fémənin] femin INE *adj.* 여자의, 유약한
   of the nature of a woman
4. **genuine** [ʤénjuin] genu INE *adj.* 참된, 진정한, 진정에서의
   natural; free from artificiality

5. **medicine** [médəsən] medic INE *n.* 의약, 의술
the science and art dealing with cure of disease
6. **pristine** [prísti:n] prist INE *adj.* 원래의, 원시적인
the first; primary; new
7. **internecine** [ìntərní:sain] internec INE *adj.* 서로 죽이는
marked by slaughter; mutually destructive
8. **routine** [ru:tí:n] rout INE *n.* 판에 박힌 일
according to the regular schedule of work
9. **saccharine** [sǽkərin] sacchar INE *adj.* 당질의, 사탕 같은
of the nature of sugar; as, a saccharine taste
10. **saturnine** [sǽtərnàin] saturn INE *adj.* 토성의, 우울한
of the nature of the planet Saturn; gloomy; grave; melancholy
11. **serpentine** [sə́:rpəntàin] serpent INE *adj.* 뱀같은, 교활한, 꼬불꼬불한
winding sinuously, like a snake
12. **shrine** [ʃrain] shr INE *n.* 성체용기, 사당
a place in which devotion is paid to a saint or deity
13. **clandestine** [klændéstin] clandest INE *adj.* 비밀의
held in or conducted with secrecy
14. **turpentine** [tə́:rpəntàin] turpent INE *n.* 테레빈유, 송진
a resinous fluid; sap from the terebinth tree
15. **canine** [kǽnain] can INE *adj.* 개의, 개 같은 of dogs; doglike
16. **supine** [su:páin] sup INE *adj.* 뒤로 누운, 게으른
lying on the back; recumbent

● 연습문제

Ⅰ. feminine과 canine을 분석하시오.

It is very natural for young men to be vehement, acrimonious, and severe.
젊은이들이 격렬하고 신랄하고 엄정한 것은 너무나 당연하다.

No. 14

ISM

condition, characteristic(~주의)

해설 접미사 ISM은 DOCTRINE, SYSTEM, MANNER, ACT, CONDITION, CHARACTERISTIC을 뜻한다. 이것은 특수한 것에서 일반적인 것으로 개인적인 것에서 집단적인 것으로 확대하는 성질을 가지고 있다.

기본 어휘

1. **accidentalism** [æksidéntəlizəm] accidental ISM *n.* 우연발생론
   the theory that accidents happen without cause
2. **alcoholism** [ǽlkəhɔ(:)lìzəm] alcohol ISM *n.* 알코올 중독
   a condition of addiction to alcoholic drinks

   예 Tom used to suffer from *alcoholism*, but how he never drinks.
   Tom은 전에는 알코올 중독으로 괴로워했으나 이제는 술을 절대로 마시지 않는다.
3. **baptism** [bǽptizəm] bapt ISM *n.* 세례, 침례
   doctrine of ablution as a sign of purification
4. **barbarism** [bɑ́:rbərìzəm] barbar ISM *n.* 야만, 미개
   the manner of a barbarian
5. **colloquialism** [kəlóukwiəlizəm] colloquial ISM *n.* 대화체, 구어체
   an informal style of speech
6. **despotism** [déspətìzəm] despot ISM *n.* 독재, 폭정
   a system of government that allows the ruler to govern absolutely
7. **exorcism** [éksɔ:sìzəm] exorc ISM *n.* 귀신 물리기
   the act of driving out an evil spirit
8. **heroism** [hérouìzəm] hero ISM *n.* 영웅적 자질, 영웅적 행위
   a courageous manner of acting
9. **jingoism** [dʒíŋgouìzəm] jingo ISM *n.* 주전론, 강경외교 정책
   a chauvinistic manner; aggressive policy displaying readiness to fight
10. **Nazism** [nɑ́:tsizəm] Naz ISM *n.* 나찌주의
11. **nihilism** [ní:əlizəm] nihil ISM *n.* 허무주의
    the doctrine of denial of the moral and spiritual objectives of man

    예 He is a strong believer of *nihilism* and believes that nothing has meaning in life.
    그는 허무주의에 깊이 빠져서 인생에서 아무것도 의미를 지닌 것이 없다고 믿는다.

12. **plagiarism** [pléidʒiərìzəm] plagiar ISM *n.* 표절

the act of using as one's own the words and ideas which belong to others

예 She couldn't get her degree because her thesis was full of *plagiarisms*.
그녀의 학위논문이 표절로 가득했기 때문에 그녀는 학위를 받지 못했다.

13. **realism** [ríːəlizəm] real ISM *n.* 사실주의

the doctrine that allows only concern with fact and reality

14. **romanticism** [roumǽntəsìzəm] romantic ISM *n.* 낭만주의

the tendency toward the romantic imagination and sentiment

15. **Stoicism** [stóuəsìzəm] Stoic ISM *n.* 스토아주의

the doctrine of the Greek Stoics

16. **terrorism** [térərìzəm] terror ISM *n.* 공포정치, 테러행위

the system of government that uses terror to intimidate

17. **totalitarianism** [toutæ̀lətɛ́əriənìzəm] totalitarian ISM *n.* 전체주의

the system of government that is based on authoritarian control

● 연습문제

Ⅰ. accidentalism과 nihilism을 분석하시오.

Ⅱ. 다음의 ______ 부분을 채우시오.

(1) The power of Nazism lay in the ________ inherent in its _______.
나찌주의 힘은 그것의 전체주의 안에 본래 갖추어져 있는 공포정치에 있었다.

(2) Slang expressions often. by their frequent use, become __________.
속어적 표현들은 자주 사용되면 종종 구어적 어구가 된다.

A crow is never the white for washing herself.
개 꼬리 삼 년 두어도 황모 못 된다.

No. 15

ITE

native of, quality of, mineral, product(~의 특성을 가진 것)

해설 접미사 ITE는 희랍어 -ites에서 온 것으로 NATIVE OF; QUALITY OF; MINERAL; PRODUCT를 의미하며 대부분 명사의 어미이며 형용사나 동사의 어미로도 쓰인다.

기본 어휘

1. **appetite** [ǽpitàit] appet ITE *n.* 식욕, 욕구, 기호 cravign; desire

   예 Our two teenage sons have insatiable *appetites*.
   우리의 청소년기의 아들들 두 명은 만족할 줄 모르는 식욕을 지니고 있다.

2. **exquisite** [ikskwízit] exquis ITE *adj.* 극히 아름다운, 예민한
   having the quality of great beauty

   예 The queen had on an exquisite piece of jewelry.
   여왕은 정교한 보석을 몸에 지니고 있었다.

3. **expedite** [ékspədàit] exped ITE *v.* 재촉하다, 촉진하다
   to hasten; to quicken
4. **anti-semite** [æ̀ntisémait] anti-sem ITE *n.* 반셈미주의자
   one against the semitic race, especially against Jews
5. **anthracite** [ǽnθrəsàit] anthrac ITE *n.* 무연탄 a hard, natural coal
6. **dynamite** [dáinəmàit] dynam ITE *n.* 다이너마이트 a powerful explosive
7. **granite** [grǽnit] gran ITE *n.* 화강암 a firm, grainy rock
8. **Israelite** [ízriəlàit] Israel ITE *n.* 이스라엘인 a native of Israel
9. **graphite** [grǽfait] graph ITE *n.* 흑연 a pure carbon used in lead pencils
10. **meteorite** [míːtjəràit] meteor ITE *n.* 운석, 별똥
    a stony metallic body falling from outer space
11. **suburbanite** [səbə́ːrbənàit] suburban ITE *n.* 교외 거주자
    one who lives in a suburb
12. **stalactite** [stǽləktàit] stalact ITE *n.* 종유석
    a rock formation which hangs like an icile from the ceiling of a cave; a product of dripping
13. **stalagmite** [stǽləgmàit] stalagm ITE *n.* 석순
    a rock formation which rises from the floor of a cave

14. **favorite** [féivərit] favor ITE *n.* 마음에 드는 것, 총아
    one who is regarded above others
15. **dolomite** [dɔ́ləmàit] dolom ITE *n.* 백운석
    a mineral composed of carbonates of calcium and magnesium
16. **sulfite** [sʌ́lfait] sulf ITE *n.* 유황염 a salt of sulphurous acid

● 연습문제

I. Israelite과 favorite를 분석하시오.

II. 다음 ________ 부분을 채우시오.

(1) Alfred Nobel invented __________.
알프레드 노벨이 다이너마이트를 발명했다.

(2) ________ and _________ are found in caves.
종유석과 석순은 동굴에서 찾을 수 있다.

(3) The scientist said that a ________ was headed for Earth.
그 과학자는 운석 하나가 지구를 향해오고 있다고 말했다.

A bird in the hand is worth two in the bush.
Better a sparrow in the hand than a pigeon on the roof.
아버지 종도 내 종만 못하다.

No. 16 IVE

causing, tending(~적인, ~의 경향을 가진)

해설 접미사 IVE는 라틴어 -ivus에서 온 형용사화 접미사로서 CAUSING, TENDING의 뜻을 갖는다.

기본 어휘

1. **derogative** [dirɔ́gətiv] *adj.* 손상시키는, 가치를 떨어뜨리는(=to lessen value or respect)
"down, from"을 뜻하는 라틴 접두사 de-와 "to propose a law"를 의미하는 라틴 어근 rogat-와 "causing, tending"의 뜻을 지닌 라틴 접미사 -ive가 합해진 단어이다.
예 His remarks were *derogative* of her authority. 그의 발언들은 그녀의 권위를 손상하였다.

2. **cohesive** [kouhí:siv] *adj.* 접착력 있는, 결합력이 있는(=making things stick together)
"with, together"를 의미하는 접두어 co-와 "to stick"을 뜻하는 라틴 어근 hes-와 "causing"을 뜻하는 라틴 접미사 -ive로 되었다.
예 Trust and love are *cohesive* forces in a family.
신뢰와 사랑은 한 가족을 결합하게 해주는 힘이다.

3. **deliberative** [dilíbərèitiv] *adj.* 계획적인, 생각이 깊은(=tending to be careful)
"entirely"와 같은 강조의 뜻을 지닌 라틴 접두사 de-와 "to weigh"를 의미하는 라틴 어근 liberat-와 "tending"을 뜻하는 라틴 접미사 -ive가 결합한 단어이다.
예 Owing to his *deliberative* manner, John rarely makes mistakes.
신중한 태도 덕분에 John은 실수하는 적이 거의 없다.

보충 어휘

1. **declarative** [diklǽrətiv] declarat IVE *adj.* 선언하는, 서술의
tending to make a statement
2. **affirmative** [əfə́:rmətiv] affirmat IVE *adj.* 확언적인, 긍정의
tending to agree; as an affirmative reply
3. **additive** [ǽdətiv] addit IVE *adj.* 더하는, 가법의 tending to add or be added
4. **subtractive** [səbtrǽktiv] subtract IVE *adj.* 감하는, 마이너스의 tending to take away
5. **aggressive** [əgrésiv] aggress IVE *adj.* 침략적인, 진취적인
tending to push oneself forward

6. **appreciative** [əprí:ʃièitiv] appreciat IVE *adj.* 감상할 줄 아는, 눈이 높은
tending to understand; to value
7. **assertive** [əsə́:rtiv] assert IVE *adj.* 단정적인, 우기는
tending to claim one's rights and opinions
8. **authoritative** [əθɔ́:ritèitiv] authoritat IVE *adj.* 권위있는, 신뢰할만한
causing obedience; as, an authoritative command
9. **commemorative** [kəmémərèitiv] commemorat IVE *adj.* 기념의
causing to be remembered
10. **conjunctive** [kənʤʌ́ŋktiv] conjunct IVE *adj.* 연결의, 결합된 causing union
11. **abusive** [əbjú:siv] abus IVE *adj.* 욕하는, 남용하는
causing insult; tending to mistreat

  예 His *abusive* language is one of the reasons why no one likes him.
  그의 욕설은 아무도 그를 좋아하지 않는 이유들 중 하나이다.

12. **accumulative** [əkjú:mjələtiv] accumulat IVE *adj.* 축적적인 causing to pile up
13. **digestive** [daiʤéstiv] digest IVE *adj.* 소화의, 소화력 있는 causing digestion
14. **cooperative** [kouápərèitiv] cooperat IVE *adj.* 협동의, 협력적인
tending to work together
15. **evocative** [ivákətiv] evocat IVE *adj.* 불러내는, 환기하는
tending to call forth an image
16. **exhaustive** [igzɔ́:stiv] exhaust IVE *adj.* 남김없는, 고갈시키는
making every kind of test; as, an exhaustive study

  예 After an *exhaustive* investigation, the police arrested the murderer.
  철저한 수사의 결과로 경찰들은 살인자를 체포했다.

17. **expletive** [éksplətiv] explet IVE *adj.* 부가적인, 사족의
adding words and phrases, often to fill in extra space

● 연습문제

Ⅰ. appreciative과 exhaustive를 분석하시오.

Ⅱ. 다음 ________ 부분을 채우시오.

(1) She gave him an __________ answer to his proposal of marriage
그녀는 그의 청혼에 긍정으로 대답했다.

(2) Actors give better performances in front of an ________ audience.
배우들은 안목이 높은 관객 앞에서 더 나은 공연을 한다.

(3) If you want to succeed in life, you should be more ________ even.
인생에서 성공하려면 더 자신감이 있어야 하고, 진취적이기까지 해야 한다.

No. 17 ITY

state of, quality(~의 성질, ~성(性))

해설 접미사 ITY는 STATE OF; QUALITY를 의미한다. 그리고 이것은 pure가 purity로 되는 것과 같이 형용사를 명사로 만드는 접미사이다.

기본 어휘

1. **celerity** [səlérəti] celer ITY *n.* 신속, 민첩 the quality of quickness; speed
2. **absurdity** [əbsə́:rdəti] absurd ITY *n.* 불합리, 어리석음, 부조리
   the state of being ridiculous
3. **acerbity** [əsə́:rbəti] acerb ITY *n.* 신맛, 신랄함 the quality of bitterness
4. **acuity** [əkjú:əti] acu ITY *n.* 예민, 격렬, 신랄
   the quality of sharpness, as a needle
5. **debility** [dibíləti] debil ITY *n.* 쇠약 a state of weakness
6. **ambiguity** [æ̀mbigjú:əti] ambigu ITY *n.* 애매함, 불명료함
   the quality of uncertainty in meaning
7. **authority** [əθɔ́riti] author ITY *n.* 권위, 당국, 권위자
   the state of having power to act
8. **amenity** [əménəti] amen ITY *n.* 기분좋음, 상냥함
   the quality of pleasantness
9. **captivity** [kæptívəti] captiv ITY *n.* 사로잡힘, 속박
   state of being held; captive

   예 It was the first time a baby giant panda was born in *captivity*.
   그때 아기 자이언트 팬더가 처음으로 감금 상태에서 태어났다.
10. **ability** [əbíləti] abil ITY *n.* 능력
    the quality of being able to do things
11. **charity** [tʃǽrəti] char ITY *n.* 자애, 자비 kindness to the poor
12. **chastity** [tʃǽstəti] chast ITY *n.* 정숙, 순결
    the state of sexual purity
13. **clarity** [klǽrəti] clar ITY *n.* 명석, 명료 quality of clearness
14. **complexity** [kəmpléksəti] complex ITY *n.* 복잡성, 착잡
    the quality of being complicated

15. **adversity** [ædvə́ːrsəti] advers ITY *n.* 역경, 불운
the state of bad fortune, suffering
16. **dignity** [dígnəti] dign ITY *n.* 존엄, 위엄
the state of being worthy; self-respect
   예 It is beneath your *dignity* to steal other people's property.
   다른 사람들의 소유물을 훔치는 것은 당신의 품위를 떨어뜨리는 짓이다.
17. **eternity** [itə́ːrnəti] etern ITY *n.* 영원, 불멸
state of timelessness; time without end
18. **fraternity** [frətə́ːrnəti] fratern ITY *n.* 동포애, 우애
the quality of being brothers
19. **garrulity** [gərúːləti] garrul ITY *n.* 수다, 다변
the quality of talkativeness
   예 The *garrulity* of the old woman bored her neighbors.
   그 나이든 여자의 수다가 이웃들을 지루하게 하였다.
20. **luminosity** [lùːmənɔ́səti] luminos ITY *n.* 광명, 광휘
the state of having a great deal of light; brilliance
21. **liberty** [líbərti] liber ITY *n.* 자유, 해방 the state of being free
22. **equality** [i(ː)kwɑ́ləti] equal ITY *n.* 평등, 균등 the state of being equal

● 연습문제

Ⅰ. acuity와 adversity를 분석하시오.

Ⅱ. 다음 ________ 부분을 채우시오.

(1) The French ideal is ________, ________, ________.
프랑스의 이상은 자유, 박애, 그리고 평등이다.

(2) "Almost all ________ of conduct arises from the imitation of those whom we cannot resemble."(Samuel Johnson)
"행동의 거의 모든 부조리는 우리가 닮을 수 없는 이들을 모방하려고 하는 데서 발생한다."
(사뮤엘 존슨)

A corrupt society has many laws and an ignorant age has many books.
타락한 사회는 법이 많고 무지한 시대는 책이 많다.

No. 18 OLOGY

study, science, theory(~학(學), ~연구)

해설 접미사 OLOGY는 STUDY, SCIENCE, THEORY를 뜻한다. OLOGY는 OF를 뜻하는 o와 STUDY, SCIENCE, THEORY를 뜻하는 logy가 합쳐진 복합 접미사이다.

기본 어휘

1. **anthropology** [æ̀nərəpɑ́lədʒ] *n.* 인류학(=the study of the development of man)
"man"을 뜻하는 희랍어 어근 anthrop-와 "study, science"를 의미하는 희랍어 접미사 -ology의 결합이다.

   예 I learned about the ancient Egypt civilization in *anthropology* class.
   나는 인류학 수업시간에 고대 이집트 문명에 대해 배웠다.

2. **pharmacology** [fɑ́:rməkɔ́lədʒi] *n.* 약학(=the study of drugs)
"drug"을 의미하는 희랍어 어근 pharmac-와 "study"를 뜻하는 희랍어 접미사 -ology가 합쳐진 단어이다.

   예 He is studying *pharmacology* to become a pharmacist.
   그는 약사가 되기 위해 약학공부를 하고 있다.

3. **psychology** [saikɔ́lədʒi] *n.* 심리학(=the study of the mind and its functions)
"breath, spirit, soul"이라는 뜻을 지닌 희랍어 어근 psycho와 "study"의 의미를 가진 접미사 -ology로 된 단어이다.

   예 He is an expert in *psychology*. 그는 심리학 분야의 전문가이다.

보충 어휘

1. **embryology** [èmbriɔ́lədʒi] embry OLOGY *n.* 태생학, 발생학
the study of the organism in the early stage of development
2. **bacteriology** [bæktìəriɔ́lədʒi] bacteri OLOGY *n.* 세균학
the study of bacteria, microbes, germs
3. **biology** [baiɑ́lədʒi] bi OLOGY *n.* 생물학 the study of living creatures
4. **climatology** [klàimətɔ́lədʒi] climat OLOGY *n.* 기후(풍토)학
the study of climates

5. **criminology** [krìmənɔ́lədʒi] crimin OLOGY *n.* 범죄학
   the study of crime and its social implications
6. **demonology** [dìːmənάlədʒi] demon OLOGY *n.* 귀신학, 악마연구
   the study of demons and belief in them
7. **ethnoloy** [eθnάlədʒi] ethn OLOGY *n.* 민족학
   the study of the races of mankind
8. **geology** [dʒiɔ́lədʒi] ge OLOGY *n.* 지리학
   the study of the earth as recorded in rock formations
9. **gynecology** [dʒìnikάlədʒi] gynec OLOGY *n.* 부인과 의학
   the study of the diseases of women
10. **mineralogy** [mìnərάlədʒi] minera LOGY *n.* 광물학
   study of minerals
11. **neurology** [njuərάlədʒi] neur OLOGY *n.* 신경학
   the study of the nervous system
12. **ontology** [ɔntɔ́lədʒi] ont OLOGY *n.* 존재론
   the study of things existing and being
13. **paleontology** [pæ̀liəntάlədʒi] paleont OLOGY *n.* 고생물학
   the study of life in past geological periods
14. **pathology** [pəθɔ́lədʒi] path OLOGY *n.* 병리학 the science of disease
15. **philology** [filάlədʒi] phil OLOGY *n.* 문헌학, 언어학
   the study of languages
16. **phrenology** [frinάlədʒi] phren OLOGY *n.* 골상학
   the study of the shape of the skull as indication of mental faculty
17. **theology** [θiːɔ́lədʒi] the OLOGY *n.* 종교학 the study of religions and God

● 연습문제

Ⅰ. ethnology와 ontology을 분석하시오.

Ⅱ. 다음 ________ 부분을 채우시오.

(1) The minister wrote several books on __________.
그 목사는 <u>신학</u>에 대한 여러 저서를 써냈다.

(2) Being an expert in ________ and _________, she can practically read the minds of criminals.
<u>범죄학</u>과 <u>심리학</u> 분야에서 전문가인 그녀는 실제로 범죄자들의 마음을 읽을 수 있다.

No. 19

OID

like, resembling(~와 같은, ~적(的))

해설 접미사 OID는 라틴어 oides와 희랍어 dides("from"의 뜻)로부터 유래된 것으로 LIKE, RESEMBLING을 의미한다.

기본 어휘

1. **gynecoid** [gtnikɔid] gynec OID *adj.* 여성 같은
   resembling a female in function
2. **asteroid** [ǽstərɔ̀id] aster OID *adj.* 별 모양의 *n.* 소행성 like a star
   예 Many *asteroids* revolve around the sun between Mars and Jupiter.
   많은 소행성들은 화성과 목성 사이에서 태양 주위를 돈다.
3. **dentoid** [déntɔid] dent OID *adj.* 이빨 모양의 like a tooth
4. **helioid** [hilɔ́id] heli OID *adj.* 태양 같은 like the sun
5. **hypnotoid** [hípnoutɔid] hypnot OID *adj.* 최면 같은 resembling hypnotism
6. **geoid** [ʤíːɔid] ge OID *n.* 지오이드 the figure of the earth
7. **geoidal** [ʤiːɔi] ge OID al *adj.* 지구 모양의
   having the quality of the figure of the earth
8. **anthropoid** [ǽnərəpɔ́id] anthrop OID *adj.* 사람 모양의
   resembling man
   예 Gorillas and chimpanzees are *anthropoid* apes.
   고릴라와 침팬지들은 유인원이다.
9. **lipoid** [lípəid] lip OID *adj.* 지방질의 like fat
10. **neuroid** [njúərɔid] neur OID *adj.* 신경과 같은 resembling a nerve
11. **negroid** [níːgrɔid] negr OID *adj.* 흑인을 닮은
    resembling the Negro race in traits
12. **osteoid** [ɔ́stiɔ́id] oste OID *adj.* 뼈 모양의 resembling bone
13. **spheroid** [stíərɔid] spher OID *adj.* 구체의 like a sphere
14. **thyroid** [θáirɔid] thyr OID *n.* 갑상연골
    a large gland below the pharynx in the neck, spaped like a shield
15. **typhoid** [táifɔid] typh OID *n.* 장티푸스 a disease resembling typhus
16. **cycloid** [sáiklɔid] cycl OID *adj.* 환상의 arranged in circles

17. **fibroid** [fáibrɔid] fibr OID *adj.* 섬유의, 섬유조직의
    composed of fibrous tissue
18. **tabloid** [tǽblɔid] tabl OID *n.* 타블로이드판 신문
    a newspaper with a small format

● 연습문제

Ⅰ. gynecoid과 helioid를 분석하시오.

Ⅱ. 다음 ________ 부분을 채우시오.

(1) The small-sized newspapers which have adopted a pictureframe for mat are called ________(s).
액자 구성을 채택한 소규모 신문들은 <u>타블로이드판</u> 신문이라고 불리운다.

(2) When the doctors saw a disease resembling typhus they called it ________.
의사들이 발린 티푸스와 닮은 질병을 보자, 그들은 그것을 <u>장티푸스</u>라고 불렀다.

It is better to be the hammer than the anvil.
칼날 쥔 놈이 자루 쥔 놈을 당할까

No. 20

OSIS, ESIS, ASIS

action, process, condition(행위, 과정, 상태)

해설 접미사 OSIS, ESIS, ASIS는 희랍어 osis에서 온 것으로 행동의 진행, PROCESS, CONDITION을 표현하는데 사용되며 특히 ABNORMAL OR DISEASED CONDITION을 나타낸다.

기본 어휘

1. **anabasis** [ənǽbəsis] anab ASIS *n.* 진군, 침입, 원정
   a military advance
2. **exegesis** [èksəʤíːsis] exeg ESIS *n.* (성경, 경전의) 주석
   the act, explanation and interpreatation of Scripture
3. **genesis** [ʤénəsis] gen ESIS *n.* 발생, 기원
   the act of coming into being; the orgin
   예 Scientists have conflicting views on the *genesis* of the universe.
   과학자들은 우주의 기원에 대해 상반하는 관점을 가지고 있다.
4. **halitosis** [hæ̀lətóusis] halit OSIS *n.* 불쾌한 입 냄새
   the condition in which the breath is offensive
5. **hypochondriasis** [hàipoukəndráiəsis] hypochondri ASIS *n.* 우울증 증세, 심기증
   condition of anxiety about imagined ailments
6. **hypnosis** [hipnóusis] hypn OSIS *n.* 최면상태, 최면술
   state of being hypnotized
7. **orthobiosis** [ɔ́ːrθoubaiosis] orthobi OSIS *n.* 적합한 생활, 올바른 생활양식
   right living according to the principles of good health and morals
8. **metamorphosis** [mètəmɔ́ːrfəsis] metamorph OSIS *n.* 변형
   complete change of form and character
   예 Butterflies and frogs experience a stage of *metamorphosis*.
   나비와 개구리는 변형시기를 거친다.
9. **neurosis** [njuəróusis] neur OSIS *n.* 신경증, 노이로제
   condition of disordered nerves; emotional disorder
10. **ostosis** [ɔ́stousis] ost OSIS *n.* 골화
    the hardening of tissue into bone

11. **psychosis** [saikóusis] psych OSIS *n.* 정신병, 정신이상
a serious mental disorder

예 The psychologist tried to cure his patint's *psychosis.*
그 심리학자는 자신의 환자의 정신병을 고치려고 노력했다.

12. **pyreticosis** [pairétikousis] pyretic OSIS *n.* 열, 열병증세 fever
13. **symptosis** [simptsis] sympt OSIS *n.* 소모증
gradual wasting away of the body or of any part of it
14. **symbiosis** [sìmbaióusis] symbi OSIS *n.* 공생
the living together of two dissimilar organisms

● 연습문제

Ⅰ. hypnosis과 pyreticosis을 분석하시오.

Ⅱ. 다음의 _______ 부분을 채우시오.

(1) After all the _______ and ________ we've been reading about it, is refreshing to think of _________.
그렇게나 많은 신경증과 정신병에 대해 읽은 다음 올바른 생활양식에 대해 생각하니 기분이 상쾌해진다.

(2) The imaginary ailments of _______ are the most difficult to cure.
우울증의 가상의 병들이 치료하기 가장 어렵다.

(3) Many doctors are experimenting with ________ in the treatment of illness.
많은 의사들이 질병을 치료하는 데에 최면술을 사용하는 것을 시도하고 있다.

Heaven helps those who help themselves.
하늘은 스스로 돕는 자를 돕는다.

No. 21

SHIP

office state, profession dignity, quality skill
(직위, 지위, 상태, 성(性))

해설
접미사 SHIP은 영어 고유의 접미사로서 OFFICE; STATE; DIGNITY; SKILL; QUALITY; PROFESSION을 의미한다.

기본 어휘

1. **hardship** [há:rdʃip] hard SHIP *n.* 고난, 곤경 suffering
   예 After experiencing the *hardship* of poverty, Kate came to know the value of money.
   빈곤이라는 고난을 경험한 후, Kate는 돈의 가치를 깨닫게 되었다.
2. **friendship** [fréndʃip] friend SHIP *n.* 우정
   good personal relationships
3. **apprenticeship** [əpréntisʃip] apprentice SHIP *n.* 도제
   the time in a profession when one is learning his trade
4. **authorship** [ɔ́:θərʃìp] author SHIP *n.* 저작자임
   the profession of writing
5. **horsemanship** [hɔ́:rsmənʃip] horseman SHIP *n.* 마술
   skill in handling horses
6. **marksmanship** [má:rksmənʃip] marksman SHIP *n.* 사격술, 궁술
   skill in hitting the mark
7. **scholarship** [skálərʃip] scholar SHIP *n.* 학식, 장학금
   the qualities of an advanced student
8. **fellowship** [felouʃip] fellow SHIP *n.* 친구임, 우정
   the quality of being companions
9. **courtship** [kɔ́:rtʃip] court SHIP *n.* 구애, 구혼
   the act of wooing
10. **lordship** [lɔ́:rdʃip] lord SHIP *n.* 귀족임, 주권
    a title indicating the dignity of a peer
11. **ladyship** [léidiʃìp] lady SHIP *n.* 부인의 신분, 영부인
    a title indicating the dignity of a peeress

12. **championship** [tʃǽmpjənʃip] champion SHIP *n.* 챔피온, 우승자, 선수권자
    the office of a defender of rights

    예 The new player took the tennis *championship* from the former champion.
    신인 선수가 전 우승자에게서 테니스 선수권을 건네 받게 되었다.

13. **citizenship** [sítəzənʃip] citizen SHIP *n.* 시민의 자격, 시민권
    the quality of membership in a community; the status of being a citizen
14. **dictatorship** [díkteitərʃip] dictator SHIP *n.* 독재자의 지위, 독재
    the office of the head of a totalitarian state
15. **craftsmanship** [krǽftsmənʃip] craftsman SHIP *n.* 솜씨, 기능, 숙련
    high quality of skill in a craft
16. **sportsmanship** [spɔ́:rtsmənʃip] sportsman SHIP *n.* 운동가 정신
    skill in the world of sports
17. **shipmanship** [ʃípmənʃip] shipman SHIP *n.* 선박조종술
    science of navigation; seamanship
18. **showmanship** [ʃóumənʃip] showman SHIP *n.* 흥행술
    skill in display

● 연습문제

Ⅰ. dictatorship을 분석하시오.

Ⅱ. 다음 ________ 부분을 채우시오.

(1) Not all voters accept their responsibility of ___________ toward keeping the government free from _____________.
정부가 독재에서 해방된 상태를 유지 하는 데에 대한 시민의 권리를 모든 유권자들이 받아들이는 것은 아니다.

(2) Not all ___________ shows the ________ of a Hemingway or the _________ of a Conan Doyle.
모든 저작자들이 헤밍웨이의 솜씨나 코난 도일의 학식을 보일 순 없다.

Brevity is the soul of wit.
표현의 간결함이 재치의 핵심이다.

No. 22 TUDE

state of, condition of (~상황, ~상태)

해설 접미사 TUDE는 라틴어 접미사인 tudo에서 온 것으로 STATE OF나 CONDITION OF를 의미한다. 그리고 NESS와 같이 어간에 붙여서 형용사를 추상명사를 만든다.

기본 어휘

1. **attitude** [ǽtitjù:d] atti TUDE *n.* 태도
   manner; feeling toward; as, attitude to a job
2. **latitudinarian** [læ̀titjù:dənɛ́əriən] lati TUD inarian *n.* 자유주의자
   one opposed to strict discipline
3. **similitude** [simílətjù:d] simili TUDE *n.* 유사, 유사점
   condition of likeness; resemblance
4. **verisimilitude** [vèrəsimílətjù:d] verisimili TUDE *n.* 진실같음, 박진
   having the appearance of truth
5. **gratitude** [grǽtətjù:d] grati TUDE *n.* 감사, 사의
   state of being grateful; thankfulnesss
6. **lassitude** [lǽsitjù:d] lassi TUDE *n.* 나른함, 권태
   state of being limp; weariness
7. **multitude** [mʌ́ltitjù:d] multi TUDE *n.* 다수, 군중 great numbers
   예 A *multitude* of people gathered around the movie star to get an antograph.
   그 영화배우의 싸인을 받으려고 군중이 그의 주위에 몰려들었다.
8. **pulchritude** [pʌ́lkrətjù:d] pulchri TUDE *n.* 아름다움
   state of beauty; loveliness
9. **rectitude** [réktətjù:d] recti TUDE *n.* 정직, 청렴
   state of righteousness
10. **latitude** [lǽtətjù:d] lati TUDE *n.* 위도, 위선
    degree of distance from side to side; with
11. **plenitude** [plénətjù:d] pleni TUDE *n.* 충분, 풍부
    abundance; state of fullness
12. **aptitude** [ǽptitjù:d] apti TUDE *n.* 적절함, 적성, 소질
    ability for; state of being capable

13. **beatitude** [biːǽtətjùːd] beati TUDE *n.* 지복, 더할 나위 없는 행복
state of heavenly bliss

14. **solitude** [sɔ́litjùːd] soli TUDE *n.* 고독
state of being alone; loneliness

예 After his children grew up and moved away, the old man lived in *solitude.*
그의 아이들이 자라서 집을 떠난 후, 그 노인은 혼자서 살았다.

15. **solicitude** [səlísətjùːd] solici TUDE *n.* 근심, 우려
state of great concern for another; as solicitude for the poor

16. **fortitude** [fɔ́ːrtətjùːd] forti TUDE *n.* 용기, 불굴의 정신
state of bravery and strength; endurance

17. **servitude** [sə́ːrvətjùːd] servi TUDE *n.* 노예상태, 노역
state of being subject to another; as servant or slave

18. **turpitude** [tə́ːrpitjùːd] turpi TUDE *n.* 간악, 비열
baseness; depravity

19. **longitude** [lɔ́ndʒətjùːd] longi TUDE *n.* 경도
length; extent measured in length

20. **vicissitude** [visísətjùːd] vicissi TUDE *n.* 변화, 변천, 흥망성쇠, 기복
the ups and downs of fortune and fate

● 연습문제

Ⅰ. verisimilitude와 solicitude를 분석하시오.

Ⅱ. 다음 ________ 부분을 채우시오.

(1) The ____________(s) of life are many and varied.
인생의 기복은 많고 다양하다.

(2) Her __________ for the welfare of the refugees was so great that their __________ was unbounded.
피난자들의 복지에 대한 그녀의 걱정이 너무나 강렬하여 그들의 감사함에는 끝이 없었다.

Contempt is the proper punishment of affectation, and detestation the just consequence of hypocrity.
경멸은 가식에 대한 적절한 벌이며 혐오는 사기에 대한 정당한 결과이다.

No. 23 URE

state of, act, process, rank(~상태, 성(性), 과정)

해설 접미사 URE는 라틴어 접미사 -ura에서 온 것으로 STATE OF, ACT, PROCESS, RANK를 의미한다. 그리고 형용사로부터 명사를 만든다.

기본 어휘

1. **censure** [sénʃər] cens URE *n.* 비난하다, 혹평하다
   to find fault with; to blame
2. **aperture** [ǽpərtʃùər] apert URE *n.* 구멍, 틈 an opening; a hole
   예 The wind came through an *aperture* in the wall
   바람이 벽에 있는 틈 사이로 들어왔다.
3. **culture** [kʌ́ltʃər] cult URE *n.* 문화
   result of development in education, art, and mode of life
4. **exposure** [ikspóuʒər] expos URE *n.* 누출
   state of being laid open; bare of protection or concealment
5. **immature** [ìmətjúər] immat URE *adj.* 미성숙한 unripe; adolescent
   예 Harry's *immature* behavior and remarks disgusted all of us.
   Harry의 성숙치 못한 언행이 우리 모두에게 혐오감을 주었다.
6. **future** [fjú:tʃər] fut URE *n.* 미래
   that time which is yet to come
7. **judicature** [dʒú:dikèitʃər] judicat URE *n.* 사법(권). 사법부
8. **legislature** [lédʒislèitʃər] legislat URE *n.* 입법부, 주의회
   the collective body of persons who make the law
9. **overture** [óuvərtʃúər] overt URE *n.* 신청, 서곡
   the opening piece of music in an opera; an introductory piece
10. **literature** [lítərətʃər] literat URE *n.* 문학
    the collective body of writing of the highest rank
11. **picture** [píktʃər] pict URE *n.* 그림, 회화
    a representation through painting, drawing, or photography
12. **prefecture** [prí:fektʃər] prefect URE *n.* 현, 현청, 지사관저
    the official residence of the prefect

13. **primogeniture** [pràimoudʒénətʃər] primogenit URE *n.* 장자임, 장자상속
    the state of being the first born
14. **posture** [pɔ́stʃər] post URE *n.* 지위, 자태
    state of one's bearing; carriage
15. **pressure** [préʃər] press URE *n.* 압력, 마음의 부담
    force; painful force which causes distress
16. **procedure** [prəsíːdʒər] proced URE *n.* 진행, 순서
    manner or method of a course of action
17. **tenure** [ténjuər] ten URE *n.* 보유, 보유 기간
    the act or right of holding
18. **temperature** [témpərətʃər] temperat URE *n.* 온도
    the degree of heat or cold
19. **signature** [sígnətʃər] signat URE *n.* 서명, 특징
    the seal of approval or of right
20. **rupture** [rʌ́ptʃər] rupt URE *n.* 파열, 파괴 a break

    예 Due to a *rupture* of a vein in his brain, his left arm is paralysed.
    뇌혈관의 파열로 인해, 그의 왼팔이 마비되었다.

● 연습문제

Ⅰ. procedure와 tenure를 분석하시오.

Ⅱ. 다음 ________ 부분을 채우시오.

(1) His ______ to constant _______ made his ______ of office doubtful.
그는 끊임없이 계속되는 마음의 부담에 노출되어 있었기 때문에 그의 직책 보유가 불확실했다.

(2) He refused to add his _________ to the bill.
그는 그 법안에 자신의 서명을 덧붙이기를 거부했다.

Marriage is the strictest the of perpetual friendship. There can be no friendship without confidence, and no confidence without integrity.
결혼은 영속적인 우정의 가장 엄격한 구속이다. 신뢰없이 우정이 있을 수 없고 성실성없이 신뢰는 없다.

연습문제 해답

〈유의사항〉

각 1번에 대한 풀이 중 하이픈(-)이 앞 쪽에 있는 말조각은 Prefix(접두어)이며, 뒤 쪽에 하이픈이 있는 말 조각은 Suffix(접미어), 하이픈이 없는 말조각은 Root(어근)임을 각각 나타낸다.

또 각 단어의 분석에 있어서 공시적 관점을 취하는 태도와 통시적 관점에서 분석하는 방법이 있는데 원칙적으로는 하나로 통일하여야 될 것이나 여기에서는 편의상 양자를 병행하여 사용 하였으니 이 점에 유의하기를 바란다. Key No. 28을 예로 들어 보자.

DICTION의 경우 공시적 관점으로는 DIC(dicere)+TION이 되며, 통시적으로는 DICT(dictus)+ION으로 될 것이다. 이에 관련하여 여기에서는 이것을 암암리에 구별하여 영어 주해에 있어서 라틴어 동사 원형일 때는 부정사(to+Inf)로 하였으며 과거분사(p.p.)일 때는 동사만으로 주해하였다.

제1부 어근(ROOT)

No. 1

Ⅰ. ACIDIFICATION: ACID=sour, FIC(facere)=to make
－TION=state of, act of

Ⅱ. (1) acerbity or acridity (2) acidosis, acidiferous or acidic

No. 2

Ⅰ. AGENCY: AG(agere)=to move, go; -ENCY=act of
DEMAGOGUE: DEM(demos)=people; AGOGUE=leader

Ⅱ. (1) agitated (2) agility (3) demagogue

No. 3

Ⅰ. AUDIVISE: AUDI(audire)=to hear; VISE(visus)=see
AUDIPHONE: AUDI(audire)=to hear; PHONE(phone)=sound, voice

Ⅱ. (1) audition (2) audible, auditorium

Ⅲ. (1) can be heard
(2) a hearing
(3) to receive or transmit by audivision
(4) a graph that shows the relation of audibility to frequency
(5) relating to hearing

No. 4

Ⅰ. INALIENABLE: IN-=not; ALI(alius)=other -EN=made of
-ABLE=can do
ALTERATION: ALTER(alter)=other; -TION=state of

Ⅱ. (1) alienist (2) alteration

No. 5

Ⅰ. AMBIENT: AMBI(ambire)=to go around; -ENT=that which, ~ing
AMBIDEXTER: AMBI(ambi)=both; DEXTER=right hand

Ⅱ. (1) ambles (2) ambition (3) ambiguous

No. 6

Ⅰ. PHILANTHROPY: PHIL(philos)=love; ANTHROP(anthropos)
=man; -Y=tend to, incline to
MISANTHROPY: MIS-=hatred; ANTHROP=man; -y=tend to, incline to

Ⅱ. anthropology, anthropoid

Ⅲ. (1) a person who loves his fellow men

(2) the science of man
(3) a person who hates his fellow men
(4) assuming that man is the center of all
(5) cannibal

No. 7

Ⅰ. ANNUALLY: ANNU(annus)=year; -AL=relating to; -LY=manner of
ANNIVERSARY: ANNI(annus)=year; -VERS(versus)=turn; -ARY=that which

Ⅱ. (1) anniversary (2) centennial (3) sesquicentennial

No. 8

Ⅰ. PANARCHY: PAN(pas)=all; -ARCH(archos)=ruler; -Y=inclined to
ANARCHY: AN-(a-)=not; ARCH(archos)=ruler; -Y=tending to

Ⅱ. (1)anarchy (2)architect

No. 9

Ⅰ. AUTARCH: AUT(autos)=self; ARCH(archos)=ruler
AUTOGENESIS: AUTO(autos)=self; GEN(genos)
=production, generation; -ESIS=process

Ⅱ. (1) automotive (2) Autocrat 또는 Autarch (3) autograph

No. 10

Ⅰ. BONIFY: BON=good; -IFY=make
BENIGN: BENE=well; -GN(genus)=type

Ⅱ. (1) benevolent or benign (2) benediction (3) bonus

No. 11

Ⅰ. BIOGRAPHER: BIO(bios)=life; GRAPH(graphein)=to write; -ER: one who
BIOLOGIST: BIO(bios)=life; LOG(logos)=study of; -IST=one who

Ⅱ. biologist－biographer－biostatics－biostatistics－biology

No. 12

Ⅰ. SUSCEPTIBLE: SUS(sub)=under; CEPT(ceptus)=take; -IBLE=can do
DECEIVE: DE(de)＝away, down; CEIV＝to take

Ⅱ. deceive－captivate－susceptible

No. 13

Ⅰ. CALORIFY: CALOR=heat; -IFY=make
NONCHALANT: NON-=not; CHAL=to be hot; -ANT=one who, that which

Ⅱ. (1) calories (2) caloric

No. 14

Ⅰ. CAPITALIZE: CAPIT(caput)=head; -AL=relating to; -IZE=make
DECAPITATE: DE-=from, away; CAPIT(caput)=head; -ATE=make

Ⅱ. (1) capitulate (2) decapitate

No. 15

Ⅰ. ACCUSER: AC-(ad-)=to, toward; CUS(causare)=to call to account; -ER=one who
* 라틴어에는 어간 -au-가 접두어로 인하여 -u-로 바뀌는 음운규칙이 있다.
INEXCUSABLE: IN-=not; EX-=out; CUS(causare)=to call to account; -ABLE=can do

Ⅱ. accusation—causeless—inexcusable—excuse

No. 16

Ⅰ. RECLAIM: RE-=again, back; CLAIM(clamare)=to cry out
EXCLAIM: EX=out, CLAIM=to showt

Ⅱ. (1) proclaim－proclamation－proclamatory
(2) exclamatory－exclamation

No. 17

Ⅰ. SECEDE: SE-=apart, separate; CEDE(cedere)=to go
PRECEDE: PRE-=before; CEDE(cedere)=to go

Ⅱ. (1) intercede (2) precedent

No. 18

Ⅰ. CHROMOPHOBIC: CHROMO(chromos)=color; PHOB(phobos)=fear; -IC=like

Ⅱ. (1) chromosome (2) chromium (3) chromatist

No. 19

Ⅰ. CIVILITY: CIV(civis)=citzen; -IL(ile)=relating to; -ITY=quality of
DECIVILIZE: DE-=away, from; CIVIL(civilis)=related to citizen; -IZE=make

Ⅱ. (1) civvies (2) decivilized

No. 20

Ⅰ. CORPORATE: CORPOR(corpus)=body; -ATE=make

Ⅱ. (1) corporation (2) Peace Corps

No. 21

Ⅰ. CREDITOR: CREDIT(creditus)=believe; -OR=one who
ACCREDITATION: AC-(ad-)=to, toward; CREDIT(creditus)=believe; -TION=act of

Ⅱ. (1) credit－creditable (2) credulous－credulously

No. 22

Ⅰ. RECREATION: RE-=again, back; CREAT(creatus)=create; -ION=act of
UNCREATIVE: UN-=not; CREAT(creatus)=create; -IVE=cause

Ⅱ. (1) creation (2) creative－creative

No. 23

Ⅰ. RECUMBENT: RE-=again, back; CUMB(cumbere)=to lie down;
-ENT=that which, ~ing
SUCCUMBER: SUC-(sub-)=under; CUMB(cumbere)=to lie down;
-ER=one who

Ⅱ. succumbe－encumbrance－incumbency－recumbent

No. 24

Ⅰ. EXCLUSION: EX-=out; CLUS(clausus)=shut; -ION=state of
OCCLUSION: OC-(ob-)=against; CLUS(clausus)=shut; -ION=state of

Ⅱ. (1) conclusively (2) Exclusive

No. 25

Ⅰ. CYCLICAL: CYCL(clausus)=shut; -AL=relating to

Ⅱ. (1) encyclopedia (2) cyclic

No. 26

Ⅰ. DEMOCRAT: DEMO(demos)=people; CRAT(kratia)=govern

No. 27

Ⅰ. DENTAL: DENT(dens)=tooth; -AL=relating to
ORTHODONTIST: ORTHO(orthos)=right, true, correct; DONT(dens)=tooth;
-IST=one who

Ⅱ. dentifrice－denticate－dentin

Ⅲ. (1) dent (2) dent (3) dent (4) dent

No. 28

Ⅰ. DICTIONARY: DIC(dicere)=to say; -TION=act of; -ARY=that which
MALEDICTION: MALE=bad; DICT(dictus)=say -ION=state of

Ⅱ. (1) contradicted－indictment (2) diction－dictator－dictatorial

No. 29

Ⅰ. DORMITIVE: DORMI(dormire)=to sleep; -IVE=tending to

No. 30

Ⅰ. HIPPODROME: HIPPO(hippo)=horse; DROME(dromos)=running

Ⅱ. (1) dromedary (2) hippodrome

No. 31

Ⅰ. INTRODUCTION: INTRO-=inward; DUCT(ductus)=lead; -ION=act of
SEDUCE: SE-=apart, astray; DUCE(ducere)=to lead

Ⅱ. reduce—production

No. 32

Ⅰ. ENDOSCOPE: ENDO(endon)=within; SCOPE(skopein)=to see

Ⅱ. endoscope—endoparasite

No. 33

Ⅰ. FILAMENT: FILA(filare)=to spin; -MENT=result of an action

Ⅱ. filigree

No. 34

Ⅰ. FACTICIDE: FACT(factus)=make, fact; CIDE(cidum)=kill
MANUFACTURER: MANU(manus)=hand; FACT(factus)=make; -URE=state of -ER=one who

Ⅱ. (1) facility (2) facile (3) facetious

No. 35

Ⅰ. CONFEDERACY: CON-(com)=with, together; FEDER=to trust; -ACY=state of
CONFIDE: CON-(com)=with, together; FIDE(fidere)=to trust

Ⅱ. (1) confidence (2) perfidy-confidential

No. 36

Ⅰ. FERTILIZATION: FER(ferre)=to bear; -TIL(tilis)=capable of; -IZ=make, cause; -TION=act of, state of
LEGISLATION: LEGIS(lex)=law; LAT(latus)=bear, carry; -ION=act of

Ⅱ. (1) coniferous (2) interference (3) preference

No. 37

Ⅰ. AMPLIFICATION: AMPLI(amplus)=large; FIC(facere)=to make; -ITON=act of

Ⅱ. (1) beneficiary (2) defective

No. 38

Ⅰ. DEFINE: DE-=from, away; FIN(finis)=end
INFINITY: IN-=not; FIN(finis)=end; -ITY=quality of

Ⅱ. (1) infinite (2) definitive (3) finite
Ⅲ. (1) finis (2) infinitesimal (3) finite (4) definite (5) affinity (6) define

No. 39

Ⅰ. FLEXILE: FLEX(flexus)=bend; -ILE=capable of
REFLECTIVE: RE-=back; FLECT(flectere)=to bend; -IVE==making
Ⅱ. (1) reflection (2) flexor (3) inflection

No. 40

Ⅰ. FLUCTUATE: FLUCT(fluctus)=flow; -ATE=cause
EFFLUENT: EF-(ex-)=out; FLU(fluere)=to flow; -ENT=~ing
Ⅱ. (1) fluency (2) fluids (3) flux
Ⅲ. (2) fluct (3) flu (4) ef

No. 41

Ⅰ. FUMIDUCT: FUM(fumus)=smoke; DUCT(ductus)=lead
Ⅱ. fumish－fumed

No. 42

Ⅰ. CONGENIAL: CON-(com)=together, with; GENI(genus)=kind of; -AL=relating to
PROGENY: PRO-=forth; GEN(genus)=birth; Y=state of
Ⅱ. (1) genealogist (2) generation (3) genetics

No. 43

Ⅰ. GEOCHRONIC: GEO(geos)=earth; CHRON(chronos)=time; -IC=relating to
GEOGNOSY: GEO(geos)=earth; GNOS(gnostos)=know; -Y=state of
Ⅱ. (1) geophilous (2) geophagia

No. 44

Ⅰ. EXAGGERATE: EX-=out; AG-(ad-)=to; GER(gerere)=to carry; -ATE=make
CONGEST: CON-=with; GEST(gestus)=carry
Ⅱ. (1) suggest (2) digestion

No. 45

Ⅰ. GERMICIDE: GERM (germen)=germ; CIDE(caedere)=to kill
GERMINATE: GERM(germen)=germ; -ATE=make
〈참고〉 germinare→germinatus(p.p.)
Ⅱ. germ－germination－germinative

No. 46

Ⅰ. EGRESS: E-(ex-)=out; GRESS(gressus)=go
INGREDIENT: IN-=into; GRED(gredi)=to go; -ENT=~ing

Ⅱ. (1) gradually (2) graduation

No. 47

Ⅰ. GRATULATORY: GRATULAT(gratulatus)=to wish joy, rejoice; -ORY=relating to

Ⅱ. (1) gratif (2) gratuitous (3) gratuitous

No. 48

Ⅰ. GRAVIDATE: GRAVID(gravidus)=heavy; -ATE=cause

No. 49

Ⅰ. EGREGIOUS: E-(ex)=out; GREGI(gregis)=crowd; -OUS=full of
DESEGREGATE: DE-=remove from; SE-=apart; GREG=crowd; ATE=make

Ⅱ. (1) segregate—segregation (2) congregate

No. 50

Ⅰ. REHABILITATE: RE=back, again; HABILIT=suitable, fit, apt; -ATE=make

Ⅱ. (1) habit (2) habitat

No. 51

Ⅰ. SEMICIRCLE: SEMI=half; CIRCLE=circle

Ⅱ. semicivilized

No. 52

Ⅰ. HEMOID: HEMO(haima)=blood; -ID(eides)=resembling
HEMOTOXIC: HEMO(haima)=blood; TOX(toxon)=poison; -IC=like, nature

Ⅱ. (1) hemorrhage (2) hemorrhoids

No. 53

Ⅰ. EXHUMATE: EX-=out; HUM(humus)=earth; -ATE=make
HUMANIFY: HUMAN(homin)=man; -FY=make

Ⅱ. (1) humanities (2) inhuman

No. 54

Ⅰ. HYDROPHOBIA: HYDRO(hydor)=water; PHOBIA=fear of something
DEHYDRATE: DE-=away; HYDR(hydor)=water; -ATE=make, cause

Ⅱ. (1) hydraulic (2) dehydrate

No. 55

Ⅰ. INTELLECTUAL: INTEL=between; LECT(lectus)=to gather knowledge; -AL=relating to
INTELLIGENCE; INTEL=among; LIGENCE(ligens←lingere←legere)=reading

No. 56

Ⅰ. REJECTION: RE=back; JEC-=to throw; -TION=act of

No. 57

Ⅰ. JUDGMENT: JUD(judex)=to judge; -MENT=state of
INJUDICTIOUSLY: IN-=not; JUDI(judex)=to judge; -CIOUS=having, being; -LY=in the manner of

Ⅱ. judge－injudicious－judgment－prejudice

No. 58

Ⅰ. JUNCTIVE: JUNCT(junctus)=join; -IVE=cause to

Ⅱ. (1) injunction (2) adjunct (3) conjunction

No. 59

Ⅰ. JURISDICTION: JURIS=law; DICT(dictus)=speak; -ION=act of

Ⅱ. (1) jurisprudence (2) jurisdiction－justification

No. 60

Ⅰ. DELUGE: DE-(dis)=away; LUGE(lavere)=to wash

No. 61

Ⅰ. LIBERATE: LIBER(liber)=free; -ATE=to make
DELIVERY: DE-=away; LIVER(liberare)=to free; -Y=act of

Ⅱ. liberality－libertinage－liberticide

No. 62

Ⅰ. LICENSEE: LICENS(licens)=permitting; -EE=one who receive
ILLICITLY: IL-(in)=not; LICIT(licere)=to permit; -LY=manner of

Ⅱ. licensee－licensor－license－licensor－licensee

No. 63

Ⅰ. LITERALISM: LITER-=letter, word; -AL=relating to; -ISM=doctrine

Ⅱ. alliteration－alliterative－Transliteration

No. 64

Ⅰ. LOCOMOTOR: LOCO(locus)=place: MOT(motus)=to move; -OR=that which

Ⅱ. (1) allocate (2) dislocation－locate

No. 65

Ⅰ. EPILOGUE: EPI-=beside; LOGUE(logos)=word
SINOLOGUE: SINO=China; LOGUE(logos)=word

Ⅱ. (1) logistics (2) monologue

No. 66

Ⅰ. SOLILOQUY: SOL(solus)=alone; LOQUY(loqui)=to speak

No. 67

Ⅰ. LUCENT: LUC(lucis)=light; -ENT=that which
LUMINIFEROUS: LUMIN(lumen)=light; FER(ferre)=to bear; -OUS=full of, having

Ⅱ. (1) lucid－pellucid－luminescent－luminist (2) elucidate

No. 68

Ⅰ. MAGNITUDE: MAGNI(magnus)=great; -TUDE=condition of
MAGNILOQUENT: MAGNI(magnus)=great, big; LOQ(loqui)=to, peak; -ENT=~ing

Ⅱ. magnanimous-magnificence

No. 69

Ⅰ. EMANCIPATION: E-(ex-)=out; MAN(manus)=hand; CIP(capere)=to take; -TION=act of

Ⅱ. (1) manuscript (2) emancipation

No. 70

Ⅰ. MATERNAL: MATER=mother; -AL=relating to

Ⅱ. (1) matrimony (2)matriarch

No. 71

Ⅰ. MARINER: MAR(mare)=sea; -INE=relating to; -ER=one who
SUBMARINE: SUB-=under; MAR(mare)=sea; -INE=one who

Ⅱ. (1) Mariner (2) mare

No. 72

Ⅰ. MEDIATE: MEDI(mediare)=to be in the middle; -ATE=to make, cause
MEDITERRANEAN: MEDI(medire)=middle; TERRA=land; -EAN=belonging

Ⅱ. (1) Mediocre－mediocrity (2)mediator

No. 73

Ⅰ. MEGATHERM: MEGA(megas)=big; THERM(thermos)=heat
MEGALITH: MEGA(megas)=big; LITH(lithos)=stone

Ⅱ. megalomania

No. 74

Ⅰ. MICROAUDIPHONE: MICRO(mikros)=small; AUDI(audire)=to hear; PHONE=sound

Ⅱ. (1) microscope－microaudiphone (2) microphone

No. 75

Ⅰ. MIGRATORY: MIGRAT(migratus)=wander, rove; -ORY=relating to
EMIGRANT: E-(ex-)=out; MIGRA(migrae)=to wander; -ANT=one who

Ⅱ. (1) immigrants－emigrants (2) migratory

No. 76

Ⅰ. MISCAST: MIS-=wrong, bad; CAST=chosen
MISOGYNIST: MISO(misein)=to hate; GYN(gyne)=a woman; -IST=one who

Ⅱ. (1) miscarriage (2)miscast

No. 77

Ⅰ. INTERMISSION: INTER-=between; MISS(missus)=send; -ION=state of
REMIT: RE-=back, again; MIT(mittere)=to send

Ⅱ. (1) mission (2) transmitted (3) intermission

No. 78

Ⅰ. MOBILIZE: MOBIL(mobilis)=to move; -IZE=to make
AUTOMOTIVE: AUTO-=self; MOT(motus)=move; -IVE=causing

Ⅱ. (1) motions (2) motorcade

No. 79

Ⅰ. MONARCH: MON(monous)=one; ARCH(archos)=ruler
MONOCHORD: MONO(monos)=one; CHORD=string

Ⅱ. (1) monodrama (2) monogamy

No. 80

Ⅰ. DEMONSTRATIVE: DE-=out, from; MONSTR(monstrare)=to show; -IVE=causing

Ⅱ. (1) monsters (2) demonstrate

No. 81

Ⅰ. IMMORTAL: IM-(in-)=not; MORT(mortis)=death; -AL=relating to
REMORSEFUL: RE-=back, again; MORSE(mors)=death; -FUL=full of

Ⅱ. (1) mortal (2) mortality (3) remorse

No. 82

Ⅰ. MULTILOQUENT: MULTI-=much; LOQU(loquor)=to speak; -ENT=one who
MULTIPAROUS: MULTI-=much; PAR(parere)=to give birth; -OUS=full of

Ⅱ. (1) multilingual (2) multiplicity (3) multigraph

No. 83

Ⅰ. NATURALIZATION: NAT(natus)=born; -URE=state of; -AL=relating to; -IZE=make; -TION=state of

Ⅱ. (1) nativism (2) naturalize

No. 84

Ⅰ. NEOLITHIC: NEO(neos)=new; LITH(lithos)=stone; -IC=nature of

Ⅱ. (1) neophyte (2) neology

No. 85

Ⅰ. NEURALGIA: NEUR(neuron)=nerve; ALGIA(algos)=pain
NEUROLOGIST: NEUR(neuron)=nerve; LOG(logos)=word; -IST=one who

Ⅱ. (1) neurility－neurological (2) neurosis

No. 86

Ⅰ. NOVELISTIC: NOVEL(nova)=new; -IST=that which; -IC=like
RENOVATE: RE-again; NOV(nova)=new; -ATE=make

Ⅱ. (1) novice－renovate－innovation (2) novelty

No. 87

Ⅰ. ANNOUNCE: AN-(ad-)=to, toward; NOUNC(nuntiare)=to speak
ENUNCIATE: E-(ex-)=out; NUNCI(nuntiare)=to speak; -ATE=make

Ⅱ. (1) enunciation－pronunciation (2) announcer－announcement

No. 88

Ⅰ. OMNIBUS: OMNIBUS(dative plural of omnis)=all
OMNISCIENT: OMNI-(omnis)=all; SCI(scire)=to know; -ENT=one who

Ⅱ. (1) omnipotent (2) omnivorous (3) omnipresent－omniscient

No. 89

Ⅰ. OPERATE: OPER(opus)=work; -ATE=make, cause
OPERATIONAL: OPERA(opus)=work; -TION=act of; -AL=relation to

Ⅱ. (1) cooperation (2) operator

No. 90

Ⅰ. OSSICLE: OSS(os)=bone; -ICLE=small thing

OSSIFY: OSS(os)=bone; -IFY=to make
Ⅱ. ossifrage

No. 91

Ⅰ. PANDEMIC: PAN(pas)=all; DEM(demos)=people; -IC=nature of
Ⅱ. (1) panorama (2) pancreas

No. 92

Ⅰ. PATERNAL: PATER(pater)=father; -AL=relating to
PATRICIDE: PATR(pater)=father; CIDE(caedere)=to kill
Ⅱ. (1) patron (2) patroon (3) Patriotism

No. 93

Ⅰ. PEDAGOGUE: PED(paidos)=child; AGOGUE(agogos)=leader
PEDAL: PED=foot; AL=relating to
Ⅱ. (1) pedestrian-pedal (2) pedomotive

No. 94

Ⅰ. IMPULSION: IM-=in; PULS(pulsus)=drive; -ION=act of
REPULSIVE: RE-=back; PULS(pulsus)=drive; -IVE=making
Ⅱ. (1) propel (2) compulsory

No. 95

Ⅰ. PENDANT: PEND(pendere)=to hang; -ANT=that which
SUSPENDED: SUS-(sub)=under; PEND(pendere)=to hang; -ED=form the past participle
Ⅱ. (1) suspended (2) independence (3) appendix－appendage

No. 96

Ⅰ. PICTORIAL: PICT(pingere)=to paint; -OR=that which; -AL=relating to
PICTURESQUENESS: PICT(pingere)=to paint; -URE=process; ESQUE=like; -NESS=quality of
Ⅱ. (1) picture－picturedom (2) picturesque

No. 97

Ⅰ. PHILHARMONIC: PHIL(philos)=love; HARMON(harmonia)=harmony; -IC=nature
BIBLIOPHILE: BIBLIO(biblio)=book; PHILE(philos)=love
Ⅱ. (1) philanthropist－philogynist (2) philosophy

No. 98

Ⅰ. IMPLACABLE: IM-(in)=not; PLAC(placere)=to make calm; -ABLE=can do

COMPLACENCE: COM-(con)=with; PLAC(placere)=to please; -ENCE=state of

Ⅱ. (1) complacent (2) complacency

No. 99

Ⅰ. PLUPERFECT: PLU(plus)=more; PER-=thoroughly; FECT(facere)=to make

Ⅱ. (1)plur (2)pluri (3)syllabic (4)ennial (5)liter (6)pre

No. 100

Ⅰ. PNEUMATIC: PNEUMA=breath; -IC=relating to

PNEUMOCONIOSIS: PNEUMO(pneumon)=lung; CONI(konis)=dust; -OSIS=disease

Ⅱ. (1) pneumoconiosis (2) pneumology

No. 101

Ⅰ. PHOTOGENIC: PHOTO(photos)=light; GEN=suitable for; -IC=like

PHOTODYNAMIC: PHOTO(photos)=light; DYNAM(dynamo)=power; -IC=like

Ⅱ. photographers－photographs－photographees－photogenic

No. 102

Ⅰ. POLYGLOT: POLY-=many; GLOT(glotta)=tongue

POLYARCHY: POLY-=many; ARCH(archos)=rule; -Y=tending to

Ⅱ. polyglot-polyglot

No. 103

Ⅰ. TRANSPORT: TRANS-=across, over; PORT(portare)=to carry

Ⅱ. (1) reporter (2) supported－support

No. 104

Ⅰ. PROPORTION: PRO-=for; PORTION=part, share

PROPORTIONALISM: PRO-=for; PORTION=part, share; -AL=relating to; -ISM=rule, principle

Ⅱ. (1) proportionate (2) proportion (3) apportion

No. 105

Ⅰ. OPPONENT: OP-(ob)=againt; PON(ponere)=to place; -ENT=~ing, agent

PROPOSE: PRO-=forward; POSE(positus)=place

Ⅱ. (1) posture (2) positive－exposure

No. 106

Ⅰ. PRIMARY: PRIM(primus)=first; -ARY=that which

PRIMOGENITURE: PRIM(primus)=first; GEN(genus)=race; -URE=state of

Ⅱ. (1) primeval (2) primitive

No. 107

Ⅰ. POTENTIALITY: POTENT(potesse)=powerful; -IAL=relating to; -ITY=quality of
IMPOTENT: IM(in)=not; POTENT=powerful

Ⅱ. (1) posse (2) potency—possibility (3) possess

No. 108

Ⅰ. DISPUTANTS: DIS-=away; PUT(putare)=to think; -ANTS=those who
IMPUTATION: IM-(in)=into; PUT=think; -ION=act of

Ⅱ. (1) disputatious (2) reputation—impute

No. 109

Ⅰ. PUNCTUATE: PUNCT(punctum)=point, dot; -ATE=make

Ⅱ. (1) punctuation (2) unpunctuated (3) punctual—punctilious

No. 110

Ⅰ. SURROGATE: SUR-(sub)=under; ROG(rogare)=to ask; -ATE=make

Ⅱ. (1) arrogate—prerogatives (2) arrogant—abrogate

No. 111

Ⅰ. SANGUISUGENT: SANGUI(sanguis)=blood; SUG(sugere)=to suck; -ENT=that which
CONSANGUINITY: CON-=with; SANGUIN(sanguis)=bloody; -ITY=quality of

Ⅱ. (1) sanguineous (2) sanguinaceous or sanguinary

No. 112

Ⅰ. SATIABILITY: SATI(satis)=more than enough; -ABIL(able)=can do; -ITY=quality of
SATISFY: SATIS=enough; -FY=make

Ⅱ. (1) unsaturated (2) insatiable (3) saturation

No. 113

Ⅰ. HELIOSCOPE: HELIO(helios)=sun; SCOPE(skopos)=watch
CHRONOSCOPE: CHRONOC(chronos)=time; SCOPE(skopos)=watch

Ⅱ. (1) spectroscope (2) stethoscope

No. 114

Ⅰ. SUBSCRIPTION: SUB-=under; SCRIP(scriptus)=write; -TION=act of
TRANSCRIPT: TRANS-=across, over; SCRIPT(scriptus)=write

Ⅱ. (1) subscription (2) ascribed

No. 115

Ⅰ. SIGNALIZE: SIGN(signare)=to mark; -AL=relating to; -IZE=make
SIGNIFICANT: SIGNI(signare)=to mark; FICI(facere)=to make; -ANT=one who

Ⅱ. (1) signal (2) insignificant—signature—signatory

No. 116

Ⅰ. SIMILITUDE: SIMILI(similis)=like; -TUDE=state of;
SIMULANT: SIMUL(simulare)=to copy; -ANT=~ing

Ⅱ. (1) dissimilarity—simulated (2) similarity

Ⅲ. a. (9) b. (7) c. (5) d. (1) e. (3) f. (8) g. (2) h. (10) I. (4)

No. 117

Ⅰ. ECSTASY: EC-(ex)=out; STA=cause to stand: -SY=quality of
PERSIST: PER-=through; SIST(sistere)=stand

Ⅱ. stamina

Ⅲ. a. (5) b. (6) c. (10) d. (7) e. (2) f. (3) g. (8) h. (9) i. (4) j. (1)

No. 118

Ⅰ. STEREOTYPE: STEREO(stereos)=solid; TYPE(typus)=image
STEREOSCOPIST: STEREO(stereos)=solid; SCOP(skopos)=watch; -IST=one who

Ⅱ. stereoscope—stereoscop

Ⅲ. a. (3) b. (7) c. (10) d. (1) e. (4) f. (8) g. (2) h. (5) i. (6) j. (9)

No. 119

Ⅰ. SPONSORSHIP: SPONS(sponsus)=pledge; -OR=one who; -SHIP=state of
RESPOND: RE-=back; SPOND(spondere)=to answer

Ⅱ. (1) response—sponsor—responsibility (2) correspond

No. 120

Ⅰ. SOPHOMORE: SOPHO(sophos)=wisdom; MORE(moros)=foolish
PHILOSOPHER: PHIL(philos)=love; SOPH(sophos)=wisdom; -ER=one who

Ⅱ. (1) sophist (2) philosophy (3) sophisticated

No. 121

Ⅰ. SPECTATOR: SPECTAT(spectatus)=watch; -OR=one who
SPECTROSCOPE: SPECTRO(spectrum)=watch; SCOPE(skopos)=watch

Ⅱ. (1) specimen (2) spectacular

No. 122

Ⅰ. ATMOSPHERE: ATMO(atmos)=air, vapor; SPHERE=sphere, ball
ASTROSPHERE: ASTRO(astra)=star; SPHERE=sphere, ball

Ⅱ. geosphere－atmosphere－troposphere－stratosphere－astrosphere

No. 123

Ⅰ. OBSTRUCT: OB-=in the way; STRUCT(structus)=build
RECONSTRUCTION: RE-=again; CON(com)=with; STRUCT(structus)=build; -ION=act of

Ⅱ. (1) destructive (2) instructive

No. 124

Ⅰ. ASSUME: AS-(ad-)=to, toward; SUME(sumere)=to take
PRESUMPTUOUS: PRE-=before; SUMPT(sumptus)=take; -OUS=full of, having

Ⅱ. (1) assumption－presumably (2) sumptuous

No. 125

Ⅰ. TACTICIAN: TACT(tactus)=touch; -IC=nature of; -IAN=specialist
INTANGIBILITY: IN-=not; TANG(tangere)=to touch; -IBIL(-ible)=able, capable of -ITY=quality of

Ⅱ. tangled－contingency

No. 126

Ⅰ. ABSTAIN: ABS(ab-)=away, from; TAIN(tenere)=to hold

Ⅱ. (1) intend (2) tenant

No. 127

Ⅰ. TECHNICALITY: TECHNIC(technikos)=skill; -AL=relating to; -ITY=quality of
HYDROTECHNY: HYDRO(hydros)=water; TECHNY(technikos)=skill

Ⅱ. technologist－technocracy－technicality－technocrat

No. 128

Ⅰ. INTENSIFICATION: IN-=in, into; TENS(tensus)=stretch; FIC(factus)=make; -ION=act of, state of
DETENTION: DE-=from, away; TENT(tentus)=strain; -ION=act of

Ⅱ. (1) unintentionally (2) intensive

No. 129

Ⅰ. TEMPORAL: TEMPOR=time; -AL=relating to
TEMPORIZATION: TEMPOR=time; -IZE(-izein)=cause; -TION=act of

Ⅱ. (1) temporary－protem (2) extempore

No. 130

Ⅰ. TESTIFY: TEST(testari)=a witness; -IFY=to make

ATTESTANT: AT-(ad-)=to; TEST(testari)=to bear witness; -ANT=one who

Ⅱ. contest－testimony or testification－attested

No. 131

Ⅰ. THEARCHY: THE(theos)=god; ARCH(archos)=ruler; -Y=state, condition
ATHEIST: A-=away, away from; THE(theos)=god; -IST=one who

Ⅱ. (1) atheist－theologist－theological (2) theody

No. 132

Ⅰ. TRACTILE: TRACT(tractus)=pull; -ILE=relating to
ABSTRACT: ABS-(ab-)=away; TRACT(tractus)=draw

Ⅱ. (1) Extraction (2) contractual－abstract

No. 133

Ⅰ. DISTRIBUTOR: DIS-=away; TRIBUT(tributus)=pay out; -OR=one who
RETRIBUTION: RE-=back; TRIB(tribuere)=to pay; -TION=act of

Ⅱ. (1) attribute (2) contributory (3) tributar (4) redistribution

No. 134

Ⅰ. TUITIONAL: TUIT(tuitus)=protection, teaching; -TION=act of, state of; -AL=relating to
INTUTIONISM: IN-=not; TUIT(tuitus)=to guard, to teach; -TION=act of; -ISM=doctrine

Ⅱ. intuition－intuitionist－intuitively

No. 135

Ⅰ. ULTIMATE: ULTIM(ultimus)=last; -ATE=to make
ANTEPENULT: ANTE-=before; PEN-(paene)=almost; ULT(ultimus)=last

Ⅱ. (1) ultimogeniture－primogeniture (2) penult

No. 136

Ⅰ. UNANIMOUS: UN(unus)=one; ANIM(animus)=mind; -OUS=having

Ⅱ. (1)unison (2) union-universal (3) unique

No. 137

Ⅰ. VACATIONAL: VAC(vacare)=empty; -TION=act of; -AL=relating to
EVACUATION: E-(ex-)=out; VAC(vacare)=to empty; -TION=act of state of

Ⅱ. (1) vacuum (2) vacuist-vacuum (3) vacant

No. 138

Ⅰ. VALEDICTORY: VALE(valere)=farewell, be well; DICT(dictus)=say; -ORY=that which, one who

EVALUATE: E-(ex-)=out; VALU(valere)=worth; -ATE=to make, to cause
Ⅱ. (1) valorous－valiancy (2) evaluate

No. 139

Ⅰ. EVENT: E-(ex)-)=out; VENT(ventus)=to come, happen
INTERVENTION: INTER-=between; VENT(versus)=come; -ION=act of
Ⅱ. (1) prevention (2) adventitious

No. 140

Ⅰ. CONTROVERSIAL: CONTRO(contra)=against; VERS(versus)=turn; -IAL=relating to
OBVERSE: OB-=to, toward; VERSE(versare)=to turn
Ⅱ. (1) subversive (2) universal (3) invert

No. 141

Ⅰ. VERIFIABLE: VERI(verus)=true; FI(ficare)=to make; -ABLE=can do
VERISIMILITUDE: VERI(verus)=truth; SIMILI(similis)=likeness; -TUDE(-tudo)=state of
Ⅱ. (1) verify (2) veritable

No. 142

Ⅰ. VICAR: VIC(vicis)=substitude; -AR=one who
Ⅱ. vicar－vicarage－vicissitudes－vicariously

No. 143

Ⅰ. IMPROVISE: IM-(in-)=not; PRO-=forward; VIS(visus)=see
PROVIDENTIAL: PRO-=forward, forth; VID(videre)=to see; -ENT=~ing; -IAL=relating to
Ⅱ. (1) visible (2) visualize (3) provide －provisions

No. 144

Ⅰ. VIVISECTION: VIVI(vivus)=alive; SECT(sectus)=cut up; -TION=act of
SURVIVE: SUR-=over; VIV(vivus)=live
Ⅱ. (1) viviparous (2) vivisection (3) survived

No. 145

Ⅰ. VOCIFEROUS: VOC(vocis)=voice; FER(ferre)=to carry, bear; -OUS=having
Ⅱ. (1) evoke (2) provocation－invoke

No. 146

Ⅰ. VOLCANIST: VOLCAN(vulcan)=fire; volcano; -IST=one who
Ⅱ. (1) Vulcan－volcano (2) volcanic

제2부 접두어(PREFIX)

No. 1

Ⅰ. ABDICATE: AB-=away; DICATE(dicatus)=proclaim

Ⅱ. (1) abdicate (2) absolve (3) abscond

No. 2

Ⅰ. ADHERE: AD-=to; HERE(haerere)=to stick
AGGRAVATE: AG-(ad-)=to; GRAV(gravis)=heavy; -ATE=make

Ⅱ. (1) aggressive (2) advance

No. 3

Ⅰ. AMNESIA: A-=not; MNESIA(mnasthai)=to remember
ANOMY: A-=not; NOMY(nomos)=law

Ⅱ. (1) anecdote (2) anomaly (3) anemic

No. 4

Ⅰ. AMPHIBIOUS: AMPHI-(amphi)=both; BI(bious)=life; -OUS=relating to
AMPHILOGISM: AMPHI-=both; LOG(logos)=word; -ISM=system, doctrine

Ⅱ. (1) amphibian (2) amphitheater

No. 5

Ⅰ. ANACHRONISM: ANA-=back, backward; CHRON(chronos)=time; -ISM=doctrine
ANALOGOUS: ANA-=up; LOG(logos)=reason; -OUS=relating to

Ⅱ. (1) anachronism (2) analytic

No. 6

Ⅰ. ANTECEDENT: ANTE-=before; CED(cedere)=to go; -ENT=that which
ANTEMORTEM: ANTE-=before; MORTEM(mort)=death

Ⅱ. (1) antecedent (2) antedate

No. 7

Ⅰ. ANTHELMINTIC: ANT-=against; HELMIN=worm; IC=like, nature of

Ⅱ. (1) antipodes (2) antipathy (3) antitoxin

No. 8

Ⅰ. APOCOPE: APO-=away from; COPE(koptein)=to cut
APOSTASY: APO-=away from; STAS(histasthai)=to stand; -Y=action

No. 9

Ⅰ. BIENNIAL: BI-=two; ENNI(annus)=year; -AL=relating to
BINOCULAR: BIN-(bi-)=two; OCUL(oculus)=eye; -AR=one who, that which

Ⅱ. (1) bifocal (2) bipartisan (3) bilabial

No. 10

Ⅰ. CATASTROPHE: CATA-=down, low; STROPHE(strephein)=to twist
CATALOGUE: CATA-=down, low; LOGUE(logos)=word

Ⅱ. (1) catachresis (2) catalepsy

No. 11

Ⅰ. CIRCUMFLUOUS: CIRCUM-=around; FLU(fluere)=to flow; -OUS=full of, having

Ⅱ. circumstance

No. 12

Ⅰ. COOPERATION: CO-(com)=with; OPERA(opus)=work; -TION=act of
CORROBORATE: COR-(com)=with; ROBOR(roborare)=to strengthen; -ATE=make

Ⅱ. (1) correlated (2) Cooperation (3) Congress

Ⅲ. (1) con (2) com (3) com (4) co (5) col (6) cor
(7) cor (8) com (9) com (10) col

No. 13

Ⅰ. INDEPENDENT: IN-=not; DE-=remove from; PEND(pendere)=to hang; -ENT=having

Ⅱ. (1) decay (2) delude

No. 14

Ⅰ. DISASTER: DIS-=against; ASTER(astron)=star
DISEASE: DIS-=not; EASE(aise)=ease

Ⅱ. (1) disapprove－disinherited (2) disloyal－distrust－discredit

No. 15

Ⅰ. DIACHRONIC DIA-=through; CHRON(chronos)=time; -IC=nature of
DIASPORA: DIA-=through; SPORA(speirein)=to sow

Ⅱ. (1) diagnosed (2) diagrams

No. 16

Ⅰ. DYNAMIST: DYNAM(dynamis)=power; -IST=one who

Ⅱ. (1) dynamite (2) dynasty

No. 17

Ⅰ. DILEMMA: DI-=two; LEMMA(lemma)=assumption

Ⅱ. (1) dilemma (2) diphthong

No. 18

Ⅰ. ECCENTRIC: EC-(ex-)=out; CENTR(center)=center; -IC=having
EFFICIENT: EF-(ex-)=out; FICI(facere)=to make; -ENT=~ing

Ⅱ. (1) eccentric (2) effusive—effect

No. 19

Ⅰ. ENDANGER: EN-=cause to be; DANGER=danger
UNEMPLOYABLE; UN-=not; EM-=in; PLOY(plicare)=to fold; -ABLE=capable of

Ⅱ.(1) environment (2) embarked

No. 20

Ⅰ. EPIDEMIC: EPI-=upon; DEM(demos)=people; -IC=nature of

Ⅱ. (1) epigrams (2) epidemic

No. 21

Ⅰ. EUPHONY: EU-=pleasing; PHON(phone)=sound; -Y=inclined to
EUTHANASIA: EU-=pleasing; THANAS(thanatos)=death; -IA=name of medical term

Ⅱ. eugenics

No. 22

Ⅰ. HYPERMNESIA: HYPER-=excessive; MNESIA(mnesthai)=to remember
HYPERSONIC: HYPER-=above; SON(sonus)=sound; -IC=having

Ⅱ. (1) hyperbole (2) Hyperion (3) hyperpnea

No. 23

Ⅰ. HYPOMANIA: HYPO-=less; MANIA=manic excitement

Ⅱ. (1) hypocrisy (2) hypochondria (3) hypothesis

No. 24

Ⅰ. ILLEGAL: IL-(in-)=not; LEGAL(legis)=legal
ILLOGICAL: IL-(in-)=not; LOG(logos)=word; -IC=like; -AL=relating to

Ⅱ. (1) irrevocable—irreparable or irreclaimable (2) irreproachable—irresistible

No. 25

Ⅰ. INFLUX: IN-=into; FLUX(fluxus)=flow

Ⅱ. (1) immigrant (2) imbued—important

No. 26

Ⅰ. IMPLACABLE: IM-(in-)=not; PLA(placare)=to please; -ABLE=capable of
IMMATURE: IM-(in-)=not; MATURE(maturus)=ripe

Ⅱ. (1) implacable (2) immatur

No. 27

Ⅰ. INTERCEPT: INTER-=between; CEPT(ceptus)=take
INTERVENE: INTER-=between; VENE(venire)=to come

Ⅱ. (1) intercede (2) interrupt

No. 28

Ⅰ. INTRAMUNDANE: INTRA-=within; MUNDANE(mundus)=world

Ⅱ. (1) intramural (2) intravenous (3) intracollegiate

No. 29

Ⅰ. INTROMIT: INTRO-=inward; MIT(mittus)=send
INTROSPECTION: INTRO-=into, inward; SPECT(spectus)=see; -ION=act of

Ⅱ. (1) intromit (2) introspection (3) introvert

No. 30

Ⅰ. MACROCOSMIC: MACRO-=large; COSM(cosmos)=world; -IC=like

Ⅱ. (1) macrobiosis (2) macrocosm

No. 31

Ⅰ. MALAPERT: MAL-=bad; APERT(apert)=skilful
MALVOLENT: MAL-=evil; VOL(volere)=to wish; -ENT=~ing

Ⅱ. (1) malpractice (2) malady—malignant (3) malice

No. 32

Ⅰ. NONPAREIL: NON-=not; PAREIL(par)=equal

Ⅱ. (1) non compos mentis (2) nonpartisan

No. 33

Ⅰ. OBLIGE: OB-=toward; LIGE(ligare)=to bind
OBNOXIOUS: OB-=toward; NOX(noxa)=harm; -OUS=full of, having

Ⅱ. (1) object—oppressive—oppose (2) obese

No. 34

Ⅰ. PERENNIAL: PER-=throughout; ENN(annus)=year; -AL=relating to
PERNICIOUS: PER-=through; NIC(nex)=violent death; -OUS=full of

Ⅱ. (1)perennial (2) percussive (3)percussion

No. 35

Ⅰ. PRECEDE: PRE-=before; CEDE(cedere)=to go
PREVENTION: PRE-=before; VEN(venire)=to come; -TION=act of

Ⅱ. (1) prejudice—prevent (2) precaution

No. 36

Ⅰ. POSTERITY: POSTER(posterus)=coming after; -ITY=state of
POSTSCRIPT: POST-=after; SCRIPT(scriptus)=write

Ⅱ. (1) posthumous—postmortem (2) postlude

No. 37

Ⅰ. PRODROME: PRO-=forth; DROME(dromos)=running
PROVIDENT: PRO-=forward; VID(videre)=to see; -ENT=~ing

Ⅱ. (1) proclamation—progressive (2) produce—provide—production

No. 38

Ⅰ. PSEUDONYM: PSEUDO-=spurious; ONYM(onyma)=name

Ⅱ. (1) pseudonym (2) pseudonymal

No. 39

Ⅰ. REITERATE: RE-=again; ITER(iterum)=a second time; -ATE=cause, make
REDUNDANT: RED(re-)=again: UND(undare)=to flow; -ANT=~ing

Ⅱ. (1) recruited (2) repugnant

Ⅲ. a (2) b (2) c (4) d (1) e (4)

No. 40

Ⅰ. SECLUDE: SE-=apart; CLUDE(claudere)=to close
SEDUCTIVE: SE-=aside; DUCT(ductus)=lead; -IVE=causing, making

Ⅱ. seclusion—seclusion—secret

No. 41

Ⅰ. SUBDUE: SUB-=under; DUE(ducere)=to lead
SUBTERRANEOUS: SUB-=under; TERRA=earth; -OUS=full of, having

Ⅱ. (1) submission (2) subversive

No. 42

Ⅰ. SUPERFLUENT; SUPER-=over; FLU(fluere)=flow; -ENT=~ing
SUPERIMPOSE: SUPER-=over; IM(in)=into; POSE(ponere)=to place

Ⅱ. supreme—supremacy—superimpose—superable—supercilious

No. 43

Ⅰ. SURFACE: SUR-=over; FACE=face, top
SURVIGOROUS: SUR-=over, more; VIGR(vigor)=energy; -OUS=full of

Ⅱ. (1) survival (2) surveyor (3) surmise

No. 44

Ⅰ. SYMMETRY: SYM-(syn)=together, with; METR(meter)=measure; -Y=tending to
SYMPATHETIC: SYM-(syn-)=together, with; PATH(pathos)=suffer; -ETIC=like

Ⅱ. synthesis

No. 45

Ⅰ. TRANSPORT: TRANS-=across; PORT(portare)=to carry
TRANSCEND: TRANS-=across, over; SCEND(scandere)=to climb

Ⅱ. (1) transportation (2) transfer (3) transcend

No. 46

Ⅰ. ULTRAISM: ULTRA-=exceeding; -ISM=doctrine
ULTRASONIC: ULTRA-=beyond, exceeding; SON(sonus)=sound; -IC=nature of

Ⅱ. (1) ultramodern (2) ultramarine

No. 47

Ⅰ. UNABRIDGED: UN-=not; AB-(ad-)=to; BRIDG(brevis)=short; -ED=made

Ⅱ. (1) unspoken (2) unread－uneducated

Ⅲ. a (3) b (4) c (7) d (1) e (2) f (5) g (6)

제3부 접미어(SUFFIX)

No. 1

Ⅰ. COMFORTABLE: COM-=with; FORT(fortare)=to strengthen; -ABLE(bilis)=can do
EDIBLE: ED(edere)=to eat; -IBLE(bilis)=can to

Ⅱ. reliable－capable－forcible－acceptable

No. 2

Ⅰ. COURAGE: COUR(cor)=heart, spirit; -AGE=state of

Ⅱ. outrageous

No. 3

Ⅰ. TECHNICAL: TECHNIC(technikos)=of art, skilful; -AL=relating to
PHENOMENAL: PHENOMEN(phainomenos)=appearance; -AL=relating to

Ⅱ. (1) optional (2) Spiritual

No. 4

Ⅰ. COSMOPOLITAN: COSMO(cosmos)=world; POLIT(polites)=citizen; -AN=relating to
UTOPIAN: U-(ou)=not, no; TOP(topos)=place; -AN=relating to

Ⅱ. (1) cuban (2) Australians

No. 5

Ⅰ. REFORMATORY: RE-=again; FORMAT(formatus)=form; -ORY=place where
FACTORY: FACT(factus)=a thing made; -ORY=place where

Ⅱ. (1) dietary (2) bribery (3) memory

No. 6

Ⅰ. ENERVATE: E-(ex-)=out; NERVATE(nervatus)=to sinew
EMANCIPATE: E-(ex-)=out; MAN(manus)=hand; CIPATE(cipatus)=to take

Ⅱ. permeate / infiltrate

No. 7

Ⅰ. MINUSCULE: MINUS=less, least; -CULE=very small
ANIMALCULE: ANIMAL=animal; -CULE=very small

Ⅱ. (1) princeling (2) underling

No. 8

Ⅰ. ALIENCE: ALIEN(alius)=other; -CE=one who receives

EXPELLEE: EX-=out; PELL(pellere)=to throw; -EE=one who receives

Ⅱ. (1) employee (2) fiancee (3) refugee

No. 9

Ⅰ. ENLIGHTEN: EN-=provide with; LIGHT=light; -EN=to make

TOUGHEN: TOUGH=hard, strong; -EN=to make

Ⅱ. (1) whiten－brighten－heighten (2) frightened

No. 10

Ⅰ. SANCTIFY: SANCT(sanctus)=sacred; -IFY=to make

VILIFY: VIL(vilis)=small worth; -IFY=to make

Ⅱ. (1) ratify (2) verified

No. 11

Ⅰ. ATTAINMENT: AT-(ad-)=to, toward; TAIN(tenere)=to gain; -MENT=act of

POSTPONEMENT: POST-=after; PONE(ponere)=to put, place; -MENT=act of

Ⅱ. (1) appointment－achievement (2) resentment－excitement－statement

(3) contentment－compliment

No. 12

Ⅰ. ENDEMIC: EN-=in, into; DEM(demos)=people; -IC=nature of

GEOLOGIC: GEO(geos)=earth; LOG(logos)=word; -IC=nature of

Ⅱ. (1) strategic－patriotic－heroic (2) tragic

Ⅲ. (1) poetically (2) heroically (3)drastically

(4) patriotically (5) tragically (6) emphatically

No. 13

Ⅰ. FEMININE: FEMIN-=woman; INE=nature of

CANINE: CAN-=dog: INE=nature of

No. 14

Ⅰ. ACCIDENTALISM: AC-(ad)=to, toward; CID(cadere)=to fall; -ENT=that which;

-AL=relating to; -ISM=doctrinem, manner

NIHILISM: NIHIL(nihil)=nothing; -ISM=doctrine, system

Ⅱ. (1) terrorism－totalitarianism (2) colloquialism

No. 15

Ⅰ. ISRAELITE: ISRAEL=Israel; -ITE=native of

FAVORITE: FAVOR(favere)=favor; -ITE=quality of

Ⅱ. (1) dynamite (2) stalactite－stalagmite (3) meteorite

No. 16

Ⅰ. APPRECIATIVE: AP-(ad-)=to,toward; PRECIAT(preciatus)=to value; -IVE=causing
EXHAUSTIVE: EX-out; HAUST(haustus)=to draw; -IVE=causing

Ⅱ. (1) affirmative (2) appreciative (3) aggressive

No. 17

Ⅰ. ACUITY: ACU(acus)=sharp; -ITY=quality
ADVERSITY: AD-=to, toward VERS(versus)=to turn; -ITY=state of

Ⅱ. (1) Liberty－Fraternity－Equality (2) absurdity

No. 18

Ⅰ. ETHNOLOGY: ETHN(ethnos)=race; -OLOGY=study of;
ONTOLOGY: ONT=being; -OLOGY=study of

Ⅱ. (1) theology (2) criminology－psychology

No. 19

Ⅰ. GYNECOID: GYNEC(gynaik)=woman; -OID(eides)=like, resembling
HELIOID: HELI(helios)=sun; -OID(eides)=like, resembling

Ⅱ. (1) tabloid (2) typhoid

No. 20

Ⅰ. HYPNOSIS: HYPNO(hypnos)=sleep; -OSIS=condition
PYRETICOSIS: PYRE(pyros)=fire; -ETIC=like; -OSIS=condition

Ⅱ. (1) neurosis－psychosis－orthobiosis
(2) hypochondriasis
(3) hypnosis

No. 21

Ⅰ. DICTATORSHIP: DICTAT(dictatus)=dictate; -OR=one who; -SHIP=office, position

Ⅱ. (1) citizenship－dictatorship (2) author－craftsmanship－scholarship

No. 22

Ⅰ. VERISIMILITUDE: VER(verus)=truth; SIMILI(similis)=likenss; -TUDE=state of
SOLICITUDE: SOLIC(solicitus)=anxious; -TUDE=condition of

Ⅱ. (1) vicissitude (2) solicitude－gratitude

No. 23

Ⅰ. PROCEDURE: PRO-=forward; CEDE(cedere)=to go; -URE=state of
TENURE: TEN(tenere)=to hold; -URE=state of

Ⅱ. (1) exposure－pressure－tenure (2) signature

부　록

Ⅰ. 필수단어목록(Vocabulary Review List)
Ⅱ. 어휘력 종합평가

Ⅰ. 필수단어목록(Vocabulary Review List)

A

abase 깎아내리다, (지위 등을) 낮추다(=degrade)
abash 당혹하게 하다(=embarrass)
abate 줄이다; (값을) 내리다(=decrease)
aberration 정도[상궤]를 벗어남, 변이(=variation)
abeyance 중지, 정지(=temporary suspension)
abject 절망적인, 비참한(=miserable)
abjure 맹세하고 버리다; (공공연히) 포기하다(=renounce)
ablution 몸[손]을 씻음, 목욕 재계(=cleansing)
abnegate 버리다, 포기하다(=reject)
abominate 혐오하다, 몹시 싫어하다(=abhor)
aborigine 원주민, 토착민(=original inhabitant)
abortive 유산의; 실패의(=futile)
abrade 문질러[비벼] 닳리다. 비벼대어 벗기다(=rub off)
abrogate 폐지하다, 철폐하다(=abolish)
absolve 용서하다; 면제하다(=acquit)
absolution 면제, 방면(=forgiveness)
abstemious 절제하는, 음식을 삼가는(=sparing in diet)
abstruse 심원한, 난해한(=difficult to understand)
abut 경계를 접하다, 인접하다(=adjoin)
accolade (인사 · 의례로서) 양볼에 하는 키스(=praise)
accoutre 장비를 갖추다(=equip)
acerbity 신맛; 신랄함(=bitterness)
acolyte (미사 때 신부를 돕는) 복사, 조수(=assistant)
acrimony 표독스러움, 신랄함(=bitterness)
actuary 보험 회계사(=insurance computer)
actuate 발동시키다; (아무를) 자극하여 ~하게 하다(=incite)
acumen 예민; 날카로운 통찰력(=sharpness of mind)
adage 격언; 속담(=proverb)
adamant 더없이 단단한; 강직한(=inflexible)
adduce 제시하다, 예증으로서 들다(=bring forth proof)
adipose 지방(질)의, 지방이 많은(=fatty)
adjunct 부속물(=attachment)
adjure ~에게 간원하다, 탄원하다(=demand, request)
admonish 경고하다, ~의 주의를 촉구하다(=warn)
adroit 교묘한, 솜씨 좋은(=skillful)

adulation 아첨, 알랑거림(=praise)
adumbration 예시, 예고(=omen, warning)
advent 도래, 출현(=coming)
adventitious 우연의(=accidental)
adversity 역경; 불운(=misfortune)
affable 상냥한, 친절한(=friendly)
affected 짐짓 꾸민,~인 체하는(=assumed artificially)
affidavit 선서서, 선서 진술서(=sworn statement in writing)
affinity 인척(관계); 동족 관계(=relationship)
affirmation 단언; 긍정(=positive statement)
affluent 풍부한; 유복한(=plentiful)
agenda 안건, 의제(=things to be done)
agglomerate 한 덩어리로 하다(=gather into one mass)
aggrandize 확대하다, 증대하다(=increase)
aggregate 합계의, 총계의(=total)
agnostic 불가지론자(=doubter)
agrarian 농지의; 농업[농민]의(=rural)
akimbo 손을 허리에 대고 팔꿈치는 옆으로 벌려(=with hands on hips)
alacrity 민활함, 민첩함(=speed)
albino 백피증의 사람(=white)
alchemy 연금술; 연단술(=medieval chemistry)
alienist 정신과 의사(=psychiatrist)
alimentary : 영양의, 영양이 되는(=pert. to food)
allay 가라 앉히다, 누그러뜨리다(=calm)
allocate 할당하다, 배분하다(=apportion)
allude 언급하다, 암시하다(=refer)
alluvial 충적의; 충적기의(=left by departing water)
altercate 언쟁하다(=quarrel)
altruism 애타주의, 이타주의(=unselfishness)
amatory 연애의(=loving)
ambidextrous 빼어나게 잘 하는(=versatile, skillful)
ambrosia 신의 음식, 신찬(=food for ancient gods)
ambulant 걸을 수 있는(=able to walk)
ameliorate 개선하다, 좋아지다(=improve)
amenable 순종하는, 쾌히 받아들이는(=submissive)
amenity 상냥함, 예의(=pleasing manner)
amnesty 은사, 대사(=pardon)
amulet 호부, 부적(=charm)
anachronism 시대 착오; 시대에 뒤떨어진 사람(=something out of time)
analgesic 진통제(=pain-reliever)
analogous 유사한, 비슷한(=corresponding (to))
anathema 저주; 증오(=curse)

anchorite 은자, 은둔자(=hermit)
aneroid 액체를 쓰지 않는(=using no fluid)
aneurism 동맥류(=swelling of artery)
animadversion 비평, 비난(=criticism)
animalcule 미소 동물(=microscopic animal)
annals 연대기, 연대표(=records by the year)
anneal 단련하다, 강화하다(=toughen)
anomaly 변칙, 이례(=irregularity)
antediluvian 낡은, 고풍의(=old)
anterior 전방[전면]의, 앞의(=front, earlier)
anthropoid 인간 비슷한; 유인원류의(=resembling man)
anthropology 인류학(=the science of man)
antithesis 정반대, 대조(=direct opposite)
antipathy 반감, 혐오(=dislike)
apartheid (남아프리카) (흑인에 대한) 인종 차별(=South African racial segregation)
apathetic 냉담한; 무관심한(=indifferent)
aperture 구멍, 틈(=opening)
apex 정상, 꼭대기(=peak)
aphorism 금언, 격언(=proverb)
apiary 양봉장(=place where bees are kept)
aplomb 침착, (마음의) 평정(=poise)
apocalypse 계시, 묵시(=revelation)
apocryphal 저작자가 의심스러운(=of doubtful authority)
apogee 최고점, 정점(=highest point)
apostasy 배교(=forsaking one's religion)
apothegm 격언, 경구(=aphorism)
apotheosis 신격화; 신성시(=deification)
appall 오싹 소름이 끼치게 하다, 섬뜩하게 하다(=horrify)
appellation 명칭, 호칭(=name; title)
append 붙이다; 덧붙이다(=attach)
apposite 적당한, 적절한(=appropriate)
apprise ~에 알리다, ~에 통지하다(=give notice)
aquiline 굽은, 갈고리 모양의(=hooked)
arabesque 아라비아풍의, 당초무늬의(=ornament; ballet position)
arable 경작에 알맞은, 개간할 수 있는(=plowable)
arbiter 조정자, 심판(자)(=judge)
arboreal 나무 모양의; 나무에 사는(=living among trees)
archetype 원형(=example)
archipelago 군도(=group of islands)
archive 기록, 수집 자료(=record)
arduous 힘드는, 곤란한(=laborious)
argot 은어(=slang)

armada 함대(=fleet of armed ships)
arraign (피고를 법정에 소환하여) 죄상의 진위 여부를 묻다(=bring before a court)
arrogate 사칭하다, 억지로 ~의 탓으로 하다(=claim without right)
arroyo 물이 마른 수로, 협곡(=dry river bed)
artifact 유사 이전의 고기물, 문화 유물(=products of primitive art)
artifice 책략, 술책(=deception)
ascetic 금욕주의의; 고행의(=practicing self-denial)
aseptic 무균의(=free from bacteria)
asperity 신랄함; 퉁명스러움(=harshness)
aspersion 비방, 중상(=slanderous remark)
assay 평가하다(=evaluate)
asseverate ~을 언명하다, 단언하다(=assert)
assiduous 근면한; 주도면밀한(=constant; devoted)
assimilate 받아들이다, 흡수하다(=absorb)
assuage 누그러뜨리다, 진정[완화]시키다(=ease)
astral 별의; 별이 많은(=relating to stars)
astute 기민한, 빈틈없는(=shrewd)
athwart ~에 반하여(=in oppostion to)
atoll 환상 산호섬(=a ring-shaped island)
atrophy 위축(=wasting away)
attenuate 가늘게 하다, 얇게 하다(=make slender)
attest 증명하다, 입증하다(=bear witness to)
attrition 소모, 마멸(=rubbing against)
atypical 격식을 벗어난; 불규칙한(=not normal)
augur 예언하다; 전조가 되다(=foretell)
aural 귀의; 청각의(=pert. to hearing)
aureate 금빛의, 번쩍이는(=gilded)
auspice 후원, 보호(=protection)
auspicious 길조의, 경사스런(=indicating success)
austerity 엄격, 준엄(=severity)
austral 남쪽의, 남국의(=southern)
autocrat 독재 군주; 독재자(=absolute monarch)
autonomy 자치, 자치 단체(=self-government)
autopsy 시체 해부, 부검(=inspection of corpse)
avarice 탐욕, 허욕(=greed)
averse 싫어하여; 반대하고(=reluctant)
avocation 취미(=hobby)
avoirdupois 무게, 체중의 단위(=system of weights)
avuncular 삼촌의; 삼촌같이 상냥한(=like an uncle)
awry 잘못되어, 틀려서(=in the wrong direction)

B

badger 괴롭히다, 끈질기게 말하다(=tease or annoy)
badinage 농담, 놀림(=playful teasing)
baleful 재앙의, 해로운(=destructive)
banal 평범[진부]한(=commonplace)
bandy 서로 주고받다(=give and take)
baneful 해로운, 유독한(=evil)
banter 조롱, 놀림(=good-natured ridicule)
baroque 장식이 과다한(=highly ornate)
barrister 변호사, 법률가(=counselor-at-law)
bastion 요새(=fortification)
bauble 싸구려; 시시한 것(=trinket)
beatify 축복하다(=make happy)
bedizen 야하게[현란하게] 꾸미다(=adorn gaudily)
beguile 속이다, 기만하다(=cheat)
belabor 호되게 때리다, 장황하게 검토하다[말하다](beat soundly)
belle-lettres 미문학(=literature)
bellicose 호전적인; 싸움을 잘하는(=warlike)
benediction 축복(=blessing)
beneficence 자선, 자선 행위(=charity)
benign 자비로운, 친절[다정]한(=kindly)
berate 호되게 꾸짖다(=scold vehemently)
besom 마당비(=a broom)
bestride 가랑이를 벌리고 걸터타다(=straddle)
bicameral 상하 양원제의, 이원제의(=consisting of two branches)
biennial 2년 마다의(=every two years)
biped 두 발의, 두 발 동물의(=two-footed animal)
blanch 희게 하다, 표백하다(=bleach)
blasphemy 신에 대한 불경, 모독(=contempt for God)
blatant 소란스러운(=noisy)
blithe 즐거운, 유쾌한(=joyous)
bluster 고함치다, 호통치다(=be noisy)
bombastic 과대한, 과장된(=pompous)
bourgeois 중산계급의(=pert. to the middle class)
bourne 한계(=boundary)
bourse 증권 거래소(=a stock exchange)
bovine 소의[같은](=cowlike)
brigand 산적, 도적(=bandit)
broach 말을 꺼내다, 제창하다(=introduce)

bromidic 평범[진부]한, 낡아빠진(=tiresome; dull)
bruit 풍설; 소동(=rumor)
brusque 무뚝뚝한, 퉁명스러운(=blunt in manner)
bucolic 전원 생활의, 시골티가 나는(=rustic)
buffoon 어릿광대, 익살꾼(=a clown)
bull 로마 교황의 교서(=a papal letter)
bullion 금은괴(=gold or silver in bars)
burgeon 싹, 어린 가지(=sprout)
burnish 닦다, 광내다(=polish by rubbing)

C

cabal 음모, 권모술수(=conspiracy)
cabala 유대교[중세 기독교]의 신비철학(=any occult science)
cache 숨겨두는 장소, 땅굴(=hiding place)
cacophony 불협화음(=discord)
cadaver 송장, (특히 해부용) 시체(=dead body)
cadence 운율(=rhythm)
cadre 기초(공사), 뼈대(=framework)
caduceus Zeus의 사자 Hermes의 지팡이 (의술의 상징)(=symbol of the medical profession)
cairn 케른(기념, 이정표로서의 원추형 돌무덤)(=heap of stones used as a tombstone)
caitiff 비열한; 겁쟁이(=scoundrel)
cajole 부추기다; 감언으로 속이다(=coax)
caliph 칼리프(=Moslem head)
calk, caulk (창틀, 파이프 이음매 등의 틈을) 메우다, 코킹하다(=fill a seam)
calligraphy 서도, 서예(=penmanship)
callow 경험이 없는, 풋내기의(=immature; innocent)
calumniate 비방하다, 중상하다(=slander)
camaraderie 동지애, 우정(=fellowship)
canaille 깡패; 군중(=rabble; mob)
cant 위선적인 말투; 은어(=slang; pretense)
canter 느린 구보(=easy gallop)
cantilever 외팔보(=type of bridge)
canvass 간청하다, 의뢰하다(=solicit)
capacious 널찍한(=spacious)
capitulate 항복하다(=surrender)
capricious 변덕스러운, 일시적인(=whimsical; fickle)
captious 헐뜯는, 흠잡기 좋아하는(=faultfinding)
carafe 유리 물병(=bottle)
carcinoma 암(=cancer)

careen 기울이다(=tip to one side)
carnal 육체의(=of the body)
carnivorous 육식(성)의(=flesheating)
carrion 사육, 썩은 고기(=decaying flesh)
carte blanche 백지 위임장(=unrestricted authority)
cassock (성직자의) 통상복(=long church garment)
castigate 가책하다. 징계하다(=criticize; punish)
casuistry 궤변, 부회(=false reasoning)
cataclysm 대변동, 격변(=suddenor violent change)
catalyst 촉매(=substance causing change)
catastrophe 대이변; 큰 재해(=calamity)
catechism 교리 문답책(=elementary religious book)
categorical 명백한, 명확한(=certain)
cathartic 배변을 촉진하는, 변통시키는(=cleansing)
catholic 보편적인, 전반적인(=universal)
caudal 꼬리의; 미부의(=near the tail)
causerie 잡담, 한담(=a chat)
cauterize 부식시키다(=cut with a hot iron)
caveat 경고, 제지(=warning)
cavil 흠잡다, 트집잡다(=find fault)
celerity 신속, 민첩(=swiftness)
celibacy 독신(생활); 독신주의(=unmarried state)
cenotaph 기념비(=monument for the dead)
cephalic 머리의, 두부의(=pert. to the head)
cerebral 대뇌의; 뇌의(=pert. to the brain)
cerebration 뇌 작용; 사고 작용(=process of thought)
cervical 목의, 경부의(=pert. to the neck)
chaff 폐물, 놀리다(=rubbish; tease)
chagrin 분함, 유감.(=disappointment, vexation)
challis 샬리천(=soft cotton fabric)
chamberlain 출납 공무원(=official)
chameleon 변덕쟁이, 경박한 사람(=lizard)
champ 자꾸 씹다, 물다(=bite)
chandler 양초 제조인, 양초 장수(=dealer in candles)
charlatan 크게 허풍을 떠는 사람; 협잡꾼(=impostor)
charnel 납골당(=burial place)
chary 조심스러운, 아까워하는(=careful, stingy)
chaste 정숙한, 순결한(=pure)
chastisement 응징, 질책(=punishment)
chattel 동산; 소지품(=property)
chauvinism 맹목적 애국주의(=zealous patriotism)
chicanery 꾸며댐, 속임수(=fraud)

chide 꾸짖다, 비난하다(=rebuke)
chimerical 공상의, 망상의(=imaginary)
chiropractic 척추 조정[지압] 요법(=healing by manipulating)
chivalrous 기사적인, 의협의(=gallant)
chrysalis 번데기, 유충(=the prebutterfly stage)
churlish 거친; 예절 없는(=rude)
chutney 처트니(인도의 달콤하고 매운 양념)(=seasoning)
cicada 매미(=locust)
circuitous 우회(로)의; (말 따위가) 완곡한(=roundabout)
circumlocution 완곡; (완곡한) 표현(=talking around a subject)
circumspect 신중한, 주의 깊은(=watchful)
circumvent 에워싸다, 포위하다(=go around)
cirrus 권운, 새털구름(=thin and fleecy cloud)
citadel 성채; 요새(=fortress)
cite 인용하다(=quote)
clack 재잘재잘 지껄이다(=chatter)
clairvoyant 투시의; 통찰력이 있는(=foretelling the future)
clandestine 비밀의, 은밀한(=secret)
claque 박수 부대(=hired applauders)
claustrophobia 밀실 공포, 폐소공포(증)(=fear of enclosd places)
clavicle 쇄골(=collarbone)
clavier 건반, 건반악기(=musical keyboard)
cleave 고수[집착]하다; 쪼개다(=adhere; split)
clichě 진부한 표현, 상투적인 문구(=overworked expressions)
climatteric 비판적인(=critical)
coadjutor 조수, 보좌인(=helper)
coalesce 합체하다, 연합하다(=grow together)
coddle 뭉근한 불로 삶다(=boil gently)
codicil 추가 조항, 부록(=addition)
coerce 강요하다, 강제하다(=compel)
coffer 귀중품 상자, 돈궤(=box)
cogent 설득력 있는; 강제력 있는(=convincing)
collate 맞추어 보다, 대조하다(=think)
cognate 같은 성질의, 동종의(=related)
cohesion 점착, 응집(력)(=tendency to stick together)
cohort 일단(一團); 친구(=a company or band)
colander 물 거르는 장치, 여과기(=strainer)
collateral 부차적인; 부수적인(=accompanying)
collate 페이지를 추려 가지런히 하다, 페이지의 순서를 확인하다(=collect in order)
collation 가벼운 식사, 간식(=a light meal)
colligate 맺다, 결합하다(=arrange in order)
collocation 배열, 배치(=arrangement)

colloquialism 구어체, 회화체(=informal conversation)
colloquy 회담, 회의(=conference)
collusion 공모(=secret agreement)
colophon (옛날 책의) 간기, 판권 페이지(=inscription in a book)
comatose 혼수성의, 혼수 상태의(=lethargic)
comity 우의, 예의(=friendly feeling)
commensurate 같은 양[면적, 크기]의; 상응한(=equal; corresponding)
comminute 가루로 만들다; 분쇄하다(=reduce to fine particles)
commiseration 가엾게 여김, 동정(=sympathy)
commodious 넓은, 널찍한(=roomy)
commutation 변환, 대체(=substitution)
compact 계약, 맹약(=agreement)
complacent 만족한(=selfsatisfied; calm)
complement 보충[보족]물(=something required to make something complete)
component 성분, 구성 요소(=ingredient)
compunction 양심의 가책, 후회(=remorse)
concatenate 사슬같이 잇다, (사건 따위를) 연결시키다(=connect)
concentric 동심의, 중심이 같은(=with the same center)
conclave 비밀 회의(=a private meeting)
concomitant 동반하는, 부수하는(=accompanying)
concordat 협약, 화친조약(=covenant)
concupiscent 호색의; 탐욕한(=lustful)
concurrent 동시(발생)의, 동반하는(=running together)
condign 당연한, 적당한(=well-deserved)
condiment 양념, 조미료(=spice)
condole 위로하다, 동정하다(=express sympathy)
condone 용서하다, 너그럽게 봐주다(=pardon)
conduce (어떤 결과로) 이끌다(=lead to)
conduit 도관(=pipe)
confidant 막역한 친구(연애 비밀 따위도 털어놓을 수 있는)(=one confided in)
configuration 형태, 윤곽(=form resulting from arrangement of parts)
conflagration 큰불, 대화재(=large fire)
confute 논파[논박]하다; 끽소리 못 하게 만들다(=overwhelm by argument)
congeal 얼(리)다, 응결시키다(=change from fluid to solid)
congenital 타고난, 선천적인(=existing from birth)
conglomerate 집성체, 집단(=mixture)
congruent 일치하는, 조화하는(=in agreement)
congruous 적합한, 어울리는(=becoming)
conic 원뿔의; 원뿔꼴의(=cone-shaped)
conifer 구과 식물(소나무류), 침엽수(=cone-bearing tree)
conjecture 추측, 억측(=guess)
conjoin 결합하다, 합치다(=unite)

conjugal 부부(간)의; 혼인(상)의(=pert. to marriage)
conjure (주문으로) 악마를[영혼을] 불러내다;마법[요술]을 쓰다(=produce by magic)
connive 공모[묵계]하다, 서로 짜다(=assist in wrong-doing)
connubial 결혼(생활)의; 부부의(=pert. to marriage)
consanguinity 혈족 (관계)(=blood relationship)
consecrate 신성하게 하다, 정화하다(=hallow)
consign (상품을) 위탁하다, 탁송하다(=transfer merchandise)
consonance 조화, 일치(=agreement)
consort 배우자(=wife or husband)
constituency 선거구, 지반(=body of voters)
constrain 강제하다, 강요하다(=compel)
consummate 성취하다, 완성하다(=complete)
contemn 경멸하다, 업신여기다(=despise)
contentious 다투기 좋아하는, 토론하기 좋아하는(=quarrelsome)
contiguous 접근하는, 인접한(=next to)
contingent 사정 나름으로의, ~을 조건으로 하는(=conditional)
contravene 부정하다, 반박하다(=oppose)
contrition 통회, 회개(=repentance)
controvert 논의(논쟁)하다. 논박하다,(=dispute)
contumacious 반항적인, 오만한(=stubbornly disobedient)
contumely 오만 무례; 모욕적 언동(=contempt)
contusion 타박상, 멍듦(=bruise)
conundrum 수수께끼, 재치 문답(=puzzle)
conversant 정통하고 있는(=having knowledge of)
convivial 명랑한, 쾌활한(=gay)
convoke 소집하다(=call together)
copious 매우 많은, 풍부한(=plentiful)
cordillera 큰 산맥, 산계(=chain of mountains)
cordovan 코도반 가죽(=type of leather)
cornucopia 풍요의 뿔(=horn of plenty)
coronary 관상(동맥)의; 심장의(=pert. to the arteries)
corporeal 육체(상)의(=bodily)
corpulent 뚱뚱한, 살찐(=very fat)
correlate 서로 관련시키다, 상관하다(=have a relationship)
corroborate 확실히 하다, 확증(확인)하다(=confirm)
corollary 추론; 당연한[자연의] 결과.(=something that follows; result)
corona 관(=crown)
cortege 수행원, 시종; 행렬(=procession)
cosmopolitan 세계적인(=belonging to the world)
coterie 친구, 한패, 동아리(=small informal group)
cotillion 코티용, 상대를 줄곧 바꾸는 스텝이 복잡한 댄스(=a social dance)
cotter 날품팔이 농부, 소작인

couchant 머리를 들고 웅크린 자세의(=lying down)
coulee 하류(河流), 말라 버린 강바닥, 협곡; 저지대(=gulch)
countermand 〈명령주문을〉 취소하다, 철회하다(=revoke an order)
coup d'etat 구테타(=overthrow of government)
couplet 2행 연구(=two lines that rhyme)
couturier 드레스 메이커, 패션 디자이너 ((남성))(=dressmaker)
cozen 〈사람을〉 속이다, 기만하다(=cheat)
covenant 계약, 맹약, 서약(=agreement)
covert 은밀한, 숨은; 암암리의(=hidden)
covetous (남의 것을) 몹시 탐내는(=envious)
cower 움츠리다; 위축하다(=shrink from fear)
crag 울퉁불퉁한 바위(=rock)
crass 우둔한, 아주 어리석은; 형편없는(=stupid)
craven 겁 많은, 비겁한(=cowardly)
credence 신용, 신임(=belief)
credulous 잘 믿는; 속기 쉬운(=inclined to believe)
cremate 화장하다(=burn a dead body)
cretinism 크레틴 병(=dwarfism)
crimp 〈머리털을〉 곱슬곱슬하게 지지다; 〈천 등에〉 주름을 잡다(=make wavy)
criterion 표준, 규범, 척도, 기준(=standard of judging)
crouton 크루톤(=piece of toasted bread)
cruciate 십자의(=cross-shaped)
crux 요점, 급소; 난문(=vital point)
cryptic 이유를 알 수 없는; 애매한; 숨은(=mysterious)
cudgel 곤장(=thick stick)
culinary 부엌(용)의; 요리[조리]의(=relating to the kitchen)
culmination 최고점, 정점, 정상; 최고조, 전성, 극치; 성취, 완성(=acme)
culpable 과실 있는, 책잡을 만한, 비난할 만한; 괘씸한(=guilty)
cuneate 쐐기 꼴의(=wedge-shaped)
cumulus 퇴적, 누적; 적운, 뭉게구름(=rounded cloud)
cupidity 탐욕, 욕심(=greed)
curmudgeon 심술궂은 구두쇠(=churlish person)
cursory 서두르는(hurried); 마구잡이의, 소홀한(=superficial)
cygnet 백조의 새끼(=young swam)

D

dactyl (고전시의) 장단단격(=metrical foot)
daguerreotype (옛날의) 은판 사진술; 은판 사진(=type of early photograph)
dale 골짜기(=valley)
dalliance 빈들거림; (남녀간의) 희롱, 장난, 농탕(=dawdling)

damask 능직(綾織)(의); (삼의) 능직천(의)(=a figured fabric)
dank 물이 스며나는, 축축한, 몹시 습한(=damp)
dappled 얼룩진, 얼룩덜룩한(=marked with small spots)
dastard (못된 짓을 하는) 비겁자(=coward)
davit (보트, 닻을 달아올리는) 철주, 다빗(=crane for hoisting boats)
dawdle 빈둥거리다, 꾸물거리다(=waste time)
dearth 부족, 결핍(=scarcity)
debase 떨어뜨리다, 저하시키다(=reduce in dignity)
debauch 타락시키다; (여자를) 유혹하다(=corrupt)
debilitate (사람,몸을) 쇠약하게 하다(=weaken)
debonair 쾌활한, 활기찬; 사근사근한, 정중한(=courteous)
decadence 쇠미; 타락(=deterioration)
decamp 거두고 물러나다; 도주하다(=depart; flee)
decant 가만히 따르다; 딴 그릇에 옮기다(=pour gently)
decanter 마개가 있는 유리병(보통 포도주를 담음)(=ornamental wine bottle)
deciduous 탈락성의, 낙엽성의(=leafshedding)
declivity 경사, 내리받이(=downward slope)
décolleté (여성복이) 목부분이 깊이 패인(=low-necked)
decorous 예의 바른; 점잖은, 단정한(=proper)
decrepit 노쇠한, 늙어빠진(=old)
decry 공공연히 비난[중상]하다
deduce 연역하다, 추론하다(=derive by reasoning)
de facto 실제적인(=actual)
defalcation 위탁금 유용(=embezzlement)
defamation 명예 훼손, 중상(=slander)
defection 탈당, 탈회(=desertion)
deference 복종; 존경(=act of respect)
definitive 결정적인, 최후적인(=final)
defunct 죽은, 생명이 없는(=dead)
deify 신성시[신격화]하다(=make as a god)
deign 하시다, 하여 주시다(=condescend)
de jure 법률상의(=according to law)
delectable 즐거운, 기쁜(=delightful)
delete 삭제하다, 지우다(=erase; remove)
deleterious 심신에 해로운, 유독한(=harmful)
delineate ~의 윤곽을[약도를] 그리다(=show something by drawing or by describing in words)
delta 삼각주(=flat plain at river mouth)
demagogue 선동자; 선동 정치가(=leader who incites)
demean 품위를[신분을] 떨어뜨리다, 천하게 하다(=debase)
demesne 토지의 점유(=possession of land)
demur 이의를 말하다, 반대하다

demure 진지한, 근직(謹直)한; 침착한(=serious)
denizen 주민, 거주자(=inhabitant)
dénouement (소설, 희곡의) 대단원(=solution)
deposition 면직, 파면; 폐위
deprecate 나삐 말하다, 업신여기다(=belittle)
depreciate 평가 절하하다(=decrease in value)
depredation 약탈; 침식(=plundering)
derelict 유기[방기]된, 버려진(=something abandoned)
derogatory 손상시키는(to); 가치를 떨어뜨리는(=disparaging)
descant 상세히 설명하다, 길게 늘어놓다(=talk or write lengthily)
descry 발견하다, 찾아내다(=spy out)
desecrate ~의 신성을 더럽히다, 모독하다(=profane)
despicable 야비한, 비열한(=contemptible)
despoil ~으로부터 탈취하다, 약탈하다(=plunder)
desultory 주제를 벗어난, 탈선적인(=random)
deterrent 단념시키는, 제지[방지]하는(=discouraging)
detonate 폭발시키다[하다], 작렬(炸裂)시키다(=explode)
deviate 벗어나다, 빗나가다(=stray)
devolve (의무, 책임 따위를) 양도하다, 지우다(=hand down)
dexterity 솜씨 좋음; 기민함(=skill)
diabolic 악마적인; 잔인한(=devilish)
diadem 왕관(=a crown)
diapason 완전 협화음(=full range of notes)
diaphanous 내비치는, 투명한; 영묘한(=translucent; filmy)
dichotomy 둘로 갈림; 분열(=division)
dictum 공식 견해, 언명, 단정(=authoritative statement)
didactic 가르치기 위한, 교훈적[설교적]인(=instructive)
diffidence 자신 없음, 망설임, 수줍음(=timidity)
diffuse 흩뜨리다, 방산(放散)시키다(=spread out)
digress 옆길로 빗나가다, 본제를 벗어나다(=wander)
dilate 팽창시키다; 넓히다(=expand)
dilatory 더딘, 꾸물거리는(=dawdling)
dilettante 전문가가 아닌 사람, 애호가(=a dabbler)
diluvial 대홍수의(=pert. to the flood)
diminution 감소, 감손(=reduction in size)
diocese 주교 관구(=district of bishop)
dipsomaniac 알코올 중독자(=an alcoholic (person))
dirk 단검, 비수(=a kind of dagger)
discernible 분리할 수 있는(=identifiable)
disciple 제자, 문하생(=student)
disclaim 포기하다, 기권하다(=renounce)
discomfit 깨뜨리다, 좌절시키다(=defeat)

disconcert ~을 당황케 하다, 쩔쩔매게 하다(=throw into confusion)
disconsolate 쓸쓸한, 위안이 없는(=hopeless)
discordant 조화[일치]하지 않는, 각기 다른(=inharmonious)
discountenance 찬성하지 않다, ~을 승인하지 않다(=disapprove)
discursive 산만한, 만연한(=rambling)
disdain 경멸하다, 멸시하다(=despise)
disingenuous 부정직한, 불성실한(=not innocent)
disinterested 사욕이 없는, 청렴[공평]한(=unprejudiced)
disjoin 떼다, 분리시키다(=separate)
disparage 깔보다, 얕보다(=belittle)
disparity 부동, 부등, 불균형(=inequality)
disputation 논쟁, 논의(=controversy)
disquisition 긴[공들인] 논문(on), 논고(=discussion of a subject)
dissemble 감추다, 속이다(=disguise)
disseminate 흩뿌리다; 널리 퍼뜨리다(=spread)
dissertation 논설; (특히) 학위 논문(=formal essay)
dissimulation 시치미 뗌, (감정의) 위장; 위선(=disguise)
dissipate 흩뜨리다, 낭비하다(=squander)
dissolute 방종한, 흘게 늦은(=immoral)
dissonant 불협화(음)의(=inharmonious)
dissuade 단념시키다(=advise against)
distend 넓히다, 넓어지다(=stretch)
distortion 일그러뜨림; 비뚤어진(=twisting out of shape)
distraught 괴로운, 마음이 산란한(=bewildered)
dithyramb 주신(Bacchus) 찬가(=a kind of choral song)
diurnal 매일의(=daily)
diva 프리마돈나(=prima donna)
diverge 갈리다, 분기하다(=extend in different directions)
diversity 다양함(=variety)
divest 빼앗다(=deprive)
divination 예측, 예지(=foreseeing the future)
divot (타구봉 헤드에 맞아 뜯긴) 잔딧 조각(=turf cut out by a stroke)
docile 가르치기 쉬운(학생); 유순한(=easily led)
doggerel 서투른 시(=poorly written poetry)
dogma 교의, 교리(=system of beliefs)
dogmatic 독단적인; 고압적인(=arbitrary)
doldrums 우울, 의기 소침(=depression)
dole 시주; 시여(=free food or money)
doleful 슬픈, 쓸쓸한(=sorrowful)
dolorous 슬픈, 마음 아픈(=grievous)
dolphin 돌고래(=porpoise)
dolt 바보, 멍청이(=blockhead)

doomsday 최후의 심판일(=day of judgment)
dormant 잠자는; 동면의(=sleeping)
dorsal 등(쪽)의(=referring to the back)
dossier 일건 서류; 사건 기록(=file on a person)
dotage 망령, 노망(=senility)
dotard 노망든 사람(=senile person)
doublet 몸에 꼭 끼는 상의(=man's jacket)
doughty 강한, 용감한(=valiant)
dour 뚱한, 음침한(=sullen)
dowry 신부의 혼인 지참금(=money given at time of marriage)
doxology 신을 찬미하는 시(=hymn praising God)
dray 짐마차; 화물 자동차(=open cart)
drivel 어린애[바보] 같은 소리(=foolish talk)
droll 우스운, 익살스러운(=amusing)
dross 뜬 찌끼, 불순물(=waste matter)
dryad 드라이어드(=wood nymph)
dubious 의심스러운, 수상한(=doubtful)
ductile 잡아늘리기 쉬운(=able to be molded)
dudgeon 성냄, 화냄(=resentment)
duenna (스페인의) 여성 가정교사, 소녀감독부(=Spanish chaperone)
dupe 속이다(=deceive)
duplicity 표리부동, 불성실
durance 금고(禁錮), 감금(=imprisonment)

E

ebullience (감정, 기운 등의) 넘쳐 흐름, 내뻗침(=boiling up)
ecclesiastical 교회의, 교회 조직의(=pert. to the church)
eclat 대성공; 대단한 갈채(=brilliancy of achievement)
ecology 생태학(=science of environment)
eclogue 목가, 전원시, 목가시(=pastoral poem)
elective 선택의, 뽑힌(=selective)
ecstasy 무아경, 황홀, 희열(=extreme happiness)
ecumenical 전반적인, 보편적인(=general)
edict (옛날의) 칙령(=decree)
edifice (큰) 건축물, 건물, 전당(=a building(especially large))
edify 교화[훈도]하다; ~의 품성을 높이다
educe 끌어[끄집어]내다, 환기시키다(=bring out)
efface 지우다, 훔쳐[씻어] 내다(=wipe out)
effete 정력이 다한[빠진], 활력을 잃은(=worn-out)
effigy 상(像), 초상(=image)

effluence 방출, 유출(=a flowing out)
effrontery 철면피, 파렴치(=boldness)
effulgent 빛나는, 광휘 있는, 눈부신(=illuminated)
effusive 심정을 토로하는(=gushing)
egocentric 자기중심의, 이기적인; 개인 중심의(=selfcentered)
egotism 자기중심(주의), 자기중심벽(=self conceit)
egress 밖으로 나감; (우주선에서의) 탈출(=exit)
elated 의기양양한, 우쭐대는(=elevated in spirit)
electorate 선거민, (한 선거구의) 유권자(=voting body)
eleemosynary (은혜를) 베푸는, 자선의(=devoted to charity)
elegy 비가(悲歌), 엘레지(=mournful poem)
elicit (진리, 사실 따위를 논리적으로) 이끌어 내다; 꾀어내다(=draw out)
elucidate (문제 등을) 밝히다, 명료하게 하다(=make clear)
emanate (냄새, 빛, 소리, 증기, 열 따위가) 나다, 방사[발산, 유출]하다(=issue forth)
embellish 아름답게 하다, 꾸미다(=adorn)
embody 구체화하다, 유형화하다(=render concrete)
embolism 색전증(塞栓症)(=blood clot)
embrocate (환부)에 물약을 바르다(=rub with a lotion)
emendation 교정, 수정(=a correction)
emetic 토하게 하는(=inducing vomiting)
emissary 사자(使者)(=messenger)
emollient 부드럽게[연하게] 하는(=smoothing)
empirical 경험의. 경험적인(=pert. to experience)
emporium 중앙 시장(mart), 상업 중심지(=trade center)
empyreal 최고천(最高天)의, 천상계(天上界)의(=celestial)
empyrean 최고천(最高天)(=heaven)
emulate ~와 (우열을) 다투다, 겨루다(=try to qual)
enclave 타국 영토로 둘러싸인 지역(=area within foreign territory)
encomium 찬사, 칭찬, 찬미(=praise)
encroach (서서히) 침입하다, 잠식[침해]하다(=infringe)
encyclopedic 백과사전적인; 해박한(=covering a wide range)
endemic (병이) 한 지방에 특유한, 풍토성의(=peculiar to an area)
endive 꽃상추의 일종(=lettuce-like plant)
endogenous 내부로부터 성장하는, 내부적 원인에 의한(=originating from within)
enervate 기력을 빼앗다, 힘을 약화시키다(=weaken)
enfranchise 선거권[공민권]을 주다(=give the right to vote; set free)
engender 발생시키다, 야기시키다(=produce)
engross 독점하다, 흡수하다; 몰두시키다, 열중시키다(=fully absorb)
engulf 삼켜 버리다(=swallow up)
enhance 향상하다(=improve; add to)
ennui 권태, 지루함(=weariness)
enormity 무법; (특히) 극악(=outrageous offense)

ensnare 올가미에 걸다, 함정에 빠뜨리다(=entrap)
enteric 장(腸)의, 창자의(=intestinal)
enthrall 매혹하다, 마음을 빼앗다(=charm; subjugate)
entrepreneur 실업가, 기업가, 사업주(=employer)
enunciate (학설 따위를) 발표하다; 똑바로 발음하다(=pronounce clearly)
envenom 독을 넣다, 독을 바르다(=embitter)
eolithic 원시 석기 시대의(=stone age)
epic 서사시, 사시(=long poem of grandeur)
epicure 미식가, 식도락가(=lover of good food)
epigram 경구(警句); (짧은) 풍자시(=witty thought)
epilogue (문예작품의)발문, 후기(=concluding literary portion)
epistle (특히 형식적인) 편지, 서한; 서한체의 시(=a letter)
epithet 성질을 나타내는 형용사(=descriptive adjective)
epitome 개략, 대요, 요약, 초록(=condensation)
equanimity (마음의) 평정(平靜); 침착; 냉정(=calm temper)
equestrian 마술가(馬術家)의; 마술의(=pert. to horses)
equinox 주야 평분시, 춘[추]분(=equal day and night)
equipoise 평형(상태); 균형; 평형력(=equilibrium)
equivocate 두 가지 뜻으로 취할 수 있는 말을 쓰다(=deceive)
ergo 그러므로(=therefore)
erode 부식하다, 썩다(=wear away)
erotic 성애의, 애욕의(=amatory)
eruct 트림하다(=belch)
erudite 박식한, 학식이 있는(=scholarly)
escadrille 비행대(=airplane squadron)
escarpment 가파른 경사지(=a steep slope)
eschew 피하다, 삼가다(=avoid)
escritoire 서랍이 달리고 뚜껑을 접어 넣는 책상(=writing desk)
esculent 식용에 적합한(=edible)
escutcheon 가문(家紋)이 붙은 방패(=shield)
esoteric 비법을 이어받은; 비밀의(=secret)
esthetic 예술적인; 미적인(=beautiful; artistic)
estuary 큰 강의 어귀; 내포, 후미(=river mouth)
ethereal 가뿐한; 공기 같은(=spiritual)
ethnic 인종의, 민족의; 민족 특유의(=referring to a race)
ethnology 민족학, 인종학(=study of origin of races)
etiolate 누렇게 뜨게 하다(=whiten)
etiology 원인론; 병인학(=study of causes of disease)
etude 연습; (그림, 조각 등의) 습작
etymology 어원; 어원학; 어원론(=derivation of words)
eugenics 우생학(=improvement in offspring)
eulogy 찬사; 송덕문(=praise)

euphemism 완곡어법(=mild expression)
euphonious 음조가 좋은, 듣기 좋은(=pleasant sounding)
euphoria 행복감(=sense of well-being)
euphuism 과식체(誇飾體); 미사여구(=affected way of writing)
euthanasia 안락사(=painless death)
evacuate (사람을) 피난[소개]시키다(=empty)
evanescent (김처럼) 사라지는; 순간의(=transitory)
evasion (책임, 의무 등의) 회피(=a subterfuge)
evince (감정 따위를) 분명히 나타내다(=make evident)
eviscerate 창자를 끄집어 내다(=disembowel)
evoke (기억, 감정을) 불러일으키다(=call forth)
evolve 발전시키다; 전개하다(=develop gradually)
exacting 엄한, 강요하는(=severe)
exchequer 재원, 재력, 자력(=treasury)
excise (술, 담배 따위의 생산, 판매, 소비에 대한) 물품세(=indirect tax)
excoriate (사람)의 피부를 벗기다(=skin)
execrable 저주할, 밉살스러운(=extremely bad)
execrate 입정사납게 욕하다; 혐오하다(=abhor)
exemplary 모범적인; 칭찬할 만한(=deserving imitation)
exhort 에게 열심히 타이르다(=admonish)
exhortation 간곡한 권유(=recommendation)
exhume 파내다, (특히 시체를) 발굴하다(=dig out)
exigency 긴급성, 급박, 위급, 긴급한 경우, 긴급사태(=necessity)
existentialism 실존주의(=philosophy of a purposeless world)
exodus 집단 출국; 이주(=a going forth)
exogenous 밖으로부터 생긴(=derived externally)
exonerate (아무)의 결백을[무죄를] 증명하다(=free someone from guilt)
exorbitant (욕망, 요구, 가격 따위가) 터무니없는(=unreasonable)
exorcise (기도, 주문을 외어 악령을) 쫓아내다, 몰아내다(=expel evil spirits)
exordium 첫머리, 서두(=beginning part of an oration)
expatiate 상세히 설명하다, 부연하다(=elaborate (especially in speech))
expedient 편리한, 편의의(=advantageous)
expedite 재촉하다, 진척시키다(=speed up)
expiate 속죄하다(=atone)
expeditious 날쌘, 신속한, 급속한(=prompt)
explicate 상설(詳說)하다, (원리 따위를) 해설하다(=explain)
expostulate 간(諫)하다, 충고하다, 타이르다
expound 상술하다, 해설하다(=state in detail)
expulsion 추방; 배제, 구제(驅除)(=driving out)
expunge 지우다, 삭제하다, 말살하다(=erase or delete)
expurgate (책의 불온한 대목)을 삭제하다(=remove objectionable matter)
exquisite 절묘한, 절미한(=carefully selected)

extant (문서, 기록 따위가) 현존하는(=still existing)
extemporaneously 준비 없이, 즉흥적으로(=on the spur of the moment)
extirpate 근절시키다, 박멸하다(=destroy entirely)
extol 칭찬[상찬, 격찬]하다(=praise)
extort (돈 따위를) 억지로 빼앗다, 강탈하다(=obtain by threat of violence)
extradite 인도하다, 도망범 인도(=transfer a prisoner)
extricate 구출(救出)하다, 탈출시키다(=free)
extrinsic 고유(固有)하지 않은(=foreign; external)
extrude 밀어내다, 내밀다(=expel)

F

fabricate 제조하다; 조립하다(=build)
facade (건물의) 정면(=front of a building)
facetious 익살맞은, 우스운(=humorous)
facilitate (손)쉽게 하다(=make easy)
facile 경묘한; (입, 손 따위가) 날랜, 잘 움직이는; 유창한(=expert)
factious 당파적인, 당파상의(=quarrelsome; dissident)
factotum 허드렛일꾼, 잡역부, 막일꾼(=employee with many duties)
faculty (기관, 정신의) 능력, 기능, 재능(=a natural or acquired ability)
fallible 틀리기 쉬운, 틀리지 않을 수 없는(=capable of making mistakes)
fallow 묵히고 있는(밭 따위). 휴한(休閑) 중인(=lying idle)
falter 머뭇거리다(=hesitate)
farraginous 잡다한, 잡동사니의(=mixed; jumbled)
farrier 편자공(工)(=blacksmith)
fasces 고대로마에서 공권력을 표시하는 상징물
fastidious 까다로운, 괴팍스러운, 가리는(=very critical)
fathom 길(1m 83cm, 6피트(=six feet)
fatuous 얼빠진, 어리석은(=foolish)
feasible 실행할 수 있는, 가능한; 적당한(=suitable)
feckless 무기력한, 연약한(=ineffective)
feculent 탁한, 흐린; 더러운(=foul; impure)
fecund 비옥한, 기름진(=fertile)
felicity 경사; 더없는 행복(=happiness)
ferret (비밀,범인 등을) 찾아내다; 수색하다(=search)
ferrous 쇠를 함유하는(=containing iron)
fetid 악취를 내(뿜)는, 고약한 냄새가 나는(=stinking)
fetish 미신(=superstition)
fettle (심신의) 상태(=state of fitness)
fetus 태아(=unborn babe)
fiasco (연극,연주,야심적 기획 따위의) 큰 실수(=ridiculous failure)

fief 봉토(封土), 영지(=estate under feudal control)
finesse 교묘한 처리[기교], 솜씨(=subtlety; craftiness)
fiord 협만(=sea inlet)
firth 협만(=narrow inlet)
fissure 터진[갈라진] 자리, 틈, 균열(=crack)
flaccid 연약한, 흐늘흐늘한(=not firm)
flagitious 파렴치한; 극악무도한(=wicked)
flagrant 극악(무도)한, 악명 높은(=openly disgraceful)
flail 연타하다, 때리다(=beat)
flatulent (가스로) 배가 부른; (음식이) 가스를 발생시키는(=causing gas)
flaunt 자랑하다, 과시하다(=show off)
fledge 깃을 달다; 털로[깃으로] 덮다(=furnish with feathers)
flex 구부리다(=bend)
florescence 개화(開花)(=flowering)
florid 불그레한, 혈색이 좋은(=flowery; having a ruddy color)
flotsam 표류 화물; 잡살뱅이(=ship wreckage)
flout 비웃다, 조롱[모욕]하다(=scoff at; mock or jeer)
fluctuate 오르내리다, 변동[동요]하다(=rise and fall)
flume 홈통; 수로(水路)(=valley)
foible (애교 있는) 약점, 결점, 흠(=weakness)
foliaceous 잎사귀 모양의(=leaflike)
foray 약탈[침략]하다(=plunder, raid)
forensic 변론[토론]에 적합한; (의론 등이) 수사적인(=pert. to debate)
formidable 무서운, 만만찮은, 얕잡을 수 없는(=frightening; impressive)
fortuitous 우연의, 예기치 않은(=accidental)
fractious 성마른, 성 잘 내는, 까다로운(=unruly)
fray 소동, 싸움(=fight)
frenetic 발광한; 열광적인(=frantic)
frivolous 경솔한, 들뜬; 하찮은(=not serious)
frizzle 지지다, 곱슬곱슬하게 하다(=make crisp or curly)
frond 잎(=divided leaf)
frugal 검약한, 소박[질박]한(=thrifty)
fugue 푸가를 작곡[연주]하다; 푸가곡
fulminate 폭발시키다; 호통치다(=denounce loudly)
fulsome 억척스런, 신물나는, 집요한(=objectionably excessive)
furbelow (여자 옷의) 옷단 장식(=trimming)
fustian 시시한, 쓸모 없는(=worthless)

G

gabble 빨리 지껄이다, 재잘[종알]거리다(=talk quickly and unclearly)

galaxy 은하, 은하수(=large system of stars)
gall 닳아 없애다(=wear away)
gallinaceous 닭목(目)의, 순계류(鷄類)의(=pert. to fowl)
gainsay 부정하다, 반박하다(=deny)
gambol 뛰놀다, 장난하다(=frolic)
gamut 전범위, 전영역, 전반(=the complete range)
garble (사실을 왜곡시키기 위하여) 부정한 취사 선택을 하다(=confuse such as facts)
garish 번쩍번쩍하는; 야한; 화려한(=flashy; showy)
garrulous 수다스러운, 말 많은(=talkative)
gauntlet (갑옷의) 손가리개; 긴 장갑(=type of glove)
gelid 얼음 같은, 어는 듯한(=icy)
generic 속(genus)의; 속(屬)이 공통으로 갖는(=pert. to a race)
genus 종류, 부류, 유(=a kind or class)
geriatrics 노인병학(=care for the aged)
germane 밀접한 관계가 있는; 적절한(=pertinent)
gerund 동명사(=verbal noun)
gestation 임신 (기간); (계획 등의) 창안, 그 기간(=pregnancy)
ghoul 무덤을 파헤치는 사람, 도굴꾼(=grave-robber)
gibber 알아들을 수 없는 말을 지껄이다(=talk foolishly)
gird 둘러싸다, 에워싸다(=encircle)
gist 본질, 진수, 정수(=essence)
glaucous 녹회색의, 청록색의(=sea-green)
glib 지절거리는, 입심 좋은(=speaking fluently without sincerity)
glucose 포도당, 글루코오스(=sugar)
gluttonous 많이 먹는, 식도락의(=greedy for food)
gnostic 지식에 관한(=wise)
goad 격려[자극, 선동]하다(=urge on)
golgotha 수난의 땅(=a place of sacrifice; cemetery)
gonad 생식선(=sex gland)
gossamer 가볍고 약한 것, 섬세한[가냘픈, 덧없는] 것(=sheer)
gourmet 요리나 술의 맛에 감식력이 있는 사람(=a judge of food)
gradient 경사도, 기울기(=degree of rising or falling)
grail 큰 접시(=a shallow vessel)
grandee 귀족; 고관(=person of high rank)
grandeur 웅대, 장엄, 화려(=splendor)
granular 알갱이로 이루어진(=grain-like)
graphology 필적학, 필상학(=study of handwriting)
gratuitous 무료[무상, 무보수]의(=free)
gratuity 선물; 팁(=tip)
gregarious 사교적인, 교제를 좋아하는; 집단의(=sociable)
grimace 얼굴을 찡그리다(=to destroy the features)
grimalkin 늙은 암고양이(=old cat)

grimly 엄(격)하게, 모질게(=fiercely)
grist 제분용 곡물; 곡식 가루(=a thing used to one's advantage)
grommet 쇠고리; 밧줄 고리(=a metal ring)
grouse 불평(가)(=complain)
grub 파다, (땅을) 개간하다; 힘써 일하다(=toil unceasingly)
gudgeon 잘 속는 사람(=simpleton)
guile 교활, 간지(奸智)(=deceit)
gull 쉽게 속는 사람, 숙맥; 사기꾼; 속이다(=swindle)
gut 모조리 약탈하다(=destroy)
guzzle 폭음하다, 꿀꺽꿀꺽 마시다(=drink much)
gynecology 부인과 의학(=science of women's diseases)
gyrate 선회[회전]하다, 빙빙 돌다(=spin)
gyroscope 자이로스코프, 회전의(回轉儀)(=rotating wheel)
gyve 차꼬, 고랑(=shackle)

H

habiliment 옷, 복장; 제복(=clothes)
habitable 거주할 수 있는(=livable)
haft 자루, 손잡이(=handle)
haggard 야윈, 수척한, 초췌한(=gaunt; careworn)
halberd 도끼창(=axlike weapon)
halcyon 고요한, 평화로운(=peaceful)
hale 거칠게 잡아끌다, 끌어당기다(=compel to go)
hallow 신성하게 하다, 깨끗하게 하다(=make holy)
hallucination 환각; 환상(=delusion)
harass 괴롭히다, 애먹이다(=annoy)
harbinger 선구자; 전조(=forecast)
harridan 간악한 노파(=vicious old woman)
hassock 결상식의 방석(=cushion used as stool)
hauteur 오만, 거만(=pride)
hawser 호저, 닻줄 구멍(=a large rope)
hearth 노(爐), 난로, 노상(爐床), 노의 바닥돌(=floor of fireplace)
hedonist 쾌락[향락]주의자(=lover of pleasure)
hegemony 패권, 지도권, 주도권(=leadership)
heinous 가증스런(=hateful; atrocious)
helix 나선(螺旋); 나선형의 것(=coil of wire)
heptagon 7각형, 7변형(=seven-sided polygon)
herbivorous 초식(성)의(=feeding on herbs)
heretical 이교의, 이단의(=not ageeing)
hermitage 암자, 은자의 집(=monastery)

heterodox 이교(異教)의; 이설의, 이단의(=having unorthodox opinions)
heterogeneous 이종(異種); 이질의(=different)
hexapod 육각류(六脚類)의 동물(=having six feet)
heyday 전성기(=period of great vigor)
hidalgo 스페인의 하급 귀족, 스페인의 신사(=Spanish nobleman)
hieratic 성직자의(=priestly)
hinder 방해하다, 훼방하다(=retard)
hirsute 털 많은; 텁수룩한(=hairy)
histology 조직학(=science of organic tissue)
histrionic 배우의; 연극상의(=theatrical)
hoary (늙어서) 흰, 회백색의; 백발의(=white with age)
hoi polloi 경멸 민중, 대중, 서민(=the masses)
holocaust 대학살, 몰살(=great destruction)
holograph 자필의 문서[증서](=personally written document)
homage 경의, 존경(=respect)
homeopathy (의학) 동종[유사] 요법(=method of treating disease)
homiletics 설교법, 설교술; 설교학(=art of preaching)
homily 설교; 훈계(=sermon)
homogeneous 동종[질, 성]의, 등[균]질의(=essentially alike)
homogenous 균질의, 동질의(=derived from the same source)
homologous 〈성질위치구조 등이〉 일치하는(=similar)
homunculus 난쟁이(=dwarf)
hone 숫돌(로 갈다); 〈감각기술 등을〉 연마하다(=sharpen)
hormone (생리) 호르몬; (약학) 합성 호르몬(=internal secretion)
hortatory 권고[장려]적인(=encouraging)
horticulture 원예(술학)(=the science of gardening)
hoyden 말괄량이(=tomboy)
humanist 1 인본주의자 2 [종종 H~] 인문주의자(=classical scholar)
humerus (해부) 상박골; 상완골(上腕骨)(=arm bone)
hummock 작은 언덕(=low hill)
humus 부식토(腐植土)(=fertilizer)
hurtle (고어) 충돌하다(=clash; rush headlong)
husbandry 농업, 경작(=occupation of farming)
hustings 정견 발표장(=electioneering platform)
hydrophobia 1. 공수병(恐水病), 광견병, 2 물에 대한 공포(=rabies; fear of water)
hydrous 함수(含水)의, 수화(水和)한, 수소를 가진(=containing water)
hygroscope 검습기(檢濕器), 간이 습도계(=instrument indicating humidity)
hymeneal 결혼의, 혼인의(=pert. marriage)
hyperbole 과장(법)(=exaggeration)
hypertension 고혈압(증), 긴장 항진(증)(=high blood pressure)
hypochondria [정신의학]히포콘드리아증(症), 심기증(心氣症)(=fancies of bad health)
hypothesis 가설, 가정(=assumption)

I

ichthyology 어류학(=the study of fishes)
iconoclast 성상[우상] 파괴(주의)자; 인습 타파주의자(=image breaker)
ideology 관념학[론], (사회, 정치상의) 이데올로기, 관념 형태(=body of ideas)
idiosyncrasy (한 개인 특유의) 특질, 특징, 개성(=peculiar tendency)
idyllic 전원시(풍)의, 목가적인(=simple or poetic)
igneous 1. 불의[같은] 2. 【지질】 불로 인하여 생긴, 화성(火成)의(=of volcanic origin)
ignoble 저열한, 비열한, 야비한, 멸시할 만한(=base, unworthy)
ignominious 면목없는, 불명예스러운, 수치스러운(=contemptible)
illusory 1. 사람을 미혹하는, 착각의 2. 가공의, 실체가 없는(=unreal)
imbibe 〈양분수분 등을〉 흡수하다, 섭취하다(=drink in)
imbrue 〈손칼을〉 (피로) 더럽히다, 물들이다(=stain or drench)
imbue 〈수분 등을〉 듬뿍 스며들게 하다; (빛깔로) 물들이다(=saturate)
impale (뾰족한 것으로) 찌르다, 꿰뚫다(=fix on a point)
impalpable 만져서 알 수 없는; 실체가 없는, 무형의(=not evident)
impassioned 감동한; 정열적인, 열렬한(=animated; excited)
impeach 탄핵(彈劾)하다(=accuse(public or government official) of misconduct while in office)
impeccable 죄를 범하지 않는, 죄[과실] 없는(=faultless)
impecunious 돈 없는, 가난한, 무일푼의(=poor)
impede 늦추다, 방해하다, 저해하다(=hinder)
imperceptible 알아챌 수 없을 만큼의(=not easily seen)
imperishable 불멸의, 불사의, 불후의, 영원한(=indestructible)
imperturbable 침착한, 냉정한, 태연한, 동요하지 않는(=tranquil)
impervious 〈물공기 등을〉 통과시키지 않는, 불침투성의(=not to be penetrated)
impetuous 열렬한, 성급한, 충동적인(=impulsive)
implicit 절대적인, 맹목적인, 무조건적인(=absolute; implied)
importune 〈~에게〉 끈덕지게 조르다, 성가시게 부탁하다(=beg)
impotent 무력한, 무기력한, 능력이 없는(=incapable)
imprecation 저주(의 말)(=curse)
impresario 감독, 지휘자(=manager)
imprimatur 허가, 인가, 면허, 승인(=license to publish)
impudence 뻔뻔스러움, 몰염치; 건방짐, 무례함(=shamelessness)
impugn 이의를 제기하다, 논박하다(=puestion)
impunity 형벌[해, 손실]을 받지 않음, 무사(=exemption from punishment)
impute 〈죄 등을〉에게 돌리다, 씌우다, 전가하다, ~의 탓으로 하다(=blame)
inadvertence 실수, 잘못(=carelessness)
inalienable 〈권리 등이〉 양도할 수 없는, 빼앗을 수 없는(=not transferable)
inarticulate 생각, 감정 등을 분명하게 표현할 수 없는, 모호한(=not distinct)
incarcerate 감금하다, 투옥[유폐]하다(=imprison)

incarnadine 살색, 연분홍색, 진홍색(=fleshcolored)
incendiary 1. 방화의; 불을 내는, 발연용의 2. 감각을 자극하는, 선정적인(=inflammatory)
incognito 익명의[으로](=with identity concealed)
incommensurate 어울리지 않는; 부적당한, 불충분한(=not adequate)
incongruous 1. 조화하지 않는; 어울리지 않는 2. 모순된, 부조리한(=unsuitable)
inconsiderable 적은; 중요치 않은(=trivial)
incorrigible 교정(矯正)할 수 없는, 구제[선도]할 수 없는(=beyond reform)
incubus 1. 가위; 악몽 2. 압박하는 사람[것](=burden)
inculpate 죄를 씌우다; 탓하다(=blame)
indenture 계약서, 정식 증서; 주문서, 동의서(=contract)
indigenous 1. 토착의, (그) 지역 고유의 2. 타고난, 고유의(=native)
indigent 궁핍한, 곤궁한(=poor)
indiscriminate 무차별의, 가리지 않는, 마구잡이의(=not selective)
indite 〈시, 글 등을〉 짓다, 쓰다; 시적[문학적]으로 묘사하다(=write)
indolent 게으른, 나태한(=lazy)
indubitable 의심할 나위 없는, 확실[명백]한(=undeniably true)
indurate 단단하게 하다, 경화(硬化)하다(=harden)
inebriate 취하게 하다(=make someone drunk)
ineffable 말로 표현할 수 없는(=indescribable)
inert 둔한, 완만한, 활발치 못한, 느린(=sluggish)
inexorable 굽힐 수 없는, 움직일 수 없는, 엄연한(=unyielding)
inference 추론의 결과; 추정, 결론(=conclusion)
inflammable 불타기 쉬운, 가연성(可燃性)의(=burnable)
ingenuous 솔직 담백한, 꾸밈없는, 순진한(=innocent)
ingratiate 환심을 사다, ~의 비위를 맞추다(=establish in favor)
iniquitous 부정[불법]의, 사악한, 간악한(=sinful)
innocuous 악의 없는, 불쾌감을 주지 않는(=harmless)
innuendo 풍자, 빈정대는 말(=insinuation)
inscrutable 헤아릴 수 없는, 불가해한(=unfathomable)
insensate 감각이 없는(=without sensation)
insidious 교활한, 음흉한, 방심할 수 없는(=treacherous)
insinuate 넌지시 비추다, 둘러서 말하다(=suggest subtly)
insolvent 지불 불능한, 파산(자)의(=bankrupt)
insouciant 무관심한; 태평한(=carefree)
insular 섬의, 섬 같은(=pert. to an island)
intangible 손으로 만질 수 없는, 감지할 수 없는(=not touchable)
interdict (공권력으로) 금지시키다
interpolate 써넣다; 기입하다; 가필하다(=insert new material)
interregnum 휴지[중절, 중단] 기간; (권력교체로 인한) 정치공백기간(=interval between reigns)
intractable 억지[고집]스러운(=stubborn)
intransigent 비타협적인, 양보하지 않는, 완고한, 고집스러운(=uncompromising)

intravenous 정맥내의; 정맥 주사의(=through a vein)
intrepid 무서움을 모르는, 용맹한, 대담한(=brave)
intrinsic 본래 갖추어진, 고유의, 본질적인(=essential)
introvert 안으로 향하는[굽은], 내성적인(=turn inward)
inveigh 통렬히 비난하다, 독설을 퍼붓다(=attack)
investiture (관직, 성직 등의) 수여, 임관(=act of giving an office or right to)
inveterate 뿌리 깊은, 만성의, 상습적인(=firmly established)
invidious 〈언동 등이〉 기분 나쁘게 만드는, 미워하게[화나게] 만드는(=odious)
invocation (신에의) 기도, 기원, 간구(=calling on God)
ionosphere 전리층, (성층권의 상부, 무선 전파가 반사됨); 이온권(=outer layers)
isobar 등압선(等壓線)(=weather map line)
isotope 동위원소, 동위체(=chemical element)
isthmus 지협(=narrows land strip)
iterate 되풀이하다(=repeat)
itinerant 순방[순회]하는, 편력 중인(=traveling on a circuit)

J

jaded 지칠대로 지친(=worn out)
jargon 뜻을 알 수 없는 말, 횡설 수설(=confused talk)
jaundiced 질투가 심한(=envious)
jeremiad 비탄, 한탄, 넋두리; 슬픈 이야기(=lamentation)
jettison 배, 항공기에서 투하하다(=cast overboard)
jocose 우스꽝스러운, 익살맞은, 까부는(=humorous)
jodhpurs 승마 바지(=riding pants)
juridical 법률상의(=legal)
juxtaposed 병렬하다, 병치(竝置)하다(=close together)

K

kaleidoscope 주마등(走馬燈), 만화경(萬華鏡)(=optical instrument)
karat 캐럿 1/24(=part gold)
kinetics 【물리】 동역학(動力學)(=science of pure motion)
kiosk 키오스크 같은 간이 건물(=stand which is open on one side)
kith 친척, 지기(知己); 일가 친척, 일가붙이(=friends)

L

lacerate 찢다, 잡아찢다(=tear)
laconic 간결한, 간명한(=brief)

lachrymose 눈물을 잘 흘리는; 눈물을 자아내는(=tearful)
laity 속인들(laymen); 평신도(=the people collectively as distinguished from clergymen)
lampoon 글[시]로써 풍자하다, ...을 풍자문[시]으로 비방하다(=satire or ridicule)
landed 토지를 소유하는; 땅으로 된(=having an estate in land)
languish 1)쇠약해지다, 풀이 꺾이다 2)우울하다 3)그리워하다(=become weak)
lascivious 음란한, 음탕한, 호색의(=lewd)
lassitude 피로, 노곤함, 무기력(=weariness)
latent 숨어 있는, 보이지 않는, 잠재적인(=concealed)
latex 【식물】 유액(乳液) (고무나무 등의)(=milky fluid)
latitude (사상 · 행동 따위의) 자유(=allowance)
legerdemain 손으로 하는 요술; 손으로 부리는 재주; 속임수; 허위(=trickery)
lethargic 기면성의(=drowsy)
lexicon 사전, 어휘목록(=dictionary)
libel 중상하는 글, 비방(=defamation)
libretto 가극의 가사[대본](=verbal text of an opera)
licentiate 면허장 소유자, (개업) 유자격자(=one who has a license)
liege 군주, 왕후영주(=feudal lord)
limn 〈그림을〉 그리다, 묘사하다(=portray)
litany 기도, 기원(=prayer)
lithe 나긋나긋한, 유연한(=supple)
litigation 소송, 기소(=legal action)
liturgy 예배식, 전례(=religious ritual)
livid 납빛의, 흙빛의(=black and blue)
loquacious 수다스러운, 말이 많은(=talkative)
lucid 명쾌한, 알기 쉬운(=clear)
lucre 이익, 이득(=money or riches)
ludicrous 웃기는, 우스꽝스러운(=ridiculous)
lugubrious 슬픈(=sad)
lymph 액체; 혈청(=transparent body fluid)

M

macabre 무시무시한, 소름이 끼치는(=gruesome)
macadamize 자갈을 깔다(=cover with broken stones)
macerate 물[액체]에 담가 부드럽게 하다[되다], 불리다(=soften by dipping)
madrigal 서정의 단시, 짧은 연가(=short musical poem)
maelstrom 큰 소용돌이,큰 동요(=whirlpool)
magisterial 주인다운,권위있는(=authoritative)
magnanimous 도량이 큰, 관대한(=generous)
mahatma 대가, 권위자(=extraordinary person)
mahout 코끼리 부리는 사람(=elephant driver)

maladroit 꼴사나운, 어색한(=clumsy)
malaise 불쾌, 불안(=discomfort)
malapropism 말의 우스꽝스러운 오용(=word misused ridiculously)
malfeasance 불법행위, 나쁜짓(=wrongful act)
mandate 명령, 지시(=a specific order)
mange 옴(=skin disease)
mantilla 머리부터 어깨까지 덮는 큰 베일(=head scarf)
marline 가는 밧줄(=a nautical cord)
marquee 차양(=canopy)
marsupial 주머니의, 포대의(= pert. to animals such as kangaroos)
martinet 훈련을 엄하게 시키는 사람[군인], 엄격한 사람(=disciplinarian)
matrix 주형, 모형(=a mold)
masticate 씹다, 분쇄하다(=chew)
maw (개걸스러운 동물의) 입, 위(=mouth of a voracious animal)
mawkish 역겨운, 구역질나는(=stimulating nausea)
maxim 속담(=proverb)
medley 잡동사니, 뒤범벅(=mixture)
mega 매우 큰, 중요한(=million)
megrim 공상, 변덕(=low spirits)
melange 혼합물, 뒤범벅(=mixture)
mellifluent 매끄러운, 유창한(=sweetly flowing)
menage 가정, 세대(=household)
mendacious 허위의, 거짓의(=lying)
mendicant 빌어먹는, 탁발의(=beggar)
meniscus 초승달 모양(=crescentshaped)
mercurial 경박한, 변덕스러운(=lively)
meretricious 저속한, 야한(=showily attractive)
mesa 탁상(卓狀); 암구(岩丘)(=high, wide tableland with rocky slopes)
metamorphose 일변시키다; 변태시키다(=transform)
metaphor 은유, 암유(=a comparison)
mete 할당[배당]하다(=distribute)
mettle 용기, 원기(=courage)
microcosm 소우주, 소세계(=a little world)
mien 풍채, 모습(=manner or bearing)
militate 작용하다, 영향을 미치다(=operate against)
misanthropy 사람을 싫어함, 염세(=dislike mankind)
miscegenation 이종족 혼교, 잡혼(=interbreeding of races)
misconstruction 틀리게 이해함(=wrong interpretation)
miscreant 악한, 《고어》 이단자(=villain)
missal 〈카톨릭〉 미사 경본; 《고어》 이단자(=prayer book)
mistral 미스트랄(=cold dry northerly wind)
mitigate 완화하다, 누그러뜨리다(=lessen)

mnemonics 기억술, 기억력 증진법(=memory device)
modicum 소량, 근소(=small quantity)
modulate 조정[조절]하다(=adjust)
monolith 하나의 암석으로 된 기둥(=large piece of stone)
montage 몽타주(=blending of pictures)
mordant 비꼬는, 신랄한(=biting, sarcastic)
moribund 다 죽어가는, 소멸해 가는(=dying)
mortar 모르타르, 회반죽; 절구(=container for crushing)
mosque 이슬람교 사원(=Moslem temple)
motley 얼룩덜룩한, 얼룩덜룩한 옷을 입은(=miscellaneous)
mufti 평복, 사복(=civilian dress)
mulct 속여 빼앗다, 사취하다(=defraud)
mummery 무언극, 가면극(=pretentious ritual)
murrain 소의 전염병(=cattle disease)
muzhik 러시아 사람(=Russian peasant)
myopia 근시안,단견(=nearsightedness)
myriad 무수한; 막대한(=numberless)

N

nacre 진주층(=mother-of-pearl)
nadir 밑바닥, 최하점(=lowest point)
naiad 물의 요정(=mythical water nymph)
nape 목덜미(=back of neck)
narcissism 자아 도취(증)(=love of oneself)
natatorial 수영에 적합한; 헤엄치는 습성이 있는(=pert. to swimming)
nebulous 흐린, 불투명한(=hazy)
nefarious 극악한, 사악한(=wicked)
neophyte 초심자, 신참자(=new convert)
neolithic 신석기 시대의(=pert. to later Stone Age)
neurasthenia 신경쇠약증(=nervous exhaustion)
niggardly 인색한, 아까워하는(=stingy)
nihilism 허무주의(=disbelief in religion)
nimbus 후광, 원광(=halo)
nirvana 열반, 해탈(=freedom from pain)
noctambulist 몽유병자(=sleepwalker)
nocturne 야상곡(= a piece of dreamy music)
node 마디; 혹(= knob)
noisome 불쾌한(=offensive)
nomenclature 명명법, 학명(=names of things)
nonagenarian 90대의 (사람)(=person in his 90's)

nonpareil 비할[비길] 데 없는(=without equal)
nonplus 어찌할 바를 모르게 하다(=perplex)
non sequitur 그릇된 결론, 불합리한 추론(=illogical argument)
nosegay 꽃다발(=bouquet)
noxious 유해한, 유독한(=harmful)
nuncio (외국 주재의) 로마 교황 대사(=representative of Pope)
nurture ~에게 영양물을 주다(=provide food)

O

obdurate 고집센; 냉혹한(=callous; hardened)
obeisance 경례, 절(=bowing)
obelisk 오벨리스크, 방첨탑(=four-sided pillar)
obesity 비만, 비대(=excessive fatness)
obfuscate 당혹하게하다, 혼란케 하다(=confuse)
oblation 봉납물, 공물(=solemn offering)
obloquy 불명예(=disgrace)
obsequious 비굴한; 순종하는(=servile)
obsolescent 쇠퇴해 가고 있는(=becoming out-of-date)
obstreperous 시끄러운, 시끄럽게 떠드는(=noisy)
obtrude 강요[강제]하다, 억지쓰다(=thrust forth)
obturate 막다; 밀폐하다(=stop or close)
obtuse 둔한, 무딘(=dull)
obviate 회피하다, 미연에 방지하다(=prevent)
occidental 서양(제국)의, 서방의(=western)
occipital 후두부[골]의(=pert. to back of head)
occlude 폐색하다; =못 들어오게[나오게] 막다(=close)
ocellated 홑눈 [안점(眼點)]이 있는(=having eyelike spots)
octamerous 8개 부분으로 된(=having eight parts)
odoriferous 향기로운(=fragrant)
officious 참견하는, 간섭하는(=meddling)
oleaginous 기름을 함유하는, 기름기가 있는(=oily)
olfactory 후각의; 냄새의(=pert. to sense of smell)
oligarchy 과두정치, 소수 독재정치(=rule by a few)
omega 그리스 알파벳의 스물 넷째[마지막] 글자(=last letter)
ominous 불길한, 나쁜 징조의(=threatening)
omnipotent 전지전능한(=all-powerful)
omnivorous 무엇이나 먹는, 잡식성의(=eating everything)
onerous 번거로운(=difficult)
opprobrious 면목이 없는, 부끄러운(=shameful)
optimum 최적 조건(=the best condition)

opulence 풍부; 부유(=richness)
oracular 신탁의, 신탁 같은(=prophetic)
orbicular 공[고리] 모양의(=circular)
ordnance 병기, 군수품(=military weapons)
ordinance 법령, 포고(=law)
ordure 오물; 상스러운 말(=filth)
oriel 퇴창(=a bay window)
orifice 구멍, 뚫린데(=opening)
orthography 철자법, 정자법(=the study of spelling)
oscillate 흔들리다, 동요하다(=vibrate)
ossify 뼈로 변하게 하다, 골화시키다(=become rigid or bonelike)
ostensible 표면상의, 허울만의(=apparent)
ostentatious 자랑 삼아 드러내는, 과시하는(=pretentious)
overt 명시적인, 뚜렷한(=open to view)

P

pachyderm 후피동물, 하마, 코끼리 등
pacific 평화스러운, 고요한(=calm)
paisley 페이즐리 무늬, 무늬있는 천(=colorful fabric)
paean 찬가, 승리의 노래(=song of praise)
palanquin 1인승 가마, 탈것(=bed carried on poles)
palatable 맛 좋은, 입에 맞는(=tasty)
palaver 장시간의 협의, 수다(=smooth or empty talk)
pall 싫증나게 하다, 물리게 하다(=make dull)
palliate 일시적으로 완화시키다, 변명하다(=mitigate)
palpable 손으로 만질 수 있는, 명백한(=evident)
panacea 만병 통치약(=remedy for all ills)
panegyric 찬양의 연설[글], 찬사(=eulogy)
panoply 장대한 위용, 성대한 의식; 한 벌의 갑주(=set of armor)
pantheism 만유 신교론, 범신론(=belief of God-nature unity)
paradigm 패러다임, 이론적 틀(=model)
paradox 역설, 패러독스(=contradiction)
parapet 흉벽, 흉장(=barricade)
paregoric 진통제, (어린이용) 지사제(=painreliever)
pariah 최하층민, 천민(=outcast)
parietal 정수기 부분의
parity 동등, 동위(=equality)
parochial 교구 설립의(=provincial)
paroxysm 격발, 발작적 활동(=a fit)
parsimonious 극도로 절약하는, 인색한(=stingy)

pastoral 전원 생활의, 시골의(=rural life)
partriarch 족장 leader of a tribe
patrimony 세습 재산, 유전(=an inheritance)
pavilion 휴게소, 누각(=a large tent)
peccadillo 가벼운 죄, 작은 과오(=a small fault)
pectoral 가슴의, 흉근의(=pert. to chest)
peculate 유용하다, 횡령하다(=embezzle)
pecuniary 금전(상)의, 재정상의(=financial)
pedantic 학자티를 내는, 아는 체하는(=bookish)
pediculous 이가 꾄(=infested with lice)
peduncle 꽃자루, 화경(=flower stalk)
peignoir 실내복, 화장옷(=dressing gown)
pejorative 가치를 떨어뜨리는(=disparaging)
pelagic 원양[심해]의, 대양에 사는(=pert. to ocean)
pelf 부정 축재한 재물(=stolen property)
penchant 경향, 강한 기호(=strong inclination)
pendant 매달려 있는[드리운] 것, 늘어뜨린 장식(=anything hanging from something)
pensile 매달린, 드리운(=hanging)
pennate 깃털[날개]이 있는(=winged)
penurious 가난한, 궁핍한; 인색한(=stingy)
perambulate 순회[순시]하다, 답사하다(=walk about)
perception 인식, 인지(=awareness)
percussion 충격, 충돌(=impact)
peregrination 여행, 편력(=traveling)
peremptory 절대적인, 단호한(=absolute, final)
perigee 근지점(=point when Moon or satellite is closest to Earth)
periphery 주위, 외주(=external surface)
peristaltic 연동운동의(=pert. to alternate waves)
permeable 삼투[침투, 투과]할 수 있는, 투과성[삼투성]의(=penetrable)
permutation 교환, 치환(=interchange)
perquisite 임시 수입, (합법적인) 부수입(=incidental compensation)
peroration (특히 장황한 연설의) 결론(=last part of a speech)
perspective 원근법, 투시 화법(=the effect of distance)
perspicuity 명확함, 명석함(=clearness of style or expression)
pert 버릇없는, 까부는(=saucy)
peruse 정독[숙독]하다(=read carefully)
pervade 널리 퍼지다, 고루 미치다(=spread to every part)
perverse 괴팍한, 심술궂은(=unnatural, offensive)
pestle 절굿공이, 빻는 기계(=a tool for pounding, grinding, or stamping)
petulance 성마름, 앵돌아짐(=peevishness)
phalanx 밀집 군대(=closed-packed formation)
philistine 교양없는 사람(=person with no interest or appreciation of art, literature,

etc.)
philology 문헌학, 언어학(=study of words or literature)
phylum 문(門)(=grouping in biology); 어족(=grouping in linguistics)
picaresque 악한을 주제로 한 (pert. rogues)
pilaster 벽기둥(=part of a column)
pileous 털이 많은, 털로 덮인 (pert. to hair)
pillory 오명, 웃음거리(=structure for exposing to scorn)
piquant 입맛을 돋우는, 얼얼한(=pungent)
pique ~의 감정을 상하게 하다, 분개하게 하다(=wound)
piscatorial 어부의, 낚시의 (pert. to fishing)
pixilated 머리가 좀 이상한; 별나고 우스운(=amusingly eccentric)
plagiarism 표절, 도용(=stealing ideas from someone else)
plait 땋아 늘인 머리, 변발(=braid or pleat)
platitude 평범한 의견, 상투어(=trite remark)
plectrum 채, 픽(=small piece used to pluck)
plenipotentiary 전권을 가진(=possessing full power)
plethora 과다, 과도(=oversupply)
plinth 주추, 초석(=lower part of column)
plumb 추, 다림추; 깊이를 재다(=test the depth of)
plutocracy 금권 정치(=rule by the rich)
poach 밀렵[밀어]하다; 침입하다(=trespass)
pogrom 학살, 유대인 학살(=organized massacre)
poignant 매서운, 날카로운(=keenly affecting)
polemics 논쟁, 논증법(=art of dispute)
polity 정치 형태, 정치적 조직체(=method of government)
polonaise 완만한 무도곡(=slow polish dance)
polymer 중합체, 중합물(=chemical compound)
pontificate 독단적으로[권위 있듯이] 말하다(=speak pompously)
porringer 얕은 사발(=soup plate)
posterity 후세, 후대(=succeeding generations)
portend 전조가 되다, 예시[예고]하다(=warn)
pottage 진한 채소 수프(=a stew)
poultice 찜질약, 파프제(=a soft moist mass)
pragmatic 실용적인, 활동적인(=practical)
prate 재잘거림, 수다(=chatter)
precarious 믿을 수 없는, 불확실한(=uncertain)
precipitous 깎아지른 듯한, 절벽을 이룬(=steep)
preclude 일어나지 않게 하다, 불가능하게 하다(=prevent)
precursor 선구자, 선봉(=predecessor)
predatory 생물을 잡아 먹는, 육식하는(=plundering)
predilection 선입적 애호, 편애(=preference)
preeminent 걸출한, 뛰어난(=superior)

premeditation 미리 생각[계획]함, 계획(=forethought)
preposterous 앞뒤가 뒤바뀐, 터무니없는(=absurd)
prerogative 특권, 특전(=privilege)
presbyter 장로(=ordained clergyman)
prescience 예지, 선견(=foresight)
presentiment 예감, 기미(=foreboding)
presentment 표현, 묘사; (대배심원의) 고발(=report made by a grand jury)
preternatural 초자연적인, 이상한(=supernatural)
prevaricate 얼버무리다, 발뺌하다(=lie)
primogeniture 장자임, 장자의 신분(=state of being first-born)
primordial 원시의; 원시 시대부터 있는(=first in order)
pristine 본래의, 초기의(=primitive; unspoilt)
probity 고결, 청렴 결백(=integrity)
proclivity 성향, 성벽(=tendency)
procrastinate 늑장부리다, 꾸물거리다(=put off)
prodigious 거대[막대]한(=large)
proffer 내밀다; 제의[제안]하다(=offer)
profligate 방탕한, 난봉[품행 불량]의(=utterly immoral)
progeny 자손, 결과(=offspring)
proletarian 무산 계급의, 노동 계급의(pert. to workers)
prolix 지루한, 장황한(=long-winded)
promontory 갑(=a high point of land)
propinquity 가까움, 근접(=nearness)
propitious 호의를 가진, 자비로운(=favorable)
proscenium 무대의 앞 부분(=front stage)
proselyte 개종자, 전향자(=a convert)
prosody 시형론, 운율학(=the study of verse forms)
protagonist 주역, 주인공(=leading character)
prototype 원형, 견본(=example)
protuberance 돌기, 융기(=projection)
provender 여물(=food for animals)
providential 신의, 신의 뜻에 의한(=fortunate)
psychoneurosis 정신 신경증(=emotional disorder)
puissant 권력[세력] 있는(=powerful)
punctilious 격식을 차리는, 딱딱한(=exact)
purloin 훔치다(=steal)
purulent 화농성의, 화농한(=discharging pus)
pusillanimous 무기력한, 나약한(=afraid)
putative 추정의, 추정되고 있는(=supposed)
putrefy 썩이다, 곪게 하다(=decay)
Pyrrhic victory 희생을 많이 치른 승리(=victory at great cost)
pythonic 신탁의(=prophetic), 비단뱀의(=like a python)

Q

quadrennial 4년마다의, 4년간 계속되는(=comprising four years)
qualm 불안, 염려(=feeling of fear)
quandary 당황, 곤경(=doubt)
quasi 의사의, 유사의(=resembling but not genuine)
query 질문, 의문(=question)
quidnunc 소문 퍼뜨리기 좋아하는 사람(=curious person)
quiescent 조용한, 정지한(=inactive)
quietus 죽음, 소멸(=a silencing)
quintessence 진수, 본질(=concentrated essence)
quirk 변덕, 기상(=a turn)
quixotic 공상적인, 비현실적인(=visionary)
quotidian 나날의, 평범한(=daily)

R

rabbet 홈, 은촉(=groove)
rabble 폭도들, 어중이떠중이(=vulgar, noisy people)
rabid 맹렬[격렬]한, 과격한(=furious)
raillery 농담, 놀림(=banter)
raiment 의류, 의복(=clothing)
ramification 가지, 분지(=a division)
rampant 사나운, 광포한; 만연하는, 무성한(=springing; climbing)
ramshackle 넘어질 듯한, 흔들거리는(=out of repair)
rancor 원한, 유감(=anger)
rankle 곪다, 상처가 아프다(=irritate)
rapacity 강탈, 탐욕(=greediness)
ratiocination 추리, 추론(=reasoning)
recalcitrant 완강하게 반항하는, 휘어잡을 수 없는(=stubborn)
recapitulate 요점을 되풀이하다, 요약하다(=summarize)
reciprocal 상호간의, 호혜적인(=in return)
recitative 서창, 레치타티보(=ordinary speech set to music)
recrimination 되받아 비난하다, 반소하다(=countercharge)
rectitude 정직, 청렴(=uprightness)
refractory 감당할 수 없는, 다루기 힘드는(=obstinate)
regale 융숭하게 대접하다, 맘껏 즐기게 하다(=entertain)
regicide 국왕 살해, 시해(=killing of a king)
regimen 섭생, 양생법(=manner of living)
relegate 내쫓다, 좌천시키다(=assign)

reliquary 성골[유물]함(=receptacle)
remission 사면; 특사(=pardon)
remonstrate 간언하다, 충고하다(=protest)
renascent 재생[갱생]하는, 부활[부흥]하는(=being reborn)
renegade 탈당자, 변절자(=deserter)
repine 불평하다, 투덜거리다(=complain)
replete 충만한, 충분히 공급된(=full)
reprehension 질책, 견책(=rebuke)
reprisal 보복, 앙갚음(=injury in return)
reproof 책망, 견책(=a scolding)
respite 일시적 중지, 휴지(=pause or rest)
repudiate 거절하다, 부인하다(=refuse)
requital 보답, 보상(=repayment)
resilient 되튀는; 원상으로 돌아가는(=rebounding)
resplendent 빛나는, 눈부시게[빤짝빤짝] 빛나는(=shining)
restitution 반환, 상환(=compensation)
résumé 요약(=summary)
resurgent 소생[재기, 부활]하는(=rising again)
resuscitate 소생시키다, 부흥하다(=revive)
reticulate 그물 모양의, 망상의(=net-like)
retroactive 반동하는, 〈효력이〉 소급하는(=applying to the past)
retrogression 쇠퇴, 퇴행(=going back)
retrousse 들창코의(=turned up)
revile 헐뜯다, 욕하다(=scold)
rhesus 원숭이의 일종(=type of monkey)
rhinitis 비염, 코카타르(=inflammation of nose)
risibility 웃는 버릇, 잘 웃는 성질(=disposition to laughter)
rote 기계적 방법; 기계적 기억(=mechanical routine)
rubicund 얼굴이 벌건, 혈색이 좋은(=red)
rudiment (미완성의) 기본, 기초; (생물의) 퇴화된 기관(=first stage; non functioning organ)

S

sable 검은색의(=black)
sabot 나막신; 바닥이 나무로 된 신발(=wooden shoe)
saccharine 달콤한, 감상적인(=pert. to sugar)
sagacious 현명한, 영리한(=wise)
salacious 음란한, 음탕한(=obscene)
salient 돌출한, 돌기한(=prominent)

saline 염분을 함유한; 소금기가 있는(=salty)
salubrious 건강에 좋은, 유익한(=healthful)
salutary 유익한, 건전한(=wholesome)
salutatory 인사말
sanctimonious 독실한 체하는, 독신자인 체하는(=simulating holiness)
sanctity 거룩함, 정함(=holiness)
sanguine 명랑한, 자신감 있는(=confident)
saponify 비누화[감화]하다(=make fat into soap)
sardonic 냉소적인, 조롱[야유]하는(=ironical)
satiate 충분히 만족시키다(=supply to excess)
satrap 총독, 지사(=governor of province)
saturate 흠뻑 적시다, 담그다(=soak)
saturnine 토성의 영향을 받고 태어난, 무뚝뚝한(=gloomy)
scapular 견갑골의, 어깨의
scarab 꾸밈, 장식(=ornament)
schism 분리, 분열(=division)
schist 편암, 결정 편암(=a type of rock)
sciatic 좌골의, 좌골 신경통(성)의(=pert. to the hip)
scintilla 불꽃; 미량, 아주 조금(=bit)
scintillation 불꽃(을 냄), 섬광, 번쩍임(=a sparkling)
scrip 가증권, 가사채(=provisional certificate)
scruple 싫음, 마지못해 함(=reluctance)
scurrilous 야비한, 상스러운(=insulting)
secular 세속적인(=not religious)
sedentary 완만한, 느릿한(=sluggish)
sedulous 근면한, 부지런히 일[공부]하는(=painstaking)
seismic 지진의, 지진성의(=caused by an earthquake)
semantic 의미의, 의미론의(=pert. to meaning)
senescent 늙은, 늙어가는(=growing old)
sententious 금언적인, 간결한(=magisterial)
sentient 감각, 마음(=feeling)
sequester 은퇴시키다 , 고립시키다(=seclude)
seraglio 회교국의 궁전(=harem)
serrated 톱(니) 모양의, 톱니가 있는(saw-toothed)
shamble 휘청거림, 비틀거림(=something destroyed or in disorder)
shibboleth 진부한 문구(=a pet phrase)
shunt 바꾸다; 회피하다(=turn aside)
sidereal 항성으로 측정된(=pert. to stars)
silicosis 규폐증(=lung disease)
simian 유인원, 원숭이 (pert. to a monkey)
simile 직유, 명유(=comparison using as or like)
simony 매매에 의한 이득, 성직 매매(=profit from sacred things)

simper 선웃음, 억지웃음(=self-conscious smile)
sinecure 한직, 명목뿐인 일(=job requiring little work)
sinuous 꾸불꾸불한, 물결 모양의(=with many curves)
slake 약화시키다, 누구러뜨리다(=lessen)
slatternly 단정치 못한, 방종한(=sloppy)
slothful 나태한, 게으른(=lazy)
slough 진창, 수렁(=soft, muddy ground)
sluice 수문, 보(=a water channel)
sojourn 일시적인 체류, 기류(=temporary residence)
solicitude 근심, 염려(=concern)
soliloquy 혼자말; 독백(=monologue)
somatic 신체의; 육체의(=bodily)
sonorous 낭랑한, 울려 퍼지는(=resonant)
sophism 궤변(=fallacy)
spatula 주걱(=flat, broad instrument)
specious 허울[외양]만 좋은(=deceptive)
spectre 유령, 망령(=ghost)
speculum 금속 거울, 반사경(=mirror)
splenetic 성을 잘 내는(=peevish)
spontaneous 자발적인, 자연의(=unconstrained)
sporadic 때때로 일어나는(=occasional)
spume 거품(=foam)
stalactite 종유석(=hanging calcium deposit)
stalagmite 석순(=calcium deposit on cave floor)
steppe 스텝 지대(시베리아 등지의 수목 없는 대초원)(=vast treeless plain)
sternum 흉골(=the breastbone)
stigma 치욕, 오명(=blemish)
stilted 뽐내는, 잘난 체하는(=elevated)
stint 절약하다, 검약하다(=be frugal)
stoical 자제심이 강한; 냉철한(=impassive)
stratagem 계략, 술책(=scheme)
stricture 혹평, 비난(=severe criticism)
strident 귀에 거슬리는 , 삐걱거리는(=grating)
suave 얌전한, 상냥한(=smoothly polite)
subcutaneous 피하의(=beneath the skin)
subjoin 증보하다, 추가하다(=add)
sublimate 고상하게 하다, 순화하다(=purify or refine)
subpoena 소환장, 호출장(=summons for witness)
subsidy 보조금, 장려금(=financial aid)
subterfuge 구실, 핑계(=a false excuse)
succinct 간결한, 간명한(=brief)
succor 구조, 구원(=comfort; aid)

succulence 즙이 많음, 다즙(=juiciness)
suffuse 뒤덮다, 확 퍼지다(=overspread)
sully 더럽히다 ; 망쳐놓다(=soil)
supercilious 거만한, 젠체하는(=proud and haughty)
supernal 하늘의, 천상의(=heavenly)
supersede ~에 대신하다(=take the place of)
supervene 잇따라[결과로서] 일어나다; 병발하다(take place; ensue)
supplicate 탄원하다, 간곡히 부탁하다(=beg)
surfeit 과다; 과식(=excess)
surreptitious 비밀의, 은밀한(=secret)
surrogate 대리, 대리인(=deputy)
surveillance 감시; 감독(=watching)
swathe 싸다, 감다(=bind or warp)
sybarite 사치 · 방탕을 일삼는 무리(=person devoted to luxury)
sycophant 알랑쇠, 아첨꾼(=flatterer)
syllogism 삼단 논법, 연역(법)(=deductive reasoning)
sylvan 숲의; 숲 속의(=of the woods or forest)
symposium 토론회, 좌담회(=meeting for discussion)
syncope 중략; 중략어(=contraction of a word)
synonymy 유의, 동의(성)(=the quality of being the same)
synthesis 종합, 통합(=combination)

T

tableau 극적인 장면, 인상적인 장면(=a striking scene)
taboret 낮은 걸상(=small stool)
tachometer (자동차 엔진 따위의) 회전속도계(=instrument for measuring speed)
taciturn 말없는, 무언의(=silent)
talus 사면(=slope)
tankard 큰 조끼(뚜껑 및 손잡이가 달린 맥주용)(=large drinking vessel)
tantamount 같은, 상당하는(=equal to)
tautology 유어(類語) 반복(=needless repetition)
temerity 무모(한 행위), 만용(=rashness)
terminus 경계, 경계선(=limit)
thesaurus 사전; 보고(=treasury)
thoracic 가슴(흉부)의(=between neck and abdomen)
thrall 노예, 속박된 몸(=slave)
threnody 애가, 비가(=song of lamentation)
thrombosis 혈전증(=blood clot)
tiara 보석 박은 관(=headdress)
tirade 장광설, 격론(=vehement speech)

tithe 십일조(=tax of one-tenth)
tocsin 경종(소리)(=bell)
tome 한 권; 큰 책(=volume)
toque 토크(양태가 좁은 조그마한 여성 모자)(=hat without a brim)
torpor 마비, 무감각(=dullness)
tortilla 납작하게 구운 옥수수빵(멕시코인의 주식)(=large round thin cake)
trachea 기관(氣管), 호흡관(=windpipe)
tractable 유순한 ; 다루기 쉬운(=easily led)
traduce 비방하다, 중상하다(=slander)
tranquillity 평정, 평온(=calmness)
transcendent 뛰어난, 탁월한(=surpassing others)
transfuse 옮겨 따르다, 옮겨 붓다(=pour from one to another)
transmute 변형시키다, 변화시키다(=change)
transpire (일이) 드러나다, 밝혀지다(=become known)
transubstantiate 변질시키다(=change to another substance)
transverse 가로지르는 것; 교차하는 것(=lying across)
trauma 외상(=wound)
travail 산고; 고생(=labor)
treacle 당밀(=molasses)
treble 3배[겹, 중]의(=triple)
tremulous 떠는, 전율하는(=shaking)
trenchant 통렬한, 신랄한(=sharp)
trepidation 공포, 전율(=trembling from fear)
tribulation 고난, 고생(=trouble)
truncheon 곤봉, 경찰봉(=club)
trundle 작은 바퀴(=small wheel)
tumbrel 농장용 짐수레(=farmer's cart)
tumid 부어오른(=swollen)
turbulent 몹시 거친, 사나운(=violent)
turgid 부은, 부어오른(=swollen)
turpitude 간악, 비열(한 행위)(=shameful depravity)
tutelage 교육, 지도(=instruction)
twit 비웃다, 조롱하다(=tease)
tyke 아이, (특히) 개구쟁이(=mischievous child)
tyro 초심자, 신참자(=novice)

U

ubiquity 도처에 있음, 편재(=omnipresence)
ukase (제정 러시아의) 칙령(=Russian government order)
ululation 짖는 소리; 우는 소리(=a wail)

umbilicus 배꼽(=navel)
umbrage 불쾌, 노여움(=offense)
unctuous 기름 같은, 상냥한(=oily or smooth)
undulating 물결이 이는; 파동치는(=waving)
ungainly 보기 흉한, 볼품없는(=clumsy)
upbraid 신랄하게 비판하다, 비난하다(=reproach)
uproarious 소란한, 시끄러운(=noisy)
urbane 도회풍의; 세련된(=refined)
ursine 곰의, 곰류의(=pert. to bears)
usurpation 권리 침해, 강탈(=wrongful seizure)
uxorious 아내에게 무른, 애처가인(=fond of a wife)

V

vacuous 빈, 공허한(=empty)
vapid 활기[흥미]가 없는, 지루한(=dull)
varicosity 정맥류(종창)(=swollen veins)
vacillation 흔들림, 동요(=unsteadiness)
vacuity 멍청함; 하찮은 일(=stupidity)
vagary 변덕, 일시적인 기분(=whim)
vanguard 선도자, 선봉(=leaders)
vaquero 카우보이(=cowboy)
variegate 잡색으로 하다, ~에 변화를 주다(=diversify)
vaunt 자랑하다, 뽐내다(=boast)
vendetta 피의 복수(=feud)
venerate 존경하다; 공경하다(=revere)
venous 정맥의, 정맥에 있는(=pert. to veins)
ventricle 공동, 실(=cavity)
verdant 푸릇푸릇한, 순진한(=green; fresh)
verisimilitude 정말[진실] 같음, 있을 법함(=appearance of truth)
verity 참, 진실(성)(=honesty)
vernacular 제 나라 말, 국어(=native language)
vernal 봄의, 봄 같은(=pert. to spring)
vertex 정점, 절정(=top)
vertigo 현기, 어지러움(=dizziness)
vestige 자취, 흔적(=trace)
viable 살아갈 수 있는, 생명력 있는(=capable of living)
vicissitude 변화, 변천(=change)
vilify 비방[중상]하다, ~을 헐뜯다(=defame)
vindicate 변호하다, 옹호하다(=uphold)
viridity 녹색; 싱싱함(=greenness)

vituperate 욕하다; 나무라다(=defame)
vociferate 큰소리를 내다, 고함치다(=shout)
volatility 변덕스러움, 경박(=frivolity)
volition 의지, 의지력(=will)
voracious 게걸스레 먹는; 탐욕스러운(=ravenous)
votary 신봉자, 숭배자(=devoted person)

W

waft 한바탕 부는 바람(=current of wind)
waggery 우스꽝스러움, 장난(=mischievous merriment)
wainscot 징두리 널, 징두리 벽판(=wood paneling)
wassail 축배의 인사(=a toast)
wastrel 낭비자(=spendthrift)
wean 젖을 떼다, 이유(離乳)시키다(=detach)
welter 뒹굴뒹굴 구르다, 이리저리 뒹굴다(=roll about)
wheedle 감언이설로 유혹하다, 속여서 ~시키다(=coax)
whimsical 별난, 묘한(=fantastic; quaint)
whey 유장(=milk water)
wizened 시든, (사람・얼굴 등이) 몹시 여윈(=withered)
wont 상습, 관습(=custom)
woof 직물, 천(=fabric)
wraith 유령, 망령(=ghost)

X

xylem 목질부(=woody tissue of plants)

Y

yak 야크(티베트・중앙 아시아산의 털이 긴 소)(=species of ox)
yogi 요가 수도자(=an ascetic)

Z

zany 바보. 어릿광대(=clown)
zeal 열중, 열의(=enthusiasm)
zenith 정점, 절정(=highest point)

Ⅱ. 어휘력 종합평가

(1) 동의어문제(Synonym Test)

채점표 제한시간 15분				
41~45(수)	31~40(우)	21~30(미)	11~20(양)	0~10(가)

EXAMPLE

Wily

1. willing 2. cunning 3. agile 4. sad 5. slow

Answer 2

(1) hirsute
1. damp 2. bearded 3. humorous 4. formerly 5. sad

(2) panacea
1. pancake 2. praise 3. inactive 4. cure-all 5. talk

(3) celibate
1. single 2. double 3. married 4. bald 5. hypocrite

(4) chasten
1. discipline 2. pursue 3. quack 4. stop 5. start

(5) meretricious
1. toward 2. blonde 3. tawdry 4. angry 5. aping

(6) requiem
1. recess 2. assignment 3. profane 4. dirge 5. musing

(7) effigy
1. proxy 2. effeminate 3. blondness 4. exit 5. dummy

(8) blissful
1. maudlin 2. dour 3. beatific 4. moot 5. modish

(9) homogeneous
1. heterogeneous 2. motley 3. scrambled 4. different 5. similar

(10) wraith
1. apparition 2. garland 3. Christmas decoration 4. angry 5. excited

(11) disparity
1. argumentative 2. difference 3. belittling 4. harmony 5. discord

(12) variegate
1. typewriter 2. multi-color 3. differ 4. reject 5. reply in kind

(13) filch
1. pretend 2. dirty 3. embarrass 4. steal 5. honor

(14) infinite
1. part of verb 2. indefinite 3. endless 4. strange 5. vague

(15) demise
1. residence 2. dismissal 3. accident 4. act 5. death

(16) frugality
1. extravagance 2. ripening 3. thrift 4. resentment 5. miserliness

(17) unequaled
1. outstanding 2. different 3. praised 4. unique 5. strange

(18) adversity
1. opponent 2. hardship 3. opening 4. public announcement 5. agency

(19) fastidious
1. speedy 2. precise 3. squeamish 4. hungry 5. slow

(20) disconcert
1. sing in harmony 2. pretend 3. cancellation of program 4. confuse 5. interru

(21) garrulous
1. laconic 2. strangling 3. ecstatic 4. frozen 5. wordy

(22) mores
1. morals 2. customs 3. taxes 4. fiscal year 5. swamp

(23) vestige
1. clothing 2. trace 3. undergarment 4. hallway 5. hope

(24) perfunctory
1. through 2. impossible 3. lively 4. listless 5. sly

(25) indigence
1. native 2. tolerent 3. gossiping 4. poverty 5. e

(26) virago
1. bacillus 2. chaste 3. shrew 4. wanton 5.

(27) persiflage
1. banter 2. oppression 3. sarcasm 4. bigitroy

(28) loquacious
1. situated 2. gregarious 3. taciturn 4. antisocial

(29) phlegmatic
1. stolid 2. respiratory 3. animated 4. pneumatic

(30) saturnine
1. planetary 2. gloomy 3. astronomic 4. hopeful

(31) misanthropy
1. badinage 2. generosity 3. vivacity 4. miserli

(32) chicanery
1. foulness 2. aromatic 3. chastity 4. trick

(33) penury
1. customary 2. poverty 3. numismatics 4. aff

(34) expiated
1. vapid 2. assumed 3. disinclined 4. at

(35) vindictive
1. revengeful 2. triumphant 3. strategic 4. de

(36) frustration
1. satiety 2. facility 3. thwarting 4. nc

(37) punctilious
1. scrupulous 2. vagary 3. readily 4. prompt 5. vicaruous

(38) haggard
1. gaunt 2. irascible 3. wise 4. sluggisg 5. witty

(39) staid
1. weary 2. remained 3. sedate 4. afraid 5. unkempt

(40) pedagogue
1. demagogue 2. peddler 3. bicyclist 4. teacher 5. pupil

(41) decorous
1. adorned 2. ugly 3. insane 4. proper 5. childish

(42)onerous
1. possessive 2. proud 3. droll. 4. burdensome 5. sly

(43) expedient
1. precise 2. expert 3. expendable 4. advisable 5. erratic

(44) succulent
1. asking help 2. wicked 3. anxious 4. concise 5. juicy

(45) nepotism
1. favoritism 2. aquatic 3. philosophy 4. rule of a despot 5. hedonism

(46) propensity
1. inclination 2. intelligence 3. probity 4. dishonesty 5. act

(47) tawdry
1. refined 2. yellow-orange 3. ancient 4. toward 5. gaudy

(48) inculcate
1. corroborate 2. lack 3. teach 4. destory 5. avenue

(49) tortuous
1. winding 2. sadistic 3. cruel 4. like a turtle 5. carefree

50) mollify
1. sweeten 2. appease 3. applaud 4. worry 5. discourage

해 답

1)-2 (2)-4 (3)-1 (4)-1 (5)-3 (6)-4 (7)-5 (8)-3 (9)-5 (10)-1 (11)-2 (12)-2 (13)-4 (14)-3
15)-5 (16)-3 (17)-4 (18)-2 (19)-3 (20)-4 (21)-5 (22)-2 (23)-2 (24)-4 (25)-4 (26)-3 (27)-1
8)-5 (29)-1 (30)-2 (31)-5 (32)-4 (33)-2 (34)-4 (35)-1 (36)-3 (37)-1 (38)-1 (39)-3 (40)-4
1)-4 (42)-4 (43)-4 (44)-5 (45)-1 (46)-1 (47)-5 (38)-3 (49)-1 (50)-2

(2) 반의어문제(Antonym Test)

채점표
제한시간 15분
41~50(수) 31~40(우) 21~30(미) 11~20(양) 0~10(가)

EXAMPLE
Win
1. conquer 2. lose 3. forfeit 4. surrender
Answer 2

(1) abominate
1. love 2. loathe 3. abhor 4. despise 5. attach

(2) ravenous
1. famished 2. nibbling 3. sated 4. starving 5. unsatisfied

(3) pithy
1. central 2. federal 3. harmogeneous 4. tautological 5. gregarious

(4) adamant
1. yielding 2. primitive 3. elementary 4. primeval 5. inflexible

(5) ephemeral
1. evergreen 2. deciduous 3. biennial 4. everlasting 5. tactile

(6) synthetic
1. cosmetics 2. artificial 3. plastic 4. viscous 5. natural

(7) vivacious
1. animated 2. dramatic 3. versatile 4. phlegmatic 5. vigilant

(8) audacity
1. quivering 2. cowardice 3. consciseness 4. particide 5. bravado

(9) irascible
1. pictorial 2. piscatorial 3. bellocose 4. cranky 5. good-natured

(10) bucolic
1. citified 2. rustic 3. intoxicated 4. sick 5. healthy

(11) infinitesimal
1. everlasting 2. colossal 3. picayune 4. microscopic 5. telescopic

(12) gelid
1. lurid 2. torpid 3. torrid 4. piebald 5. vapid

(13) circuitous
1. diameter 2. direct 3. roundabout 4. labyrinth 5. radius

(14) provincial
1. urbane 2. governmental 3. local 4. rural 5. native

(15) clandestine
1. open 2. daylight 3. miasma 4. pugnacious 5. banal

(16) abhor
1. detest 2. absolve 3. accuse 4. bedizen 5. adore

(17) flamboyant
1. decorated 2. apparition 3. plain 4. female 5. terse
(18) redundant
1. tautological 2. repeated 3. curt 4. voluble 5. opulent
(19) impoverished
1. impecunious 2. alluent 3. rococo 4. inquitous 5. pendent
(20) obsequious
1. fawning 2. servile 3. supercilious 4. improper 5. first
(21) discrete
1. wise 2. foolish 3. unkempt 4. separate 5. continuous
(22) fatuous
1. inane 2. thin 3. witty 4. planned 5. stout
(23) amenable
1. responsive 2. intractable 3. indifferent 4. agreeable 5. correct
(24) fallacious
1. erroneous 2. faulty 3. accurate 4. afraid 5. plucky
(25) altruism
1. honesty 2. tolerance 3. bigotry 4. thievery 5. selfishness
(26) indifferent
1. curious 2. varied 3. uniform 4. alike 5. uninquisitive
(27) cohesive
1. attached 2. detached 3. associated 4. affiliated 5. sticky
(28) insipid
1. tasty 2. silly 3. angry 4. active 5. emaciated
(29) discord
1. noise 2. amity 3. irritation 4. scrap 5. use
(30) priority
1. anxiety 2. irregular 3. subsequence 4. pious 5. impious
(31) crabbed
1. fished 2. saccharine 3. sour 4. apple 5. orange
(32) corroboration
1. proof 2. arrest 3. invalidation 4. alibi 5. alias
(33) decorum
1. ribaldry 2. balladry 3. high color 4. solo 5. freedom
(34) vivacious
1. surgery 2. awake 3. girlish 4. inactive 5. boyish
(35) ingenuous
1. clever 2. stupid 3. naive 4. young 5. sophisticated
(36) alleviate
1. allow 2. aggravate 3. instigate 4. belittle 5. refuse
(37) obsolete
1. automobile 2. fancy 3. free 4. renovated 5. old
(38) base
1. indifferent 2. awed 3. afraid 4. cultured. 5. worldly

(39) sanguine
1. bloody 2. gloomy 3. happy 4. thin 5. re-faced

(40) languid
1. pusillanimous 2. indifferent 3. sad 4. vigorous 5. motley

(41) respite
1. recess 2. intermission 3. exertion 4. friendly 5. angry

(42) obloquy
1. shame 2. fame 3. name 4. colloquy 5. injury

(43) placate
1. nettle 2. label 3. soothe 4. reply 5. retaliate

(44) complacent
1. satisfied 2. agreeable 3. nasty 4. querulous 5. asking

(45) assent
1. save 2. inquire 3. resent 4. introduce 5. disavow

(46) husbandry
1. munificence 2. wife 3. frugality 4. matrimony 5. widower

(47) noisome
1. quiet 2. salubrious 3. eager 4. foul 5. deodorant

(48) permanent
1. indifferent 2. tardy 3. mutable 4. improper 5. disheveled

(49) covetous
1. unfinished 2. uncovered 3. undesirous 4. birdlike 5. plying

(50) corporeal
1. sergeant 2. private 3. commissioned officer 4. spiritual 5. boatswain

해 답

(1)-1 (2)-3 (3)-4 (4)-1 (5)-4 (6)-5 (7)-4 (8)-2 (9)-5 (10)-1 (11)-2 (12)-3 (13)-2 (14)-1 (15)-1 (16)-5 (17)-3 (18)-3 (19)-2 (20)-3 (21)-5 (22)-3 (23)-2 (24)-3 (25)-5 (26)-1 (27)-2 (28)-1 (29)-2 (30)-3 (31)-2 (32)-3 (33)-1 (34)-4 (35)-5 (36)-2 (37)-4 (38)-2 (39)-2 (40)-4 (41)-3 (42)-2 (43)-1 (44)-4 (45)-5 (46)-1 (47)-2 (48)-3 (49)-3 (50)-4

(3) 문장완성 문제(Sentence Completion Exercise)

채점표
제한시간 15분
21~25(수) 16~20(우) 11~15(미) 6~10(양) 0~5(가)

(1) The literary artist, concerned solely with the creation of a book or story as close to perfection as his powers will permit, is generally a quiet individual, contemplative,......
1. effuse 2. somnolent 3. retiring 4. poetic 5. gregarious

(2) He was so ...... at tying fishermen's flies that he was asked to demonstrate his technique at sports fairs and exhibitions.
1. applicable 2. adroit 3. fancy 4. gauche 5. impressed

(3) No punishment is too severe for such an ...... crime; it is almost impossible to understand its enormity.
1. avaricious 2. apposite 3. exemplary 4. arbitrary 5. egregious

(4) He was so convinced that people were driven by...... motives that he could not believe that anyone could be unselfish.
1. selfless 2. personal 3. altruistic 4. ulterior 5. intrinsic

(5) When the infant displayed signs of illness, the anxious parents called in a ....
1. podiatrist 2. pediatrician 3. practitioner 4. pedagogue 5. plagiarist

(6) I can recommend him for this position because I have always found him ...... and reliable.
1. voracious 2. veracious 3. vindictive 4. valorous 5. mendacious

(7) No hero of ancient or modern times can surpass the Indian with his lofty contempt of death and the ...... with which he sustained the cruelest affliction.
1. assent 2. fortitude 3. guile 4. concern 5. reverence

(8) Sitting so close to the ...... section of the orchestra, I found that the incessant beating of the drums gave me a headache.
1. string 2. brass 3. wind 4. percussion 5. front

(9) I could not wish for a more ...... occasion on which to announce my plans for enlarging our establishment.
1. ominous 2. propitious 3. magnificent 4. pronounced 5. portentous

(10) We ask for ...... from, others, yet we are never merciful ourselves.
1. clemency 2. culpability 3. sincerity 4. selectivity 5. consideration

(11) To prevent a repetition of this dreadful occurrence, we must discover the ..... element in the food that was served.
1. unknown 2. toxic 3. benign 4. tawdry 5. heinous

(12) The concept of ...... grouping of people with similar interests and abilities was very popular among educators.
1. segregated 2. integrated 3. heterogeneous 4. homogeneous 4. congruent

(13) His theories were so...... that few could see what he was trying to establish.
1. logical 2. erudite 3. scholarly 4. theoretical 5. nebulous

(14) When I first began to study words in families, I was unaware that protagonist was the opposite of antagonist, that ...... was the opposite of zenith.
1. apex 2. rood 3. silstice 4. nadir 5. hegira

(15) Your ...... attitude will alienate any supporters you may have won to your cause.
1. fascinating 2. humanitarian 3. logical 4. truculent 5. tortuous

(16) We do not mean to be disrespectful when we reduce to follow the advice of your ...... leader.
1. venerable 2. respectful 3. famous 4. gracious 5. dynamic

(17) I fall to understand why there is such a ...... atmosphere; we have lost a battle, not a war.
1. funereal 2. blatant 3. giddy 4. sanguine 5. haughty

(18) When he recited the passage by......, he revealed that he was reproducing...... without understanding their meaning.
1. sounds-meaning 2. sounds-pronunciation 3. effects-cause
4. rote-sounds 5. ideas-message

(19) Something that is ...... is not ....
1. trite-boring 2. violent-vivid 3. common- a cliche
4. elastic-resilent 5. hackneyed-original

(20) When he realized that he had been induced to sign the contract by ......,he threatened to institute legal proceedings to ...... the agreement.
1. force-nullify 2. innuendo-negate 3. chicanery-cancel
4. flattery-liquidate 5. hypnotism-validate

(21) An individual who is ...... is incapable of ....
1. fettered-flight 2. modest-shame 3. penurious-thought
4. militant-fear 5. ambitious-failure

(22) His ...... was so marked that I teasingly suggested that he had seen a ....
1. clumsiness-vision 2. pallor-spectre 3.demeanor-physician
4. separation-lawyer 5. visage-ghost

(23) A ......statement is an ...... comparison.
1. sarcastic-unfair 2. blatant-overt 3. sanguine-inherent
4. metaphorical-implied 5. bellicose-ardent

(24) The hostess attempted to ...... A romantic atmosphere that would bring the two young people together in ....
1. simulate-conflict 2. expand-fealty 3. introduce-cacophony
4. contrive-matrimony 5. present-collusion

(25) Old legends of extinct religious come down to us as ...... and ....
1. romance-chivalry 2. myths-fables 3. dreams-visions
4. predictions-prophecies 5. miracles-epiphanies

해 답

(1)-3 (2)-2 (3)-5 (4)-4 (5)-2 (6)-2 (7)-2 (8)-4 (9)-2 (10)-1 (11)-2 (12)-4 (13)-5 (14)-4 (15)-4 (16)-1 (17)-1 (18)-4 (19)-5 (20)-3 (21)-1 (22)-2 (23)-4 (24)-4 (25)-2

(4) 유추어문제(Word Relationship)

채점표				
제한시간 15분				
21~25(수)	16~20(우)	11~15(미)	6~10(양)	0~5(가)

[문제 A]

(1) quixotic: feasible
1. sudden: workable 2. theoretical: practical 3. fashionable; efficient
4. precise: practicable 5. sad: adept

(2) debate: forensic
1. drama: histrionic 2. opera: spoken 3. concerto: harmonizing
4. argument: domestic 5. novel: original

(3) anthology: poems
1. antipasto: hors d'oeuvres 2. volume: book 3. encyclopedia: words
4. thesaurus: synonyms 5. medley: arrangement

(4) anhydrous: saturated
1. dry: wet 2. sweet: wet 3. cloying: full
4. stolid: liquid 5. physics: chemistry

(5) wine: grapes
1. champagne: raisins 2. liquor: intoxicating 3. vineyard: winery
4. whiskey: hops 5. vodka: potatoes

(6) notable: notorious
1. philanthropic: benevolent 2. philandering: pleasant 3. heinous: atrocious
4. nefarious: secret 5. philanthropic: miserly

(7) entrepreneur: laborer
1. profits: wages 2. arbitrator: capitalist 3. mediator: conflict
4. moonlighting: worker 5. capitalism: communism

(8) morphine: sedates
1. drug: addicts 2. liquor: intoxicates 3. medicine: soothes
4. oil: smears 5. bandage: heals

(9) Hamlet: soliloquy
1. Macbeth: tragedy 2. trust: monopoly 3. Rigoletto: quartet
4. Othello: jealousy 5. play: act

(10) continent: immoral
1. land: evil 2. dissolute: lascivious 3. wanton: restrained
4. shore: reef 5. conscience: sin

(11) mendicant: impecunious
1. critic: quizzical 2. complainer: petulant 3. hat: askew
4. liar: poor 5. philanthropist: prodigal

(12) apostate: religion
1. loyal: faith 2. traitor: country 3. renegade: Indian
4. vital: church 5. disloyal: colonies

(13) dermatologist: skin

1. paleontologist: statues 2. genealogist: genes 3. cardiologist: heart
4. astrologist: future 5. psychologist: insanity

(14) see: eyes

1. grapple: iron 2. grasp: hands 3. lisp: speech
4. limp: limbs 5. sneeze: nostrils

(15) cynosure: brilliant

1. student: attentive 2. map: legible 3. rock: large
4. word: common 5. magnet: attractive

(16) numerator: denominator

1. fraction: decimal 2. divisor: quotient 2. ratio: proportion
4. dividend: divisor 5. top: bottom

(17) noisome: garbage

1. liquid: perfume 2. heavy: metal 3. loud: music
4. warmth: snow 5. fragrant: incense

(18) sad: dolorous

1. rich: wealthy 2. smart: smattering 3. grief: healthy
4. giver: free 5. gratitude: frugal

(19) school: tuition

1. game: loss 2. lawyer: client 3. hospital: insurance
4. church: tithe 5. library: fine

(20) dissertation: ideas

1. propaganda: facts 2. novel: theme 3. poem: emotions
4. play: acting 5. essay: novel

(21) naive: ingenious

1. ordinary: ingenious 2. old: wise 3. simple: kind
4. eager: reserved 5. sophisticated: urbane

(22) termagant: shrew

1. anteater: mouse 2. virago: scold 3. supporter: nag
4. single: married 5. male: female

(23) cloud: storm

1. container: contained 2. portent: disaster 3. cumulus: gale
4. thunder: lightening 5. rain: wind

(24) conduct: water

1. pump: oil 2. behavior: liquid 3. artery: blood
4. write: sound 5. electricity: television

(25) bread: oven

1. ceramics: kiln 2. silo: corn 3. pottery: wheel
4. iron: furnace 5. cake: stove

해답 A

(1)-2 (2)-1 (3)-4 (4)-1 (5)-5 (6)-5 (7)-1 (8)-2 (9)-3 (10)-3 (11)-2 (12)-2 (13)-3 (14)-2
(15)-5 (16)-4 (17)-5 (18)-1 (19)-4 (20)-3 (21)-4 (22)-2 (23)-2 (24)-3 (25)-1

[문제 B]

채점표				
제한시간 15분				
21~25(수)	16~20(우)	11~15(미)	6~10(양)	0~5(가)

(26) latitude: Equator
1. direction: declension 2. weight: length 3. warp: woof
4. longitude: Internationate Date Line 5. north pole : Arctic Circle

(27) antimacassar: sofa
1. rug: floor 2. table: chair 3. door: window
4. picture: frame 5. pillow: bed

(28) perimeter: addition
1. arithmetic: geometric 2. exponential: quadratic 3. linear: logarithmic
4. triangle: sphere 5. area: multiplication

(29) actuary: insurance
1. librarian: school 2. historian: dates 3.veterinarian: animal husbandry
4. agronomist: agreement 5. vegetarian: meat

(30) isolationist: aloof
1. altruist: selfish 2. pessimist: mournful 3. scholar: proud
4. bigot: tolerant 5. segregationist: gregarious

(31) water: conduct
1. electricity: magnet 2. elevator: shaft 3. shell: rifle
4. noise: cannon 5. soda: bottle

(32) plaintiff: defendant
1. court: law 2. injured: accused 3. judge: jury
4. district attorney: lawyer 5. nobleman: serf

(33) explosive: volcano
1. cold: mountain 2. arid: desert 3. humid: valley
4. misty: morning 5. fertile: plain

(34) bizarre: exotic
1. stage: dancer 2. commonplace: routine 3. wild: tame
4. ordinary: exceptional 5. lively: livid

(35) doctor: disease
1. psychiatrist: maladjustment 2. teacher: pupils 3. scholar: knowledge
4. judge: crime 5. lawyer: law

(36) shower: deluge
1. irritation: rage 2. April: May 3. passion: affection
4. surprise party: exceptional 5. flow: surge

(37) drama: playwright
1. act: actor 2. words: author 2. poetics: poet
4. review: critic 5. opera: musician

(38) always: never
1. often: rarely
2. frequently: occasionally
3. constantly: frequently
4. intermittently: casually
5. occasionally: constantly

(39) President: Pope
1. elected: chosen
2. ballot: smoke
3. proclamation: bull
4. temporal: secular
5. leader: religion

(40) permanent: evanescent
1. durable: fleeting
2. lasting: glittering
3. eternal: everlasting
4. hairdo: bleach
5. wave: scene

(41) ornithologist: birds
1. aquarium: fish
2. anthropologist: insects
3. archeologist: artifacts
4. architect: buildings
5. botanist: animals

(42) verbs: action
1. nouns: amplification
2. pronouns: demonstration
3. adjectives:modification
4. adverbs: connection
5. prepositions: definition

(43) oafish: astute
1. net: gun
2. ocean: mountain
3. wise: smart
4. lake: thorough
5. simpleton: sage

(44) suggest: demand
1. deny: request
2. affection: consolation
3. hint: blunder
4. give: receive
5. take: grab

(45) vindicable: reprehensible
1. mild: serious
2. bitter: sad
3. mild: sad
4. solid: porous
5. vivid: dull

(46) multiplication: division
1. increase: decrease
2. zero: infinity
3. calculate: estimate
4. digit: series
5. integers: numbers

(47) abab cdcd efef gg: abba abba cde cde
1. Italian: Petrarchan
2. Milton: Wordsworth
3. Shakespeare: Wordsworth
4. ballad: sonnet
5. Miltonic: Petrarchan

(48) triangle: quadrilateral
1. plane: solid
2. pentagon: hexagon
3. rectangle: octagon
4. cone: cube
5. regular: irregular

(49) fine: imprisonment
1. sentence: judgement
2. bail: bond
3. jury: judge
4. magistrate: judge
5. misdemeanor: felony

(50) Einstein: relativity
1. Aristotle: calculus
2. Newton: gravity
3. Pasteur: biology
4. Edison: mechanics
5. Galileo: chemistry

해답 B

(26)-4 (27)-1 (28)-5 (29)-3 (30)-2 (31)-2 (32)-2 (33)-2 (34)-2 (35)-1 (36)-1 (27)-4 (38)-1 (39)-3 (40)-1 (41)-3 (42)-3 (43)-5 (44)-5 (45)-1 (46)-2 (47)-3 (28)-2 (29)-5 (50)-2

찾아보기(INDEX)

찾아보기(INDEX)

[A]

A(not, absence of, without) 296
Ab(away, from, separation) 292
Able(able, can do) 386
able(Ible) 386
able(Poten, Potes, Posse) 210
about(Amb, Ambi) 26
above(Hyper) 334
above(Super, Supr) 372
above(Sur) 374
Abs(away, from, separation) 292
Acer(bitter, sour, sharp) 18
Acid(bitter, sour, sharp) 18
Acri(bitter, sour, sharp) 18
across(Dia) 320
across(Tra, Trans) 378
Act(drive, move, go, do) 20
act(Ure) 430
action(Asis) 424
Ad(to, toward) 294
after(Post) 360
Ag(drive, move, go, do) 20
again(Ana) 300
again(Re) 366
against(Anti, Ant) 304
against(Ob) 354
Age(act of, state of, function, result of, collection of) 388
Ago(drive, move, go, do) 20
Al(relating to action, process) 390
Ali(other) 24
alive(Viv, Vivi, Vita) 284
all(Omni) 182
all(Pan) 185
Allo(other) 24
Alter(other) 24
Amb(around, about, both) 26
Ambi(around, about, both) 26
among(Epi, Ep) 330
among(Inter) 344
Amphi(two, both) 298
An(native of, relating to specialist) 392
An(not, absence of, without) 296
Ana(up, back, again, excessive, too much) 300
Anni(year) 30
Annu(year) 30
answer(Spond, Spons) 234
Ant(against) 304
Ante(before) 302
Anthrop(man) 28
Anti(against) 304
apart(Se) 368
Apo(away from) 306
Arch(ruler) 32
around(Amb, Ambi) 26
around(Circ, Circum) 312
art(Techni, techny, technic) 250
Ary(relating to quality, place where) 394
aside(Se) 368
Asis(action, process, condition) 424
ask(Rog, Rogat) 216
Ate(cause make) 396
Aud(hear, listen) 22
Audit(hear, listen) 22
Auto(self) 34
away(Ab, Abs) 292
away(De) 316

[B]

back(Ana) 300
back(Re) 366
bad(Mal Male) 350
bad(Mis) 160
ball(Sphere) 240
bear(Ger, Gest) 100
bear(Lat) 84
before(Ante) 302
before(Pre) 358
beg(Rog, Rogat) 216
behind(Post) 360
believe(Cred) 58
bend(Flect, Flex) 90

Bene(well, good) 36
beside(Epi, Ep) 330
bestow(Trib) 262
between(Inter) 344
between(Medi) 154
beyond(Super, Supr) 372
beyond(Ultra) 380
Bi(two, twice) 308
Bin(two, twice) 308
Bio(life) 38
birth(Gen) 96
Bis(two, twice) 308
bitter(Acer, Acid, Acri) 18
blood(Hema, Hemo) 115
blood(Sang, Sangui) 218
body(Corpor, Corp) 56
Bon(well, good) 36
bone(Oss, Osteo) 184
both(Amb, Ambi) 26
both(Amphi) 298
breath(Pneumon, Pneuma) 199
bring(Lat) 84
build(Stru, Struct) 242

[C]

call(Voc, Vok) 286
Calor(heat) 42
Cap(take, receive) 40
Capit(head, chief, leader) 44
Capt(head, chief, leader) 44
carry(Ger, Gest) 100
carry(Port) 202
Cata(down) 310
cause(Cause, Cus) 46
Cause(cause, motive) 46
causing(Ive) 416
Cede(go, yield, surrender) 50
Ceed(go, yield, surrender) 50
Cept(take, receive) 40
Cess(go, yield, surrender) 50
change(Vic, Vicis) 280
characteristic(Ism) 412
chief(Capit, Capt) 44
child(Ped, Pod) 188
Chrom(color) 52
Circ(around) 312
circle(Cycl, Cyclo) 66
circular(Cycl, Cyclo) 66
Circum(around) 312
citizen(Civ) 54
Civ(citizen) 54
Claim(declare, call out, cry out) 48
Clam(declare, call out, cry out) 48
Clud(shut) 64
Clus(shut) 64
Co(with together) 314
color(Chrom) 52
Com(with together) 314
come(Ven, Vent) 274
condition(Asis) 424
condition(Ism) 412
Corp(body) 56
Corpor(body) 56
Crea(create) 60
Creat(create) 60
create(Crea, Creat) 60
Cred(believe, trust) 58
crowd(Greg) 110
Cub(lean back, lie down) 62
Cule(very small young one) 398
Cumb(lean back, lie down) 62
Cus(cause, motive) 46
Cycl(wheel, circle, circular) 66
Cyclo(wheel, circle, circular) 66

[D]

De(away, from) 316
death(Mors, Mori, Mort) 170
declare(Claim, Clam) 48
declare(Dic, Dict) 72
declare(Nunci, Nounc) 180
degree(Grad, Gerd, Gress) 104
Dem(people) 68
Demi(half) 114
Demo(people) 68
Dent(toothe) 70
deprive of(Dis) 318
deputy(Vic, Vicis) 280
Di(two, double, separate) 324
Dia(through, across) 320
Dic(say, declare) 72
Dict(say, declare) 72
Dis(take away, not, deprive of) 318
do(Ag, Ago, Act) 20
Dont(toothe) 70
Dorm(sleep) 74
dot(Punct) 214
double(Di) 324

down(Cata) 310
drag(Trah, Tract) 260
draw(Trah, Tract) 260
drive(Ag, Ago, Act) 20
drive(Pel, Puls) 190
Drome(running) 75
Dromos(running) 75
Duc(lead) 76
Duct(lead) 76
Dyn(power) 322
Dynamo(power) 322

[E]

E(out, from) 326
earth(Geo) 98
earth(Hum, Human) 116
Ec(out, from) 326
Ee(one who receives the action) 400
Ef(out, from) 326
Em(into, in) 328
empty(Vac) 270
En(into, in) 328
En(made of, make) 402
end(Fin, Finis) 88
End(within) 78
Endo(within) 78
Enni(year) 30
enough(Sat, Satis) 220
Ep(upon, beside, among) 330
Epi(upon, beside, among) 330
Ery(relating to quality, place where) 394
Esis(action, process, condition) 424
Eu(pleasant, well, good) 332
evil(Mal Male) 350
exceeding(Ultra) 380
excessive(Ana) 300
excessive(Hyper) 334
excessive(Macro) 349

[F]

Fac(make) 80
facing(Ob) 354
Fact(make) 80
faith(Feder, Fide, Fid, Feal) 82
false(Pseudo) 364
father(Pater, Patr) 186
Feal(trust, faith) 82
Fect(make) 86
Feder(trust, faith) 82
Fer(bring, bear, yield) 84
Fic(make) 86
Fid(trust, faith) 82
Fide(trust, faith) 82
Fila(thread) 79
Fili(thread) 79
Fin(end) 88
Finis(end) 88
fire(Volcan, Vulcan) 288
first(Prim, Prime) 208
Flect(bend) 90
Flex(bend) 90
flock(Greg) 110
flowing(Fluc, Flu, Fluv, Flux) 92
Flu(flowing) 92
Fluc(flowing) 92
Fluv(flowing) 92
Flux(flowing) 92
following(Post) 360
foot(Ped, Pod) 188
forth(Pro) 362
forward(Pro) 362
free(Liber) 132
from(Ab, Abs) 292
from(De) 316
from(E, Ec, Ef) 326
Fum(smoke) 94
function(Age) 388
Fy(make cause to) 404

[G]

Gen(birth, race) 96
genuine(Ver, Veri) 278
Geo(earth, soil, ground) 98
Ger(carry, bear) 100
Gerd(step, degree, walk) 104
Germ(vital part) 102
Gest(carry, bear) 100
go(Ag, Ago, Act) 20
go(Cede, Ceed, Cess) 50
god(The Theo) 258
good(Bene, Bon) 36
good(Eu) 332
Grad(step, degree, walk) 104
Grat(pleasing) 106
Grav(heavy, weighty) 108
Gravi(heavy, weighty) 108
Gravito(heavy, weighty) 108

great(Magna, Magni) 146
Greg(herd, flock, mob, group, troop, crowd) 110
Gress(step, degree, walk) 104
ground(Geo) 98
ground(Hum, Human) 116
group(Greg) 110
guard(Tui, Tuit, Tut) 264

[H]

Hab(have, live) 112
Habit(have, live) 112
half(Medi) 154
half(Semi) 114
hang(Pend, Pens) 192
have(Hab, Habit) 112
head(Capit, Capt) 44
hear(Aud, Audit) 22
heat(Calor) 42
heavy(Grav, Gravi Gravito) 108
Hema(blood) 115
Hemi(half) 114
Hemo(blood) 115
herd(Greg) 110
hold(N) 248
Hum(earth, ground, man) 116
Human(earth, ground, man) 116
Hydr(water) 118
Hydra(water) 118
Hydro(water) 118
Hyper(over, above, excessive) 334
Hypo(sub, under, less) 336

[I]

Ian(native of, relating to specialist) 392
Ible(able, can do) 386
Ic(nature of, like) 408
Icle(very small young one) 398
Il(not) 338
Im(in, into) 340
Im(not) 342
in(En, Em) 328
in(In, Im) 340
In(in, into) 340
In(not) 342
Ine(nature of) 410
Intellect(power to know and think and understand) 120
Intellig(power to know and think and understand) 120
Inter(between, among) 344
into(En, Em) 328
into(In, Im) 340
into(Intro) 348
Intra(within) 346
Intro(into, inward) 348
inward(Intro) 348
Ir(not) 338
Ism(condition, characteristic) 412
Ite(native of, quality of, mineral, product) 414
Ity(state of, quality) 418
Ive(causing, tending) 416

[J]

Jac(throw, lie) 122
Jec(throw, lie) 122
Ject(throw, lie) 122
Join(join) 126
join(Junct, Join) 126
Jud(judge, lawyer) 124
judge(Jud, Judi, Judic) 124
Judi(judge, lawyer) 124
Judic(judge, lawyer) 124
Junct(join) 126
Jur(law) 128
Jus(law) 128

[L]

large(Macro) 349
large(Mega, Megalo) 156
last(Ultima) 266
Lat(bring, bear, yield) 84
Laut(wash) 130
Lav(wash) 130
law(Jus, Jur) 128
lawyer(Jud, Judi, Judic) 124
lead(Duc, Duct) 76
leader(Capit, Capt) 44
lean back(Cub, Cumb) 62
less(Hypo) 336
letters(Litera, Liter, Lit, Litter) 136
Liber(free) 132
Lic(permit) 134
Licit(permit) 134
lie down(Cub, Cumb) 62
lie(Jac, Jec, Ject) 122

life(Bio) 38
life(Viv, Vivi, Vita) 284
light(Luc, Lum, Lun, Lus) 144
light(Photo) 200
like(Ic) 408
like(Oid) 422
like(Simil, Simul) 228
Ling(very small young one) 398
listen(Aud, Audit) 22
Lit(letters) 136
Liter(letters) 136
Litera(letters) 136
Litter(letters) 136
live(Hab, Habit) 112
Loc(place) 138
Loc(speak) 142
Loco(place) 138
Log(word) 140
Logo(word) 140
Loqui(speak) 142
Lot(wash) 130
love(Phil, Phila, Philo, Phile) 195
Luc(light) 144
Lum(light) 144
Lun(light) 144
Lus(light) 144
Lut(wash) 130

[M]

Macro(large, excessive) 349
made of(En) 402
Magna(great) 146
Magni(great) 146
make cause to(Fy) 404
make(En) 402
make(Fac, Fact) 80
make(Fic, Fect) 86
Mal(bad, evil) 350
Male(bad, evil) 350
man(Anthrop) 28
Man(by hand) 148
man(Hum, Human) 116
Manu(by hand) 148
many(Multi) 172
many(Poly) 201
Mar(sea, pool) 152
Mari(sea, pool) 152
mark(Sign, Signi) 226
Matri(mother) 150
Matric(mother) 150
Matro(mother) 150
Medi(half, middle, between, half-way) 154
Mega(large) 156
Megalo(large) 156
Ment(act of, state of, result of an action) 406
Mer(sea, pool) 152
Micro(small, minute) 157
middle(Medi) 154
Migra(wander) 158
mineral(Ite) 414
minute(Micro) 157
Mis(wrong, bad) 160
Miss(send) 162
Mitt(send) 162
mob(Greg) 110
Mob(move) 164
Mon(one) 166
Mono(one) 166
Monstr(show) 168
Monstri(show) 168
more(Plu, Plur, Plus) 198
more(Sur) 374
Mori(death) 170
Mors(death) 170
Mort(death) 170
Mot(move) 164
mother(Matri, Matric, Matro) 150
motive(Cause, Cus) 46
Mov(move) 164
move(Ag, Ago, Act) 20
move(Mob, Mot, Mov) 164
much(Multi) 172
Multi(many, much) 172
Must(show) 168

[N]

Nasc(to be born, to spring forth) 174
Nat(to be born, to spring forth) 174
native of(Ian) 392
native of(Ite) 414
nature of(Ic) 408
nature of(Ine) 410
NEO(new, recent) 176
nerve(Neur) 177
Neur(nerve) 177
new(Neo) 176
new(Nov) 178
Non(not) 352

not(A, An) 296
not(Dis) 318
not(Il, Ir) 338
not(In, Im) 342
not(Non) 352
not(Un) 382
Nounc(speak, declare, warn) 180
Nov(new) 178
Nunci(speak, declare, warn) 180

[O]

Ob(against, facing) 354
observe(Spec, Spect, Spectro) 238
Oid(like, resembling) 422
Ology(study, science, theory) 420
Omni(all) 182
one(Mon, Mono) 166
one(Uni) 268
Oper(work) 183
Opus(work) 183
Ory(relating to quality, place where) 394
Osis(action, process, condition) 424
Oss(bone) 184
Osteo(bone) 184
other(Ali, Allo, Alter) 24
out(E, Ec, Ef) 326
over(Hyper) 334
over(Super, Supr) 372
over(Sur) 374
over(Tra, Trans) 378

[P]

paint(Pict, Picto) 194
Pan((all) 185
part(Portion) 204
Pater(father) 186
Patr(father) 186
pay(Pend, Pens) 192
pay(Trib) 262
Ped(foot, child) 188
Pel(drive, push, throw) 190
Pend(hang, weigh, pay) 192
Pens(hang, weigh, pay) 192
people(Dem, Demo) 68
Per(through) 356
permit(Lic, Licit) 134
Phil(love) 195
Phila(love) 195
Phile(love) 195
Philo(love) 195
Photo(light) 200
Pict(paint) 194
Picto(paint) 194
Plac(please) 196
place(Loc, Loco) 138
place(Pos, Pon, Pound) 206
Plais(please) 196
pleasant(Eu) 332
please(Plac, Plais) 196
pleasing(Grat) 106
pledge(Spond, Spons) 234
Plu(more) 198
Plur(more) 198
Plus(more) 198
Pneuma(breath) 199
Pneumon(breath) 199
Pod(foot, child) 188
point(Punct) 214
Poly(many) 201
Pon(place, set) 206
pool(Mar, Mari, Mer) 152
Port(carry) 202
Portion(part, share) 204
Pos(place, set) 206
Posse(power, able) 210
Post(after, behind, following) 360
Poten(power, able) 210
Potes(power, able) 210
Pound(place, set) 206
power(Dyn, Dynamo) 322
power(Poten, Potes, Posse) 210
Pre(before) 358
Prim(first) 208
Prime(first) 208
Pro(forward, forth) 362
process(Al) 390
process(Asis) 424
process(Ure) 430
product(Ite) 414
Pseudo(false, untrue) 364
pull(Trah, Tract) 260
Puls(drive, push, throw) 190
Punct(point, dot) 214
push(Pel, Puls) 190
Put(think) 212
Putat(think) 212

[Q]

quality(Ity) 418

[R]

race(Gen) 96
rank(Ure) 430
Re(back, again) 366
receive(Cap, Cept) 40
recent(Neo) 176
resembling(Oid) 422
resembling(Simil, Simul) 228
Rog(ask, beg) 216
Rogat(ask, beg) 216
ruler(Arch) 32
running(Drome, Dromos) 75

[S]

Sang(blood) 218
Sangui(blood) 218
Sat(enough) 220
Satis(enough) 220
say(Dic, Dict) 72
science(Ology) 420
Scope(watch, see) 222
Scrib(write) 224
Script(write) 224
Se(apart, aside, without) 368
sea(Mar, Mari, Mer) 152
seal(Sign, Signi) 226
see(Scope) 222
see(Spec, Spect, Spectro) 238
see(Vid) 282
self(Arch) 34
Semi(half) 114
send(Mitt, Miss) 162
separate(Di) 324
separation(Ab, Abs) 292
set(Pos, Pon, Pound) 206
share(Portion) 204
sharp(Acer, Acid, Acri) 18
Ship(office state, profession dignity, quality skill) 426
show(Monstr, Monstri, Must) 168
shut(Clud, Clus) 64
Sign(sign, mark, seal) 226
sign(Sign, Signi) 226
Signi(sign, mark, seal) 226
Simil(like, resembling) 228
Simul(like, resembling) 228
Sist(stand) 230
skill(Techni, techny, technic) 250
sleep(Dorm) 74
small(Micro) 157
smoke(Fum) 94
soil(Geo) 98
solid(Stereo) 232
Soph(wisdom) 236
sour(Acer, Acid, Acri) 18
speak(Loqui, Loc) 142
speak(Nunci, Nounc) 180
Spec(watch, see, observe) 238
Spect(watch, see, observe) 238
Spectro(watch, see, observe) 238
Sphere(ball, sphere)
sphere(Sphere) 240
Spond(pledge, answer) 234
Spons(pledge, answer) 234
Sta(stand) 230
stand(Sta, Stit, Sist) 230
step(Grad, Gerd, Gress) 104
Stere(solid) 232
Stit(stand) 230
strain(Tend, Tens, Tent) 252
strength(Vale, Valid, Valu) 272
stretch(Tend, Tens, Tent) 252
Stru(build) 242
Struct(build) 242
study(Ology) 420
sub(Hypo) 336
Sub(under beneath) 370
substitute(Vic, Vicis) 280
Sume(take, use, waste) 244
Sump(take, use, waste) 244
Super(over, above, beyond, greater in quality) 372
Supr(over, above, beyond, greater in quality) 372
Sur(over, above, more) 374
surrender(Cede, Ceed, Cess) 50
Syl(with, together, along with) 376
Sym(with, together, along with) 376
Syn(with, together, along with) 376
Sys(with, together, along with) 376

[T]

Tact(touch) 246
Tag(touch)

Tain(hold, together hold) 248
take(Cap, Cept) 40
take(Sume, Sump) 244
Tang(touch) 246
teach(Tui, Tuit, Tut) 264
Techni(skill, art) 250
Technic(skill, art) 250
Techny(skill, art) 250
Tempo(time) 254
Tempor(time) 254
Ten(hold, together hold) 248
Tend(stretch, strain) 252
tending(Ive) 416
Tens(stretch, strain) 252
Tent(hold, together hold) 248
Tent(stretch, strain) 252
Test(to bear witness) 256
The(god) 258
Theo(god) 258
theory(Ology) 420
think(Put, Putat) 212
thread(Fila, Fili) 79
through(Dia) 320
through(Per) 356
through(Tra, Trans) 378
throw(Jac, Jec, Ject) 122
throw(Pel, Puls) 190
Tig(touch) 246
time(Tempo, Tempor) 254
Tin(hold, together hold) 248
Ting(touch) 246
to(Ad) 294
together(Sys, Syl, Sym, Syn) 376
toothe(Dent, Dont) 70
touch(Tact, tang, tig, tag, ting) 246
toward(Ad) 294
Tra(across, through, over) 378
Tract(drag, draw, pull) 260
Trah(drag, draw, pull) 260
Trans(across, through, over) 378
Trib(pay, bestow) 262
troop(Greg) 110
true(Ver, Veri) 278
trust(Cred) 58
trust(Feder, Fide, Fid, Feal) 82
Tude(state of condition of) 428
Tui(guard, teach) 264
Tuit(guard, teach) 264
turn(Vers, Vert) 276
Tut(guard, teach) 264
twice(I, Bin, Bis) 308
two(Amphi) 298
two(Di) 324
two(I, Bin, Bis) 308

[U]

ulterior(Ultra) 380
Ultima(last) 266
Ultra(beyond, exceeding, ulterior) 380
Un(not) 382
under(Hypo) 336
Uni(one) 268
untrue(Pseudo) 364
up(Ana) 300
upon(Epi, Ep) 330
Ure(state of, act, process, rank) 430
use(Sume, Sump) 244

[V]

Vac(empty) 270
Vale(strength, worth, valor) 272
Valid(strength, worth, valor) 272
valor(Vale, Valid, Valu) 272
Valu(strength, worth, valor) 272
Ven(come) 274
Vent(come) 274
Ver(true, genuine) 278
Veri(true, genuine) 278
Vers(turn) 276
Vert(turn) 276
Vic(change, substitute, deputy) 280
Vicis(change, substitute, deputy) 280
Vid(see) 282
Vis(see) 282
Vita(alive, life) 284
Viv(alive, life) 284
Vivi(alive, life) 284
Voc(voice, call) 286
voice(Voc, Vok) 286
Vok(voice, call) 286
Volcan(fire, volcano) 288
volcano(Volcan, Vulcan) 288
Vulcan(fire, volcano) 288

[W]

walk(Grad, Gerd, Gress) 104
wander(Migra) 158

warn(Nunci, Nounc) 180
wash(Lav, Lut, Laut, Lot) 130
waste(Sume, Sump) 244
watch(Scope) 222
watch(Spec, Spect, Spectro) 238
water(Hydro, Hydra, Hydr) 118
weigh(Pend, Pens) 192
weighty(Grav, Gravi Gravito) 108
well(Bene, Bon) 36
well(Eu) 332
wheel(Cycl, Cyclo) 66
wisdom(Soph) 236
with(Sys, Syl, Sym, Syn) 376
within(End, Endo) 78
within(Intra) 346
without(A, An) 296
without(Se) 368
word(Logo, Log) 140
work(Opus, Oper) 183
worth(Vale, Valid, Valu) 272
write(Scrib, Script) 224
wrong(Mis) 160

[Y]

year(Enni) 30
yield(Cede, Ceed, Cess) 50
yield(Lat) 84

편저자

정정호

서울대학교 사범대 영어교육과 졸
서울대학교 대학원 영어영문학과 석 · 박사 과정 수료
미국, 위스컨신(밀워키) 대학교 영문학 박사 학위
영국, 리즈대학교 연구교수(1983~84)
호주, 그리피스대학교 방문 교수(1996~97)
현재, 중앙대학교 문과대학 영어영문학과 교수

저 · 역서

『고급영어종합연구』 (상 · 중 · 하)
『영어지문, 이렇게 읽어라』
『Free Talking : An Intermediate / Advanced English Conversation』 (공저)
『현대영어권문화사전』 (편저) 외 다수

Instant Word Power

영어 어휘력 사전

1판 1쇄 발행 _ 2010년 6월 10일
1판 2쇄 발행 _ 2012년 3월 1일

편 저 자 • 정 정 호
발 행 인 • 정 현 걸
발 행 • 신 아 사
인 쇄 • 예지인쇄
출판등록 • 1956년 1월 5일 (제9-52호)
주 소 • 서울특별시 은평구 녹번동 28-36번지 2F
전 화 • (02) 382-6411 • 팩스 (02) 382-6401
홈페이지 • www.shinasa.co.kr
E-MAIL • shinasa@chol.com

ISBN 978-89-8396-587-5(13740)

정가 *20,000* 원